68,50

José Brunner

Psyche und Macht

Freud politisch lesen

Aus dem Englischen
von Helga Haase

Klett-Cotta

Klett-Cotta
Die Originalausgabe erschien unter dem Titel
»Freud and the politics of psychoanalysis« bei Blackwell Publishers

Printed in Germany
Schutzumschlag: heffedesign, Rodgau
Gesetzt aus der 10 Punkt Sabon von Horst Brühmann, Frankfurt am Main
Auf säure- und holzfreiem Werkdruckpapier gedruckt und gebunden von
Freiburger Graph. Betriebe, Freiburg
ISBN 3-608-91998-8

Die Deutsche Bibliothek – CIP-Einheitsaufnahme
Ein Titeldatensatz für diese Publikation ist bei
Der Deutschen Bibliothek erhältlich.

Inhalt

Teil III
Im Einvernehmen zweier Erwachsener: Face-to-face-Politik in der klinischen Praxis der Psychoanalyse

Teil IV
Im Reich der Leidenschaften: Ödipale Politik in Freuds kulturtheoretischen Schriften

Einleitung zur deutschen Ausgabe

Die Freudsche Dialektik. Oder: jenseits der Kontroverse Hermeneutik-oder-Wissenschaft

Ursprünglich wurde dieses Buch, zumindest teilweise, in der Absicht geschrieben, den historischen Hintergrund zu rekonstruieren, vor dem Freuds Werk entstanden ist, und es in einer sowohl umfassenden als auch dichten Lesart zu präsentieren. Doch will meine Lesart Freuds nicht primär die historischen und schriftlichen Quellen korrigieren. Vielmehr will sie in erster Linie die dialektische Komplexität des Freudschen Werks wiederentdecken, die verlorengeht, wenn die Psychoanalyse entweder auf eine Kausalwissenschaft beschränkt wird, welche die seelische Dynamik nur anhand mechanischer Kategorien untersucht, oder auf eine Hermeneutik, die sich ausschließlich mit den verborgenen Intentionen und Bedeutungen von psychischen Akten und Vorgängen beschäftigt.

In den letzten drei Jahrzehnten sind die meisten Psychoanalyse-Debatten unter dem Gesichtspunkt der Kontroverse Hermeneutik-oder-Wissenschaft geführt worden. Ist die Psychoanalyse eine intentionale Psychologie, die auf einer Kunst oder Fertigkeit der Interpretation beruht, auf der Konstruktion von Narrativen, die sich auf verborgene Bedeutungen und Absichten richtet? Oder ist sie eine Wissenschaft, die Gefühle und Handlungen im Sinne nicht erfahrbarer Ursachen – zum Beispiel von psychischen Energien, Prozessen, Kräften, Strukturen etc. – erklären kann? Mit anderen Worten: Ist die Psychoanalyse den Geisteswissenschaften näher, die sich auf literarisches Können und historische Einsichten stützen, Erzählungen erschaffen und plausible Interpretationen zur Verfügung stellen? Oder ist sie gleich einer Naturwissenschaft der Seele, die Ursachen nachweist, Vorgänge entdeckt und mechanische Gesetzmäßigkeiten von seelischen Kräften darlegt?[1]

Wie ich in dieser vier Jahre nach der Erstpublikation des Buches verfaßten Einleitung zeigen möchte, betrachte ich die dichotomisierende Wendung dieser Frage als Irrtum und eine solche begriffliche Systematisierung des Ansat-

[1] Einen guten Überblick über die verschiedenen Positionen gibt Strenger, 1991.

zes der Psychoanalyse als chancenlos. Ich bin der Ansicht, daß die Psychoanalyse die kausale und intentionale Rede zwangsläufig in einem dialektischen Wechselspiel in sich vereint, in dem beide Reden nicht nur komplementär sind, sondern sich auch gegenseitig untergraben und auf die je grundlegenden Unzulänglichkeiten hinweisen. Außerdem erörtere ich, daß die Verschmelzung von Kausalität und Bedeutung den psychoanalytischen Diskurs in einen politischen Diskurs verwandelt.[2]

Statt den psychoanalytischen Diskurs wie viele Freud-Kommentatoren auf nur eine einzelne Dimension zu begrenzen, möchte ich nicht nur zeigen, daß im Freudschen Werk Hermeneutik und Mechanik unvermeidlich miteinander verflochten sind, sondern auch, daß Freud bei seinem Versuch, eine solche Verschmelzung anzustreben, sich veranlaßt sah, eine Überfülle an politischen Metaphern und Analogien zu übernehmen – die ich nicht für illustrativ und schmückend, vielmehr für konstitutiv und strukturierend halte – und die Innenwelt der Seele parallel zur Außenwelt der Politik zu zerlegen. Die Politik als ein Bereich, in dem Hermeneutik unvermeidlich mit Mechanik verflochten ist, stellt ein geeignetes Begriffsrepertoire zur Verfügung, mit dem psychische Prozesse und Strukturen aus hermeneutischer und kausaler Sicht beschrieben werden können. Politische Akteure bringen ununterbrochen symbolische Macht und materielle Mittel ins Spiel, Rhetorik und Zwang, Ideologie und bewaffneten Kampf, charismatische Anziehung und ökonomische Kontrolle.

Aus der Vielzahl von Beispielen in diesem Buch will ich hier anhand von zwei Fällen illustrieren, wie politisches Denken den Freudschen Diskurs strukturiert: Erstens konstruiert Freud die Seele als ein Konfliktfeld, das auf der Ökonomie des Mangels beruht. Freuds Darstellung zufolge ringen die unsichtbaren Protagonisten der Psyche – das Ich, Es oder Über-Ich – um die Verteilung und den Gebrauch psychischer Hilfsmittel, das heißt psychischer Aktivposten, die ihnen die Kontrolle über die Bedeutung von Ausdruck und Symbolen zur Verfügung stellen. In diesem Kontext ist es bedeutsam, daß Freud auf Energiemengen im Sinne der Ökonomie – nicht der Mechanik – Bezug nahm. Solch ökonomische Kämpfe betreffen den innersten Kern

[2] Wer nach einer Definition der Begriffe des »Politischen«, »Politik« und »Macht« sucht, findet diese im Vorwort. Zum Verständnis der vorliegenden Einleitung reicht jedoch der gesunde Menschenverstand. Die Begriffe »psychoanalytisch« und »Psychoanalyse« verwende ich generell nur in bezug auf das Freudsche Werk.

des Politischen, aber Politik hat immer auch mit Überzeugungen, Doktrin, Weltanschauung, Identität etc. zu tun, das heißt mit Artefakten von Bedeutung.

Zweitens bezieht Freud sich auf die Psyche als einen Schauplatz der »Repräsentation«. Er definiert diesen Begriff im politischen Sinne und unterscheidet ihn klar von der bildlichen oder symbolischen Repräsentation. Für Freud stehen psychische Repräsentanzen für eine Kraft, einen Wunsch oder ein Verlangen, ähnlich wie parlamentarische Repräsentanten für die Wünsche der Wähler, für Parteien oder die Regierung stehen. Die Macht solcher Wünsche ist immer das Ergebnis sowohl der sie antreibenden und sie bekämpfenden Kräfte als auch der Fähigkeit, wie die verschiedenen Seiten ihre Interessen und Bedürfnisse zu artikulieren vermögen.

Zur Aufdeckung des Politischen in der Freudschen Theorie werde ich drei aufeinander bezogene Argumente entwickeln: Erstens stelle ich die Behauptung auf, daß Freuds Diskurs weniger widersprüchlich und inkonsequent, sondern vielmehr zutiefst komplex, aber kohärent ist. Zweitens behaupte ich, daß eine politische Lesart sowohl Freuds Komplexität als auch seine Kohärenz abdeckt und deshalb fruchtbarer, umfassender, sparsamer, widerspruchsfreier und überzeugender ist als die reduktionistischen Darstellungen, die Freud entweder in einen Naturwissenschaftler der Seele oder einen Hermeneutiker verwandeln. Drittens mache ich geltend, daß eine Politik der Rasse, der Klasse und des Geschlechtsunterschieds dem Freudschen Diskurs inhärent ist und nicht von ihm abgetrennt werden kann.

Obwohl ich argumentiere, daß die von Freud vorgenommene Verschmelzung des Hermeneutischen mit dem Kausalen die Psychoanalyse in einen politischen Diskurs verwandelte, möchte ich den *Propter-hoc*-Irrtum vermeiden, zu behaupten, daß dies auch Freuds Motivation war. Ich gehe nicht von der Annahme aus, daß Freud Bedeutung und Mechanik miteinander verband, um einen politischen Diskurs zu erschaffen; vielmehr war dies das folgenschwere Ergebnis seines Versuchs, eine dialektische Verschmelzung beider Perspektiven zu erreichen. Des weiteren führe ich aus, daß Freud nicht der Vollkommenheit halber Interpretation und Erklärung miteinander kombinierte, sondern um Unvollkommenheit aufzuzeigen; denn für Freud war Unvollkommenheit das charakteristische Merkmal von Wissenschaft.

Im ersten Teil dieser Einleitung stelle ich die Dialektik von Hermeneutik und Mechanik anhand eines paradigmatischen Beispiels im Freudschen Werk dar und erläutere, warum das Projekt, mit Hilfe einer Kombination mechanischen und hermeneutischen Denkens eine Wissenschaft der Seele zu erschaffen, Freud zur Einführung eines politischen Diskurses Anlaß gab. Auf diese Weise hoffe ich eines der Hauptargumente dieses Buches zu verdeutlichen, das ich, wie mir jetzt scheint, im Originalmanuskript unzureichend ausgearbeitet habe. Im anschließenden zweiten Teil zeige ich, daß Freud das Phänomen von Macht und Ohnmacht, das im Herzen aller Politik liegt, als eine dem Menschen elementare Erfahrung betrachtete. Damit soll nachgewiesen werden, daß eine politische Lesart der Psychoanalyse nicht nur aufgrund ihrer Logik und Sprache gerechtfertigt ist, sondern auch aufgrund einer ihrer wesentlichen Annahmen des Politischen als innerstem Kern der *Conditio humana*. Ich entwickelte diese Überlegung unlängst als Antwort auf verschiedentlich geäußerte Kritik mir gegenüber, in der argumentiert wurde, daß, wenn man wie ich auf die politischen Aspekte des Freudschen Diskurses fokussiere, die Psychoanalyse in etwas ihr selbst Fremdes verwandelt werde, da Freud Macht und Politik nicht als eine grundlegende menschliche Erfahrung betrachtet habe.

Seit der Erstpublikation dieses Buches im Jahr 1995 wurde die Freud-Debatte überschattet vom »Krieg um Freud«, wie die heftige, vor allem amerikanische Kontroverse um Freud und sein Werk genannt wurde. In diesem Streit wurde Freud als Lügner und Betrüger angeklagt und die Psychoanalyse beschuldigt, der Gesundheit des einzelnen zu schaden, mehr noch als vielleicht das Rauchen. Im dritten Teil werde ich meine Argumentation in den Kontext dieser noch laufenden Kontroverse stellen, was ich versäumt hatte, als ich das Buchmanuskript abschloß. Wie Freuds streitbare Kritiker denke auch ich, daß die Diskussion der Psychoanalyse sich über die Kontroverse Hermeneutik-oder-Wissenschaft hinausbegeben sollte, will sie aber in eine Richtung lenken, die der jener Kritiker diametral entgegensteht.

Dialektik der Unvollkommenheit. Oder: wie Freud Hermeneutik und Kausalerklärung miteinander verband

Freud ging davon aus, daß Wissenschaft übermäßige Systematisierung zu vermeiden habe, da Systematisierung sowohl einen reduktionistischen und eindimensionalen Diskurs erzwinge als auch illusorische Vollkommenheitsansprüche, die von der noch zu erledigenden Arbeit ablenken. Wissenschaft müsse Abgeschlossenheit bzw. Beendigung vermeiden und – indem sie innere

Spannungen schaffe – Möglichkeiten für weitere kritische Untersuchungen aufzeigen.

Ich möchte die Dialektik der Unvollkommenheit im Freudschen Werk aufzeigen und Freud auf einem Spaziergang begleiten. Im August 1899, als Freud an seinem *opus magnum*, der *Traumdeutung*, arbeitete, schrieb er an Wilhelm Fließ, daß »das Ganze so auf eine Spaziergangsphantasie angelegt [ist]. Anfangs der dunkle Wald der Autoren (die die Bäume nicht sehen), aussichtslos, irrwegereich. Dann ein verdeckter Hohlweg, durch [den] ich den Leser führe – mein Traummuster mit seinen Sonderbarkeiten, Details, Indiskretionen, schlechten Witzen –, und dann plötzlich die Höhe und die Aussicht und die Anfrage: Bitte, wohin wünschen Sie jetzt zu gehen?« (1985, S. 400, Brief vom 6. August 1899). Am Anfang des dritten Kapitels der *Traumdeutung* benutzt Freud dasselbe Vokabular, aber diesmal vergleicht er den Traumdeutungprozeß selbst mit einer solchen Spaziergangsphantasie: »Wenn man einen engen Hohlweg passiert hat und plötzlich auf einer Anhöhe angelangt ist, von welcher aus die Wege sich teilen und die reichste Aussicht nach verschiedenen Richtungen sich öffnet, darf man einen Moment lang verweilen und überlegen, wohin man zunächst sich wenden soll. Ähnlich ergeht es uns, nachdem wir diese erste Traumdeutung überwunden haben. Wir stehen in der Klarheit einer plötzlichen Erkenntnis« (1900a, S. 127).

Dieser Absatz folgt unmittelbar einer Aussage am Ende des zweiten Kapitels, in der Freud feststellt: »Nach vollendeter Deutungsarbeit läßt sich der Traum als eine Wunscherfüllung erkennen« (ebd., S. 126, im Original kursiv). Anders formuliert: In diesem Stadium postuliert Freud, daß die Traumdeutung einen Abschluß oder eine Vollendung erreichen kann, und er erhebt den Anspruch, daß dieser Schlußpunkt durch die Bereitwilligkeit des Traums gesetzt wird, den Bemühungen des Interpreten nachzugeben und sich selbst als Wunscherfüllung zu offenbaren.

Etwa 400 Seiten später, am Anfang des siebten Kapitels der *Traumdeutung*, formuliert Freud die Voraussetzungen, die der Traumproduktion und den seelischen Vorgängen allgemein zugrunde liegen. Auch hier ergreift er die Metapher der Reise ins Unbewußte, beschreibt jedoch den durch die plötzliche Erleuchtung einer Deutung erreichten Eindruck der Vollendung als illusorisch:

»Nach Beseitigung alles dessen, was die Deutungsarbeit angeht, können wir erst merken, wie unvollständig unsere Psychologie des Traumes geblieben ist. …

> Denn wir müssen uns klar darüber werden, daß die bequeme und behagliche Strecke unseres Weges hinter uns liegt. Bisher haben alle Wege, die wir gegangen sind, wenn ich nicht sehr irre, ins Lichte, zur Aufklärung und zum vollen Verständnis geführt; von dem Moment an, da wir in die seelischen Vorgänge beim Träumen tiefer eindringen wollen, werden alle Pfade ins Dunkel münden« (ebd., S. 515).

Dies also ist die wissenschaftliche Reise in die Geheimnisse der Seele, auf die Freud uns mitnimmt: Wir verlassen den dunklen Wald über einen engen, verborgenen Pfad, steigen hinauf zur offenen Höhe – nur um in der Dunkelheit weiterzugehen. Am Ende des Buches entdecken wir, daß die *Traumdeutung* immer schon fundamental unvollständig gewesen ist. Nach etlichen hundert Seiten detaillierter Diskussion hermeneutischer Verfahren, die sich mit der Verdichtung und Verschiebung von Bedeutung, Symbolisierung und Zensur befassen, zeigt sich, daß die Psychoanalyse nicht auf eine einzige Deutungspraxis beschränkt werden kann. Anstelle einer Zusammenfassung überschreitet Freud im siebten und letzten Kapitel die hermeneutischen Grenzen, indem er eine Kausalhypothese anfügt. Er verweist auf einen neuen Bereich kausaler Spekulation, der jenseits der Hermeneutik liegt, und unterläuft damit radikal die Hoffnung auf hermeneutische Vollkommenheit oder Abgeschlossenheit.

Im siebten Kapitel beschäftigt Freud sich nicht länger mit der verborgenen Bedeutung, die der Träumer in Bildern und Symbolen ausdrückt. Statt dessen versucht er die Ursprünge der Traumzeichen nachzuweisen, das heißt, er versucht zu erklären, wodurch sie verursacht werden. Hierzu bezieht er sich auf andere Grundkategorien: auf nicht erfahrbare Mechanismen und Systeme, Ströme seelischer Energie und psychischer Instanzen, die dem Oberbegriff der »Metapsychologie« angehören. Wie sein Kommentar zeigt – desgleichen auch viele spätere diesbezügliche Kommentare –, war Freud sich darüber im klaren, daß die metapsychologischen Formulierungen im dunkeln liegen und die Hypothesen bezüglich ihrer Natur und Wirkungsweise Vermutungen bleiben müssen (vgl. 1916–17a, S. 62).

Durch die Ergänzung einer zusätzlichen Erklärungsschicht untergrub Freud jedoch gleichzeitig die vorherigen deutenden Kapitel, da das neue siebte Kapitel die Möglichkeit einer vollständigen und in sich abgeschlossenen Hermeneutik in Abrede stellte. Für Freud war ein Denken, welches eingekapselt ist in anscheinend vollständige Systeme, notwendigerweise im Gegensatz zum wissenschaftlichen Denken zu sehen. Wissenschaft, schrieb er in der *Neuen Folge der Vorlesungen,* »schaut nicht alles an, sie ist zu unvollendet, erhebt keinen Anspruch auf Geschlossenheit und Systembildung« (1933 a, S. 197). Die offenkundige Unvollendung oder Unvollkommenheit war für Freud ein Kriterium, wodurch Wissenschaft sich charakteristischerweise von der Philosophie und Religion unterschied, deren illusorische Stabilität und Kohärenz ihre Anhänger zu besänftigen sucht, indem sie sie durch ein falsches Sicherheitsgefühl beschwichtigt (ebd., S. 172 f.). Freud kritisierte den lähmenden Einfluß von Philosophie und Religion auf die Gläubigen und bezog sich auf Denk- und Begriffssysteme als eine Weltanschauung: »Weltanschauung ist eine intellektuelle Konstruktion, die alle Probleme unseres Daseins aus einer übergeordneten Annahme einheitlich löst, in der demnach keine Frage offen bleibt und alles, was unser Interesse hat, seinen bestimmten Platz findet« (ebd., S. 170). Und obwohl Freud sich auch auf die Wissenschaft als eine Weltanschauung bezog, hob er hervor, daß Wissenschaft – im Gegensatz zu ihren philosophischen und religiösen Pendants – nicht wirklich diese Bezeichnung verdiene, da sie nicht vorgebe, alle Fragen beantworten zu können.

Diese Vorbehalte und Bedingungen muß man sich vor Augen halten, wenn man Freuds berühmte Erklärung berücksichtigt, daß Psychoanalyse »ein besonderes Anrecht (hat), das Wort für die wissenschaftliche Weltanschauung zu führen« (ebd., S. 171); Psychoanalyse »ist ein Stück Wissenschaft und kann sich der wissenschaftlichen Weltanschauung anschließen« (ebd., S. 196; vgl. 1940 a, S. 80; 1940 b, S. 142). Für sich genommen erklären diese Äußerungen allerdings nicht, was Freud unter den Begriffen »Wissenschaft«, »wissenschaftlich« und »Weltanschauung« verstand. In zumindest einer Hinsicht benutzte Freud den Begriff der Wissenschaft für eine Denkweise, die – obwohl methodisch, geordnet und präzise – immer auch Metaphern, Spekulation, Vielschichtigkeit und vor allem eine scharfe Wahrnehmung ihrer zwangsläufigen, aber fruchtbaren Unvollständigkeit einbezog. Gleichzeitig legt die Struktur von Freuds *opus magnum* offen, daß er davon ausging, eine Wissenschaft der Seele müsse sowohl Deutung als auch Kausalerklärung einschließen. Nach diesen Ausführungen, die in Teil II des Buches noch im einzelnen belegt werden, wurde Freuds Diskurs durch den Versuch politisiert, Hermeneutik und Mechanik miteinander zu verschmelzen und gegeneinander auszuspielen.

Dialektik der Andersheit. Oder: wo das Politische herkommt

Es gibt viele Theorien darüber, was in politischen Konflikten vermeintlich auf dem Spiel stehe. Einige Theorien leiten Ursache und Struktur der Politik vor allem von nationalen Interessen oder Nationalismen her, andere von religiösen Spaltungen, Geschlechtsunterschieden, der Ethnizität, Rasse oder Klasse. Obwohl Politik also nicht zwangsläufig im öffentlichen Bereich verortet oder nur als eine Angelegenheit von Kollektiven anzusehen ist, gilt sie meistens als eine Angelegenheit von Erwachsenen. Und obgleich Freud nicht explizit auf die Genese des Politischen und des Strebens nach Macht Bezug nimmt, scheint in seinen Schriften ein Diskurs enthalten zu sein, der das Streben nach Macht bis zu den frühesten Lebensstadien zurückverfolgt. Mit anderen Worten: Ich behaupte, daß Freud die Erfahrungen von Macht und Ohnmacht in seinen Schriften als etwas dem Menschen Ursprüngliches und für die Entwicklung vom Kind zum Erwachsenen Entscheidendes beschreibt. Das Politische der Psychoanalyse aufzuzeigen bedeutet aus dieser Sicht, daß kein äußeres Element in den Freudschen Diskurs eingeführt, sondern ein Element herausgearbeitet wird, das von Freuds Lesern und Kommentatoren bislang mehr oder weniger vernachlässigt wurde.

Bekanntlich sah Freud die Funktion nervöser Störungen darin, Reize zu bewältigen, sich aller Spannungen zu entledigen und, wenn durchführbar, »sich überhaupt reizlos zu halten« (1915 a, S. 213). Freud zufolge werden Reize, die vom eigenen Körper und von der Außenwelt her die Psyche erreichen, als Störungen eines ursprünglichen Ruhezustands erfahren, zu dem der Mensch mittels Befriedigung der durch jene Reize hervorgerufenen Bedürfnisse zurückkehren möchte. Alle Freudschen Grundannahmen, Entwürfe und Metaphern setzten sich mit dem einen oder anderen Aspekt dieses homöostatischen Prinzips auseinander: mit den Quellen, dem Drängen und den Pfaden von Reizen, mit ihren seelischen Auswirkungen und den Mitteln ihrer Beherrschung sowie mit den Problemen beim Versuch, Reize zu meistern. Nach dem »Lustprinzip« wird die Bewältigung dieser Aufgabe, das heißt die Herabsetzung psychischer Spannungen, als lustvoll erfahren (1916–17 a, S. 370).

Ich verstehe Freuds Sichtweise der frühen Entwicklungsphasen, in denen das Kind Reize zu vermeiden oder sich ihrer zu entledigen sucht, als einen Bezug zu einer Art prä-politischer Machtvorstellung. Weil Freud das Streben nach Reizbeherrschung oder -vermeidung als primären Lebensstimulus betrachtete, evoziert er die Vorstellung einer ursprünglichen Macht, charakteristisch für ein Stadium, das noch kein differenziertes Subjekt kennt und gewiß noch keine Vorstellung einer Selbst-Anderer-Beziehung, die die Basis gesellschaftlicher Machtkategorien zur Verfügung stellen könnte. Nach Freud gibt es keine Möglichkeit, in einem Ruhezustand zu verharren oder sich der aufkommenden Reize sofort zu entledigen, um zu dem ursprünglichen Zustand zurückzukehren. Säuglinge werden in eine Welt hineingeboren, die sie als Quelle der Erregung erleben, mit der sie nicht zu Rande kommen und der sie sich nicht entziehen können. Deshalb erleben sie sich gegenüber den Stimuli, die von innen und außen auf sie einstürzen, als ohnmächtig. Als Reaktion darauf phantasieren sie sich selbst als omnipotent.

Freud machte viel Aufhebens ob der ursprünglichen Hilflosigkeit des Menschen und der sich daran entzündenden reaktiven Phantasien und bezog sie sowohl auf die Entwicklung des einzelnen als auch auf seine Theorie der Entwicklung der Menschheit insgesamt. In *Die Zukunft einer Illusion* definierte er Religion und Animismus als ein Ergebnis empfundener Hilflosigkeit der frühen Menschheit angesichts außerordentlicher Naturgewalten. Mit anderen Worten: Freud betrachtete Magie und Religion als Illusionen, die der Beschwichtigung von Ängsten dienen, die aus der Ohnmacht entstehen. Indem er die Entstehung von Ängsten in der Dialektik von Ohnmacht und Phantasie verankerte, argumentierte Freud, daß der Mensch Naturkräfte mit menschlichen Zügen ausstatte, da eine solche Humanisierung bedeute, daß »man ... gegen diese gewalttätigen Übermenschen draußen dieselben Mittel in Anwendung bringen (kann), deren man sich in seiner Gesellschaft bedient, (man) kann versuchen, sie zu beschwören, beschwichtigen, bestechen, raubt ihnen durch solche Beeinflussung einen Teil ihrer Macht« (1927c, S. 338). Die Menschen früher Stammeskulturen, so argumentierte Freud, glaubten an die magische Macht ihrer Gedanken: »Die Magie muß den mannigfaltigsten Absichten dienen, die Naturvorgänge dem Willen des Menschen unterwerfen, das Individuum gegen Feinde und Gefahren schützen und ihm die Macht geben, seine Feinde zu schädigen« (1912–13a, S. 97). Weil er die Aufmerksamkeit auf die Dynamik der Macht richtete, beschrieb er den Animismus als eine Allmachtsphantasie, die aufgrund der Verweigerung, die Endlichkeit und Sterblichkeit des Menschen anzuerkennen, sowie aufgrund dessen entstanden ist, was er »die unerschütterliche Zuversicht auf die Möglichkeit der Weltbeherrschung« nannte (1912–13a, S. 110).

Damit zieht der Freudsche Diskurs eine Parallele zwischen der frühen Kindheit und der frühen Menschheit, zwischen Kindern und Stammesgesellschaften, zwischen Narzißmus und Animismus. Wie immer spekulativ und fragwürdig dieser Vergleich auch sein mag, so besteht doch kein Zweifel, daß für Freud die frühe Entwicklung auf beiden Ebenen in ein Zusammenspiel zwischen realer Ohnmacht und der Illusion von Macht eingebettet ist. Freud bezweifelt nicht, daß solche Illusionen – so beruhigend sie kurzfristig sein mögen – langfristig zu Mißerfolg und Frustration führen müssen. Wiederkehrende Frustrationen bewirken eine gründliche Reorganisation psychischer Prozesse, der zufolge Kinder – und die Menschen früher Stammesgesellschaften – einen elementaren Grad an Erregung tolerieren und ihre Aufmerksamkeit von einer beschränkten Orientierung in Richtung Lust erweitern, eine Orientierung, welche die äußere Welt oder allgemeine Realität einschließt, und alle Wahrnehmungen und Vorstellungen, selbst die unlustvollen, zur Kenntnis nimmt (1900 a, S. 571 f.). Auf diese Weise tritt das »Realitätsprinzip« in Erscheinung und damit der Versuch, andere nicht nur durch die eigenen Gedanken beherrschen zu wollen.

Wie wir gesehen haben, entsteht das Streben nach realer gesellschaftlicher Macht aus dem Versuch, von außen herrührendem Leid auszuweichen. Das führt zu einer Ambivalenz gegenüber der Existenz anderer, die die Grundlage sozialen Verhaltens bilden: Andere sind für unser physisches und emotionales Überleben notwendig, da sie uns die Hilfe, den Schutz, die Liebe und Befriedigung zuteil werden lassen, die ein jeder sich ersehnt. Gleichzeitig aber erfahren wir die Existenz anderer als Qual, da sie Forderungen stellen und unsere Freiheit einschränken und deshalb eine Bedrohung oder eine Bürde sein können. Wie Freud in *Das Unbehagen in der Kultur* hervorhob, sind praktische Erwägungen in bezug auf Interesse und Eigennutz nicht stark genug, um das zu überwinden, was er die »primäre Feindseligkeit der Menschen gegeneinander« nannte (1930 a, S. 471). Obwohl Freud anerkannte, daß Individuen, wenn sie zusammen arbeiten, einander achten lernen, beanspruchte er, daß selbst »die Vorteile der Arbeitsgemeinschaft ... sie nicht zusammenhalten« werden (ebd., S. 481):

> »Das gern verleugnete Stück Wirklichkeit hinter alledem ist, daß der Mensch nicht ein sanftes, liebebedürftiges Wesen ist, das sich höchstens, wenn angegriffen, auch zu verteidigen vermag, sondern daß er zu seinen Triebbegabungen auch einen mächtigen Anteil von Aggressionsneigung rechnen darf. Infolgedessen ist

> ihm der Nächste nicht nur möglicher Helfer und Sexualobjekt, sondern auch eine Versuchung, seine Aggression an ihm zu befriedigen, seine Arbeitskraft ohne Entschädigung auszunützen, ihn ohne seine Einwilligung sexuell zu gebrauchen, sich in den Besitz seiner Habe zu setzen, ihn zu demütigen, ihm Schmerzen zu bereiten, zu martern und zu töten. *Homo homini lupus*« (ebd., S. 470 f.).

Mit dieser kurzen Zusammenfassung und einigen Auszügen aus Freuds Schriften hoffe ich gezeigt zu haben, daß für Freud Ohnmacht eine grundlegende Erfahrung ist und er das Streben nach Macht – ob phantasiert oder real – in seinen Schriften als ein tief in der menschlichen Natur liegendes Merkmal beschreibt, das er zu den frühesten Entwicklungsstadien – sowohl auf individueller als auf historischer Ebene – zurückverfolgt.

Nach Freud erlebt der Mensch die äußeren anderen nicht nur als potentielle Bedrohung und als Objekte der Befriedigung; gleichzeitig wird er auch gequält und gepeinigt aufgrund einer inneren Andersheit. Die Ordnung der innerpsychischen Welt ist durch die Existenz des dynamischen Unbewußten bedroht, welches das Subjekt mit der gefahrvollen Tatsache konfrontiert, so Freuds bekannte Formulierung, daß das Ich »nicht einmal Herr ist im eigenen Hause« (1916–17a, S. 295). Aus psychoanalytischer Perspektive ist die Sichtweise unserer selbst und dessen, wozu unser bewußtes Selbst und unsere bewußte Introspektion Zugang haben, nur ein Teil des Gesamtbildes. Der andere Teil der Psyche ist nicht nur verborgen, sondern auch äußerst einflußreich, und er funktioniert nach Regeln, die der bewußten Psyche fremd sind. Freud verstand sich als Botschafter unserer inneren Andersheit und erklärte sich den meisten Widerstand gegen seine Theorie mit der Abneigung, die fehlende innere Herrschaft zur Kenntnis zu nehmen. Das Radikale an Freuds Botschaft ist also nicht allein das Postulat eines seelischen Unbewußten, was – wie Freuds Kritiker nicht müde werden hervorzuheben – ein allgemeines Merkmal der Deutschen Romantik war. Revolutionär in der Psychoanalyse war vielmehr sein Postulat des Unbewußten als radikale Alterität – ein fremder Seelenbereich, dessen Regeln mit denen des Bewußtseins unvereinbar sind (Archard, 1984, S. 24).

Einerseits zeichnete Freud das Unbewußte als ein Gebiet der Abwesenheit, welches über keine für das bewußte Denken und die Sprache wesentliche Kategorien verfügt – Psychoanalytiker beziehen sich auf sie als Sekundärprozesse –, wie Zeit, Raum, Logik, Kausalität und Grammatik. Andererseits beschrieb er das Unbewußte als einen Bereich, der mit Energie, Vorstellungen,

Erinnerungen und Wünschen angefüllt ist, die miteinander interagieren, sowie mit Bewußtsein im Sinne »primärprozeßhafter« Prinzipien der Verschiebung bzw. Verdichtung und der visuellen Repräsentation. Somit konstituiert sich für Freud die Persönlichkeit auf einer komplexen Beziehung zwischen zwei nicht aufeinander reduzierbaren heterogenen Strömungen psychischer Prozesse, die von unterschiedlichen Gesetzen regiert werden, aber ständig aufeinanderprallen (ebd.). Er nahm an, daß wir die Art und Weise, wie wir psychische Vorgänge bei anderen interpretieren, auf unsere eigene Psyche ausdehnen, so daß wir das Unbewußte betrachten, als sei es eine andere Person, und er verdeutlichte seine Sicht in der *Traumdeutung* anhand eines bekannten Märchens:

> »Eine Wunscherfüllung müßte gewiß Lust bringen, aber es fragt sich auch, wem? Natürlich dem, der den Wunsch hat. Vom Träumer ist uns aber bekannt, daß er zu seinen Wünschen ein ganz besonderes Verhältnis unterhält. Er verwirft sie, zensuriert sie, kurz, er mag sie nicht. Eine Erfüllung derselben kann ihm also keine Lust bringen, sondern nur das Gegenteil davon. Die Erfahrung zeigt dann, daß dieses Gegenteil, was noch zu erklären ist, in der Form der Angst auftritt. Der Träumer kann also in seinem Verhältnis zu seinen Traumwünschen nur einer Summation von zwei Personen gleichgestellt werden, die doch durch eine starke Gemeinschaft verbunden sind. Anstatt aller weiteren Ausführungen biete ich Ihnen ein bekanntes Märchen, in welchem Sie die nämlichen Beziehungen wiederfinden werden: Eine gute Fee verspricht einem armen Menschenpaar, Mann und Frau, die Erfüllung ihrer drei ersten Wünsche. Sie sind selig und nehmen sich vor, diese drei Wünsche sorgfältig auszuwählen. Die Frau läßt sich aber durch den Duft von Bratwürstchen aus der nächsten Hütte verleiten, sich ein solches Paar Würstchen herzuwünschen. Flugs sind sie auch da; das ist die erste Wunscherfüllung. Nun wird der Mann böse und wünscht in seiner Erbitterung, daß die Würste der Frau an der Nase hängen mögen. Das vollzieht sich auch und die Würste sind von ihrem neuen Standort nicht wegzubringen; das ist nun die zweite Wunscherfüllung, aber die des Mannes; der Frau ist diese Wunscherfüllung sehr unangenehm. Sie wissen, wie es im Märchen weitergeht. Da die beiden im Grunde doch eines sind, Mann und Frau, muß der dritte Wunsch lauten, daß die Würstchen von der Nase der Frau weggehen mögen« (1900a, S. 586f.).

Aus psychoanalytischer Sicht stellt sich somit für die zentrale politische Frage: »Wer kontrolliert den Wunsch, mein (bewußtes) Selbst oder das (unbewußte) andere (das natürlich auch Teil meiner selbst ist)?« In einer zusätzlichen Wendung dieser Freudschen Dialektik der Andersheit ist das Unbewußte nicht nur der Bereich, in dem ich mir selbst ein Fremder bin, sondern in dem auch mein innerstes Selbst lokalisiert ist; das heißt, in dem meine frühesten Erinnerungen, meine großartigsten Phantasien, geheimsten Wünsche und mächtigsten Sehnsüchte lebendig gehalten werden. Meine innere Andersheit ist nicht nur Teil meiner selbst, das ich nicht ablegen kann; es ist auch der Teil, der das Geheimnis zu mir selbst schützt. Nach Freud bin ich am ehesten ich selbst, wo ich mir selbst fremd bin, und ich könnte mir selbst eine Bedrohung, vielleicht sogar die größte Bedrohung sein. Während ein jeder einen inneren Anteil in sich birgt, der ihm oder ihr fremd bleibt, ist dieser Anteil auch an jeder unserer Beziehungen mit den äußeren Anderen beteiligt – und ironischerweise: Je intimer diese Beziehungen, um so mehr kann unser innerer Fremder darin verwickelt werden. Freud schrieb an Fließ: »Ich gewöhne mich auch, jeden sexuellen Akt als einen Vorgang zwischen vier Individuen aufzufassen« (1985, S. 400, Brief vom 1. August 1899).

Der psychoanalytische Diskurs konzentriert sich vor allem sowohl auf die verschiedenen Strategien und taktischen Vorgehensweisen, die vom Bewußtsein angewandt werden, um solche Störungen und Bedrohungen zu binden, als auch auf die durch sie in Gang gesetzte Dialektik. Mit Hilfe eines taktischen Vorgehens, das Freud »Verdrängung« nannte, können das Bewußtsein oder das Ich die Anerkennung bestimmter Wünsche verweigern, indem sie eine Zensur verhängen und diese Wünsche in Schach halten. Als weitere negative Reaktion auf einen anstößigen Wunsch können sie sogar darauf aus sein, das genaue Gegenteil dessen zu tun, was im Unbewußten gewünscht wird. Freud nannte dies eine »Reaktionsbildung«. Umgekehrt kann das Ich versuchen, alle möglichen Kompromißbildungen zustandezubringen, wie immer prekär und problematisch – und letzten Endes unlustvoll – sie auch sein mögen. Dies sind natürlich die Symptome. Schließlich kann das Ich durch »Sublimierung« den Wünschen den Zugang zum Bewußtsein erlauben, sie aber auch auf Ersatzwünsche umlenken, wenn ihre direkte Befriedigung gefährlich erscheint.

Wie wir noch sehen werden, waren für Freud die Probleme der inneren und äußeren Andersheit unentwirrbar miteinander verwickelt. Die Dialektik interpersoneller Beziehungen ist nicht nur ein Derivat der inneren Andersheit. Denn obwohl unser inneres Anderes unsere Beziehungen zu den äußeren Anderen beeinflußt, ist die für unsere Existenz unausweichliche vorherige

Existenz zweier solcher anderer – unsere Eltern – für jene Beziehungen verantwortlich gemacht.

Freud unterscheidet sich von anderen Theoretikern insofern, als er die Entwicklung des frühkindlichen Selbst nicht nur in Beziehung zu einem generalisierten äußeren anderen beschreibt, sondern auch in Beziehung zu mindestens zwei – oder paradigmatisch zwei – getrennten und körperlich verschiedenen, sexuell und gesellschaftlich jedoch miteinander in Beziehung stehenden anderen, wobei ein jeder eine jeweils andere Position dem auftretenden Subjekt gegenüber einnimmt. Bekanntlich versteht Freud gesellschaftliche Verhältnisse grundsätzlich als triangulär oder ödipal: jedes Individuum tritt in eine Welt ein, in der »schon immer« zumindest zwei andere sind, durch soziale/sexuelle Bindungen aufeinander bezogen, deren Existenz für sein oder ihr pures Dasein eine Vorbedingung ist (vgl. hierzu ausführlicher Brunner, 1998). Diese trianguläre Konstellation verstärkt und verkompliziert die elementare Ambivalenz, die Menschen einander gegenüber empfinden.

Wie wir gesehen haben, beschreibt Freud die menschliche Entwicklung als ein Fortschreiten auf einer politischen Achse, deren innerster Kern sich auf Macht und der Abwesenheit von Macht sowie auf der daraus folgenden Gefahr der Alterität gründet. Je weniger Macht der Mensch hat – sei es am Anfang des Lebens eines Individuums, sei es in prähistorischen Zeiten der Menschheit –, um so mehr greift er auf Phantasien zurück, in denen er das kontrolliert, was fremd und bedrohlich ist. Die Ironie ist: Das dem Kind wie den Stammeskulturen aufgrund ständiger Frustrationen aufgezwungene Anerkennen von Grenzen läßt sie reale Macht erlangen und verringert das Bedürfnis nach weiteren Allmachtsphantasien. Je mehr Macht der Mensch in der Realität hat, je weniger muß er nicht vorhandene Macht in der Phantasie kompensieren. Therapeutische Interventionen in einem solch komplexen gesellschaftlichen und seelischen Universum können nur in sowohl politischen als auch dialektischen Begriffen gefaßt werden. Da Krieg die Politik mit anderen, härteren Mitteln fortsetzt, stellt der Militär- und Kriegsbereich das größte Arsenal an Metaphern und Analogien für Freuds Darstellung der psychoanalytischen Praxis zur Verfügung – ein Topos, der im dritten Teil dieses Buches genauer untersucht wird.

Dialektik der Deflation. Oder: wie Freud im »Krieg um Freud« zu lesen ist

Als ich das Manuskript dieses Buches im Jahr 1994 zur Veröffentlichung vorlegte, erwartete ich nicht, daß Frederick Crews' kriegerische Freud-Kritiken in der *New York Review of Books* die öffentliche Diskussion der Psychoanalyse der nächsten Jahre bestimmen würde. Wie bereits erwähnt, leiteten sie den sogenannten Krieg um Freud ein, in dem Freud von seinen Verleumdern gescholten wird, er sei eher ein Schwindler als ein Theoretiker und Therapeut gewesen und für eine Reihe beunruhigender aktueller Phänomene verantwortlich, wie beispielsweise Recovered-memory-Therapien und die große Zahl psychisch Kranker unter den Obdachlosen. Ich halte eine politische Lesart Freuds in dieser Zeit des Kriegs um Freud für besonders angebracht und richtig; denn obwohl das Ziel der streitbaren Freud-Verleumder darin besteht, die Psyche zu entpolitisieren, beschwört ihr Diskurs einen politischen Mythos, dessen Schlagkraft nur im politischen Kontext ganz verstanden werden kann.

Die Kampfbereitschaft, mit der sich die radikalen Freud-Verleumder Freud nähern, zeigen die Titel der in den neunziger Jahren in kurzen Abständen publizierten Bücher in aller Klarheit. Eine keineswegs vollständige Liste müßte Arbeiten enthalten wie E. Fuller Torreys Buch *Freudian Fraud: The Malignant Effect of Freud's Theory on American Culture and Society*, das 1992 erschienen ist, Alan Estersons *Seductive Mirage: An Exploration of the Work of Sigmund Freud* von 1993 und Robert Willcocks Buch *Maelzel's Chess Player: Freud and the Rhetoric of Deceit* von 1994. Im Jahr 1996 erschien in der angesehenen britischen medizinischen Zeitschrift *The Lancet* Raymond Tallis' provokanter Aufsatz »Burying Freud«, der zur Einrichtung einer Web-Seite unter gleichem Namen führte, auf der Freuds Verleumder und Verteidiger verbal die Klingen kreuzen. Edward Dolnicks Buch *Madness on the Couch: Blaming the Victim in the Heyday of Psychoanalysis* erschien 1998, und Ethan Watters und Richard Ofshes Buch *Therapy's Delusions: The Myth of the Unconscious and the Exploitation of Today's Walking Worried* wurde 1999 publiziert.

Andere Autoren könnten genannt werden, die zeigen, daß in den Neunzigern kein Jahr verging ohne zumindest eine allumfassende und definitive

Herabsetzung Freuds, der Psychoanalyse oder jeder von der Annahme eines dynamischen Unbewußten ausgehenden psychotherapeutischen Praxis. Diese Enthüllungsmanöver waren dazu bestimmt, der Welt ein für allemal – aber auch wieder und wieder – zu zeigen, daß die Psychoanalyse nicht nur ein Ruhebett, sondern auch gefährlich ist. Indem Freud und die Psychoanalyse in den Titeln mit Ausbeutung, Verführung, Betrug, Hinterlist, Bösartigkeit und der Beschuldigung von Opfern assoziiert wurden, bewirkten diese Bücher eine nachhaltige Anklage gegen Freud selbst und gegen sein Werk.

Keiner dieser Freud-Verleumder oder -Kritiker erreichte die Giftigkeit und die Wirkung von Frederick Crews' »The unknown Freud«, publiziert in der *New York Review of Books* im November 1993. Dieser Aufsatz, angeblich eine Besprechung von vier Büchern, löste die größte Flut von Briefen an den Herausgeber aus, die das Journal jemals als Reaktion auf eine Publikation erhalten hatte. Ein Jahr später folgte der Artikel »The Revenge of the Repressed«. Crews' Texte und eine Auswahl der dadurch ausgelösten Diskussionen wurden 1995 in *Memory Wars* publiziert. 1998 gab Crews – inzwischen der unbestrittene Wortführer unter den Verunglimpfern Freuds – mit dem Titel *The Unorthodox Freud: Doubters Confront a Legend* – einen Sammelband heraus, der sowohl moderatere als auch militante Enthüllungsessays enthält.

Die Publikation dieser Anthologie zeigt, daß Ende der neunziger Jahre die Beiträge einzelner Autoren – so bedeutend sie sein mögen – einem Diskurs angehören, der die Botschaft über Freuds Betrügerei und die Schädlichkeit seiner therapeutischen Praxis bringt. Untersucht man diesen Enthüllungsdiskurs genauer, stellt man fest, daß eine Deflationsdialektik am Werk ist, denn obwohl er eine Legende demaskiert, erschafft er einen Mythos. Er erzeugt einen Gegenmythos, eine Art negatives Spiegelbild der hagiographischen Biographien, in denen Freud als einsamer Held auftritt, der gegen allerlei Seltsamkeiten kämpft, um der Menschheit unerfreuliche Wahrheiten über seine innere Welt nahezubringen, die viele ihrer Übel zu heilen vermag.[3] Richard Skues zufolge »kommt es immer häufiger vor, daß schlechte Geschichtsschreibung aus der Feder von Freudianern nicht von guten Historiographen

[3] Frank Sulloway zufolge, der 26 verschiedene Mythen über offizielle psychoanalytische Versionen der Welt katalogiert hat, haben »[ü]ber Jahre hinweg ... Anhänger der Psychoanalyse eine komplexe und politisch brauchbare Mythologie über ihre kollektive Vergangenheit gehegt und gepflegt« (1979, S. 13; vgl. ebd., S. 605 ff.).

in Frage gestellt wird, sondern von schlechter Geschichtsschreibung aus der Feder von Anti-Freudianern« (1998, S. 175).

Der antifreudianische Diskurs in den neunziger Jahren erzählt die aufsehenerregende Geschichte von der unendlichen Unaufrichtigkeit eines einzelnen Mannes, dessen verführerische Worte einen magischen Zauber über Jahrzehnte und Weltmeere auszubreiten und in die Köpfe vieler eine der merkwürdigsten Hirngespinste der Moderne zu setzen vermochten und damit den Patienten ernsthaften Schaden zufügten. Die mythischen Merkmale dieses Diskurses treten klar hervor, wenn die gesamte Argumentation in sechs zusammenhängende Behauptungen aufgeteilt wird, die – obwohl nicht unbedingt von allen Freud-Verleumdern vertreten – den Grundstein des gegenwärtigen abfälligen Freud-Diskurses bilden.

Behauptung 1: *Es gibt keine wissenschaftliche Wahrheit in der Psychoanalyse.* Bereits vor den neunziger Jahren ließ eine Reihe viel gelesener Autoren Freud als Wissenschaftler mit dem Argument durchfallen, daß Psychoanalyse weder mit empirischen Standards überprüft noch ihre Grundannahmen bei Überprüfung falsifiziert werden konnten. Adolf Grünbaum ist einer der Hauptvertreter dieser Darstellung der Psychoanalyse als einer Wissenschaft *manqué*. Seinen Hauptbeitrag, in dem er die wissenschaftliche Glaubwürdigkeit der Psychoanalyse anprangert, legte er 1984 [deutsch: 1988] mit dem Buch *Die Grundlagen der Psychoanalyse. Eine philosophische Kritik* vor, sein Wirken setzte sich aber auch in den neunziger Jahren fort, u. a. mit der 1993 erschienenen Aufsatzsammlung *Validation in the Clinical Theory of Psychoanalysis: A Study in the Philosophy of Psychoanalysis*. Malcolm Macmillans *Freud Evaluated: The Completed Arc* erschien in den neunziger Jahren in zwei Auflagen, zuerst 1991 in einem weniger bekannten Verlag und anschließend 1997 bei MIT. Ein Jahr zuvor hatte MIT Edward Erwins *A Final Accounting: Philosophical and Empirical Issues in Freudian Psychology* herausgebracht, in dem verkündet wird: »Mehr als 1500 Freudsche Experimente wurden durchgeführt ... viele davon zeugen von großer Findigkeit und immensem Arbeitsaufwand. Dennoch liegt die Bestätigung der charakteristischen Hypothesen Freuds dicht bei Null« (Erwin, 1997, S. 294). Gleichzeitig gestand Erwin: »Experimente zu erfinden, die Freuds Theorie tatsächlich überprüfen könnten und nicht nur einige blasse *Common-sense*-Überlegungen anstellen, ist extrem schwierig« (ebd.). Seinem abschließenden Urteil zufolge ist nicht nur die Wirksamkeit der Freudschen Psychotherapie empirisch nicht nachgewiesen und seine Theorie nicht bestätigt worden, sondern diese Situation wird sich auch in Zukunft nicht ändern (ebd., S. 296).

Diese Aussage scheint der Wahrheit zu entsprechen. Ich teile sie mit Freuds Verleumdern, mit einigen seiner umsichtigeren, kürzlich hinzugekommenen Kritikern und mit all jenen Psychoanalytikern und Philosophen, die das Freudsche Werk eher als hermeneutisch denn als eines betrachten, das sich einem naturwissenschaftlichen Paradigma einfügt. Somit macht die erste Behauptung der Freud-Verleumder nur jenen Probleme, die für ein medizinisches Modell der Psychoanalyse eintreten.

Behauptung 2: *Psychoanalyse ist Betrug.* Eine Reihe möglicher Erklärungen kann angeführt werden, weshalb das Freudsche Werk nicht empirischen Standards entspricht. Man könnte wie ich argumentieren, daß Freud seine Wissenschaft nie auf die Grenzen einer Naturwissenschaft oder eines medizinischen Modells eingeschränkt sehen wollte und er sich deshalb Behauptungen aufzustellen erlaubte, die nach medizinischen Grundregeln nicht überprüfbar sind – ähnlich den meisten Psychologen, Soziologen, Politologen, Historikern und vielen anderen Forschern und Akademikern, deren Arbeiten wissenschaftlich anerkannt werden. Man könnte aber auch mit Grünbaum behaupten, daß Freud die Psychoanalyse empirischen Standards angleichen wollte, aber grobe Fehler machte. In solchen Portraits erscheint er als Denker, dessen Theorie und Praxis unbestätigte und sogar falsifierte Hypothesen, unhaltbare Schlußfolgerungen und andere Fehler aufweist. Diese mögen dann als theoretische und persönliche blinde Flecken bzw. Versehen oder auch historische Grenzen verstanden werden. Es ließe sich sogar darüber spekulieren, ob Freud seine Fehler nicht bemerkte, weil er vom Ehrgeiz und von der Einseitigkeit eines intellektuellen Eroberers geblendet war, der einfach nicht verstehen konnte, daß die Realität sein kühnes Denken nicht bestätigte.

Eine solche Sicht entwirft das Bild eines schwachen und in gewisser Weise begrenzten Freud. Charakteristischerweise übernehmen die gegenwärtigen Freud-Verleumder diese Sichtweise nicht, sondern beschreiben ihn als mächtig und heimtückisch. Damit sind sie beileibe nicht die Ersten. Bereits 1973 betitelte Frank Cioffi eine Radiosendung mit der Frage »War Freud ein Lügner?«, und Mitte der achtziger Jahre argumentierte Jeffrey Masson, daß Freud, als er 1897 die Verführungstheorie als Ätiologie der Neurose aufgab, entgegen seiner eigenen Einschätzung einzig aus Karriere-Gründen gehandelt habe (Cioffi, 1998; Masson, 1984). Obwohl die Freud-Verleumder der neunziger Jahre dazu neigen, Massons Lesart als falsch zu verwerfen, unterstellen sie Freud doch auch Arglist und Opportunismus. Crews nennt Freud »unendlich berechnend« (1995, Einleitung, S. 12), spricht von einem »bemerkenswert halsstarrigen und opportunistischen Freud« (1993, S. 35) sowie von einem »fanatischen, selbstherrlichen, rücksichtslosen, kurzsichtigen, noch dazu kompliziert unaufrichtigen Freud, der von der vorherigen Generation unabhängiger Gelehrter ausfindig gemacht wurde« (1998 b, S. 272). In seinem Buch *The Unauthorized Freud* bezieht er sich auf Freuds »mangelnde Aufrichtigkeit«, um einige der Fehler und Schwachpunkte der Psychoanalyse zu erklären (1998a, S. 44). Wie Cioffi behauptet er, daß Freud »gelogen hat« (ebd., S. 144), und vergleicht ihn mit »einem übereifrigen Verkäufer«, der »seine Zweifel bezüglich fragwürdiger Waren verbirgt, während er sich privat nach Besserem umsieht« (ebd., S. 71).

Behauptung 3: *Die Psychoanalyse ist der größte Betrug aller Zeiten.* Es ist unnötig zu erwähnen, daß diese Behauptung nur sinnvoll erscheint, wenn der zweiten zugestimmt wird. Mit dieser Erklärung steigern Freuds Kritiker die Großtat, die sie durch ihre entwertenden Machenschaften vollbringen; denn sie zeigen, daß Freud zu entlarven bedeutet, einen wissenschaftlichen Drachen zu erschlagen oder einen intellektuellen Goliath niederzustrecken. Auch hierfür hat es Vorläufer gegeben. Peter Medawar hielt bereits 1975 »die psychoanalytische Theorie für die gewaltigste Hochstapelei des 20. Jahrhunderts«; in den neunziger Jahren aber wurden solch überspannte Erklärungen bei einigen Freud-Kritikern zum Allgemeinplatz (Medawar, 1984, S. 140).

Allan Esterson stellt die Überlegung an, daß eines Tages die Psychoanalyse »als eine der gewaltigsten Verirrungen in der Geschichte des abendländischen Denkens« gelten könnte (Esterson, 1993, S. 254). Von Frederick Crews erfahren wir, daß Freud die am meisten überschätzte Figur der gesamten Wissenschafts- und Medizingeschichte gewesen ist – eine Figur, die aufgrund der Verbreitung falscher Ätiologien, fehlerhafter Diagnosen und erfolgloser Untersuchungsmethoden immensen Schaden verursacht hat (Crews, 1995 a, S. 298). Peter Swales kommentiert aus der großen Zahl viel diskutierter Deutungen eine Freudsche Fehlleistung und verurteilt diese als »reine Erfindung, ja, vielleicht einer der einflußreichsten und heimtückischsten Schwindel der gesamten Wissenschaftsgeschichte des 20. Jahrhunderts«.[4] Aber selbst wenn

[4] Swales in einem Brief vom 23. September 1998 an James Billington, Leiter der Library of Congress, der an die Presse verteilt und ins Internet gestellt wurde unter *www.shamsdasani.u-net.com/freudexhibition.*

wir es als wahr voraussetzten, daß Swales über Quellenmaterial verfügt, aus dem hervorgeht, daß Freud in jenem Fall tatsächlich log, scheint ersterer doch wohl etwas zu übertreiben.

Behauptung 4: *Psychoanalyse verführt.* Warum fielen Menschen Freuds böswilligen Lügen zum Opfer? Wie konnte er so viele so lange anschwindeln? Daß sich solche Fragen stellen, hängt wiederum von der Anerkennung der vorherigen drei Behauptungen ab. Werde der Psychoanalyse ein Körnchen Wahrheit zugestanden, so könne beispielsweise argumentiert werden, daß ihre partielle Wahrheit Freuds Anhänger und Patienten bewog, weitere fehlerhafte Erklärungen zu akzeptieren. Auch wenn der Psychoanalyse jeglicher Wahrheitsgehalt abgesprochen werde, so ließe sich dennoch mit Freuds streitbaren Kritikern feststellen, daß er zu unaufrichtigen Mitteln griff und Generationen von Medizinern, Psychologen, Forschern, Gelehrten und Patienten weltweit überlistete. Freuds Kritiker beschwören ein Bild, wonach Freud ein Machthaber ist, der seine Macht über seine Patienten mißbraucht. John Forrester hat hervorgehoben, daß zumindest ein Teil des tiefen Mißtrauens gegenüber der Psychoanalyse, welches Freuds streitbare Verleumder charakterisiert, von der Auffassung herzurühren scheint, »daß der Psychoanalytiker aufgrund seiner Machtbeziehung über den Patienten und, im weiteren Sinne, über die gesamte Kultur des 20. Jahrhunderts so viel Macht hat« (Forrester, 1997, S. 222).

Im allgemeinen führen Freuds Verleumder nur schwache Beweise dafür an, wie Freud seine Macht ausgeübt hat. Häufig bringen sie Freuds Überzeugungskraft mit seiner Sprachgewalt in Zusammenhang. In der Formulierung von Raymond Tallis (1996, S. 670) wurde »die pure Verschrobenheit des Freudschen Denkens überdeckt von seiner großartigen Prosa«. Crews bezeichnet Freud als einen »literarischen Magier«, bei dem jeder Satz »auf eine geschickte Selbstdramatisierung hinausläuft« (Crews, 1998 b, S. 282). Oder er spricht von »Freuds genialer Rhetorik«, mit der dieser »ein therapeutisches und wissenschaftliches Fiasko« überdeckt habe (Crews, 1998 a, S. xxxi). Esterson erkennt Freuds Erfolg weitgehend in »einer umfassenden und erfinderischen Nutzung psychologischer Konzepte (von denen viele bereits von anderen entwickelt worden waren) innerhalb eines Diskurses von fast grenzenloser Anpassungsfähigkeit; des weiteren in seinen umfangreichen Schriften, in denen er sein Denken einem breiteren Publikum überzeugend vorstellte; und schließlich in seinem außergewöhnlichen literarischen Können, einschließlich der Fähigkeiten eines großen Propagandisten« (1993, S. 248).

Behauptung 5: *Psychoanalytische Verführung ist schädlich*. In früheren Psychoanalyse-Kritiken wurde Analysanden nachgesagt, sie vergeudeten ihre Zeit auf der Couch, und es wurde auf die hohen Kosten verwiesen, die im Hinblick auf die geringe oder nicht nachgewiesene Wirksamkeit psychoanalytischer Praxis ungerechtfertigt seien. Dagegen verwandelt der Diskurs der Freud-Verleumder die Psychoanalyse in eine äußerst bedrohliche Verführerin, deren magischer Zauber gefährlich ist. Tallis beschuldigt die Psychoanalyse, ernsthafte körperliche Erkrankungen auf psychologische Ursachen zurückzuführen und so die Aufmerksamkeit von ihren realen organischen Ursachen abzulenken. Dieses Vorgehen habe »oft fatale Auswirkungen«, weil Psychoanalytiker, obwohl sie »medizinisch gesehen nicht inkompetent sind, mit ihren absonderlichen Vorstellungen verwirren und extrem verwundbare Individuen häufig zusätzlich durcheinanderbringen« (Tallis, 1996, S. 670). E. Fuller Torrey beruft sich auf »das traurige Schauspiel von landesweit etwa 200 000 unbehandelten psychisch Kranken unter der Obdachlosen-Bevölkerung« und erkennt darin »ein weiteres Erbe der Freudschen Theorie« (1992, S. 252). Nach Crews wurden etwa eine Millionen Patienten von ihren Therapeuten davon überzeugt, sie seien sexuell verführt worden, gleichzeitig hebt er aber hervor: »[D]ie Zahl der am weitesten Betroffenen liegt natürlich um einiges höher, verursacht doch nach übereinstimmender Ansicht jeder Einzelfall tiefe emotionale Wunden in den Familien« (1994, S. 34). Kein anderer als Freud trage Schuld an den unzähligen Opfern der Recovered-memory-Therapie. Nach Crews »hat Freud jeder – selbst der gröbsten – Recovered-memory-Therapie den Weg bereitet, ... die Recovered-memory-Bewegung wäre unbegreiflich ohne die diffuse Loyalität gegenüber dem psychodynamischen Paradigma Freuds« (Crews, 1998 a, S. xi).

Die fünfte Behauptung ist logischerweise unabhängig von den drei ersten Behauptungen. Psychoanalyse könnte auch dann schädlich sein, wenn sie auf Fehlern und Blindheiten und nicht, wie behauptet, auf List beruhte. Jedoch scheinen die schädlichen Auswirkungen der psychoanalytischen Psychotherapie aufgrund ihrer Hinterlist besonders nachteilig zu sein. Hinsichtlich der beschriebenen Tatsachen, nicht aber der beschworenen Kausalität scheinen die Argumente der Freud-Verleumder sogar zuzutreffen. In der Tat führen Psychoanalytiker Symptome auf psychologische Ursachen zurück. Es gibt eine große Zahl ernsthaft psychisch Kranker unter den Obdachlosen, während sich die Hauptklientel von Psychoanalytikern aus Neurotikern zusammensetzt, die im großen und ganzen funktionsfähig sind und der gebildeten

Mittelschicht angehören. Und schließlich machten Therapeuten der Recovered-memory-Bewegung tatsächlich Gebrauch von Freudschen Vorstellungen, zum Beispiel der Verdrängung früher – besonders sexueller – Erinnerungen und der Bedeutung unbewußter Erinnerungen im späteren Leben. Es scheint deshalb unaufrichtig zu behaupten, Freuds Werk habe nichts mit der Recovered-memory-Therapie zu tun.

Dennoch sind die Darstellungen von Tallis, Fuller und Crews paradigmatisch für die Art und Weise, wie einige Freud-Verleumder ein Körnchen Wahrheit zu mythischen Ausmaßen aufblasen, um die Psychoanalyse herabzusetzen und zu kritisieren. Zwar haben die Recovered-memory-Therapien einige ihrer Inspirationen dem Freudschen Denken entlehnt, um diese zu verstehen und zu erklären, muß man jedoch die vielen Faktoren berücksichtigen, die in den Vereinigten Staaten der achtziger Jahre ihren Erfolg begünstigten. Aus welchem Grund machten sich zeitgenössische nicht-analytische Therapeuten in Amerika eine Hypothese zu eigen, die Freud Ende des 19. Jahrhunderts in Wien für einige Monate vertreten, dann aber ausdrücklich verworfen hatte? Warum produzierten sie eine Karikatur der psychoanalytischen Behandlung und beraubten sie der Vorsichtsmaßnahmen, die Freud und seine Mitstreiter zum Schutz der Patienten und Analysanden gegen solche Auswüchse eingeführt hatten?

Ohne die soziokulturelle, rechtliche und institutionelle Dynamik zu untersuchen, die dem hektischen Treiben der Recovered-memory-Therapie zugrunde liegt, ist Crews' Einwand etwa ebenso plausibel und subtil wie die mittlerweile ziemlich verrufene Literatur des Kalten Krieges, die Luther, Hegel oder Nietzsche des Nationalsozialismus beschuldigte, Marx den Stalinismus anlastete und Rousseau das Terrorregime im Kielwasser der Französischen Revolution. All diese Denker schufen einen theoretischen Bezugsrahmen, mit dem sich die Grausamkeiten späterer Generationen rechtfertigen ließen. Dennoch kann gesellschaftliche Praxis – politische wie therapeutische – nicht einfach durch zeitlich früher entstandene Schriften erklärt werden; Theorie als solche läßt sich nicht in Praxis übersetzen. Zudem widersprachen und verurteilten alle die oben genannten Denker, die für die Taten späterer Generationen verantwortlich gemacht werden, ausdrücklich in ihren Schriften einige der Machenschaften, von denen später gesagt wurde, sie rührten von ihrem Werk her – so wie Freud davor warnte, die im therapeutischen Setting auftauchenden Kindheitserinnerungen unbesehen für bare Münze zu nehmen (Lear, 1998, S. 22 f.).

Dürftige, vorurteilsvolle, idealistische und monokausale Geschichten sind nicht dazu gedacht, gesellschaftliche Phänomene zu erklären oder zu verstehen; sie wollen beschuldigen und belasten. Sie stellen einfache Kategorien und einen Schuldigen zur Verfügung. Mit anderen Worten: Sie sind mythisch. Ihre mythische Qualität befreit sie zudem von der Notwendigkeit einer jeden glaubwürdigen empirischen Beweisführung der aufgestellten Behauptungen. Für Crews' überspitzte Argumentation spielt es überhaupt keine Rolle, daß gerade nicht-analytische Therapeuten – obwohl einige wenige Analytiker sich angeschlossen haben mögen – das Recovered-memory-Syndrom zum Vorschein brachten. Ähnlich erklärt Tallis, daß die Psychoanalyse für Patienten oft – wie oft ist oft? – unheilvolle Auswirkungen hatte, deren organische Krankheiten als psychische Symptome fehldiagnostiziert wurden, beweist aber seine Behauptung durch keinerlei Belege. Es ist unnötig, darauf hinzuweisen, daß er, um die Psychoanalyse zu verdammen, zeigen müßte, daß eine fatale Inkompetenz bei Analytikern häufiger anzutreffen ist als bei anderen Psychotherapeuten oder Ärzten. Es fragt sich auch, warum Fuller Torrey vor allem die Psychoanalyse für die hohe Zahl psychisch Kranker unter den Obdachlosen verantwortlich macht, statt an der Wirtschaftspolitik, an in die Irre führenden Ideologien der Sozialpolitik und an der allgemeinen Gleichgültigkeit Kritik zu üben. Ironischerweise reichen weder Crews' noch Tallis' oder Fuller Torreys Einwände an die empirischen Standards heran, die Freuds Verleumder auf die Psychoanalyse anwenden.

Behauptung 6: *Wer sich der Psychoanalyse entledigt, befreit sich.* Angesichts einer solchen Sicht der Psychoanalyse ist es wohl kaum überraschend, daß Freuds Verleumder auf einen schnellen Tod der psychoanalytischen Theorie und Psychotherapie hoffen. Aber auch angesichts der vorher genannten Behauptungen wird offensichtlich, daß es als aufklärerische emanzipatorische Aktivität gilt, die zeitgenössische Intellektuellen-Szene von Überresten psychoanalytischer Verunreinigung zu säubern (Tallis, 1996, S. 671).

Wieder ist Ironie am Werk. Freuds Gegner betreiben ihre Kritik der Psychoanalyse genau so, wie Freud die Religion kritisierte. Wie Freud sind sie größtenteils mit den Wirkungen eines Glaubenssystems auf die Psyche derjenigen befaßt, die seinen Absurditäten erliegen. Ihr Ziel ist es, einen machtvollen, aber schädlichen Zauber zu entfernen – falsches Bewußsein zu demaskieren, wie dies einmal genannt wurde.

Fassen wir zusammen: Ich habe zu zeigen versucht, daß der aktuelle Diskurs der Freud-Verleumder den Mythos eines Befreiungskampfes gegen eine mächtige, aber schädliche Ideologie konstruiert. In vielerlei Hinsicht ist dies ein politischer Mythos. Weiter unterstelle ich, daß die Stoßkraft, die dieser Diskurs in den neunziger Jahren gewonnen hat, auch politisch erklärt werden muß, das heißt sowohl als Bestandteil der Kulturpolitik und politischen Institutionen wie auch als Ergebnis des politischen Klimas in den Vereinigten Staaten der Ära nach Reagan. Ich stimme mit Forrester darin überein, daß die »politische Seite dieses Hasses auf Freud mit dem Tod des amerikanischen Liberalismus der universalistischen Spielart des New Deal zusammenhängt. Die Identitätspolitik von Autonomie und Differenz ist grundlegend antithetisch zu den generalisierenden Behauptungen einer Lehre, die das Autonomiekonzept selbst in Zweifel zieht« (Forrester, 1997, S. 226). Schließlich gehe ich von der Vermutung aus, daß beim Krieg um Freud mehr auf dem Spiel steht als sein Ruf und sein Vermächtnis. Wie Jonathan Lear gezeigt hat, handelt der Krieg um Freud »von nichts Geringerem als der Vorstellung, daß der Mensch unbewußt motiviert ist. Der Kampf mag sich an Freud entzünden, aber tatsächlich betrifft er unser kulturelles Bild von der Seele des Menschen« (Lear, 1998, S. 27). Crews hat ja keinen Zweifel daran gelassen, daß er psychoanalytisches Denken in der Welt der Wissenschaften, beispielsweise in den Geisteswissenschaften, ebensowenig toleriert wie in der psychotherapeutischen Behandlung.

Es ist nicht ganz klar, welche Konzeption der Psyche und der Psychotherapie im Diskurs der Freud-Verleumder angeboten wird. Unwahrscheinlich ist, daß sie sich auf eine Vorstellung oder ein bestimmtes Bild verständigt haben. Welche Denkmodelle sie auch immer anbieten, so ist es recht offenkundig, daß keiner von ihnen das dynamische Unbewußte im Freudschen Sinn in Betracht zieht, das heißt eine innere bedrohliche Alterität bzw. Fremdheit, die einschränkt, eindringt und mit dem Bewußtsein verhandeln muß. Somit ersetzen Freuds Verleumder – explizit oder implizit – das politische psychische Modell, das meiner Ansicht nach das Herzstück des psychoanalytischen Diskurses ist, durch eine grundlegend unpolitische Konzeption, in der Behandlung und Veränderung technisch – zum Beispiel durch Medikation anstelle sozialer Interaktion – bewerkstelligt werden.

Zahlreiche Gründe können genannt werden, weshalb der Krieg um Freud viele dem Freudschen Werk wohlwollend gegenüberstehende Wissenschaftler und Psychoanalytiker in Verlegenheit gebracht hat. Erstens hat das Freud-Lager sich über viele Jahre einer recht tadelnswerten Politik schuldig gemacht. Es gab nur wenige öffentliche Untersuchungen zur Geschichte und

Praxis der Psychoanalyse, aber viel Heldenverehrung, Geheimhaltung, Zensur, Verleumdung von Gegenspielern, Kritikern und Dissidenten sowie nicht bestätigte Behauptungen bezüglich der therapeutischen Effektivität. Solch taktisches Vorgehen, von Freuds Verleumdern – richtig – zur Geltung gebracht und angeprangert, trägt viel zur Glaubwürdigkeit ihrer Behauptungen bei. Sie haben recht, wenn sie darauf verweisen, daß Freud kein fürsorglicher Mensch und fehlerloser Wissenschaftler war. Er war ein autokratischer, selbstbezogener Patriarch, der jeden aus der Bewegung ausschloß, der allzu eigenständiges Denken wagte. Er tendierte zu wilder Spekulation und integrierte vieles in sein System, das nach heutigen Standards Unsinn ist, zum Beispiel die Lamarcksche Theorie angeborener Vorstellungen. Er behandelte einige seiner Patienten falsch, war ihnen gegenüber aufdringlich und inquisitorisch. Natürlich wurden viele dieser Vorwürfe von zeitgenössischen Psychoanalytikern bestätigt; das meiste Material über Freuds Schattenseiten ist in psychoanalytischen Zeitschriften und Büchern nachzulesen.

Freuds Kritiker beginnen mit Behauptungen von Fakten, die für eine kleine Gruppe Orthodoxer sowohl eine tendenziell richtige als auch kritische Einschätzung ist, und gewinnen so mit Fug und Recht die Sympathien ihrer Leser. Wie ich gezeigt habe, entwickeln sie anschließend diese Fakten weiter zu einer Serie wilder Kausalbehauptungen und schriller Warnungen vor den schrecklichen Folgen der Psychoanalyse. Seltsamerweise könnte die Überspanntheit ihrer Logik und Rhetorik ein zweiter Grund sein, weshalb Freuds Verleumder einen so starken Eindruck hinterlassen haben. Potentielle Gesprächspartner befinden sich in einem Dilemma. Wie soll man auf einen so kampflustigen Diskurs reagieren? Krieg läßt wenig Raum für Loslösung und Differenzierung, man ist entweder Freund oder Feind. Da es sich hier um einen intellektuellen Krieg handelt, ist nicht nur zu entscheiden, welcher Seite man angehört, sondern auch, welcher Ton anzuschlagen ist. Erwidert man den rauhen Ton der Freud-Verleumder, arbeitet man ihnen in die Hand, indem man eine unangenehm derbe Diskursform als eine der Diskussion des Freudschen Werks und der Psychoanalyse angemessene Form akzeptiert. Alternativ dazu kann man die Unheilbringer ignorieren, aber nur zu dem Preis, begriffsstutzig oder überfordert zu erscheinen.

Drittens erwischten Freuds Verleumder aufgrund zahlreicher kultureller und gesellschaftlicher Veränderungen die psychoanalytische Gemeinde in einem Moment der Schwächung. Mit der veränderten Praxis der Krankenversicherung und des nationalen Gesundheitssystems geht einher, daß die teuren psychoanalytischen Behandlungen sowohl für potentielle Patienten als auch für Ausbildungskandidaten an Attraktivität verloren haben. Die Rückkehr zu einer positivistischen und naturalistischen Sicht der Seele, verbunden mit der vermeintlich raschen Wirksamkeit von Psychopharmaka, haben die Anwendung der *talking cure* in der Zukunft ernsthaft in Frage gestellt.

Die amerikanische Psychoanalyse befindet sich in einem Zustand der Desorientierung. Als Folge einer Rechtsklage gegen die Amerikanische Psychoanalytische Vereinigung wurde nicht-medizinischen Ausbildungskandidaten der Zugang ermöglicht, und nun befindet sie sich in einem tiefen Veränderungsprozeß. Zudem haben sich die psychoanalytischen Schulen stark vermehrt, begleitet von verschwimmenden Grenzen sowie Unsicherheiten, wohin die Psychoanalyse sich entwickeln mag. Im März 1998 berichtete die *New York Times* von einem Treffen am Mt. Sinai Krankenhaus in Manhattan, daß unter dem Einfluß postmoderner Kritik aus den eigenen Reihen viele Psychoanalytiker besessen seien von der Idee, »was sie wissen und nicht wissen, wie sie es wissen und nicht wissen, und was ihre Patienten zu wissen und nicht zu wissen glauben« (*New York Times*, March 14, 1998).

Zweifellos befindet sich die Psychoanalyse in einer Krise, und dieses Buch wird sie nicht davon erlösen können. Diese Krise wie auch der Krieg um Freud könnten sogar eine positive Wirkung haben, da sie das psychoanalytische Establishment von seiner Hybris und Engstirnigkeit, die zumindest teilweise die Feindseligkeiten zu verantworten haben, befreien könnte. Dieses Buch ist kein Rettungsversuch der Psychoanalyse. Mein Ziel ist lediglich hervorzuheben, daß Freuds Werk weder auf einen medizinalisierten oder szientistischen Diskurs beschränkt werden sollte oder kann noch auf eine Hermeneutik, die mit der Konstruktion heilender Narrative befaßt ist. Vielmehr setze ich mich dafür ein, daß das Freudsche Werk als eine zutiefst politische Theorie der Seele, der Familie, der Psychotherapie und der Gesellschaft gelesen werde sollte. Politische Theorien bedürfen einer politischen Praxis, und eine politische Theorie der Seele bedarf einer therapeutischen Praxis. Eine solche Theorie und Praxis ist jedoch nicht im Laboratorium überprüfbar, und empirische Forschung kann höchstens Indizien liefern, deren Bedeutung immer auf verschiedene Art und Weise auslegbar ist. In den Gesellschaftswissenschaften sind nur extrem einfache und triviale Hypothesen Gegenstand eindeutiger empirischer Bestätigung (Taylor, 1969). Meistens bietet empirisches Material große Interpretationsmöglichkeiten. Mit welchem validen Testverfahren ließe sich herausfinden, warum arbeitslose Arbeiter mehr als ihre nicht arbeitslosen Kollegen in der westlichen Kultur dazu tendieren, politisch rechts angesiedelte Parteien zu wählen? Wie kann allein mit empirischen Beweisen die zwischen Utilitaristen und Kantianern geführte Debatte darüber gelöst werden, welche Grundsätze die öffentliche Politik lenken sollten, und wie können empirische Beweise bei den Forderungen der Gesetzesutilitaristen gegen die der Handlungsutilitaristen den Schiedsrichter spielen? Welchen empirischen Nachweis – im Sinne eines Grünbaum oder Macmillan – gibt es für die politische Effektivität oder Triftigkeit einer sozialen oder feministischen Politik gegenüber einer anderen? Und dennoch gibt es bei all diesen Fragen eine Theorie und eine Praxis sowie eine mehr oder weniger begründete vernünftige Diskussion.

Ähnlich lese ich das Freudsche Werk: Freud unterbreitete ein Modell der innerseelischen Ordnung sowie ein Verfahren der Wiederherstellung, wenn diese Ordnung gestört wurde. Der Handlungsspielraum der Psychoanalyse ist begrenzt, da sie anscheinend nicht in der Lage ist, schwerwiegende Störungen zu behandeln, und selbst im günstigsten Fall ist, wie in jeder Politik, der Erfolg anfechtbar. Und wie in den politischen Diskursen über den äußeren, öffentlichen Bereich muß vieles tentativ und anfechtbar bleiben, und vieles hängt ab von der metaphorischen Linse, die für die Darstellung des komplexen Zusammenspiels der beteiligten Mächte und Interessen benutzt wurde (E. F. Miller, 1979; Zashin und Chapman, 1974).

Wenngleich Freud also keine naturwissenschaftliche Theorie der Seele schuf, ist der psychoanalytische Diskurs nicht dazu verurteilt, zu einer Fundgrube für vage philosphische Wahrheiten über einen Menschen zu werden, die, wie Crews konstatiert, »ebenso leicht für Shakespeare, Dostojewski oder Nietzsche – wenn nicht gar Jesus oder Paulus – gelten« könnten (Crews, 1995 a, S. 295). Gewiß war Freud nicht der erste Denker, der eine politische Metapher der Seele benutzte. Im Gegenteil ist dies vielleicht die älteste Metapher, die bereits in Platons berühmter *Politeia* Verwendung fand. Obgleich Platon also als ein Vorgänger Freuds gelten kann und als einer seiner Inspiratoren – neben Shakespeare, Dostojewski und Nietzsche –, sollte Freud weder auf den einen noch auf alle reduziert werden. Im Gegensatz zu Crews und anderen Freud-Verleumdern will dieses Buch zeigen, daß Freud einen originellen, fruchtbaren und wesentlichen Beitrag zum westlichen Denken über die Seele und die seelische Dynamik geleistet hat. Freuds Werk bewegt sich im Rahmen einer solchen Denktradition und treibt sie einen bedeutenden Schritt voran.

Vorwort

In der Absicht, ein umfassendes und historisch verankertes Bild der Politik der Psychoanalyse zur Verfügung zu stellen, skizziere ich in diesem Buch die Entwicklung der Freudschen Theorie und Praxis mit einem dualen – textuellen und kontextuellen – Ansatz. Gleich zu Anfang möchte ich klarstellen, daß in dem gesamten Buch die Begriffe »psychoanalytisch« und »Psychoanalyse« ausschließlich auf Freuds Schriften Bezug nehmen (es sei denn, der Kontext verweist eindeutig auf andere Autoren). Ich kehre zurück zu Freuds Texten, um emphatischer und grundlegender als bisher zu zeigen, daß Psychoanalyse politisch ist: Sie ist politisch sowohl in ihren medizinischen Ursprüngen, ihrem Sprachstil, der Logik ihrer Modelle, der historischen Entwicklung und inneren Struktur ihrer therapeutischen Praxis als auch in ihrer Analyse von Kultur, Religion, Geschichte und Gesellschaft.

Wann immer ich meinen Studenten, Freunden und Kollegen in den vergangenen Jahren erzählte, daß ich über den politischen Inhalt und Kontext des Freudschen Werks ein Buch schriebe, war die häufigste Antwort ein halb erstauntes, halb wegwerfendes: »Gibt es den?« Diese Reaktion spiegelt einerseits die konventionelle Sicht gegenüber Freud als Arzt und Wissenschaftler, der mit psychischen Störungen befaßt war und sich primär mit dem Bereich des Privaten auseinandersetzte, das heißt, mit der Familie, der Sexualität, dem analytischen Setting und der inneren Welt der Psyche. Andererseits drückt sich darin eine verbreitete, aber verkürzte Konzeption von Politik aus. Die Mehrzahl der Menschen ist der Ansicht, daß Politik nur in den entsprechenden speziellen Institutionen stattfinde – im Kabinett, Parlament, in den Parteien und in der Justiz, die alle mit dem Staat und mit Regierungspraxis zu tun haben.

Deshalb vernachlässigen oder verwerfen die meisten orthodoxen Analytiker politische Lesarten der Psychoanalyse. Trotzdem haben einige Autoren ihre Aufmerksamkeit auf den politischen Aspekt in Freuds Privatleben, in seinen Träumen und Briefen gerichtet (vgl. McGrath, 1974, 1986; Rothman und Isenberg, 1974; Schorske 1981). Andere haben die institutionelle Politik der Psychoanalyse untersucht, zum Beispiel die Kontroversen und Kämpfe um Freud, seine Anhänger und die unterschiedlichen Schulrichtungen der Psychoanalyse (vgl. Jacoby, 1983; Roustang, 1982; Roazen, 1979; Rustin, 1985; Turkle, 1978; Weisz, 1975). Einer dritten Gruppe können Autoren zugeordnet werden, die die Psychoanalyse als Erklärungs- bzw. Kritikinstrument für gesellschaftliche und politische Prozesse und Theorien und für gesellschaftliches Handeln hinzuziehen (vgl. Alford, 1991; Craib, 1990; Glass, 1980; Weinstein und Platt, 1969, 1973). Marxistische Freudianer beispielsweise neigen dazu, psychoanalytische Konzepte umzubilden und sie ihrem Theoriesystem einzupassen (vgl. I. H. Cohen, 1982; Fromm 1970 a; Horowitz, 1977; Kovel, 1988; Lichtman, 1982; Reich, 1933, 1972). Kulturkritiker und Historiker haben die Politik der Rezeption der Psychoanalyse untersucht bzw. den ideologischen Impetus des Freudschen Werks auf den Zeitgeist der zweiten Hälfte des 20. Jahrhunderts thematisiert (vgl. Boyers, 1975; Hale, 1971; Richards, 1989; Rieff, 1966). Insbesondere hat eine eindrucksvolle und stetig wachsende Gruppe feministischer Wissenschaftlerinnen das geschlechtsspezifische Vorurteil (Gender) im psychoanalytischen Diskurs in umfassender Weise unter die Lupe genommen (vgl. Benjamin, 1988; Brennan, 1992; Chodorow, 1982, 1989; Mitchell, 1974; Sprengnether, 1990).

In diesen Gruppen gibt es einige Autoren, für die der psychoanalytische Diskurs nicht nur politisches Denken beinhaltet oder von politischem Denken beeinflußt ist, sondern selbst schon eine spezifische Gesellschaftstheorie bzw. politische Theorie darstellt. Unter den Autoren, die diese Vermutung grundsätzlich teilen, sich aber in unzähligen anderen Aspekten signifikant voneinander unterscheiden, sind vor allem zu erwähnen: Jürgen Habermas (1968), Russell Jacoby (1975), Herbert Marcuse (1955, 1980), Philipp Rieff (1965), Paul Roazen (1970) und in jüngerer Zeit Jeffrey Abramson (1984), Stephen Frosh (1987), Yiannis Gabriel (1983) und Victor Wolfenstein (1993). Mit den Arbeiten dieser Autoren hat meine eigene Argumentation am meisten gemeinsam.

Bevor ich einen kurzen Überblick meiner Argumentation gebe, möchte ich erläutern, was ich meine, wenn ich etwas »politisch« nenne. Robert Dahl (1963, S. 6), einer der prominentesten Repräsentanten der modernen Politologie, versteht unter einem »politischen System ein dauerhaftes Muster zwischenmenschlicher Beziehungen, das in signifikantem Umfang Macht, Herrschaft und Autorität mit einschließt«. So haben sich politische Denker von

Platon bis Foucault nicht nur mit dem Bild öffentlicher bzw. staatlicher Macht und Dominanz auseinandergesetzt, sondern mit *allen* Gesellschaftsbereichen, die Herrschaft und Dominanz involvieren. Zudem hat in den letzten 20 Jahren die feministische Wissenschaft sehr dazu beigetragen, ideologische Ursachen und Folgen der Eingrenzung des Politischen auf den öffentlichen Bereich aufzudecken. Seit das Persönliche so überzeugend als politisch demaskiert wurde, ist offenkundig, daß der politische Diskurs nicht auf Fragen beschränkt werden kann, die staatliche oder öffentliche Belange thematisieren. Aus diesem Grund betrachte ich als politisch alles, was mit Machtausübung zu tun hat.

Was aber ist Macht, was impliziert die Ausübung von Macht? Nach meiner Auffassung kann Macht definiert werden als die Fähigkeit eines gesellschaftlichen Akteurs – eines Individuums oder einer Gruppe –, intentional auf die Handlungen oder Haltungen anderer Akteure einzuwirken.[1] Das bedeutet immer die Macht des einen gesellschaftlichen Akteurs *über* andere; das heißt eine Form der Herrschaft, Kontrolle, des Einflusses oder der Dominanz. Gleichwohl ist es für jede Machtbeziehung charakteristisch, daß selbst Akteure in untergeordneter Position anders hätten handeln können; denn von politischer Macht in gesellschaftlichen bzw. sozialen Beziehungen kann nur dann die Rede sein, wenn die Beteiligten nicht gänzlich ihres Status als Subjekte beraubt sind. Wird der Mensch auf einen Objektstatus reduziert, beispielsweise durch körperliche Übermacht oder Gewalt, ist gewöhnlich nicht von politischer Macht die Rede. Mit der Ausübung von Macht geht also keine direkte und absolute körperliche Kontrolle des einen Akteurs über den anderen einher. Im Gegenteil, Politik und Macht umfassen Beziehungen zwischen zwei oder mehreren gesellschaftlichen Akteuren, die in der Lage sind – zumindest im Prinzip –, dem Willen des anderen jeweils standzuhalten; und in denen trotzdem ein Akteur andere zu bewegen vermag, eine Haltung einzunehmen oder in einer Weise zu handeln, die sie sonst vermieden hätten.

Dennoch könnte von Politik nicht die Rede sein, würden Staat und Regierung nicht in die Diskussion einbezogen. Obwohl in allen sozialen und gesellschaftlichen Bereichen Macht ausgeübt werden kann, darf nicht übersehen werden, daß die institutionelle Verteilung von Macht immer in irgendeiner

[1] Bei der Diskussion des Konzepts der Macht beziehe ich mich auf folgende Quellen: Ball, 1975, 1988; Connolly, 1983; Foucault, 1980; Isaac, 1987; Lukes, 1974; Wartenberg, 1990.

Weise von der staatlichen Verteilung und Ausübung von Macht abhängig ist. Einerseits sind die individuellen Möglichkeiten und Rechte am Arbeitsplatz, in der Schule, auf der Straße, auf dem Sportplatz, in der Familie und in der Therapie von Regierungsentscheidungen beeinflußt, deren Wirkung offenkundig nicht auf jene Machtetagen beschränkt ist, in denen sie getroffen werden. Krieg und Frieden, Hunger und Nahrungsversorgung, Reichtum und Armut, Arbeit und Arbeitslosigkeit, Wissen und Nichtwissen – all dies sind Ergebnis von Regierungsentscheidungen. Der Staat reguliert auch – und dereguliert immer häufiger in letzter Zeit – Ausbildungseinrichtungen, Gesundheitswesen, Geldsystem, wissenschaftliche Forschung, öffentliche und private Transportmittel, Freizeitaktivitäten und Massenmedien.

Andererseits bilden Regierungsentscheidungen weder die ultimative Grundlage für politische Prozesse noch ein tieferliegendes Substrat der Macht. In der Regel sind sie von außerhalb der Regierung angesiedelten Ressourcen und Interessen beeinflußt, wie Militär, Industrie, Kirche oder Arbeit. Regierungsentscheidungen spiegeln den Grad der ökonomischen und technologischen Entwicklung, die Verteilung des Privateigentums sowie Konflikte unter frei gewählten oder zugeschriebenen Sozialgruppen. Sie repräsentieren maßgebliche Ideolologien und sprechen sich für – oder gegen – traditionelle Begriffe der Rasse, Klasse, des Geschlechts, der Familie, Gesundheit und Religion aus. Diese Ressourcen und Interessen spielen in dem Maße eine politische Rolle, in dem sie Regierungspraktiken beeinflussen oder ihrerseits durch diese beeinflußt werden.

Somit gibt es zwei Arten der Überschneidung zwischen Staat und scheinbar nicht-politischen Bereichen: Sie ist materiell, wenn sie Geld, Arbeitskraft, Technologie, Waffen oder Territorien umfaßt; und/oder sie ist symbolisch, wenn sie sich die Sprache, Bilder, Gesten der einen Sphäre aneignet und diese in der anderen Sphäre in Machtmittel verwandelt. Häufig sind beide miteinander verwoben; das heißt, Territorium kann sowohl einen symbolischen als auch einen materiellen Wert für die Regierung oder für eine bestimmte Gesellschaftsgruppe haben, und die Möglichkeit, einer Gesellschaftsgruppe eine bestimmte Sprache oder Kultur aufzuzwingen, ist gewöhnlich vom Besitz materieller Güter abhängig.

Des weiteren gibt die Ausübung von Macht Anlaß zu einem Diskurs, in dem soziale Instanzen Gesellschaftsprozesse interpretieren, konzeptualisieren und in Worte fassen. Offenbar sind sowohl die Bedeutungszuschreibung solcher Prozesse als auch ihre Repräsentation selbst schon ein politischer Akt.

Zum Beispiel kann eine politische Terminologie bestimmte gesellschaftliche Akteure als Täter darstellen, andere dagegen als Opfer; sie kann beide als Ausbeuter und Ausgebeutete einander konfrontieren oder als gleichberechtigte und freie Partner sich begegnen lassen. Eine solche Sprache kann gesellschaftliche bzw. soziale Praktiken und Institutionen entweder als rechtmäßig oder als unrechtmäßig erklären; sie kann Machtaspekte verleugnen, verzerren bzw. verschleiern oder aber versteckte Formen der Macht demaskieren und aufdecken. Gesellschaftliche Konzeptualisierungen – wie die des Femininen und Maskulinen, von Kindheit und Familie, Klasse und Ethnizität, Recht und Staat – können die Zusammenhänge zwischen den verschiedenen gesellschaftlichen Bereichen unterstreichen und Verbindungen und Kausalitäten aufdecken oder aber diese Bereiche voneinander isolieren und die Aufmerksamkeit davon ablenken, wie die verschiedenen gesellschaftlichen Praktiken sich zu einem größeren Ganzen zusammenfügen. Werden Kausalitäten, Verknüpfungen und Bedeutungen auf diese Weise transparent, kann ein solcher Diskurs Akteure zu neuen emanzipatorischen Formen gesellschaftlichen Handelns motivieren; verschleiern sie aber Bedeutungen und Zusammenhänge, engen sie die Möglichkeiten gesellschaftlichen Handelns ein und haben eine einschränkende Funktion.

Deshalb sollte sich aus meiner Sicht die Erforschung der Politik eines gesellschaftlichen bzw. sozialen Bereichs jeweils auf drei Schwerpunkte konzentrieren: a) auf die Verteilung und Ausübung von Macht in dem untersuchten Bereich; b) auf die verschiedenen Überschneidungen der Machtdynamik, das heißt auf die Art und Weise, wie die Dynamik des in Frage stehenden Bereichs von der Verteilung materieller oder symbolischer Mittel anderer Bereiche, insbesondere des Staates, entweder beeinflußt ist und/oder sie ihrerseits beeinflußt; und c) auf die Art und Weise, wie das bestimmende Vokabular des in Frage stehenden Bereichs die Machtdynamik repräsentiert, und auf die Verästelungen solcher Repräsentationsformen für das weitere politische Handeln.

Im Verlauf dieser Studie diskutiere ich die Politik der Psychoanalyse aus diesen drei Blickwinkeln. In jedem Stadium meiner Argumentation gebe ich dem Begriff »Politik« eine andere Wendung, abhängig von dem Gegenstand, den ich ins Auge fasse. Im ersten Teil thematisiert der Begriff der Politik die Beziehung zwischen Freuds frühem Werk und seinem ideologischen Kontext; das heißt, »Politik« bezieht sich darauf, wie Freud in seinen Schriften über Hysterie bürgerliche Werte, nationalistische Ideologien und rassistische Vorurteile, die das medizinische und politische Denken Ende des 19. Jahrhunderts beherrschten, ignoriert, kritisiert oder unterminiert. Ich behaupte, daß die von der Ärzteschaft und der Regierung vertretenen Sichtweisen nervöser Störungen in jener Zeit sich gegenseitig verstärkten und ergänzten, weshalb es notwendig ist, sie als zwei Dimensionen eines gemischten medizin-politischen Diskurses zu betrachten. Ich stelle Freuds frühe Schriften über Hysterie in diesen Kontext und versuche zu einer Bewertung zu gelangen, wie Freuds Äußerungen und sein Stillschweigen über Hysterie, Heredität und Ethnizität vom allgemeinen medizin-politischen Diskurs abwichen.

Im zweiten Teil verweist der Begriff der Politik darauf, wie Freud in seiner Metapsychologie die Sprache und Logik politischer Diskurse auf die Psyche anwendet. In einer detaillierten Textstudie der Freudschen Modelle der Seele zeige ich, daß diese politischen Diskurse das Vokabular der Hofadministration – wie Repräsentation, Zensur, Wahl – in die innere Welt der Seele transponieren. Da Freud die Seele als einen Mikrokosmos in Analogie zum Makrokosmos des Staates entwirft, zeichnet er ersteren als einen Bereich des Konflikts, der Macht und Kontrolle und transponiert die Dynamik von Macht und Unterwerfung direkt in die Tiefen des Unbewußten. Damit »politisiert« die Freudsche Metapsychologie die Seele des Menschen. Zudem zeige ich, daß selbst dort, wo Freud unpolitisch erscheint, beispielsweise wenn er hydraulische Metaphern heranzieht, sein Diskurs der Seele nicht nur die Grundprinzipien der Mechanik mißachtet, sondern auch eine implizite politische Logik erkennen läßt.

Zu Beginn des dritten Teils greife ich wieder auf einen historischen, kontextuellen Ansatz zurück. Hier bezeichnet »Politik« die Rolle, die äußere Faktoren wie Klasse, Geld, Erziehung, Bildung und beruflicher Status in den Anfängen der Psychoanalyse und bei der Bildung des klinischen Settings spielten. Zuerst diskutiere ich den Einfluß solch äußerer Faktoren auf Freuds Haltung, in der er sich in diesen ersten Tagen seiner therapeutischen Praxis seinen Patientinnen zuwandte. Anschließend untersuche ich die Aktivitäten der Psychoanalyse im Ersten Weltkrieg, als Wehrpflicht, Militärhierarchien, Nationalismus und staatliche Interessen in den Aufgabenbereich der Ärzte eindrangen.

In der zweiten Hälfte des dritten Teils schließlich bezieht sich der Begriff der Politik auf die innere Dynamik von Autorität und Macht im analytischen Setting. In einer Untersuchung der Sprache und Logik, in der Freud die therapeutische Praxis der Psychoanalyse beschreibt, präsentiere ich den psychoanalytischen Prozeß als emanzipatorische Praxis im privaten Bereich. Ich führe aus, daß Emanzipation möglich wird, weil Analytiker und Analysand in einer dualen Beziehung stehen, in der sich beide als Verbündete wie als Antagonisten begegnen und in einem dialektischen Zusammenspiel von vertraglicher Kooperation und konfliktuöser Opposition miteinander verbunden sind.

In Teil IV diskutiere ich die ideologischen Verästelungen in bezug darauf, wie Freud seine Vorstellung des Ödipuskomplexes auf alle Manifestationen von Autorität und Gehorsam – sowohl in der Familie wie in gesellschaftlichen Institutionen – anwandte. Zuerst zeige ich, daß Freud ein explizit politisches Bild der frühkindlichen Sexualität entwarf. Er »politisierte« die Familie und beschrieb deren intergenerationelle Konflikte als Machtkämpfe, die den Machtkämpfen des Staates ähnlich sind und Prozesse der Unterwerfung, Legitimation und Befreiung enthalten. Danach diskutiere ich Freuds Konzeption der Gesellschaft als eine groß angelegte, erweiterte Familie und seine Verwendung ödipaler Kategorien als Prisma der Repräsentation der Dialektik von Autorität und Gehorsam in mythischer Urzeit und in den heutigen »Massen«. In seiner Beschreibung der Herrscher und Führer als Vaterfiguren – so meine Argumentation –, deren Macht und Autorität für den gesellschaftlichen Zusammenhalt notwendig sind, befürwortet und legitimiert Freuds ödipale Perspektive das Patriarchat und den Autoritarismus.

So gesehen verwende ich den Begriff der Politik als polymorphes Konzept mit vielfältigen Bedeutungen. Allen ist gemeinsam, daß »Politik« sich immer darauf richtet, wie die psychoanalytische Theorie und Praxis die Verteilung und Ausübung von Macht strukturiert, beeinflußt und verkörpert und/oder wie sie sich auf das Verhältnis von einerseits psychoanalytischer Theorie und Praxis und andererseits explizit politischer – insbesondere staatlicher – Praxis bezieht.

Die unterschiedlichen Argumentationsstränge führen zu dem Schluß, daß die Psychoanalyse sowohl in ihrer logischen Struktur, Sprache und ihren Kategorien als auch in ihren Vorannahmen, Werturteilen und Auswirkungen politisch ist. Es zeigt sich, daß Freuds methodologische Erneuerungen und praktische Anwendungen in ihrem wissenschaftlichen, therapeutischen und gesellschaftlichen Kontext eine politische Bedeutung haben. Am Ende meiner Studie steht nicht nur das Ergebnis, daß die kulturellen, historischen und gesellschaftlichen Analysen Freuds – die im psychoanalytischen Diskurs oft als marginal betrachtet werden – mit Politik zu tun haben, sondern auch der

Beweis, daß die grundlegendsten Kategorien der Psychoanalyse, die sich auf die Seele, psychische Prozesse, Therapie, Sexualität und Familie beziehen, an sich schon dem modernen politischen Diskurs angehören.

Was ich über Psychoanalyse zu wissen glaube, habe ich nicht nur in meiner Auseinandersetzung mit den Texten Freuds, seiner Nachfolger, Kritiker, Interpreten und anderer Autoren gelernt, sondern auch durch die persönlichen Kontakte und Gespräche mit Analytikern, Lehrern, Studenten und Freunden in England, Israel und in der Schweiz. Ohne diese mit dem Dialog in Gang gesetzte Reflexion wäre es mir gar nicht möglich gewesen, den Lernprozeß zu bewältigen, der mit dem Schreiben des vorliegenden – ursprünglich als Doktorarbeit konzipierten – Buches verbunden war. Ich habe von den Anregungen, Fragen und Einwänden meiner Gesprächspartner sehr profitiert. Auch wenn es hier nicht möglich ist, sie alle namentlich zu nennen, gebührt einigen mein besonderer Dank.

Es war eine große Freude und ein großes Privileg, von Leszek Kolakowski als Doktorand am St. Antony's College, Oxford, betreut zu werden. Einen Doktorvater zu haben, auf dessen Unterstützung und Urteil ich vertrauen konnte, war ein ausgesprochener Glücksfall. Ernest Gellner und Gerald Cohen – meine Prüfer – stellten unter Beweis, daß eine Promotion sowohl denkerisch herausfordernd als auch vergnüglich sein kann, und unterstützten mich mit nützlicher, unterstützender Kritik. John Forrester begutachtete meine Arbeit für den Blackwell Verlag. Aus seinen Anmerkungen wurde mir klar, wieviel Arbeit mir noch bevorstand, und die vielen Seiten dichter Fragestellungen halfen mir, die Dissertation in die vorliegende Buchform zu bringen. Joseph Sandlers Graduierten-Seminar am Psychologischen Institut der Hebräischen Universität in Jerusalem verschaffte mir wichtige Einblicke in die Entwicklung psychoanalytischer Konzepte und in das Denken des klinischen Psychoanalytikers.

Ilana Bet-El, Eva Illouz, Yagil Levy und David Vital kommentierten diverse Teile meiner Vorfassungen. Yael-Janette Zupniks strenge Kritik richtete sich ebenso auf die Logik und Struktur wie auf den Stil und die Syntax meiner Darstellung. Naomi Alon unterstützte mich bei der mühsamen Aufgabe der Überprüfung der Anmerkungen und Quellen.

Dennoch hätte ich dieses Buch ohne die direkten und nachdrücklichen Reaktionen im Laufe der gesamten Arbeit von Leah Rosen, Yoav Peled und Daniel Strassberg wohl kaum in die vorliegende Form bringen können. Der gewaltige Anstoß, den mein Denken im herausfordernden und anregenden Austausch mit ihnen erfuhr, kann hier nicht genug betont werden. Vor allem aber waren sie Freunde und Begleiter bei einer – trotz aller Dialoge und Debatten – im wesentlichen doch einsamen Arbeit.

Schließlich gilt mein besonderer Dank Arnona Zahavi. Sie gab mir nicht nur das Verständnis, die Unterstützung und Anleitung, die ich brauchte, wenn ich mit anscheinend unlösbaren Fragen nicht weiterkam, sondern las auch das gesamte fertige Manuskript mit großer Sorgfalt und einem scharfen Auge für Ungenauigkeiten und Unklarheiten.

Ich danke für die Erlaubnis, bereits publiziertes Material einzufügen: »On the political rhetoric of Freud's individual psychology«, in: *History of Political Thought*, 5, 1984, 315-332; »The (ir)relevance of Freud's Jewish identity to the origins of psychoanalysis«, in: *Psychoanalysis and Contemporary Thought*, 14, 1991, 655-684; »Psychoanalysis, psychiatry and politics in the First World War«, in: *Journal of the History of the Behavioral Sciences*, 27, 1991, 323-336; »›Every path will end in darkness‹ or, why psychoanalysis needs metapsychology«, in: *Science in Context*, 7, 1994, 83-101.

Teil I

Nervosität und Nationalismus: Medizinische Politik und die Anfänge der Psychoanalyse

Als Freud sich mit seinen frühen Publikationen über Hysterie in den medizinischen Diskurs nervöser Erkrankungen Ende des 19. Jahrhunderts einschaltete, begab er sich in eine Kontroverse mit starken politischen Anklängen. Die medizinische Erklärung nervöser Krankheitszustände wie der Hysterie mit dem Konzept der »Degeneration« spiegelte und bestärkte bürgerliche Werte, nationalistische Ideologien und verbreitete Ängste angesichts rasant fortschreitender Verstädterung und Industrialisierung. Folglich war der medizinische Diskurs niemals nur sachlich und deskriptiv, sondern enthielt immer auch eine moralische Bewertung und eine politische Dimension. Waren sich die Mediziner der wilhelminischen Zeit, die ebenfalls in Österreich den Ton angaben, über die Definition der Hysterie im einzelnen auch uneins – in bezug auf die organischen Ursachen und die geographische und nationale Verteilung dieser Krankheit herrschte zwischen ihnen Einigkeit. Dementsprechend standen Nervosität und Nationalismus in einer Wechselbeziehung, da eine bestimmte Form von Nervosität einer bestimmten Nation zugeordnet wurde, und das Konzept der Degeneration wurde zum Hauptbestandteil einer nationalistischen Rhetorik, die sich auf die biologische Anlage und die Reinheit der Rasse konzentrierte. Die Botschaft dieser Debatte war ausnahmslos folgende: Anfälligkeit für Laster, Ausschweifung und Dekadenz, die sich in Trunksucht, in der Sexualität und im Verbrechen zeigt, geht auf Vererbung zurück. Diese erbliche Anfälligkeit kann zu einer biologischen Stoßkraft werden, einen negativen Selektionsmechanismus entwickeln und kriminelle Wahnsinnige, degenerierte Mörder und Prostituierte produzieren. Unterschiede bestanden nur darin, wie sich diese Anteile zu einer Kausalkette zusammenfügten.

In methodologischer Anlehnung an Quentin Skinner möchte ich in Teil I untersuchen, ob Freuds frühe Arbeiten mit allgemein anerkannten Annahmen und Konventionen der medizinpolitischen Debatte übereinstimmten, ob sie ihnen widersprachen, sie ignorierten oder sie unterliefen (vgl. Skinner, 1978, Bd. 1, S. xiii).[1] Ich will die der Freudschen Position zugrunde liegenden Motive und Intentionen aufdecken und herausarbeiten, ob sie in seiner klinischen Praxis zu suchen sind oder durch politische (das heißt äußere) Faktoren bestimmt waren. Abschließend werde ich erörtern, wie Freuds medizinischer Ansatz sich auf die moralischen und politischen Belange jener Zeit ausgewirkt hat. Hierzu werde ich zuerst ein detailliertes Bild des medizin-politischen Hintergrunds des Freudschen Werks entwerfen, um dann Freuds frühe Arbeiten über Hysterie in ihren historischen Kontext zu stellen und ihre politische Bedeutung zu untersuchen.

1 Hereditäre Laster

Aufgrund der in der Medizin der zweiten Hälfte des 19. Jahrhunderts engen Verflechtung der Ätiologie nervöser Erkrankungen mit politischen Belangen wurden solche Krankheiten mit Nationalität und Ethnizität oder, in der Terminologie praktisch aller europäischen Mediziner jener Zeit, mit der »Rasse« verbunden. Diese Verbindung verdankte sich vor allem dem Konzept der »geistigen Entartung«, das Benedict-Augustin Morel 1857 in die europäische Medizin eingeführt hatte. Unter Entartung bzw. Degeneration wurde im allgemeinen ein Langzeiteffekt der Moderne verstanden – insbesondere der Verstädterung und Industrialisierung –, deren Laster, Zwänge, Anforderungen, Hast und Lärm als übermäßige Belastungen des Nervensystems angesehen

[1] Vgl. hierzu auch Tully, 1988. Das Buch enthält eine umfassende Aufsatzsammlung über Skinners methodologische Arbeiten, eine Einführung von Tully und eine Reihe von Aufsätzen, die sich kritisch mit Skinner auseinandersetzen.

wurden. Das führe zu Erschöpfung und bringe die Menschen dazu, im Alkohol, in sexuellen Perversionen oder im Verbrechen Trost zu suchen. Solche Degenerationserscheinungen könnten die Nerven dermaßen schwächen, daß sie durch Vererbung an die folgenden Generationen weitergegeben werde, was noch mehr Erschöpfung, Laster und schließlich Neurose und Psychose zur Folge habe (vgl. Löwenfeld, 1891, S. 61, 75 f.; vgl. Pick, 1989; Chamberlin und Gilman, 1985; Nye, 1982; Mosse, 1982; Gilman, 1985 a, besonders S. 150 ff., 191 ff.).

Zu den bekanntesten degenerativen Neurosen zählten die Hysterie und die Neurasthenie. Unter Hysterie wurde eine Krankheit mit vielfältigen Symptomen verstanden, wie Lethargie und Ohnmachten, Empfindungsstörungen und Lähmungen, Gesichtsfeldeinengung (Tunnelblick), Verlust der Sprache, Geh- und Stehschwäche, epileptoide Anfälle und Krämpfe, Schrei- und Weinkrämpfe sowie Tagträumereien, Delirien und Halluzinationen. Wie der Name schon andeutet, galt die Hysterie ursprünglich als weibliche Krankheit, die mit der Gebärmutter (griechisch: hysteria) zusammenhing. So wurden hysterische Symptome über viele Jahrhunderte auf eine wandernde Gebärmutter zurückgeführt bzw. auf Dünste, die der Gebärmutter entweichen. Die systematische Erforschung der Hysterie in neuerer Zeit begann mit Paul Briquets *Traité de l'Hysterie*. Er untersuchte mehr als 400 Hysterikerinnen und definierte Hysterie als »eine Neurose des Gehirns, die sich hauptsächlich in einer Störung derjenigen vitalen Handlungen manifestiert, die mit dem Ausdruck von Gefühlen und Leidenschaften zu tun haben« (zit. nach Ellenberger, 1970, S. 209). Briquet verband die Hysterie also nicht mehr mit der Gebärmutter, und im Laufe der zweiten Hälfte des 19. Jahrhunderts wurde sie als eine Störung anerkannt, an der Männer und Frauen gleichermaßen litten (Micale, 1990; Showalter, 1993, S. 307, 313 f.).

Der Begriff der Neurasthenie bezeichnete nervöse Erschöpfungszustände, wie Migräne, Verdauungs- und Magenprobleme, Schlaflosigkeit, Depression, Impotenz und andere Symptome (Lutz, 1991; Drinka, 1984, S. 184 ff.; Ellenberger, 1970, S. 344 ff.). Das Syndrom der Neurasthenie wurde zuerst von dem New Yorker Arzt George Miller Beard 1869 beschrieben, der darin eine amerikanische Krankheit sah, verursacht durch Überarbeitung und das Großstadtleben, das Belastungen, Spannungen und Streßerscheinungen mit sich bringe. In Europa galt die Neurasthenie bald als eine typische Erkrankung von hart arbeitenden Juden in den Großstädten. Anders als Beard erkannte die europäische Medizin in der Neurasthenie aber auch eine degenerative Krankheit, die hervorgerufen wurde durch sexuelle Exzesse, Masturbation und vor allem Inzucht, von der man eine ambivalente, mit innerrassischer Vererbung und Inzest verbundene Vorstellung hatte.[2]

Morels Theorie pathologischer Vererbung beherrschte nicht nur das Denken europäischer Ärzte und Psychologen in jener Zeit. Sie wurde im gesamten kulturellen Diskurs bald zum Allgemeingut. Trotz unterschiedlicher Nuancierungen und Betonungen enthielten die diversen Theorien mehr oder weniger dieselbe Botschaft: Ausschweifung und Dekadenz können zur biologischen Größe werden und Menschen ohne Moralvorstellungen hervorbringen, die sich unausweichlich zu Trinkern, besessenen Onanisten, Wahnsinnigen, Verbrechern und Prostituierten entwickeln. Demnach galt Degeneration in der modernen Gesellschaft als Auslöser von Lastern sowie als deren Bestrafung.

Ein bekannter exzentrischer und widersprüchlicher Verfechter solch degenerativer Gefahren war Max Nordau. Dieser österreich-ungarische Jude, Psychiater, Dramatiker, Schriftsteller und Journalist, wurde als Mitbegründer der *World Zionist Organization* und als eine der führenden Figuren des modernen Zionismus berühmt. Neben anderen, der europäischen Kultur kritisch gegenüberstehenden Publikationen veröffentlichte Nordau 1892/93 ein Buch mit dem Titel *Entartung*, in dem er die Ästhetik und den Zeitgeist des *Fin de siècle* verdammte. Dieses Buch fand in Europa und den Vereinigten Staaten großen Anklang und erschien rasch in mehreren Auflagen und Übersetzungen. Ebenso rasch wurde es allerdings verrissen, und zwar von Berühmtheiten wie William James und George Bernard Shaw, die seinen arroganten und herablassenden Moralismus attackierten und sich gegen den Vorwurf krimineller Degeneration von Künstlern wie Wagner, Tolstoi, Nietzsche und Ibsen verwahrten (James, 1895, S. 289 f.; Shaw, 1918; vgl. Maik, 1989). Dennoch stimmte man den von Nordau benutzten degenerativen Kategorien im allgemeinen zu. Nordau faßte die gängige wissenschaftliche Meinung zusammen und schrieb: »Was fast allen Entarteten fehlt, das ist der Sinn für Sittlichkeit und Recht. Für sie gibt es kein Gesetz, keinen Anstand, keine Schamhaftigkeit. Sie begehen mit größter Ruhe und Selbstzufriedenheit Verbrechen und Vergehen, um irgend einen augenblicklichen Trieb, eine Nei-

[2] Diese Überlegungen sind in den beiden seinerzeit viel gelesenen Werken von Krafft-Ebing (1895) und F. C. Müller enthalten, der in seinem Handbuch (1893) die Neurasthenie die »Signatur der Epoche« nannte. Vgl. die ausführliche Bibliographie mit mehreren hundert Titeln in Müller, ebd., S. 1 ff.

gung, eine Laune zu befriedigen, und sie begreifen nicht, daß Andere daran Anstoß nehmen« (1920, S. 35).

Nordau führte Entartung auf psychische und physische Erschöpfung zurück, hervorgerufen durch übermäßigen Tabak- und Alkoholkonsum, rasche Urbanisierung – und die Eisenbahn! Seine Schlußfolgerungen waren düster: »Um unbildlich zu sprechen: die Statistik gibt an, in welchem Maße die Arbeitsleistung der gesitteten Menschheit seit einem halben Jahrhundert gestiegen ist. Dieser größeren Anstrengung, die sie zu machen hatte, war sie nicht ganz gewachsen. Sie hat sie ermüdet und erschöpft und diese Erschöpfung und Ermüdung kommt beim ersten Geschlecht als erworbene, beim zweiten als erbliche Massen-Hysterie zur Erscheinung« (ebd., S. 74).

Nordau widmete sein Buch Cesare Lombroso, Professor der Irrenheilkunde und gerichtlichen Medizin an der Universität Turin, Europas führende Autorität auf dem Gebiet der Degeneration (vgl. Pick, 1989, S. 109 ff.). Lombroso verbreitete in einem Buch zum Verhältnis von künstlerischem Genie und Irrsinn die Mär der Erbschädigung, zu dem Alkoholismus in den Folgegenerationen langfristig führe. Er erwähnt einen gewissen Max Jucke, dessen ausschweifender Alkoholgenuß angeblich das Schicksal späterer Generationen seiner Familie bestimmte. Lombroso zufolge wurden innerhalb von 75 Jahren 200 direkte und indirekte Nachkommen Max Juckes zu Dieben und Mördern, 280 waren blind und hatten andere fürchterliche Krankheiten, 90 gingen der Prostitution nach und mehr als 300 ereilte ein früher Tod, was den Staat – so Lombroso weiter – insgesamt etwa eine Million Dollar kostete (Lombroso, 1887, S. 78).

Solche Darstellungen waren typisch für den Umgang mit dem Thema der Degeneration. Schenkt man Lombroso Glauben, so war die Erblast der Ausschweifungen Max Juckes – fast tausend Nachkommen in einem dreiviertel Jahrhundert – nicht nur degeneriert, sondern auch höchst potent. Da sich aufgrund der Vererbung das Laster schneller zu verbreiten schien, war es für europäische Mediziner mehr als selbstverständlich, die Sorge um die psychische Gesundheit einzelner Patienten mit der Sorge um das Wohlergehen des Staates zu vermischen und über die negativen Auswirkungen der Degeneration auf die Nation besorgt zu sein. Dies ist in Richard von Krafft-Ebings Anmerkungen zu diesem Thema deutlich zu erkennen. Krafft-Ebing war Professor der Psychiatrie an der Universität Wien, und seine zuerst 1886 publizierte *Psychopathia Sexualis* wurde zum wissenschaftlichen Bestseller, der gleich in vier Exemplaren in Freuds Privatbibliothek stand:

»Episoden des sittlichen Niedergangs im Leben der Völker fallen jeweils zusammen mit Zeiten der Verweichlichung, der Ueppigkeit und des Luxus. Diese Erscheinungen sind nur denkbar mit gesteigerter Inanspruchnahme des Nervensystems, das für das Plus an Bedürfnissen aufkommen muss. Im Gefolge überhandnehmender Nervosität erscheint eine Steigerung der Sinnlichkeit, und indem sie zu Ausschweifungen der Massen des Volkes führt, untergräbt sie die Grundpfeiler der Gesellschaft, die Sittlichkeit und Reinheit des Familienlebens. Sind durch Ausschweifung, Ehebruch, Luxus jene unterwühlt, dann ist der Zerfall des Staatslebens, der materielle moralische Ruin seines solchen unvermeidlich. Warnende Beispiele in dieser Hinsicht sind der römische Staat, Griechenland, Frankreich unter Louis XIV. und XV. In solchen Zeiten des staatlichen Verfalls traten vielfach geradezu monströse Verirrungen des sexuellen Trieblebens auf, die jedoch zum Theil auf psycho- oder wenigstens neuro-pathologische Zustände in der Bevölkerung sich zurückführen lassen« (Krafft-Ebing, 1886, S. 6f.).

Es wurde aber auch angenommen, daß die Anerkennung nationaler Werte und die Bindung an sie Nervosität bekämpfen könnten. Damit war die Dynamik der Degeneration nicht ganz so deterministisch und unausweichlich, wie es ihre biologische Rhetorik nahelegt. Wiederherstellung und soziale Integration in die Nation erforderten vom einzelnen Mäßigung, Selbstbeschränkung und sogar Fügsamkeit; ein jeder hatte sich lebenstüchtig, stark und gesund zu halten, damit er mit der Eisenbahn fahren konnte, in der Industrie produktiv und im Krieg einsatz- und kampffähig war. Um die degenerativen Entwicklungen einzuschränken oder aufzuhalten, mußte jeder einzelne rechtschaffen und tugendhaft sein, das heißt sich Lebensprinzipien aneignen, die auf moralischer Strenge, Reinheit, Selbstdisziplin und männlicher Kraft gründeten. Zur Eindämmung der degenerativen Welle, die Europa in der zweiten Hälfte des 19. Jahrhunderts überschwemmte, schloß sich die europäische Mittelklasse – vom Großbürgertum bis zum Kleinbürgertum – in dem Bestreben zusammen, die nationale Anerkennung zu erlangen bzw. wiederzugewinnen und tiefe Ängste angesichts rapider Modernisierung zu beschwichtigen. Es wurden Vereine gegen Prostitution gegründet, soziale und wissenschaftliche Bewegungen, die sich für die Reinheit der Rasse und Moral einsetzten, Abstinenzlervereine, Zirkel zur Verbreitung eugenischer Grundsätze sowie Hygienevereine. Des weiteren entstanden Vereine zur Körpererziehung, dem die antisemitischen Vereine des Turnvaters Jahn ebenso angehörten wie die liberal-zionistische Makkabi Max Nordaus, die gesunde »Muskeljuden« hervorbringen sollte (Gilman, 1993 a, S. 164 f.).

Damit die Konsolidierung der modernen europäischen Nationalstaaten nicht gefährdet werde, mußten diejenigen, die sich nicht zu rechtschaffenen und tugendhaften Menschen entwickelten und nicht gesund wurden, in Gewahrsam genommen bzw. ausgeschlossen werden. Oder umgekehrt: Indem der Staat bestimmte Sozialgruppen als »degenerativ« abstempelte, konnte er diesen Gruppen politische Rechte und den Zugang zur Macht verwehren und eine Politik des Ausschlusses legimitieren. Medizin- und Sozialhistoriker haben nachgewiesen, wie das Degenerationskonzept im Nachkriegsitalien zur paternalistischen Einschränkung des Wahlrechts, zur Überwachung von kriminellen Rebellen und sexuell Devianten und schließlich zur Verbreitung der Rassenpolitik und eugenischer Praktiken und der damit verbundenen Erziehungspraktiken in ganz Europa benutzt wurde (ebd., S. 147 ff.; Pick, 1986; Dowbiggin, 1985; Schneider, 1982; Nye, 1984).

Aufgrund dieser Verbindung von Politik und Medizin konnten Mediziner, die sich mit nervösen Erkrankungen befaßten, als Hüter nationaler Gesundheit eine führende Rolle einnehmen. Diese Aufgabe, die staatliche Mittel und berufliche Selbstbehauptung versprach, erforderte, daß Mediziner willig und fähig waren, nervöse Störungen nicht nur der Medizin einzupassen, sondern sie auch in ein politisch sinnvolles wissenschaftliches System zu bringen. Deshalb umfaßten medizinische Standpunkte und Kategorien oft politische Implikationen und Motive, denen mehr Gewicht zukam als der Forschung und der klinischen Erfahrung.

Die Medizinhistorikerin Jan Goldstein (1982) verbindet zum Beispiel die herausragende Bedeutung der Hysterie als eigene Medizinkategorie in den siebziger und achtziger Jahren des 19. Jahrhunderts mit den Versuchen des französischen Staates, die Wissenschaft gegen die katholische Kirche auszuspielen. Selbstverständlich waren in diesen Jahren hysterische Symptome – Selbsttäuschungen und Halluzinationen, plötzlicher Sprachverlust, Verlust des Sehvermögens oder Lähmungen – kaum ein Novum. Goldstein fragt nun aber, warum die wissenschaftliche Erforschung solcher Phänomene genau zu diesem Zeitpunkt in Frankreich betrieben wurde. Sie arbeitet heraus, daß ursprünglich als religiös gedeutete Phänomene – zum Beispiel dämonische Besessenheit, die von Priestern behandelt wurde, oder mystische Visionen und öffentlich demonstrierte Ekstasen von Priestern – in dieser Epoche als hysterische Phänomene uminterpretiert wurden. Diese Verwandlung himmlischer in weltliche Kategorien diente zu Beginn der Dritten Republik der Politik der Säkularisierung und entsprach dem damaligen Zeitgeist, sich von der Religion ab- und der Wissenschaft zuzuwenden. In den Worten Goldsteins:

> »Die zunehmende wissenschaftliche Erforschung der Hysterie ist ... verbunden mit ... der Macht einer Profession, ihre Interessen in Zusammenarbeit mit einem gleichgesinnten politischen Regime auf Kosten des Klerus durchzusetzen; und umgekehrt mit der Macht dieses politischen Regimes – von der Wissenschaft ideologisch unterstützt und vorangetrieben –, Frankreich zu säkularisieren, die rivalisierende Autoriät der Kirche aus dem Nationalstaat zu entfernen ... Die Psychiatrie wurde in erster Linie dazu benutzt, die verbliebenen klerikalen Hochburgen zu vernichten ... Wenn im *fin de siècle* mehr Französinnen als je zuvor an einem Zustand erkrankten, der Hysterie genannt wurde, dann war ihre Krankheit teilweise eine politische Konstruktion« (1982, S. 239).

Nachdem Léon Michel Gambetta 1881 Premierminister geworden war, richtete er an der medizinischen Hochschule in Paris einen speziellen Lehrstuhl für Krankheiten des Nervensystems ein, auf den er den Neurologen und Leiter der Salpêtrière Jean-Martin Charcot berief (Goldstein, 1987, S. 368). Charcot nahm die Berufung an und demonstrierte in seiner Arbeit (mit Paul Richer) – und das diente eindeutig den antiklerikalen Vorstellungen der Regierung –, daß es sich bei den Darstellungen dämonischer Besessenheit in der religiösen Malerei und auf Kupferstichen in Wirklichkeit um Abbildungen von Hysterikerinnen handelt. Nach Goldstein bestand eine der unermüdlichen Beschäftigungen der Schule Charcots darin, dämonische Phänomene als hysterisch zu entlarven, was für Charcots öffentliches Ansehen unabdingbar war (ebd., S. 372).

Der Medizindiskurs über Hysterie ist auch insofern politisch zu nennen, als er im Diskurs zum Stellenwert ethnischer Gruppen unerläßlich war. Wie die Historikerin Hannah Decker in diesem Zusammenhang erklärte, gingen deutsche Ärzte davon aus, daß es in Deutschland weniger Hysterische gebe als in Frankreich. »Hysterische Erkrankungen waren durch und durch undeutsch« (1977, S. 80). In einer Dissertation von 1900 an der Universität Jena behauptete ein Autor, daß »bei naturalisierten und nicht naturalisierten Franzosen es mehr erblich belastete Individuen gibt als bei germanischen Rassen. Was andere Rassen betrifft, gibt es mehr Hysterie unter Juden und slawischen Völkern, insbesondere unter Polen« (zit. nach ebd., S. 80).

Mehr als jeder andere Wissenschaftler auf diesem Gebiet hat Sander Gilman auf die entscheidende Rolle der in den medizinischen und biologischen Theorien des auslaufenden 19. Jahrhunderts gängigen Stereotypen von Rasse und Geschlecht hingewiesen. Seine Untersuchungen zeigen, daß »zu Zeiten Freuds ... alle Aspekte der Biologie fugenlos miteinander verbunden [waren], wodurch die Biologie der ›Rasse‹ zu einem wesentlichen Bestandteil der Erörterungen innerhalb der biologischen und medizinischen Wissenschaft wurde« (Gilman, 1993 a, S. 23). So führte die in den medizinischen Ansätzen jener Zeit gängige Unterscheidung zwischen Normal und Pathologisch zu zahlreichen miteinander verbundenen hierarchischen Unterscheidungen, die das angesehene Bürgertum von lasterhaften Alkoholikern, Perversen, Kriminellen und Wahnsinnigen eindeutig trennte. Ähnlich trennte dieser Diskurs streng zwischen Ärzten und Patienten sowie zwischen Deutschen und »degenerierten« Rassen wie den Juden.

In Frankreich war es wiederum Charcot, der bei der Definition semitischer Krankheiten den Ton angab. Israeliten – wie er die Juden höflich nannte – hätten eine spezifische Erbanlage für bestimmte neurologische Störungen. Er betreute eine Doktorarbeit über das Herumwandern von Juden, eine angebliche Erbstörung, deren Kennzeichen ein krankhaftes und unstillbaren Bedürfnis sei, »von einem Heimatland ins andere zu vagabundieren« (Goldstein, 1985, S. 526 f.; Goetz, 1987, S. 23 f.; vgl. Gilman, 1993 b, S. 411 ff.). Charcot zufolge spielten bei solchen Erkrankungen umweltbedingte und erworbene Faktoren lediglich die Rolle eines *agent provocateur* und seien von sekundärer Bedeutung. Er stellte sich eine sogenannte *famille névropathique* vor, der Neurotiker gleicher erblicher Disposition vermeintlich angehörten (Gelfand, 1989, S. 295, S. 298 ff.; zu einem Literaturüberblick vgl. Gilman, 1993 a, S. 147 ff.).

Wie für viele seiner Zeitgenossen – Juden und Nichtjuden gleichermaßen – bildeten für Charcot die Juden eine eigene Rasse. Aufgrund der Tendenz von Juden, sich nicht mit anderen Ethnien zu vermischen, war es offensichtlich, daß Juden sich für vergleichende Rassenstudien bestens eigneten. Einerseits war anhand der Daten von Krankenhausaufenthalten zu erkennen, daß Juden eine niedrigere Säuglingssterblichkeit und weniger somatische Erkrankungen sowie eine längere Lebenserwartung zu verbuchen hatten als Nichtjuden. Andererseits zeigten diese Daten, daß Juden einen besonders hohen Anteil an »degenerativen Psychosen« – zum Beispiel Schwachsinn, Idiotie, Paranoia, dementia praecox (die heutige Schizophrenie), manische Depressionen und

»degenerative Neurosen«, das heißt Hysterie und Neurasthenie – aufwiesen (Pilcz, 1906; Hoppe, 1903; Sichel, 1909, 1913).

Angesichts dieser medizinischen Daten, die einen höheren Anteil nervöser Erkrankungen bei Juden nachwiesen, fühlten jüdische Ärzte sich unbehaglich; sie sorgten sich um die möglichen politischen Folgen (Gilman, 1984).[3] Cesare Lombroso war beispielsweise nicht nur eine wichtige Figur in der Degenerationsdebatte. Als jüdischer Arzt äußerst besorgt über den Antisemitismus, erklärte er: Wenn relativ mehr Juden mit nervösen Erkrankungen hospitalisiert würden, sei dies darauf zurückzuführen, daß sie einer besonders kreativen und innovativen Rasse angehörten. Zwar hätten sie ihren Genius mit Wahnsinn zu bezahlen, trügen aber mehr als jede andere ethnische Gruppe zur europäischen Kultur bei (Lombroso, 1894, S. 68 ff.).

Eine zweite, weniger apologetische Richtung verlagerte den Erklärungsansatz von der Biologie auf die Soziologie. Der deutsch-jüdische Arzt Max Sichel bezichtigte zum Beispiel die Nichtjuden einer moralischen Schuld: Sie hätten die Juden durch unerträgliche soziale Verhältnisse in die Degeneration gezwungen – zum Beispiel durch Ghettoisierung, Pogrome und Verfolgung, weshalb das Nervensystem der Juden unaufhörlich überlastet worden sei. Sichel ging davon aus, der proportional höhere Anteil hospitalisierter Juden bedeute keineswegs, daß mehr Juden auch wirklich krank seien. Er zog soziologische Faktoren heran – wie die Konzentration der Juden in den Städten, ihren vergleichsweise größeren Wohlstand und ihre höhere Bildung; dies habe dazu beigetragen, daß Juden nervöse Erkrankungen deutlicher spürten und nicht zuletzt auch das Krankenhaus bezahlen könnten (Sichel, 1909, S. 30 f., 36, 43). Sichel zog aus seiner Beschäftigung mit der Frage, ob die Rasse bei nervösen Störungen bedeutsam sei, den Schluß, daß Rasse und Vererbung als ätiologische Faktoren zwar eine Rolle spielten, hob aber hervor, daß der rassenbiologische Gesichtspunkt oft nur die Unfähigkeit ausdrücke, Phänomene auf andere Weise erklären zu können (ebd., S. 73 ff.). Trotzdem sah er sich selbst als jemand, der vom »rassenbiologischen Gesichtspunkt« her argumentiert (ebd., S. iii).

Eine andere soziologische Variante verband die Anhäufung nervöser Erkrankungen bei Juden mit ihren Emanzipationsbestrebungen und ihrem Zwang, sich im Kampf um Bildung und Besitz psychisch zu überfordern, um auf diese Weise soziale Benachteiligungen zu kompensieren und sich zur euro-

[3] Zur Reaktion der Juden in Frankreich vgl. Goldstein, 1985, S. 534.

päischen Gesellschaft Zutritt zu verschaffen. Dieser Ansatz gab das leidenschaftliche Moralisieren an die Juden selbst zurück, verurteilte den »Tanz um das goldene Kalb« ebenso wie Hast und Ehrgeiz und empfahl sportliche Betätigung zur Kräftigung des Körpers. »Hinaus aufs Land« war das Motto (Hoppe, 1903, S. 55 ff.).

Abschließend sollen die politischen Publikationen zionistischer Ärzte erwähnt werden, zum Beispiel Max Nordau und Leo Pinsker, die diesem Diskurs angehören. Sie kehrten die medizinischen Kategorien um und charakterisierten den Antisemiten als ein Individuum, das an einer vererbten Psychose (Pinsker, 1936, S. 9), einer deutschen Hysterie und einer gefährlichen Form von Verfolgungswahn leidet (Nordau, 1892–93). Zwar hatte diese medizinische und politische Sichtweise keine Auswirkung, aber es läßt sich gut daran aufzeigen, daß um die Jahrhundertwende selbst die radikalste politische Opposition gegen den Antisemitismus zwar zu Umkehrungen des Vererbungsparadigmas führen konnte, nicht aber zu einer völligen Ablehnung der biologistischen Terminologie, die den medizin-politischen Diskurs jener Zeit beherrschte.[4]

Erst am Ende des Ersten Weltkriegs räumte Raphael Becker, ein jüdischer Psychiater aus der Schweiz, endgültig mit dem »überholten und nicht sehr bedeutungsvollen Degenerationskonzept« auf, obwohl er seine Arbeit über »jüdische Nervosität« nach wie vor einen »Beitrag zur Rassenpsychiatrie« nannte (1919, S. 5, 30). Mit Nachdruck wandte er sich gegen die bislang unhinterfragte etablierte Meinung in diesem Bereich. Er stellte die Vererbungskonzepte durchweg in Abrede und ersetzte sie durch soziologische Hypothesen, die einer spezifischen Vererbung bei Juden keinen Raum ließ. Bekker erklärte, daß gesetzliche und soziale Bedingungen, die Verinnerlichung antisemitischer Vorurteile sowie der Religionsverfall, nicht aber das Konzept der Degeneration überzeugende Gründe für den bei Juden diagnostizierten hohen Anteil an Nervenkrankheiten liefere.

[4] Hinsichtlich weiterer Beispiele zum Diskurs jüdischer Ärzte über Hysterie vgl. Gilman, 1993 b, S. 405 f.

2 Verdächtige Sittlichkeit

Der junge Sigmund Freud muß Charcots Auffassung über Hysterie und Heredität – und vielleicht auch über dämonische Besessenheit und Juden – zwischen Oktober 1885 und März 1886 kennengelernt haben. In dieser Zeit verbrachte Freud als Neurologe mit einem Reisestipendium einige Monate an der Salpêtrière und hörte Charcots berühmte *Leçons du Mardi.* Während seines Medizinstudiums in Wien hatte Freud Ernst Brücke gehört, der eine streng materialistische Medizin vertrat und der positivistischen Helmholtz-Schule angehörte. Sechs prägende Jahre von 1876 bis 1882 hatte Freud in Brückes Laboratorium des Instituts für Physiologie auf dem Gebiet der Gehirnanatomie geforscht. Nach seiner Ernennung zum Doktor der Medizin wechselte Freud zur Psychiatrischen Klinik Theodor Meynerts, der die Klinik nach den strengen somatischen Prinzipien der Gehirnanatomie leitete. Freud beabsichtigte, seine neurologischen Studien in Paris fortzusetzen und sich dem Studium der Gehirnforschung bei Kindern zu widmen. Angesichts der enttäuschenden Bedingungen in den Pariser Laboratorien und der Allgegenwärtigkeit von Charcot – dieser trug die Spitznamen »Napoléon der Neurose« und »Caesar der Salpêtrière« – änderte Freud nach einigen Wochen seine Pläne und nutzte die Zeit, klinische Erfahrungen auf dem Gebiet der Hysterie und in der Anwendung der Hypnose zu sammeln.

Während der wenigen Jahre, in denen Charcot sein Vorbild war, übernahm auch Freud das Degenerationskonzept, wenngleich ohne dessen rassistische Untertöne. 1888 schrieb er beispielsweise: »Die Ätiologie des Status hystericus ist durchaus in der Heredität zu suchen: die Hysterischen sind immer erheblich zu Störungen der Nerventätigkeit veranlagt. ... Auch direkt hereditäre Übertragung der Hysterie wird beobachtet ... Gegen das Moment der Heredität treten alle anderen zurück und spielen die Rolle von Gelegenheitsursachen, deren Bedeutung in der Praxis in der Regel überschätzt wird« (1888 b, S. 82).

1894 übersetzte Freud Charcots *Leçons du Mardi* ins Deutsche. In seinen

Fußnoten äußerte er erstmals eine vom hereditären Ansatz seines Pariser Lehrers wesentlich abweichende Meinung. Er stellte fest, daß »[d]ie Konzeption der famille neuropathique ... einer ernsten Kritik kaum standhalten« würde (1892–94 a, S. 164). Einem Absatz, in dem Charcot erklärte, daß »Heredität die ›wirkliche Ursache‹ der hysterischen Anfälle« eines Patienten sei, fügte Freud hinzu: »Ich wage hier einen Einspruch. Die häufigere Ursache der Agoraphobie wie der meisten anderen Phobien liegt nicht in der Heredität, sondern in Abnormitäten des sexualen Lebens. ... Diese Neuropathien können in beliebiger Intensität *erworben* werden, sie fallen natürlich beim Belasteten, auf dieselbe Ätiologie hin, intensiver aus« (ebd., S. 161; Hervorhebung im Original).

In demselben Jahr arbeitete Freud auch mit seinem Wiener Mentor Josef Breuer an den *Studien über Hysterie.* In dem Bericht einer seiner ersten Patientinnen, Emmy von N., deren Symptome und Behandlung in den *Studien* beschrieben werden, stellte Freud ausdrücklich seine und Breuers Beurteilung der Patientin jenen anderen Medizinern gegenüber, die hysterische Frauen als degeneriert stigmatisierten. Freud und Breuer pflegten zu lächeln, wenn sie den Charakter ihrer Patientinnen

> »mit der Schilderung der hysterischen Psyche verglichen, die sich seit alten Zeiten durch die Bücher und die Meinung der Ärzte zieht. Wenn wir aus der Beobachtung der Frau Cäcilie M... ersehen hatten, daß Hysterie schwerster Form mit der reichhaltigsten und originellsten Begabung vereinbar ist – eine Tatsache, die übrigens aus den Biographien der für Geschichte und Literatur bedeutsamen Frauen bis zur Evidenz hervorleuchtet, – so hatten wir an Frau Emmy v. N. ... ein Beispiel dafür, daß die Hysterie auch tadellose Charakterentwicklung und zielbewußte Lebensführung nicht ausschließt. Es war eine ausgezeichnete Frau, die wir kennen gelernt hatten, deren sittlicher Ernst in der Auffassung ihrer Pflichten, deren geradezu männliche Intelligenz und Energie, deren hohe Bildung und Wahrheitsliebe uns beiden imponierte, während ihre gütige Fürsorge für alle ihr unterstehenden Personen, die innere Bescheidenheit und die Feinheit ihrer Umgangsformen sie auch als Dame achtenswert erscheinen ließ. Eine solche Frau eine ›Degenerierte‹ zu nennen, heißt die Bedeutung dieses Wortes bis zur Unkenntlichkeit entstellen« (1895 d, S. 160 f.).

Im Schlußkapitel des Buches erklärte Freud, daß man sich bei der Psychotherapie Hysterischer »von dem theoretischen Vorurteile frei halten [muß], man habe es mit abnormen Gehirnen von *dégénerés* und *déséquilibrés* zu tun« (ebd., S. 298).

Gleichzeitig gestand Freud jedoch, daß Emmy von N. »sicherlich eine neuropathisch hereditär belastete Person [war]. Ohne solche Disposition bringt man wahrscheinlich überhaupt keine Hysterie zustande« (ebd., S. 158). In seiner Krankengeschichte der Miss Lucy R. stellte Freud seine Position etwas anders dar. Er erklärte, daß es Hysterie ohne eine gewisse Disposition nicht gebe, das heißt nicht ohne eine allgemeine »Eignung«, Hysterie zu erwerben. Gleichzeitig unterschied er jedoch diese »Eignung«, die aus seiner Sicht bei einer »hereditär belasteten Person« feststellbar war, von einer »neuropathischen Disposition« (ebd., S. 180 f.).

Obwohl Freud also niemals ganz in Abrede stellte, daß Heredität oder Konstitution in der Ätiologie der Hysterie eine Rolle spielen könnten, ging er in den Jahren 1894 und 1895 eindeutig vom Degenerationskonzept ab. Erstens erklärte er in seinem Aufsatz »L'hérédité et l'étiologie des névroses«, daß aus seiner Sicht Vererbung am ehesten die Rolle der »Vorbedingung« zur neurotischen Entwicklung erfülle; sie könne die Krankheit zwar von selbst hervorrufen, nicht aber die spezifische Form, die die unterschiedlichen nervösen Störungen entwickeln (1896 a, S. 407). Zweitens hob er hervor, daß eine hereditäre Disposition zur Neurose, wenn man sie schon voraussetzt, nicht unbedingt eine Desintegration und eine individuelle psychische Schwäche zur Folge habe, wie es das Paradigma der Degeneration impliziert (1895 d, S. 161). Und drittens unterstellte Freud im Gegensatz zu seinen Zeitgenossen seinen Hysterikerinnen weder eine mangelnde Ethik und Sittlichkeit noch eine Tendenz zu niederer Gesinnung, zu Korruption oder Kriminalität.

Bereits in ihrer »Vorläufigen Mitteilung« stellten Freud und Breuer fest, daß »man unter den Hysterischen die geistig klarsten, willensstärksten, charaktervollsten und kritischsten Menschen finden kann« (1893 a, S. 92). Freud machte für die Krankheit seiner Hysterikerinnen eine Sittenstrenge verantwortlich, die ihnen nicht erlaubte, mit ihrem erhöhten Selbstbild unvereinbare sexuelle Wunschvorstellungen auch nur wahrzunehmen. Nach Freuds Einschätzung mündete die Überanpassung der bürglichen Frau an die »Kulturforderungen« – für ihn das Ergebnis einer übermäßig strengen Erziehung – in einen Konflikt zwischen Begierde und Pflichtgefühl, der seine Patientinnen »Zuflucht ... in der Neurose« suchen ließ (1908 d, S. 158). Und er zog den Schluß, daß »ein größeres Maß von moralischem Mute ein Vorteil für das Individuum gewesen wäre« (1895 d, S. 182).

Freud nahm an, die Passivität seiner Patientinnen sei so groß, daß sie nicht einmal mehr auf Angriffe oder Demütigungen reagieren konnten und deshalb erkrankten: »Eine Beleidigung, die vergolten ist, wenn auch nur durch Worte, wird anders erinnert als eine, die hingenommen werden mußte, und der Sprachgebrauch bezeichnet auch charakteristischerweise eben das schweigend erduldete Leiden als ›Kränkung‹« (1893 h, S. 193; vgl. 1893 a, S. 87).

Worin könnte aber der Grund liegen, daß Freuds Patientinnen Mißbrauch und Demütigung passiv und schweigend erduldeten? Anscheinend sah Freud seine Hysterikerinnen in einem engen Netz verinnerlichter sozialer und moralischer Vorstellungen gefangen, die ihnen kategorisch soziale Verpflichtungen aufbürdeten, aus denen sie sich selbst nicht zu befreien vermochten. Nicht nur die »verbotene« Sexualität, sondern alle Emotionen könnten das übermäßig strenge und moralische Selbstbild der Hysterikerinnen bedrohen. Aus Angst vor den eigenen Gefühlen seien sie unfähig, auf Aggression und Mißbrauch zu reagieren; sie zögen sich zurück und hüllten sich in Schweigen. Wollten Hysterikerinnen ihre Traumen dann »vergessen« und »gefährliche« Affekte vermeiden, würden Erinnerungsvermögen und dazugehörige Affekte in der Seele »eingeklemmt«. Schließlich kämen diese unerträglichen Affekte in hysterischen Anfällen, in denen sich »die peinlichen Kontrastvorstellungen, welche das normale Bewußtsein hemmt und zurückweist, ... hervortraten und den Weg zur Körperinnervation fanden«, als ein unbesiegbarer »Gegenwille« wieder zum Vorschein (1892–93 a, S. 14).

Die Anorexie einer Patientin erklärte Freud beispielsweise durch ihre stillschweigende Hinnahme, daß sie »als Kind ... aus Furcht vor Strafe gezwungen [war], mit Ekel die kalte Mahlzeit zu essen, und in reiferen Jahren ... die Rücksicht auf die Brüder [verhinderte], die Affekte zu äußern, denen sie bei den gemeinsam genommenen Mahlzeiten unterlag« (1895 d, S. 145). Einer anderen Patientin – ihre Krankengeschichte ist in den *Studien über Hysterie* beschrieben –, die sich als Sängerin ausbilden ließ, versagte bei gewissen Tonlagen die Stimme. Freud zufolge hatten die Probleme begonnen, als sie nach dem Tod ihrer Mutter ihre jüngeren Geschwister vor dem sexuell bedrängenden und tyrannischen Vater zu schützen versuchte. »[J]edesmal, wenn sie eine Antwort schuldig bleiben mußte, wenn sie sich gezwungen hatte, auf eine empörende Beschuldigung ruhig zu bleiben, fühlte sie das Kratzen in der Kehle, das Zusammenschnüren, das Versagen der Stimme, kurz alle die im Kehlkopfe und Schlunde lokalisierten Empfindungen, die sie jetzt im Singen störten« (ebd., S. 238).

Das deutlichste Beispiel für den Leidensweg der Hysterikerin liefert Elisabeth von R. Wie immer beschreibt Freud ihre Charakterzüge als unvereinbar mit degenerativen Annahmen; auch ihre Familie sei frei von hereditären Makeln. Für Freud war Elisabeth von R. eine gutaussehende und ungewöhnlich intelligente Frau, obwohl die »Selbständigkeit ihrer Natur« über das hinausging, was er als »das weibliche Ideal« betrachtete. Anders formuliert: Sie legte ein »gute[s] Stück Eigensinn, Kampfbereitschaft und Verschlossenheit« an den Tag (ebd., S. 227). Elisabeth von R. war nicht gerne »Weib«; statt zu heiraten, wollte sie lieber Musik oder Gesang studieren. Sie verwarf dann aber ihre Pläne und opferte sich für ihre Familie auf; als ihr Vater erkrankte, übernahm sie seine Pflege, und verbrachte 18 Monate Tag und Nacht an seinem Krankenbett. Während ihre beiden Schwestern nach dem Tod des Vaters heirateten, blieb Elisabeth von R. bei ihrer Mutter, umsorgte sie und schloß sich von der Umwelt ab. Sie unternahm mehrere erfolglose Versuche »zur Herstellung eines neuen Familienlebens« und wurde »nicht müde ... zu wiederholen, das Schmerzliche daran sei das Gefühl ihrer Hilflosigkeit gewesen, die Empfindung, sie ›komme nicht von der Stelle‹« (ebd., S. 217). Hier also war die unbewußte Bedeutung ihrer Krankheit zu finden. Das »ehrgeizige und liebebedürftige Mädchen«, wie Freud Elisabeth von R. nannte, entwickelte eine Gehschwäche und starke Schmerzen in den Beinen, wenn sie nicht mehr verhindern konnte, ihrem Mangel an Einfluß ins Auge zu sehen (ebd., S. 206). Ohne erklärbare organische Ursachen wurde sie fast zur Invalidin. »Sie war sich bis dahin stark genug vorgekommen, um den Beistand eines Mannes entbehren zu können, jetzt bemächtigte sich ihrer ein Gefühl der Schwäche als Weib, eine Sehnsucht nach Liebe, in welcher nach ihren eigenen Worten ihr starres Wesen zu schmelzen begann« (ebd., S. 220). Freud verstand Elisabeth von R.s Schmerzen und Gehschwäche als »somatischen Ausdruck ... für ihre Unselbständigkeit, ihre Ohnmacht, etwas an den Verhältnissen zu ändern« (ebd., S. 244). Er stellte die rhetorische Frage: »Was ist es denn, was sich hier in körperlichen Schmerz verwandelt? Eine vorsichtige Antwort könnte lauten: Etwas, woraus *seelischer* Schmerz hätte werden können und werden sollen« (ebd., S. 233 f., Hervorhebung J. B.).

Was Elisabeth von R.s Beine im wahrsten Sinne des Wortes lähmte, scheinen Wut und Ressentiments gewesen zu sein, hervorgerufen durch eine demütigende soziale Situation, die sie meinte passiv, schweigend und alleine ertragen zu müssen. Indem sie ihr seelisches Leid, ihre Bedürfnisse, Wünsche und ihren Zorn verdrängten, vermieden Hysterikerinnen wie Elisabeth von R.

zuallererst unerträgliche Gefühle von Hilflosigkeit und Demütigung. So gesehen könnte das pathologische »Vergessen« der Hysterikerinnen der vergebliche Versuch einer Rückeroberung des eigenen Inneren gewesen sein, indem sie sich in Schweigen hüllten.

Diese auf die gesellschaftliche Rolle der Frau und auf ihre verborgenen Gefühle der Hilflosigkeit ausgerichtete Lesart der *Studien über Hysterie* unterscheidet sich erheblich von Freuds Schlußfolgerungen im letzen Kapitel, in dem er allgemeine Überlegungen »Zur Psychotherapie der Hysterie« anstellt. Dort behauptet er in aller Deutlichkeit, daß die Symptome seiner Patientinnen auf sexuelle Faktoren zurückzuführen seien (ebd., S. 254 ff.). Diese Argumentation steht in auffallendem Gegensatz zu den vorher detailliert beschriebenen vier Krankengeschichten, in denen er die Sexualität seiner Patientinnen nur marginal berücksichtigt. Aus meiner Sicht können Freuds Krankengeschichten leicht als Hinweis auf eine politische Unterströmung gelesen werden, die sich in den Symptomen seiner Patientinnen niederschlägt.

Folgen wir der feministischen Kritik an Freud, lassen sich die Symptome seiner Patientinnen als unbewußte Karikaturen eines Verhaltensrepertoires verstehen, das Ende des 19. Jahrhunderts als typisch weiblich galt. Hysterikerinnen überzogen gewissermaßen die Auslegung weiblicher Klischees. Ihr Verhalten war derart inkohärent, irrational, unvorhersehbar und theatralisch, sie präsentierten sich als derart zerbrechlich, abhängig und schwach, daß sie ihre gesellschaftlich zugeschriebenen Rollen gar nicht mehr auszufüllen vermochten. Und für ihr soziales Umfeld wurden sie zur Last und zum Ärgernis. Indem sie die ihnen aufgebürdete Hilflosigkeit hyperbolisch ausdehnten, widersetzten sie sich gesellschaftlichen Konventionen und gewannen einige Verfügung über sich zurück.[5]

Ich meine, daß ein weiterer Aspekt dieses sozialen Protests hervorgehoben werden sollte. Betrachten wir die Hysterie aus politischer Sicht, wird deutlich, daß Hysterikerinnen nicht nur gegen ihre Hilflosigkeit und Machtlosigkeit in einer patriarchalen Gesellschaft protestierten, sondern am Ende ihre Machtlosigkeit noch verstärkten. Weil sie eigene Erwartungen, Bedürfnisse und Wünsche verdrängten – statt die herrschenden gesellschaftlichen Nor-

---

[5] Vgl. hierzu die aufschlußreiche Untersuchung und kritische Diskussion aus feministischer Perspektive von Showalter (1993) und die Historiographie der Hysterie von Micale (1989), des weiteren meine Diskussion feministischer Interpretationen der Hysterie in diesem Band, Kapitel 11.

men offen zu kritisieren oder Widerstand gegen sie zu leisten –, erkrankten Freuds Patientinnen an sich selbst. Mit ihrem hysterischen Leiden trugen sie selbst zu ihrer psychischen wie körperlichen Beeinträchtigung bei und marginalisierten sich auf gesellschaftlicher Ebene.

Aus meiner Sicht ist es wichtig, das Selbstzerstörerische oder Pathologische des hysterischen Protests zu unterstreichen und diesen von anderen »normalen« Widerstandsformen zu unterscheiden. Auch wenn sich hier keine klare Linie ziehen läßt, ist diese Unterscheidung psychologisch wie politisch bedeutsam. Kurz gefaßt würde ich sagen, daß normaler politischer Protest von einem Konflikt herrührt, dem zufolge ein Individuum seine bzw. ihre Werte, Überzeugungen und Grundsätze im Vergleich zu jenen der Gesellschaft, der gesellschaftlichen Institutionen und Normen, als gegensätzlich erfährt. Pathologischer Protest dagegen ergibt sich aus einem Konflikt, der das Individuum daran hindert, seine bzw. ihre Bedürfnisse, Rechte, Wünsche und Erwartungen gegen die gesellschaftlich angebotenen Möglichkeiten und Maßstäbe bewußt zu verteidigen. Für diese Menschen ist es charakteristisch, daß sie die auferlegten Sozialrollen als äußerst frustrierend erfahren, obgleich sie die gesellschaftlichen Normen und Wertvorstellungen gründlich verinnerlicht haben. So sind sie unfähig, sich offen mit gesellschaftlichen Normen und Forderungen zu konfrontieren oder sich selbst bzw. anderen gegenüber ihre Unzufriedenheit mit ihrer gesellschaftlichen Rolle einzugestehen. In der Formulierung Michel Foucaults (1954, S. 66): »Wo das normale Individuum die Erfahrung eines Widerspruchs macht, macht der Kranke eine widersprüchliche Erfahrung; die Erfahrung des einen öffnet sich auf den Widerspruch, die des anderen schließt sich über ihm. Mit anderen Worten: normaler Konflikt oder Doppeldeutigkeit der Situation; pathologischer Konflikt oder Ambivalenz der Erfahrung.«

Zweifellos ist für Freud dieser innere Konflikt, der seine Patientinnen in die Hysterie trieb, in den *Studien über Hysterie* von zentralem Interesse. Deshalb sollten Freuds frühe Krankengeschichten »politisiert« und als Betrachtungen zur Ätiologie und Therapie einer pathologischen Form sozialen Protests gelesen werden – auch wenn der Autor selbst dies so nicht definiert hat.

Freud zufolge waren Hysterikerinnen weder aufgrund eines degenerativen Vererbungsprozesses noch aufgrund amoralischen Verhaltens erkrankt. Im Gegenteil: »Alle, die edler sein wollen, als ihre Konstitution es ihnen gestattet, verfallen der Neurose; sie hätten sich wohler befunden, wenn es ihnen möglich geblieben wäre, schlechter zu sein. … in vielen Familien [sind] die

Männer gesund, aber in sozial unerwünschtem Maße ungesund, sondern auch unmoralisch, die Frauen edel und überverfeinert, aber – schwer nervös« (1908 d, S. 154).

Freud schrieb seinen Patientinnen nicht nur eine überstrenge Sittenmoral zu, sondern auch – in der Formulierung Josef Breuers – »eine psychische Überleistung« auf intellektueller Ebene (1895d, S. 292, Nachtr.), womit er die eifrigen Bemühungen seiner Hysterikerinnen meinte, sittsam, kultiviert und effizient zu sein. Auch hier unterschieden sich seine Ansichten von der gängigen Meinung: Nicht die Überarbeiteten, Erschöpften und Lasterhaften würden krank; vielmehr müsse die reduzierte seelische Verfassung der Hysterikerinnen als Ergebnis einer psychischen Spaltung verstanden werden. Überhöhte Anforderungen seitens der Eltern, rigide gesellschaftliche Zwänge, eine strenge Sexualmoral und starre Verhaltensmuster von Sittlichkeit könnten selbst für die konstitutionell Gesündesten eine Belastung sein, wenn sie sich in unlösbare psychische Konflikte verstrickten. Machte das Stadtleben krank, dann geschah dies nicht aufgrund von Laster und Korruption, wie seine Kollegen meinten, sondern aufgrund »der Steigerung der sexuellen Einschränkung« (1908 d, S. 157). In radikaler Umkehrung des Verhältnisses von Sittlichkeit und Gesundheit behauptete Freud, daß dem Menschen Gesundheit nicht gesichert werde, wenn man ihn vor Degeneration schütze, sondern daß die wirkliche Krankheitsursache, die seine Zeitgenossen mit Degeneration in Zusammenhang brachten, der oft übermäßig sittenstrenge Moralismus des städtischen Bürgertums sei.

Freud meinte sogar, der Arzt werde »häufig genug durch die Beobachtung nachdenklich gemacht, daß gerade die Nachkommen solcher Väter der Nervosität verfallen, die, aus einfachen und gesunden ländlichen Verhältnissen stammend, Abkömmlinge roher aber kräftiger Familien, als Eroberer in die Großstadt kommen und ihre Kinder in einem kurzen Zeitraum auf ein kulturell hohes Niveau sich erheben lassen« (ebd., S. 145). Anders formuliert: Neurotiker werden oft gesund geboren, können aber durch Erziehung erkranken, wenn die Eltern zu sehr darauf bedacht sind, ihre Familie den übertriebenen Moralvorstellungen des städtischen Bürgertums anzugleichen.

Der therapeutische Fortschritt war Freud zufolge aufgrund der irrtümlichen Betonung der Heredität behindert worden, und er klagte: »Diese spezifischen und deterministischen Fälle nervöser Störungen sind zu wenig untersucht worden, da sich die Mediziner durch die grandiose Perspektive der Ätiologie der Heredität blenden ließen« (1896 a, S. 410, im Original französisch). Nach Fertigstellung der *Studien über Hysterie* räumte Freud solchen Erklärungen gegen die Vererbungslehre und gegen das Degenerationskonzept im Vorwort seiner Arbeiten einen festen Platz ein, und manchmal scheint es sogar, als wären sie sein Hauptanliegen gewesen (1895 c, S. 345; 1895 f, S. 357 ff.; 1896 a, S. 407 ff.; 1896 b, S. 380).

1898 brachte Freud seinen Arztkollegen nahe, daß bei Neurasthenie »sie es nicht mit Opfern der Zivilisation oder der Heredität, sondern ... mit Sexualitätskrüppeln zu tun haben« (1898a, S. 504). Im Vorwort zu den *Drei Abhandlungen zur Sexualtheorie* wiederholte er, was mittlerweile sein *ceterum censeo* geworden war: daß »man fragen [muß], welchen Nutzen und welchen neuen Inhalt das Urteil ›Degeneration‹ überhaupt noch besitzt« (1905 d, S. 37). Und auf einer wissenschaftlichen Tagung der Wiener Psychoanalytischen Vereinigung betonte Freud laut Protokoll vom 1. Mai 1907: »Ganz abzuweisen sei der Begriff [der Degeneration] im Hinblick auf den historischen Sinn, den er enthalte: nämlich darin, daß einst einmal ein vollkommenes Geschlecht tatsächlich existiert habe, dessen Nachkommen allmählich entartet seien. Das sei aber falsch: solche Menschen habe es nie gegeben und wir seien nicht degenerierter, als unsere Vorfahren vor etwa 100 oder 1000 Jahren es gewesen seien« (Nunberg und Federn, 1962–74, Bd. 1, S. 175).

Michel Foucault scheint als einziger die Bedeutsamkeit von Freuds Bruch mit dem »Komplex Perversion – Vererbung – Degeneration« zu bemerken (Foucault, 1976, Bd. 1, S. 143).[6] In den meisten anderen Publikationen wurde versäumt, auf die Wichtigkeit dieser Absage Freuds an das Degenerationskonzept zu verweisen: daß Freud nämlich, indem er die Degenerationshypothese verwarf, nicht nur den faktischen Gegebenheiten, sondern auch der Sexualmoral seiner Zeit widersprach. Für ihn waren perverse Tendenzen kein dekadentes Symptom einer von Natur aus gegebenen und klar definierbaren Heterosexualität. Vielmehr wurde der Mensch aus seiner Sicht mit einer polymorphen bzw. diffusen Sexualität geboren: »Die Perversionen sind weder Bestialitäten noch Entartungen im pathetischen Sinne des Wortes. Es sind Entwicklungen von Keimen, die sämtlich in der indifferenzierten sexuellen Anlage des Kindes enthalten sind« (1905 e, S. 210). Er wies darauf hin, daß die Sexualität unsichere Grenzen habe und Homosexuelle in der griechischen

6 Vgl. hierzu auch Gilmans umfassende Zusammenstellung von Freuds Überlegungen zu Degeneration und Entartung, 1985, S. 72 ff.

Kultur nicht nur toleriert, sondern ihnen sogar wichtige gesellschaftliche Aufgaben anvertraut worden waren. Freud brachte seine Mißachtung gegenüber der damals allgemein »kulturell« genannten Sexualmoral zum Ausdruck, indem er in seiner diesem Thema gewidmeten Schrift von 1908 »kulturell« ausnahmslos in Gänsefüßchen setzte. Er führte aus, daß eine permissivere Sexualmoral und der Mut, verbotene sexuelle Wunschvorstellungen wahrzunehmen und anzuerkennen – und sie zu leben –, Frauen vor Erkrankungen bewahren könnten. Selbst außereheliche Affären der Frauen zog er als einen wenngleich unwahrscheinlichen, so doch potentiell wirksamen Schutz gegen die Neurose in Erwägung, und er warf die Frage auf, ob die »›kulturelle‹ Sexualmoral die Opfer wert ist, welche sie uns auferlegt« (1908 d, S. 161 f., 166).

Diese kritische Frage, die allein durch ihre Benennung gegen die etablierten medizinischen Moralvorstellungen jener Zeit verstieß – die Sittlichkeit als Schlüssel zur Zukunft proklamierte –, wurde zur Triebfeder in großen Teilen seiner Schriften, zum Beispiel in *Die Zukunft einer Illusion* (1927 c) oder *Das Unbehagen in der Kultur* (1930 a). Die Grundlage hierzu hatte Freud jedoch bereits im ersten Jahrzehnt seines psychoanalytischen Wirkens geschaffen.

Um alles noch schlimmer zu machen: 1908 verkündete Freud, daß das, was die Gesellschaft als Laster und als Ursache von Degenerationerscheinungen bezeichne, recht gesund sein könne und daß einige der höchsten Werte »kultureller« Sexualmoral auf verborgenen perversen Sexualwünschen gründeten. Er beschrieb den Inbegriff bürgerlicher Sittlichkeit – das ordentliche, sparsame und eigensinnige Individuum – als eine Charakterstruktur, die sich als Abwehr gegen analerotische Triebstrebungen herausbilde. In diesem Zusammenhang stellte er fest, daß »Sauberkeit, Ordentlichkeit, Verläßlichkeit ... ganz den Eindruck einer Reaktionsbildung [macht] gegen das Interesse am Unsauberen, Störenden, nicht zum Körper gehörigen« (1908 b, S. 206). Jahre später faßte er in seinen *Vorlesungen zur Einführung in die Psychoanalyse* seine Auffassung wie folgt zusammen: »... wir können nicht umhin, mit kritischen Augen zu beobachten, und haben es unmöglich gefunden, für die konventionelle Sexualmoral Partei zu nehmen, die Art, wie die Gesellschaft die Probleme des Sexuallebens praktisch zu ordnen versucht, hoch einzuschätzen. Wir können es der Gesellschaft glatt vorrechnen, daß das, was sie ihre Sittlichkeit heißt, mehr Opfer kostet, als es wert ist, und daß ihr Verfahren weder auf Wahrhaftigkeit beruht noch von Klugheit zeugt« (1916–17 a, S. 450 f.).

Ich stimme mit Erich Fromms Einschätzung überein, daß seit Freud bürgerliche Sittlichkeit und Etikette, Anständigkeit und gutgemeinte Vorsätze nicht mehr gut genug sind. Denn fortan konnte die Frage »Wer bist du hinter dir selbst?« jedem gestellt werden (Fromm, 1970a, S. 51). Gewiß hat der argwöhnische Geist, von dem Freud sich lenken ließ, über Jahrhunderte alle großen Denker begleitet, und in neuerer Zeit wurde, im Gefolge von La Rochefoucauld, von vielen behauptet, daß unsere Tugenden nichts als verkappte Laster sind. Aber erst mit Freud fand jener kritische Geist Eingang in die Wissenschaft der Seele, und zwar in dreistufiger Argumentation: erstens führte er psychische Erkrankungen auf den Versuch einer übertriebenen Sittlichkeit zurück; zweitens betrachtete er amoralische Sexualität als Zeichen psychischer Gesundheit, und drittens demaskierte er Sittlichkeit als ein Verhalten, hinter dem sich »perverse« sexuelle Wunschvorstellungen verbergen.

3 | Porträt des Wissenschaftlers als junger Jude

Im vorangegangenen Kapitel habe ich ausgeführt, daß Freud die vorherrschende Vererbungslehre bis etwa Mitte der neunziger Jahre akzeptierte. Aus welchen Gründen hat er sie dann aber in der Zeit um 1894/95 verworfen? Da Freuds Bruch mit dem Degenerationsmodell die wesentlichen Unterschiede zwischen Juden und Nichtjuden schlagartig eliminierte, haben Kommentatoren sich dazu verleiten lassen, diesen Bruch im Zusammenhang mit seiner jüdischen Selbstbehauptung in Reaktion auf den wachsenden Antisemitismus zu sehen. So führt Larry Stewart (1976) zum Beispiel aus, Freud habe das Degenerationskonzept aus politischen Gründen verworfen, da Charcots Lehre »dazu diente, die rassistischen Ideologien der französischen Rechten zur Geltung zu bringen«. Im Jahr 1886 berichtete der französische Rassist Édouard Drumont in *La France Juive* von angeblichen »merkwürdigen Enthüllungen« Charcots über russische Juden, was der Autor als wissenschaftlichen Beweis zur Untermauerung antisemitischer Behauptungen heranzog (Drumont, 1886, S. 107). Stewart behauptet nun, daß »aufgrund Freuds enormer Empfindlichkeit gegenüber antisemitischem Rassismus seine Auffassungen darüber, welche Rolle der Vererbung bei der Charakterbildung zukomme, von solchen Interpretationen nicht unbeeinflußt geblieben sein dürfte« (Stewart, 1976, S. 222).

Stewart erfindet eine Symmetrie zwischen Freud und seinen Gegenspielern und behauptet, daß Freuds medizinische Agenda von ethnischer Politik überschattet war. Doch nichts in Freuds Schriften deutet auf eine Beziehung zwischen seinen wissenschaftlichen Arbeiten und seiner Opposition gegen den Antisemitismus bzw. die politische Verwendung der Vererbungslehre hin. Wie weiter oben ausgeführt, brach Freud erst um 1895 mit dem Degenerationsansatz in Wien und nicht schon zehn Jahre zuvor in Paris. Stewart kann weder erklären, weshalb Freud nach der Publikation von Drumonts *La France Juive* Charcots Sicht der Vererbung übernahm, noch weshalb er diese Kategorien in den folgenden Jahren so oft verwendete. Trotz der zeitlich ungenauen Einordnung und obwohl Stewart den Quellennachweis bei Freud schuldig bleibt, hat die maßgebliche Geschichtsschreibung der Psychoanalyse diese Behauptung übernommen.[7] Stewarts Arbeit ist aber nur ein einzelnes Beispiel aus einer umfangreichen und beständig wachsenden Literatur, die den Anschein erweckt, daß dem Freudschen Gesamtwerk eine verborgene jüdische Agenda zugrunde liege. Dieser Literatur zufolge sind die Anfänge der Psychoanalyse erheblich von Freuds ethnischer Identität und seinen Reaktionen auf den Antisemitismus beeinflußt. Aus meiner Sicht sind diese Publikationen der nachdrückliche Versuch einer politischen oder soziologischen Erklärung der Anfänge der Psychoanalyse. Sie ist seit den zwanziger Jahren verbreitet und findet bis heute Beachtung.

Anfangs gehörte diese Lesart des Freudschen Werks zu den Versuchen, die Psychoanalyse als »jüdische Wissenschaft« zu diskreditieren. Später wurde sie aufgegeben und von detaillierteren Einzeluntersuchungen zum Status und zur Rolle der Juden im Europa des späten 19. Jahrhunderts abgelöst. In neuerer Zeit drückt sich – insbesondere in den USA – in einer solchen Leseart das Bestreben jüdischer Wissenschaftler aus, die Psychoanalyse als Teil des jüdischen Erbes zurückzugewinnen.

David Bakan gehört zu den eher exzentrischen, aber auch bekannteren Autoren auf diesem Gebiet. Erstaunlicherweise sieht er die Psychoanalyse im

[7] Vgl. hierzu Sulloway, 1979, S. 576 f.; McGrath, 1986, S. 161 f. Gilman (1993 a) lobte Stewarts Arbeit als den besten Essay zu der Frage, wie Freud auf die Wissenschaft der Rasse reagierte und wie er sich ihrer bediente.

Zusammenhang mit der Geschichte des jüdischen Mystizismus. Freud habe sein wahres Gesicht nicht gezeigt, weil er antisemitische Verfolgung befürchtete. Bakan zieht eine Parallele zwischen mittelalterlichen jüdischen Texten und Freuds Ausführungen zu Moses, zur Sexualität, zur Traumdeutung und Neurosenbehandlung. Damit versucht er seine Behauptung zu untermauern, Freud habe sich insgeheim »im Geiste des jüdischen Mystizismus als Messias verstanden« (Bakan, 1958, S. 170). John Cuddihy arbeitet heraus, daß sich hinter Freuds Traumtheorie die Emanzipations- und Assimilationsdebatte der von Osteuropa nach Wien eingewanderten Juden verbirgt: »Der aufdringliche aus dem Ghetto und Shtetl befreite ›Jüd‹ (*Yid*) ist meines Erachtens die Vorlage für Freuds rohes aufdringliches ›Es‹ (*Id*). Beide tragen die Last des ›Übergangs‹ von einer latenten Existenz jenseits der Grenzen westlicher Sittlichkeit in ein offenes und manifestes Verhältnis zur christlichen Gesellschaft« (1974, S. 18 f., 25 f., 30, 101). Cuddihy zufolge wurden in der Psychoanalyse die Probleme der Ostjuden in Westeuropa auf eine andere Ebene verlagert, wobei die Grundstruktur ihrer Konflikte jedoch erhalten blieb. Aus der »sozialen Unsicherheit« (*unease*) einer marginalisierten ethnischen Gruppe sei eine »seelische Krankheit« (*dis-ease*) und die westliche Etikette zum Über-Ich geworden, und der Sexualverkehr stehe für den Sozialverkehr zwischen Juden und Christen. Gleichzeitig konnten die Juden, die mit dem Kodex der westlichen Kultur Probleme hatten – Cuddihy nennt sie *goyim manquées* –, im analytischen Setting auf ihr jüdisches Es (*id-Yid*) regredieren. Da Freud zwischen einem christlichen und jüdischen Es nicht unterscheidet, sieht Cuddihy Freud als großen moralischen Ausgleicher und die Psychoanalyse als »eine weitere Ideologie der Aufklärung«.

Auch für Marthe Robert ist Freuds Werk eine deutlich jüdische Reaktion auf den Nationalismus der Moderne. Sie ist der Ansicht, daß Freuds theoretische Erneuerungen aus einer tiefen Ambivalenz gegenüber seiner jüdischen Herkunft wie aus seiner gesellschaftlichen Stellung als Außenseiter hervorgingen. In ihrer viel gelesenen Studie beschreibt Robert Freuds Wiener Kindheit, seine Vaterbeziehung, sein Fasziniertsein von und seine Identifikation mit berühmten semitischen Helden wie Moses und Hannibal; all dies sei für das Verständnis der Anfänge der Psychoanalyse von großer Bedeutung (Robert, 1976; vgl. Bergman, 1976; McGrath, 1974; Rothman und Isenberg, 1974). Ähnlich argumentiert David Blatt (1988): Freuds Identifikation mit dem biblischen Vater Jakob habe seine Motivation, psychologische Forschung zu betreiben, wesentlich beeinflußt. In den letzten Jahren hat Emanuel Rice

(1990) in seiner detaillierten Materialsammlung über Freuds jüdische Identität, seine Familie und Erziehung zu zeigen versucht, daß dieser sich mehr vom Judentum angezogen fühlte und ein größerer Kenner und Beobachter der jüdischen Kultur war als allgemein angenommen. Und nicht zuletzt richtet der Historiker Yosef Hayim Yerushalmi in seinem Buch *Freuds Moses. Endliches und unendliches Judentum* (das letzte Kapitel enthält auch eine eindrucksvolle Vortragsreihe zu Freuds *Moses und der Monotheismus*) in schwungvoller Rhetorik das Wort direkt an Freud mit folgendem Bekenntnis: »Ich glaube, daß Sie im tiefsten Herzen davon überzeugt waren, daß die Psychoanalyse selbst eine weitere, wenn nicht die letzte, verwandelte Ausprägung des Judentums ist ... Kurzum, meines Erachtens glaubten Sie, die Psychoanalyse sei gottloses Judentum, genau wie Sie ein gottloser Jude. Ich glaube aber nicht, daß Sie wollten, daß wir das wissen. Aber *tomer doch* – vielleicht, wer weiß ...?« (1991, S. 150).

Aus feministischer Sicht analysiert Estelle Roith (1987), daß Freuds kontrovers diskutierte Weiblichkeitstheorie auf einer traditionell jüdischen Einschätzung von Weiblichkeit gründe und deshalb unter dem Aspekt seines Judentums betrachtet werden müsse. In einer Mischung von detaillierter historischer Forschung und phantasievoller Interpretation führt Sander L. Gilman aus, Freud habe medizinische Stereotypen auf die psychoanalytische Geschlechterkonstruktion verlagert: »Indem er den jüdischen Mann mit dem Bild der Frau in Zusammenhang brachte, sorgte Freud für einen Ort, wo man ihn zum Verschwinden bringen konnte und er dennoch Geborgenheit fand« (Gilman, 1993 a, S. 82).

Natürlich könnten weitere Publikationen angeführt werden, die sich mit der Frage auseinandersetzen, welche Rolle Freuds Judentum am Anfang seiner theoretischen psychoanalytischen Überlegungen spielte.[8] Die einschlägige Literatur zu diesem Thema ist aufgrund der gewagten Phantasien und Geistesblitze nicht nur faszinierend, oft gewährt sie auch wertvolle Einblicke in die Vielschichtigkeit der Persönlichkeit Freuds und bereichert die Geschichte, Soziologie und Psychologie der psychoanalytischen Bewegung mit bewundernswerten historischen Portraits ihrer Mitglieder. Fast allen Autoren ist

[8] Es ist nicht möglich, eine vollständige Bibliographie zusammenzustellen. Eine Literaturübersicht der in den ersten 50 Jahren publizierten Arbeiten zu Freuds Judentum enthält Miller (1981). Für neuere Zusammenfassungen vgl. Oxaal, 1988. Die mir bekannte neueste und umfassendste Literaturliste wurde von Gilman (1993 a, S. 295 ff.) zusammengestellt.

gemeinsam, daß in ihrer Wahrnehmung Freud in erster Linie Jude ist und sie ihn meistens im Kontext des assimilierten jüdischen Bürgertums im Wien der Jahrhundertwende sehen. Nicht selten wird er mit anderen berühmten säkularisierten jüdischen Zeitgenossen verglichen – wie Arthur Schnitzler, Otto Bauer, Victor Adler, Karl Kraus, Otto Weininger und Theodor Herzl. Diese Betrachtungsweise ist auch für andere Interpretationen der Wiener Jahrhundertwende charakteristisch, beispielsweise für Carl Schorskes Klassiker *Wien: Geist und Gesellschaft im Fin de siècle* (1981).

Zu Recht macht Dennis Klein darauf aufmerksam, daß solche Ansätze die Psychoanalyse tendenziell auf ein jüdisches Programm beschränken – das heißt auf eine von ethnischer Politik überschattete Wissenschaft. Gleichwohl ist das gar nicht Kleins Anliegen. Sein Widerspruch gegen andere Autoren regt sich nur, wenn impliziert wird, die Gründerväter der Psychoanalyse hätten sich von dem Wunsch leiten lassen, sich in die Wiener Gesellschaft integrieren zu wollen (Klein, 1981, S. ix). Auch für Klein ist Freuds ethnische Zugehörigkeit bei der Frage nach den Anfängen der Psychoanalyse entscheidend; auch er geht davon aus, daß die psychoanalytische Bewegung auf jüdischem Bewußtsein gründe. Das Jüdische, schreibt er, stattete die Bewegung mit der ihm inhärenten kreativen Vitalität aus (ebd., S. 150f.). Nicht jedoch eine Strategie der Assimilierung, sondern den Wunsch nach Dissimilierung erkennt Klein in der frühen psychoanalytischen Bewegung. Klein zufolge konstituierten Freud und seine frühen Mitstreiter sich als selbstbewußte jüdische Elite, die ihre ethische Verantwortung darin sah, der Menschheit eine universelle Botschaft der Versöhnung, Würde, Freiheit und Gleichheit zu überbringen. Klein nennt dies eine »Interpenetration der jüdischen Erlösungsvorstellung mit der Erlösungshoffnung der psychoanalytischen Bewegung auf eine Ausrottung der Neurose« (ebd., S. 139).

Anders Peter Gay: »Freud war Jude, jedoch kein jüdischer Wissenschaftler« (1987, S. 107). Keine »schwer faßbare jüdische Eigenschaft [hat] auf geheimnisvolle Weise Freuds Werk durchdrungen« (ebd., S. 105). Obwohl Gay umfassend und scharfsichtig über Freuds Judentum geschrieben hat, trug er wenig dazu bei, die Logik seiner Aufteilung zwischen ›dem Juden Freud‹ und ›dem Wissenschaftler Freud‹ zu erläutern. So bleibt er für D. B. Kleins Kritik anfechtbar, »daß bei Gay, zumindest von seinen Schlußfolgerungen her, nicht klar ist, warum er die wichtige Frage nach Freuds jüdischem Bewußtsein außer acht läßt« (1980, S. 162). Ähnlich stellt William McGrath in seiner Besprechung der letzten Publikationen Peter Gays fest, daß dessen Zögern, sich mit den Beweisen und Argumenten entgegengesetzter Positionen auseinanderzusetzen, ein Ärgernis ist (1988, S. 27).

Ich stimme mit Gay überein, daß Versuche, die Psychoanalyse im Hinblick auf ein verborgenes ethnisch-jüdisches Unbewußtes zu entschlüsseln, in die Irre führen. Mit Ausnahme von Gilman versäumen die genannten Autoren, Freuds Schriften in ihren wissenschaftlichen Kontext zu stellen, und entwerten damit die Rolle dieser Publikationen als ein an seine Arzt-Kollegen gerichtetes Kommunikationsangebot. Es gelingt jenen Autoren nicht, Freuds Vorstellungen über psychische Erkrankungen von der Art und Weise zu unterscheiden, wie seine jüdischen Zeitgenossen das Jüdische mit nervösen Krankheitszuständen zueinander in Beziehung setzten. Ein Stück des Weges schließe ich mich Gilmans Forschungen auf diesem Gebiet an, benutze aber die von ihm zugrunde gelegten historischen Quellen in anderer Weise. Ich stelle das historische Quellenmaterial in einen anderen Kontext als Gilman und arbeite dabei heraus, daß Freuds Anschauungen für seine Zeit einzigartig waren. Freuds radikale Kritik am Degenerationskonzept geht so wenig mit dem konform, was jüdische Ärzte vor dem Ersten Weltkrieg zu sagen hatten, daß seine Haltung nicht einfach mit seiner jüdischen Identität zu erklären ist. Obwohl ethnische Politik den Hintergrund seiner frühen Schriften über Hysterie und andere Psychopathologien darstellte, gibt es für diese Behauptung keine Textquellen und keine schriftlichen Beweise. Und allein die Wirkung der Freudschen Theorie ist keine Bestätigung für geäußerte Mutmaßungen, welche Motive und Intentionen seinem frühen Werk möglicherweise zugrunde liegen. Wie James Tully und Quentin Skinner betonen, ist »zwischen dem politischen Zweck, den ein Text in seinem politischen Kontext erfüllt, und der Absicht des Autors, diesen Text zu schreiben«, zu unterscheiden (Tully, 1988, S. 12).

In diesem Kapitel will ich versuchen, Gays Argumentation zu verteidigen, daß ethnische Politik – obwohl sie den Hintergrund bildete – die Anfänge der Psychoanalyse nicht direkt anregte oder begründete. Zur Absicherung von Gays Position werde ich Freuds Bezüge zu Juden und zum Judaismus im Detail untersuchen und vier unterschiedliche Textstrategien herausarbeiten, die Freud heranzog, um seine Ansichten über seine ethnische Identität zu formulieren. Meine Lesart bedeutet keineswegs, daß ich die Frage nach Freuds jüdischer Identität vernachlässigen werde, vielmehr werde ich Freuds spezifische Selbstwahrnehmung als moderner weltlicher Jude ernster nehmen als einige seiner Kommentatoren mit ihrem Hang zur Spekulation.

Die erste Textkategorie betrifft die private Kommunikationsform. In diesen persönlichen Briefen verteidigte Freud trotzig seinen parochialen Stolz, Jude zu sein und Vorzüge zu besitzen, die er mit dem Jüdischen verband, und er äußerte ungeniert ethnische oder nationale Vorurteile. Er gestand in aller Offenheit, welche Bedeutung die jüdische Identität für ihn hatte. Allem Anschein nach lag sie vor allem in der emotionalen Stärke und der intellektuellen Freiheit, die das Leben als Außenseiter hervorbrachte. Für Freud war das Jüdische mit »negativen« und »positiven« Implikationen verbunden: Vor allem bedeutete es Befreiung vom Konformismus, der seines Erachtens die Christen einschränkte und dessen Wurzeln er in der katholischen Tradition, in sozialen Konventionen und im Aberglauben vermutete. Die früheste Quelle, die diese Unterscheidung zwischen Juden und Christen belegt, ist eine humorvolle Bemerkung in einem Brief an Martha Bernays: »Ich denke, ich will in der nächsten Zeit, dem Rest der Lehrzeit im Spital nach der Weise der Gojim leben, anspruchslos, das Gewöhnliche lernen und treiben, nicht nach Entdeckungen und allzu starker Vertiefung streben« (1960, Brief vom 4. September 1883; vgl. Yerushalmi, 1991, S. 33). Ähnlich schrieb er 30 Jahre später: »Weil ich Jude war, fand ich mich frei von vielen Vorurteilen, die andere im Gebrauch ihres Intellekts beschränkten, als Jude war ich dafür vorbereitet, in die Opposition zu gehen und auf das Einvernehmen mit der ›kompakten Majorität‹ zu verzichten« (ebd., Brief vom 6. Mai 1926; vgl. 1925 d, S. 34; 1925 e, S. 109). In einer zweiten Fundstelle über die »positive« oder kraftgebende Wirkung des Jüdischen äußerte Freud, daß es die für unabhängiges Denken notwendigen geistigen Kräfte erzeuge. Deshalb riet er seinem Anhänger Max Graf, dieser möge seinen Sohn, den *Kleinen Hans* (über den Freud später [1909 b] seine Fallgeschichte schrieb) nicht taufen lassen: »Wenn Sie Ihren Sohn nicht als Juden aufwachsen lassen, berauben Sie ihn derjenigen Energiequellen, die durch nichts anderes zu ersetzen sind« (Graf, 1942, S. 473). Schließlich erklärte Freud in seinen Briefen an Karl Abraham, daß es für Juden leichter sei, das radikal Subversive und Innovative seiner universalistischen Theorie zu akzeptieren und sich seiner Bewegung anzuschließen, weil sie daran gewohnt seien, einer Minorität anzugehören. Als Juden verfügten sie über »unsere altjüdische Zähigkeit« (Freud und Abraham, 1965, S. 72, Brief vom 26. Dezember 1908) und ließen sich nicht irreführen durch rassistische Mythen und mystische Elemente (ebd., S. 57, Brief vom 20. Juli 1908), die andere für die Psychoanalyse blind machten. Weiter schrieb er an Abraham, daß die »arischen Genossen«, wie er die Schweizer protestantischen Mitglieder der Internationalen Psychoanalytischen Vereinigung nannte, hauptsächlich den Zweck erfüllten, die Bewegung davor zu bewahren, daß sie dem Antisemitismus zum Opfer falle (ebd., S. 73, Brief vom 26. Dezember 1908). Freud äußerte ein Fremdheitsgefühl gegenüber Carl Gustav Jung, da er für Juden eine »Rassenvorliebe« habe (ebd., S. 64, Brief vom 11. Oktober 1908) und sich Abraham aufgrund »verwandter jüdischer Züge« (ebd., S. 57, Brief vom 23. Juli 1908) nahe fühle, mit dem ihn eine »Rassenverwandtschaft« verbinde.[9]

Die zweite Textkategorie in Freuds Werk enthält Vorwörter, Interviews, Äußerungen zur psychoanalytischen Bewegung, autobiographische Bemerkungen und Essays, die veröffentlicht wurden, die er aber eindeutig als nichtwissenschaftliche Arbeiten verstanden wissen wollte. In diesen Publikationen erlaubte Freud sich niemals die parochiale Haltung, wie sie in seinen persönlichen Briefen zutage tritt. Auch hier bejahte er unumwunden sein Judentum, beharrte aber darauf, daß es wichtig sei, sich über die Grenzen des Judaismus hinwegzusetzen und diese zu transzendieren. In seinem Vorwort zur hebräischen Ausgabe von *Totem und Tabu* nannte er sich einen »ungläubigen Juden« und bezeichnete sich als einen Autor, der »der väterlichen Religion ... völlig entfremdet ist«, der in seinem Buch »keinen jüdischen Standpunkt« einnimmt und »keine Einschränkung zugunsten des Judentums macht« (1934 b, S. 569; vgl. 1928 a, S. 394; Gay, 1987, S. 92). In einem offenen Brief an B'nai B'rith schrieb Freud über seine gegenüber Juden »unwiderstehliche ... Anziehung« aufgrund »viele[r] dunkle[r] Gefühlsmächte, um so gewaltiger, je weniger sie sich in Worten erfassen ließen, ebenso wie die klare Bewußtheit der inneren Identität, die Heimlichkeit der gleichen seelischen Konstruktion«. Er erklärte, daß Jude-Sein für ihn bedeute, Humanist zu sein. »Was mich ans Judentum band, war – ich bin schuldig, es zu bekennen – nicht der Glaube, auch nicht der nationale Stolz, denn ich war immer ein Ungläubiger, bin ohne Religion erzogen worden, wenn auch nicht ohne Respekt von den ›ethisch‹ genannten Forderungen der menschlichen Kultur« (1960, Brief vom 6. Mai 1926).

Eine dritte Textkategorie umfaßt die allgemeinen nicht-klinischen psychoanalytischen Schriften, zum Beispiel *Der Witz und seine Beziehung zum Unbewußten* (1905 c) oder *Der Mann Moses und die monotheistische Religion*

[9] Zu einem vollständigeren Nachweis von Freuds brieflichen Kommentaren über seine und seiner Kollegen jüdische Identität vgl. Gilman, 1993 a, S. 33 ff.

(1939 a). Einerseits zeigen diese Texte eindeutig Freuds parochiale Faszination gegenüber jüdischen Bräuchen und Traditionen, andererseits untergräbt und verallgemeinert er in seinen Analysen systematisch die spezifisch jüdischen Merkmale. In seinem Buch über den Witz (1905 c) stellt er spöttische Bemerkungen über Juden aus Galizien, die ungern ein Bad nehmen, neben Epigramme von Lessing und Lichtenberg (1905 c, S. 76). Er erklärte, daß Judenwitze sich von anderen Witzen durch nichts anderes unterschieden als die gröbere Ausdrucksform und die geringere Verschleierung, die ihre Logik durchsichtiger mache. Indem er die einzelnen äußeren Schichten analytisch durchdrang, gelangte Freud auf eine tiefere, unbewußte Ebene, so daß er die Dynamik des Witzes als universelles Prinzip psychischer Funktionen aufdekken konnte. Wie Freud im Zusammenhang mit einem anderen Judenwitz anmerkte: »der Kern ist allgemein menschlich« (ebd., S. 51; vgl. Gay, 1987, S. 110).[10]

In diesem Sinn schrieb Freud gegen Ende seines Lebens das Buch *Der Mann Moses und die monotheistische Religion* (1939 a). In einem Brief vom 11. Dezember 1938 an J. Dwossis warnte er davor, daß dieses Buch »besonders geeignet ist, jüdisches Empfinden, soweit es sich nicht der Wissenschaft unterordnen will, zu kränken« (zit. nach Gay, 1987, S 109). Im Vorwort zum *Mann Moses* erklärte Freud, daß er »seinem Volkstum den Mann [absprechen muß], den es als den größten unter seinen Söhnen rühmt«, denn er schätze die Wahrheit höher als »vermeintliche nationale Interessen« (1939, S. 103). Und das Ergebnis dieser Aufschichtung der Wissenschaft auf den Judaismus? Die einzigen »positiven« Botschaften, die Freud im Glauben der Israeliten fand, sind weltlich und universell anwendbar – zum Beispiel der »Triumph der Geistigkeit über die Sinnlichkeit« (ebd., S. 220). In seiner *Moses*-Interpretation verwandelte Freud den biblischen Vater des Judaismus sogar in einen Ägypter, und er verfolgte die Spuren des Monotheismus und der Beschneidungsriten zurück zur ägyptischen Aton-Religion. Nach Freud ermordeten die Juden den Mann, der ihnen den neuen Glauben gebracht hatte. Deshalb könnten die Juden, was ihren historischen Beitrag betrifft, bestenfalls für sich in Anspruch nehmen, den Monotheismus erhalten zu haben, wenn auch nur wegen ihrer Schuld über ihre Tat: »Es ist Ehre genug für das jüdische Volk, daß es eine solche Tradition erhalten und Männer

[10] Zu einer anderen Sichtweise über Freuds Beschäftigung mit Judenwitzen vgl. Gilman, 1984.

hervorbringen konnte, die ihr eine Stimme liehen, auch wenn die Anregung dazu von außen, von einem großen fremden Mann, gekommen war« (ebd., S. 153).

Fassen wir zusammen: Freud lobte das *Jüdische* und das *Judentum* als soziologischen Faktor, weil es zum unabhängigen Denken anregt, plädierte aber für eine Befreiung von den Einengungen des *Judaismus*, das heißt er wollte, daß die Juden sich von ihrer Treue zum jüdischen Glauben bzw. zur öffentlichen Weltanschauung der Juden befreiten. Wie oben ausgeführt, erscheint das Jüdische in Freuds Schriften als eine Kraft, das Verzerrungen beseitigt und Denkräume schafft, so daß wissenschaftliche Wahrheit gesagt, gehört und verstanden werden kann – eine Wahrheit von elementarer Universalität, die keine ethnischen Grenzen und keinen nationalistischen Stolz gestattet. In diesem Sinne schrieb Freud 1913 in einem Brief an Sándor Ferenczi: »Besondere arische oder jüdische Wissenschaft [darf] es ... nicht geben. Diese Resultate [müßten] identische sein, und nur die Darstellung [kann] variieren ... [Gehen] diese Differenzen in die Auffassung objektiver Verhältnisse in der Wissenschaft, so [ist] etwas nicht in Ordnung« (Freud und Ferenczi, 1993, S. 225, Brief vom 8. Juni 1913).

Die vierte Textgruppe versammelt klinische und theoretische Arbeiten zur Psychopathologie. Sie sind der entscheidende Test für die Untersuchung, ob die Anfänge der Psychoanalyse sich auf Freuds jüdische Identität zurückführen lassen. In diesen Schriften blieb Freud stumm, schwieg sich über ethnische oder nationale Angelegenheiten aus und ließ konsequent alle Bezüge zu seinem eigenen und dem Judentum seiner Patienten unberücksichtigt. Die Diskussion des Degenerationskonzepts der Neurose in Kapitel 2 hat gezeigt, daß sich Freud aufgrund seines Schweigens deutlich von seinen Kollegen unterschied – Juden und Nichtjuden gleichermaßen. Natürlich muß meine Darstellung seines Schweigens zu diesem Thema kurz bleiben. Ein Schweigen, selbst ein trotziges, ist für ausführliche Zitate ungeeignet. Ich meine aber, daß nicht alles Schweigen miteinander identisch sei. Hätte Freud sein Stillschweigen mit seinen Kollegen geteilt, dann könnte man vermuten, daß es für einen Autor Ende des 19. Jahrhunderts undenkbar oder zumindest höchst unangemessen war, Anmerkungen über Fragen der Ethnizität in einen medizinischen Text einfließen zu lassen. Da Freud aber schwieg, worüber alle anderen sprachen, hat seine Stummheit eine polemische Qualität. Freuds Stummheit zu Fragen der Ethnizität und des Judentums im Kontext der Psychopathologie ist somit beredt. Es bezeugt, daß Freud von den Kategorien, die andere jüdische Ärzte benutzten – deren Denken weiterhin dem ethnischen Partikularismus verpflichtet war – ebenso radikal abwich wie von der führenden Konzeption nervöser Erkrankungen. Mit anderen Worten: Freuds Schweigen ist *bedeutungsvoll,* weil sich darin der Versuch ausdrückt, seine eigene und seiner Patienten jüdische Identität für die neue Wissenschaft und für das Verständnis von Neurosen als *bedeutungslos* erscheinen zu lassen. Viel später bemerkte Freud:

> »Meine jüdische Herkunft hat mir geholfen, Kritik zu ertragen, isoliert zu sein und allein zu arbeiten ... All dies hat mir bei der Entdeckung der Analyse geholfen. Aber die Psychoanalyse selbst als ein Produkt jüdischen Geistes hinzustellen, halte ich für Unsinn. Als wissenschaftliches Werk ist sie weder jüdisch noch katholisch noch heidnisch« (laut Tagebuchaufzeichnung von Smiley Blanton, 1971, S. 38).

Auch Isaac Deutschers Kommentar über Freud soll hier erwähnt werden:

> »Der Mensch, den [Freud] analysiert, ist weder Deutscher noch Engländer, weder Russe noch Jude, sondern der universelle Mensch, in dem das Unbewußte und Bewußte miteinander ringen; ein Mensch, der sowohl der Natur angehört wie der Gesellschaft; ein Mensch, dessen Wünsche, Sehnsüchte, Skrupel und Hemmungen, Ängste und Grundsätze sich wesentlich gleichen, unabhängig davon, welcher Rasse, Religion oder Nation er angehört« (1968, S. 34 f.).

4 Bedeutungsvolle Sexualität

Da Freud nicht als Jude, der sich in einer jüdischen Angelegenheit engagiert, über Hysterie schrieb, müssen wir nach wie vor herausfinden, was Freud zu diesem radikalen Bruch mit dem Degenerationsparadigma um 1894/95 bewog. Aus meiner Sicht liegt dieser theoretische Umschwung in Freuds klinischer Praxis begründet. In jener Zeit hatte er begonnen, mit Josef Breuer zu arbeiten und Patienten mit der *talking cure* zu behandeln. Bei sorgfältiger Beobachtung der Symptome bemerkte Freud, daß – anders als es die allgemein anerkannte Weisheit der Medizin voraussetzte – »die Hysterie ... in ihren Lähmungen und anderen Manifestationen [sich benimmt], als ob es Anatomie nicht gebe oder als ob sie keinerlei Kenntnis derselben habe« (1893 c, S. 22, im Original französisch). Freud fand heraus, daß hysterische Lähmungen nicht entsprechend der anatomischen oder physiologischen Struktur des erkrankten Körperteils zu verstehen sind. Es wurden keine organischen Ursachen gefunden, die die Lähmungen hätten erklären können. Sie folgten keinem bekannten Muster, und aus neurologischer Sicht waren die Patienten vollkommen gesund. Ihr Nervensystem war intakt, und deshalb konnte von einer nervösen Erkrankung im Grunde nicht die Rede sein. Anstatt nun aber wie viele seiner Kollegen jene Patienten als Simulanten abzustempeln, suchte Freud nach einer alternativen Erklärung dieser Phänomene, die jenseits der bewußten Kontrolle der hysterisch Erkrankten zu liegen schienen.

Freud stellte fest, daß hysterische Phänomene den im Alltagsverständnis der Patientinnen oft falschen Vorstellungen der Anatomie nachgebildet waren. Er bemerkte, daß ihre Ursache, Struktur und Dynamik nur erklärt werden konnte, wenn man die Organe so verstand, »wie sie in der landläufigen, populären Bedeutung des Namens, den sie tragen« bezeichnet werden: »das Bein ist das Bein bis zum Hüftansatz; der Arm ist die obere Extremität, wie sie sich unter den Kleidern abzeichnet« (ebd., S. 22). Folglich wäre »[d]ie Läsion bei der hysterischen Lähmung ... eine Veränderung der Vorstellung, der Idee, zum Beispiel des Arms« (ebd., S. 23). Freud behauptete also, daß die Psyche und nicht die Nerven die Symptome produzierte. Er postulierte aber auch, daß diese Produktion außerhalb der willentlichen Kontrolle des Patienten stattfinde: Sie sei das Ergebnis eines *unbewußten* Denkprozesses.

Die Inkongruenz von Symptom und Anatomie bzw. Physiologie war für Freud die Bestätigung, daß es in einem unbewußten Teil des Seelenlebens machtvolle Kräfte gibt – das heißt Vorstellungen und Affekte –, die Symptome produzieren. So hielt eine psychische bzw. idealistische Thematik Einzug in den bislang selbstbewußt organistischen und materialistischen, aber auch rassistischen Medizindiskurs der Hysterie, denn der Freudsche Ansatz stellte die Psyche über den Körper. Freud definierte die Hysterie als eine Krankheit, deren Symptome durch unbewußte Vorstellungen hervorgebracht werden. Damit begann Freud, was eine »kopernikanische Revolution« im Verständnis psychischer Erkrankungen und Geistesstörungen genannt werden kann – womit er sich gegen Charcot in Paris wie auch gegen die deutsche und österreichische *scientific community* wandte.

In Deutschland und Österreich hatten Mediziner ihre materialistische Anschauung in der Behandlung nervöser Erkrankungen als negative Antwort auf eine frühere Zeitepoche entwickelt, eine Epoche, in der die romantische Philosphie die deutschsprachigen Universitäten beherrschte und die Entwicklung einer empiristischen und somit eher experimentellen und mathematischen Wissenschaft verhinderte. Erst um 1860 und 1870 war es der Psychiatrie gelungen, in den medizinischen Falkultäten deutscher und österreichischer Universitäten institutionell Fuß zu fassen und sich – zusammen mit einigen hundert öffentlichen und privaten Irrenhäusern, Kliniken und Laboratorien – eine führende wissenschaftliche Rolle gegenüber Frankreich und England zu verschaffen. Als nach langwierigem Kampf die Somatiker – das heißt diejenigen, die von einer organischen Krankheitsursache und -entstehung ausgingen – die Oberhand über ihre mentalistischen Gegenspieler gewonnen hatten, behaupteten sie nicht nur »den Vorrang des Gehirns über jede andere Struktur«, wie Gregory Zilboorg schreibt (1941, S. 345), sondern auch die Überlegenheit der Wissenschaft der Deutschen über die der Franzosen, die sie 1870 auf dem Schlachtfeld besiegt hatten.

Ermutigt durch den Erfolg der experimentellen und beobachtenden Methoden, beschäftigte sich die akademische Psychiatrie in Deutschland und Österreich mit Krankheiten, nicht mit Patienten. Mit der Trennung des Pathologischen vom Normalen konnte sie ihre akademische Unabhängigkeit von der Philosophie beanspruchen und ein eigenes Terrain wissenschaftlicher Wahrheit errichten. Eine solchermaßen klare Abgrenzung war die Voraussetzung für die Errichtung des Psychiatrie-Paradigmas in Europa (Decker, 1977, S. 69 f.). Durch die Trennung des Pathologischen vom Normalen zog die Psychiatrie eine starre biologische Grenze, die nicht nur die Grenzen ihres Diskurses festlegte, sondern auch einen Bereich definierte, in dem eine definitive Verpflichtung auf das, was sie als wissenschaftliche Methode erachtete, erforderlich war. Wie besessen von der Idee, sich von der Philosphie abzugrenzen, hütete die Psychiatrie sich vor allem, was sie als spekulative Kontamination empfand und was – so fürchteten die Psychiater – die neue Wissenschaft auf ihr vorwissenschaftliches Stadium zurückwerfen könnte. Deshalb beschränkte die deutschsprachige Psychiatrie ihre Untersuchungen darauf, Labortechniken, klinische Klassifikationen und Beschreibungen zu vervollkommnen, ohne dabei adäquate Therapiemaßnahmen zu entwickeln (Levin, 1978, S. 19, 29 ff.; Zilboorg, 1941, S. 423).

Vor diesem Hintergrund überrascht es nicht, daß Freuds Zeitgenossen fürchteten, sein idealistischer Ansatz bedeute eine Gefahr für die moderne deutschsprachige Wissenschaft nervöser Störungen, die sich von der archaisch-spekulativen Philosophie ja gerade emanzipiert hatte. Noch gut 20 Jahre nach der Veröffentlichung der *Studien über Hysterie* wies Freud seine Studenten in den *Vorlesungen* auf die grundlegende Spaltung hin, die seinen Ansatz von der etablierten Psychiatrie trennte: »Sie sind darin geschult worden, die Funktion des Organismus und ihre Störungen anatomisch zu begründen ... Darum ist Ihnen eine psychologische Denkweise fremd geblieben, und Sie haben sich gewöhnt, eine solche mißtrauisch zu betrachten, ihr den Charakter der Wissenschaftlichkeit abzusprechen und sie den Laien, Dichtern, Naturphilosophen und Mystikern zu überlassen« (1916–17 a, S. 12 f.; vgl. Porter, 1993, S. 237).

In den *Studien über Hysterie* gab Freud den hysterischen Symptomen die Bedeutung sexueller Traumata, denen seine Patientinnen im Laufe der Pubertät in ihrer Familie ausgesetzt waren. Kurz nach Fertigstellung seines Buches mit Breuer schienen ihm einige dieser sich vermeintlich pathologisch auswirkenden Erlebnisse zu unbedeutend, um Hysterie verursachen: »In einigen Fällen handelt es sich um Erlebnisse, die wir als schwere Traumen anerkennen müssen, um einen Versuch der Vergewaltigung, der dem unreifen Mädchen mit einem Schlage die ganze Brutalität der Geschlechtslust enthüllt ... In anderen Fällen sind diese Erlebnisse von erstaunlicher Geringfügigkeit. Eine meiner Patientinnen zeigte zugrunde ihrer Neurose das Erlebnis, daß ein ihr befreundeter Knabe zärtlich ihre Hand streichelte und ein andermal seinen Unterschenkel an ihr Kleid drängte, während sie miteinander bei Tische saßen, wobei noch seine Miene sie erraten ließ, es handle sich um etwas Unerlaubtes« (1896 c, S. 436).

Freud zog den Schluß, daß die Macht solch offenkundig unerheblicher Ereignisse von ihrer assoziativen Verbindung zu einem älteren, ernsten Trauma herrührt, das das Individuum in der frühen Kindheit erlitten, es aber aus der bewußten Erinnerung verdrängt hat. Diese Schlußfolgerung bestärkte Freuds Opposition zum hereditären Verständnis nervöser Krankheitszustände. Wie Freud seinerzeit formulierte: »Man gewänne so eine Aussicht, als frühzeitig erworben aufzuklären, was man bisher einer durch die Heredität doch nicht verständlichen Prädisposition zur Last legen mußte« (ebd. S. 438).

Für Freud war nicht nur die Hysterie, sondern waren auch andere Neurosen das Ergebnis frühkindlicher sexueller Verführung in der Zeit vor dem vierten Lebensjahr. In diesen ersten drei Lebensjahren sei das Kind von jenen Erwachsenen oder älteren Geschwistern sexuell mißbraucht worden, die selbst als Kind mißbraucht worden waren. Freud unterstrich, daß bei solch sexuellem Mißbrauch in der Familie der Eindruck von Heredität entstehen könne, »wo doch nur eine Pseudoheredität vorliegt« (ebd., S. 445).

Obwohl er auch Kinderfrauen, Gouvernanten, Hauslehrer oder andere Erwachsene – Verwandte oder Fremde gleichermaßen – als mögliche Täter nannte, erkennt Freud den paradigmatischen Fall von Kindesmißbrauch im sexuellem Mißbrauch der Tochter durch den Vater (1896 b, S. 381 f.; 1896 c, S. 445). In den Briefen an seinen engen Freund Wilhelm Fließ nannte Freud diese Hypothese seine »Vaterätiologie« (1985, S. 312, Brief vom 12. Dezember 1897; vgl. S. 252, Brief vom 28. April 1897). Einmal erklärte er sogar, »daß in sämtlichen Fällen der *Vater* als pervers beschuldigt werden mußte« (ebd., S. 283, Brief vom 21. September 1897). Wann immer er seine Hypothese des frühen Sexualtraumas als Ursache seelischer Störungen diskutierte, stellte er sie der Vererbungslehre gegenüber. Wiederholt führte er aus, daß Erwachsene, die Kinder sexuell mißbrauchen, psychisch gestört seien, und deshalb der Eindruck entstehe, die Krankheit sei vererbt, während tatsächlich »sich die Neurose in der nächsten Generation zur Psychose steigert, was man Degeneration heißt, einfach indem ein zarteres Alter herangezogen wird« (ebd., S. 234, Brief vom 11. Januar 1897). Freud vertrat also den Standpunkt, daß selbst bei anscheinend hereditären Mustern die Ursache der Erkrankung im Inzest und Kindesmißbrauch liege, wodurch das Opfer traumatisiert und ihm dauerhafter psychischer Schaden zugefügt werde. In einer bitteren Bemerkung in einem Brief an Fließ schrieb er: »die Heredität [spitzt sich] immer mehr [zu] als Verführung durch den Vater« (ebd., S. 223, Brief vom 6. Dezember 1896).

Auf seiner hermeneutischen Linie entfernte Freud sich von den organischen Erklärungen und lenkte sein Augenmerk auf die Erforschung der frühen Kindheit seiner Patientinnen und auf die frühkindlichen sexuellen Erlebnisse. Zu diesem Zeitpunkt sah er das Kind noch als asexuelles Geschöpf, das die Bedeutung seiner Verführung nicht verstand und sich nicht als Opfer wahrnehmen konnte. Er meinte aber, daß eine unbewußte Erinnerung an den Inzest in der Seele des Kindes einen unauslöschbaren Abdruck hinterlasse. Wenn diese Erinnerung im Laufe der in der Pubertät wiedererwachenden Sexualität reaktiviert werde, verhalte sie sich so, »als handele es sich um ein aktuelles Erlebnis. Man könnte sagen, es ist die nachträgliche Aktion eines sexuellen Traumas« (1896 a, S. 419, französisch im Original). Wenn das

Individuum die Bedeutung des Erlebnisses dann aber verstanden habe, sei die Erinnerungsspur mit seinem Selbstbild, seinen ethischen Vorstellungen und bewußten Gefühlen gegenüber den inzestuösen Eltern nicht mehr vereinbar. Deshalb werde die Erinnerung verdrängt, das heißt, ins Unbewußte zurückgeschoben, der Zugang zum Bewußtsein versperrt. Solange die Verdrängung standhält, scheine das Invidividuum gesund, und es könne verleugnen, daß das unaussprechliche Ereignis jemals geschah. Aufgrund späterer Ereignisse, die in der Seele des Opfers assoziativ mit der »Urszene« des sexuellen Mißbrauchs verbunden werden, könne jedoch eine schicksalhafte Wiederkehr der Verdrängung ausgelöst werden.[11] Anders formuliert: Freud ging zu diesem Zeitpunkt davon aus, daß nur diejenigen erkranken, die die Erinnerung an ihren sexuellen Mißbrauch in der frühen Kindheit verdrängen: »Diese Szenen müssen als *unbewußte Erinnerungen* vorhanden sein; nur solange und insofern sie unbewußt sind, können sie hysterische Symptome erzeugen und unterhalten« (1896c, S. 448). Dagegen blieb gesund, wer über die moralische und psychische Kraft verfügte, bewußt anzuerkennen und zu erinnern, als Kind sexuellem Mißbrauch zum Opfer gefallen zu sein.

Freuds Konzeption des ursprünglichen Traumas schließt sowohl den Schock ein, den das sexuell mißbrauchte Kind zu verkraften hatte, als auch das Unvermögen, mit den nachfolgenden Unvereinbarkeiten und Widersprüchlichkeiten in der Machtstruktur der Familie umzugehen, in der ein Elternteil die Doppelrolle der Autoritätsfigur und des Mißbrauchenden bzw. Verführers zukommt (ebd., S. 452; vgl. Forrester, 1986, S. 71):

> »Alle die seltsamen Bedingungen, unter denen das ungleiche Paar sein Liebesverhältnis fortführt: der Erwachsene, der sich seinem Anteil an der gegenseitigen Abhängigkeit nicht entziehen kann, wie sie aus einer sexuellen Beziehung notwendig hervorgeht, der dabei doch mit aller Autorität und dem Rechte der Züchtigung ausgerüstet ist und zur ungehemmten Befriedigung seiner Launen die eine Rolle mit der anderen vertauscht; das Kind, dieser Willkür in seiner Hilflosigkeit preisgegeben, vorzeitig zu allen Empfindlichkeiten erweckt und allen Enttäuschungen ausgesetzt ..., alle diese grotesken und doch tragischen Mißverhältnisse prägen sich in der ferneren Entwicklung des Individuums und seiner Neurose in

[11] Das Wort »Urszene« erscheint im Manuskript L, das Freud seinem Brief an Fließ vom 2. Mai 1897 beilegte (1985, S. 255).

einer Unzahl von Dauereffekten aus, die der eingehendsten Verfolgung würdig wären« (1896 c, S. 452).

Die Konzeption des Traumas befaßte sich also mit Autorität und Abhängigkeit – das heißt mit Familienpolitik – ebenso wie mit Sexualität und Gewalt. Deshalb kann man sagen, daß Freud mit seiner Konzeption des frühkindlichen Sexualtraumas als Ätiologie neurotischer Störungen den biologistischen Ansatz der Vererbungslehre sowohl durch einen auf die unbewußte Erinnerung zentrierten hermeneutischen Ansatz als auch durch einen *politischen* Ansatz ersetzte.

Im April 1896 stellte Freud der Psychiatrischen und Neurologischen Vereinigung in Wien diese – allgemein als Verführungstheorie bekannt gewordene – Ätiologie vor. Sie stieß bei seinen Kollegen auf Ablehnung und wurde von Krafft-Ebing als »wissenschaftliches Märchen« verurteilt (1985, S. 192, Brief vom 26. April 1896). Zweifellos war Freuds Hypothese unbequem. Gleichzeitig war aber die Annahme, daß Kindesmißbrauch vor dem vierten Lebensjahr *zwangsläufig* alle psychischen Erkrankungen verursache, nicht ganz plausibel. Freud selbst gab die Verführungstheorie bald wieder auf. Tat er dies in seinen publizierten Schriften in den *Drei Abhandlungen zur Sexualtheorie* (1905 d, S. 91) auch nur zögernd, so hatte er sie in seinen persönlichen Äußerungen bereits im Herbst 1897 verworfen.

Die Aufgabe der Verführungstheorie mündete in eine Neuausrichtung und Restrukturierung der Freudschen hermeneutischen Methode und schließlich in die Erfindung der psychoanalytischen Methode überhaupt. Diese Entwicklung hatte zwei Narrative zur Folge. Das eine Narrrativ beinhaltet die von Freud geschaffene und von seinen treuen Mitstreitern übernommene, erweiterte und verbreitete offizielle Darstellung. Wie Frank Sulloway zusammenfaßt, wird Freud in diesem Narrativ zum naiven Helden, der sich allein auf eine gefährliche Reise begibt, um die Wahrheit über den Menschen herauszufinden. Von Zeit zu Zeit wird er durch listige Verführerinnen von seiner Aufgabe abgelenkt. Er glaubt ihren Worten, obwohl er ihnen eigentlich nicht trauen dürfte (Sulloway, 1979, S. 606).

In einer rückblickenden Betrachtung von 1914 auf sein Frühwerk und die Verführungstheorie erkennt Freud seine Leichtgläubigkeit hinsichtlich der bewußten Erinnerungen seiner Patientinnen. Er habe sich in die Irre leiten lassen und sei »leicht geneigt [gewesen], Berichte der Kranken für real und ätiologisch bedeutsam zu halten, welche ihre Symptome auf passive sexuelle

Erlebnisse in den ersten Kinderjahren ... zurückleiteten« (1914 d, S. 55). Weitere 20 Jahre später behauptete er sogar, daß »mir fast alle meine Patienten [erzählten], daß sie vom Vater verführt worden waren« (1933 a, S. 129). Dieser Irrtum wäre ihm »bald für meine ganze Arbeit verhängnisvoll geworden« (1925 d, S. 59; vgl. 1914 d, S. 55). Ähnlich kommentiert Anna Freud in einem Brief vom 10. September 1981: »Wenn man die Verführungstheorie aufrechterhält, dann bedeutet das die Preisgabe des Ödipuskomplexes und damit der gesamten Bedeutung der bewußten wie der unbewußten Phantasien. Danach hätte es meines Erachtens keine Psychoanalyse mehr gegeben« (zit. nach Masson, 1984, S. 135).

In diesem ersten Narrativ realisiert also der Held, daß das, was Frauen erzählen, auf Phantasie gebaut ist. Er sammelt sich, bevor es zu spät ist, entfernt sich vom Abgrund des Irrtums und entkommt schließlich der ätiologischen Finsternis, die seine Einsicht in die Neurose verhindert hatte.

Im zweiten Narrativ, einer häretischen Darstellung, wird Freud als Bösewicht porträtiert, der feige die Verführungstheorie »unterdrückt«, um eine Ächtung durch die *scientific community* – die ja die Verführungstheorie ablehnte – zu verhindern. Anstelle einer Epiphanie wird in diesem Narrativ ein Freud vorgeführt, dessen Preisgabe der Verführungstheorie durch den Wunsch motiviert war, lieber »auf der Seite der Erfolgreichen und Mächtigen [zu] bleiben, statt sich auf die Seite der Opfer familiärer Gewalt zu stellen«. Diese Version der Ereignisse hat Jeffrey Masson Mitte der achtziger Jahre recht blande in seinem umstrittenen Buch *Was hat man dir, du armes Kind, getan?* verbreitet. Darin behauptet er, Freuds Opportunismus habe ihn die Darstellungen seiner Patientinnen über ihre Traumatisierungen verwerfen lassen, um »ein reines Phantasieprodukt« darin zu erkennen, das von der »Vorstellungskraft des Opfers« herrührt, welches »sich seine Qualen ausgedacht« hat (Masson, 1984, S. 17).

Obwohl Erich Fromm (1970 d–1977 g) und Alice Miller (1981), anders als Masson, keinen Zugang zu den historischen Dokumenten hatten, waren beide einige Jahre zuvor zu ähnlichen Einschätzungen gelangt. Fromm schrieb, Freud sei mit seiner Verführungstheorie »zum Ankläger elterlicher Ausbeutung im Namen der Integrität und Freiheit des Kindes« geworden, aber seine Verwurzelung im patriarchalen Medizinsystem, »sein Vertrauen in die bestehende Gesellschaftsordnung und ihre Autoritäten« hätten ihn schließlich verkünden lassen, daß das Kind »ein kleines kriminelles und perverses Wesen« sei (Fromm, 1970 d–1977 g, S. 240).

Masson, Fromm und Miller liefern eine politische Erklärung für Freuds Umschwung von der Trauma-Ätiologie zu einer Ätiologie, die die Phantasie in den Mittelpunkt der psychoanalytischen Hermeneutik rückt. Sie erklären Freuds Aufgabe der Verführungstheorie mit äußeren Motiven, die mit der Machtstruktur in der Familie, in der akademischen Gemeinschaft und in der patriarchalen Gesellschaft zusammenhängen. Zudem stellen sie die Psychoanalyse als ideologisches Konstrukt dar, das den Status von Frauen als Opfer der patriarchalen Gesellschaft verbergen wie verewigen wollte. Aus ihrer Sicht verleugnete Freud nicht nur das Leiden der Frauen, die der sexuellen Gewalt der Männer ausgeliefert waren. Er verstärkte ihr Leiden sogar, weil er seinen Patientiennen nicht glaubte und ihre Geschichten als eine Krankheit verstand, die es zu überwinden galt.

Besonders Massons Anklage, Freud sei ein Feigling und Opportunist gewesen, befremdet (vgl. hierzu Davidson, 1984; Paul, 1985; Robinson, 1993). Mit Robinson muß gefragt werden (1993, S. 115): Warum sollte ein Opportunist die Publikation eines Vortrags vorantreiben, der vorher in der *scientific community* auf Ablehnung gestoßen war, ihn privat nicht lange nach der Veröffentlichung verwerfen, um dann ein weiteres Jahrzehnt mit der Verwerfung seiner provokanten These in gedruckter Form zu warten, damit die Kollegen seinen Gesinnungswandel nicht vor 1905 herausfinden sollten? Ebenso unglaubwürdig scheint es, daß ein Feigling die Verführungstheorie aufgibt, weil sie zum Streit herausfordert, und sie dann durch die Libidotheorie ersetzt, von der nicht zu erwarten ist, daß ihr mehr Zuspruch zuteil wird, da sie das Kind zum Perversen macht (ebd.).

Somit scheint es vernünftig, nach einer anderen Erklärung für Freuds Gesinnungwandel Ausschau zu halten. Wie bereits erwähnt, schrieb Freud die Verführungstheorie seiner Leichtgläubigkeit gegenüber den Berichten seiner Patientiennen zu. Seine frühen Schriften aus der Zeit, als er noch an die Verführungstheorie glaubte, entwerfen ein anderes Bild. Er stellte beispielsweise fest, daß »diese Patienten ihre Geschichten niemals spontan«, sondern nur »unter höchstem energischen Druck des analytischen Vorgehens und bei enormem Widerstand« erzählten und ihnen die Erinnerung an den Mißbrauch »Stück für Stück« entrissen werden müsse (1896a, S. 418, französisch im Original). Freud räumte des weiteren ein, daß die Patienten »nur durch den stärksten Zwang der Behandlung bewogen werden, sich in deren Reproduktion einzulassen«, und schließlich stellte er fest, selbst wenn solche Erinnerungen gegen den Widerstand des Patienten aufwendig (re)konstruiert worden seien, diese dennoch versuchten, »ihnen den Glauben zu versagen, indem sie betonen, daß sich hierfür nicht ... ein Erinnerungsgefühl eingestellt hat« (1896c, S. 440).

Weder als naiver gläubiger Zuhörer von Verführungsgeschichten (wie Freud später für sich in Anspruch nahm) noch als Feigling, der eine Wahrheit, die seine Patienten ihm erzählten, in Abrede stellte (wie Masson glauben machen will), sondern als Tyrann erscheint Freud in seinen Selbstdarstellungen. Ein Tyrann, der seine suggestiven Kräfte einsetzte, um seinen Patienten Spekulationen und Interpretationen aufzuzwingen – allerdings mit wenig Erfolg. In einem Brief an Fließ, mit dem er die Aufgabe der Verführungstheorie ankündigt, erklärte er seinen theoretischen Umschwung primär durch seine Erfahrungen in der therapeutischen Praxis, das heißt durch seine »fortgesetzten Enttäuschungen bei den Versuchen, eine Analyse zum wirklichen Abschluß zu bringen [und] das Davonlaufen der eine Zeitlang am besten gepackten Leute« (1985, S. 283, Brief vom 21. September 1897).

Diese Darlegung weist meines Erachtens auf folgendes hin: Wie in früheren Jahren Freuds Bruch mit dem Degenerationsparadigma, ist auch der Wechsel von einer Hermeneutik, die die verdrängte Erinnerung eines zugrundeliegenden Traumas aufdecken will, hin zu einer Hermeneutik, die sich mit unbewußten Phantasien befaßt, eindeutig vor dem Hintergrund der Erfahrungen zu verstehen, die Freud in seiner klinischen Praxis gesammelt hat. Nach einer sorgfältigen und detaillierten Durchsicht von Freuds Briefen und Aufsätzen konnten Han Israels und Morton Schatzman zeigen, daß Freud die Verführungstheorie aufgegeben hat, weil es ihm bei der Behandlung auf der Basis seines theoretischen Ansatzes nicht gelungen war, auch nur eine einzige Analyse zu einem befriedigenden Ergebnis zu führen (Israels und Schatzman, 1991, S. 53 ff.; vgl. Schimek, 1987).

Eine genaue Beschäftigung mit Freuds Bemerkungen über Kindesmißbrauch in seinen späteren Schriften zeigt außerdem, daß seine theoretische Abtrennung weniger tiefgreifend war, als dies aufgrund der dramatischen Wiedergabe in Freuds Selbstdarstellung und Massons problematischem Versuch einer Entlarvung Freuds erscheinen mag. Noch 1907 informierte Freud Karl Abraham, daß es sich bei einigen Patienten-Berichten um reale sexuelle Traumen handele (Freud und Abraham, 1965, S. 18, Brief vom 5. Juli 1907). Im Januar 1912 schrieb er an den Schweizer Pastor Oskar Pfister, daß er »selbst mehrere Fälle von realem Inzest (schwerster Art) analysiert und hergestellt« hat (Freud und Pfister, 1963, Brief vom 1. Januar 1913; vgl. 1895d,

S. 195 [Fn. von 1924]; 1931 b, S. 525; 1939 a, S. 180; 1940 a, S. 114). 1931 beschrieb Freud die sexuelle Verführung von Kindern als »häufig genug« und als eine Erfahrung, die »weitgehende und andauernde Konsequenzen« hinterläßt (1931 b, S. 525). Und schließlich wiederholte Freud in dem kurz vor seinem Tod verfaßten *Abriß der Psychoanalyse* diese Aussage, wenngleich in etwas anderen Worten (1940 a, S. 114).

Was Freud mit der Verführungstheorie also tatsächlich aufgab, war der Glaube daran, daß die unbewußte Erinnerung an frühkindlichen sexuellen Mißbrauch zwangsläufig zu neurotischen Störungen führe und einzige Ursache der Neurose sei. Hingegen hielt er daran fest, daß solche Übergriffe geschähen und zur Ätiologie von Neurosen beitrügen. Sehr aufschlußreich für Freuds Position nach 1897 ist eine längere Passage in den *Vorlesungen* über das Zusammenspiel von Realität und Phantasie, das er anhand der Erzählungen seiner Neurotiker in den Analysestunden diskutiert. Er stellte fest, daß der Analytiker auf ein verblüffendes Problem trifft, nämlich »daß die in der Analyse konstruierten oder erinnerten Kindererlebnisse einmal unstreitig falsch sind, das andere Mal aber ebenso sicher richtig und in den meisten Fällen aus Wahrem und Falschem gemengt ... Es ist schwer, sich darin zurechtzufinden« (1916–17 a, S. 382). Freud legte nahe, daß in einer Situation, in der Patienten zwischen Phantasie und Realität nicht unterscheiden, es eine angemessene Haltung des Analytikers ist, die Darstellungen als nützlich und kostbar anzunehmen, ohne jedoch den Versuch zu unternehmen, sie zu verifizieren: »Diese Phantasien besitzen *psychische* Realität im Gegensatz zur *materiellen,* und wir lernen allmählich verstehen, daß *in der Welt der Neurosen die psychische Realität die maßgebende ist«* (ebd., S. 383, Hervorhebung im Original). Und er fügte erklärend hinzu, daß unter keinen Umständen die Erzählungen des Patienten als Phantasie verworfen werden dürften. Und obwohl er hervorhob, daß Berichte über sexuellen Mißbrauch »doch nicht so häufig real [sind], wie es nach den Ergebnissen der Analyse zuerst den Anschein hatte« (ebd., S. 385), und obwohl er meinte, diese Ereignisse würden erzählt, um »sich die Beschämung über Masturbation« zu ersparen, warnte er seine Zuhörer: »Glauben Sie übrigens nicht, daß sexueller Mißbrauch des Kindes durch die nächsten männlichen Verwandten durchaus dem Reiche der Phantasie angehört. Die meisten Analytiker werden Fälle behandelt haben, in denen solche Beziehungen real waren und einwandfrei festgestellt werden konnten« (ebd.).

In seiner späteren Ätiologie der Neurose, die für die psychoanalytische

Theorie entscheidend war, ging Freud dazu über, die Phantasie als ursächlich für die neurotische Entwicklung zu betrachten, schloß aber die Realität aus der Kausalkette nicht völlig aus. Anfangs waren für Freud Phantasien ein Hindernis auf dem Weg zur Entdeckung des realen Traumas. Es ging darum, die Erinnerungen an das Trauma in der Behandlung abzureagieren. Nachdem er die Verführungstheorie aber verworfen hatte, schrieb er an Fließ, »daß die Phantasien Produkte späterer Zeiten sind, die sich von der damaligen Gegenwart bis in die erste Kindheit zurückprojizieren« (1985, S. 370, Brief vom 3. Januar 1899), und in der *Traumdeutung* führte er aus, daß »nicht an den Erinnerungen selbst, sondern an den auf Grund der Erinnerungen aufgebauten Phantasien ... erst die hysterischen Symptome [hängen]« (1900 a, S. 495 f.).

Obwohl ich einerseits der Meinung bin, daß beide Narrative, das offiziell anerkannte und das häretische, Freuds theoretischen Umschwung von 1897 und die ihm zugrunde liegende Motivation falsch interpretieren, stimme ich andererseits mit beiden Narrativen darin überein, wie sie die Auswirkungen des Umschwungs auf die Weiterentwicklung der Psychoanalyse einschätzen. Anna Freud machte darauf aufmerksam, daß ihr Vater mit diesem Perspektivenwechsel die innere Wunsch- und Phantasiewelt seiner Patienten als einen Bereich von eigenständiger Realität und Wahrheit erkennen konnte, dessen innere Dynamik und vielfältige Beziehungen zur äußeren Realität zum Thema weiterer klinischer Untersuchungen und theoretischer Konzeptualisierungen werden sollten. Mit der Aufgabe der Verführungstheorie konnte Freud sich auf das konzentrieren, was zum Kernstück der Psychoanalyse werden sollte: auf die frühkindliche Sexualität, die libidinösen Triebe und auf sexuelle Phantasien. Wie Freud in seiner »Geschichte der psychoanalytischen Bewegung« formulierte, »kam nun hinter diesen Phantasien das Sexualleben des Kindes in seinem ganzen Umfange zum Vorschein« (1914 d, S. 56).

Offensichtlich sieht Masson diese Entwicklung in einem weniger positiven Licht. Er weist darauf hin, daß Freud, weil er seine Aufmerksamkeit primär auf die Phantasien seiner Patienten richtete, sich von der realen Welt abwandte und die Last marginalisierte, die der Mißbrauch elterlicher Gewalt dem Kind tatsächlich auferlegt (Masson, 1984, S. 169). In dieser Frage stimmt Masson mit einer Reihe anderer wie Erich Fromm, William G. Niederland, Morton Schatzman und Leon Sheleff überein. Diese Autoren haben am Beispiel der Fallgeschichten reichlich Beweise angeführt, daß Freud die Möglichkeit elterlicher sexueller Gewalt gegen das Kind selbst dann zu untersuchen versäumte, wenn eine solche Erforschung angemessen gewesen wäre (Fromm, 1970 d–1977 g, S. 241 ff.; Niederland, 1974; Schatzman, 1973; Sheleff, 1981). Obwohl Freud also weder den sexuellen Mißbrauch von Kindern bestritt noch jemals verleugnete, daß dies für die Psychotherapie relevant sei, gewann seine Suche nach interpretativen Möglichkeiten im Jahr 1897 einen neuen Schwerpunkt, der die psychische Realität ins Zentrum der Psychoanalyse stellte.

Zweifellos ist diese Entwicklung, wie Freuds Kritiker hervorgehoben haben, problematisch. Gleichwohl muß berücksichtigt werden, daß Freud aufgrund der Fokussierung auf die Phantasie und die sexuelle Bedeutung neurotischer Symptome eine universelle Wissenschaft der Psyche entwerfen konnte, in der sowohl nationale Unterscheidungen als auch die Unterscheidung zwischen Krankheit und Gesundheit abgeschafft wurden. In der *Traumdeutung* bezeichnete Freud den Traum als Inbegriff des Verständnisses von Phobien, Zwangs- und Wahnideen (1900 a, S. VII). Einige Jahrzehnte später schrieb er in seiner »Selbstdarstellung«, daß die Psychoanalyse seit der *Traumdeutung* nicht mehr

> »nur mit der Auflösung pathologischer Phänomene beschäftigt [war] ... Der Traum ... war ein Phänomen des normalen Seelenlebens, konnte sich bei jedem gesunden Menschen ereignen. Wenn der Traum so gebaut ist wie ein Symptom, wenn seine Erklärung die nämlichen Annahmen erfordert ..., dann ist die Psychoanalyse nicht mehr eine Hilfswissenschaft der Psychopathologie, dann ist sie vielmehr der Ansatz zu einer neuen und gründlicheren Seelenkunde, die auch für das Verständnis des Normalen unentbehrlich ist« (1925 d, S. 73).

Obwohl immer Universalist, war Freuds hermeneutische Sicht des Traums zu Beginn vor allem auf die individuelle Entstehung und Bedeutung der Symbole gerichtet. In späteren Zusätzen zur *Traumdeutung* legte Freud zunehmend Gewicht auf den individuellen Gebrauch des kulturellen Erbes der Menschheit bei der Produktion von Symbolen, wie »durch feststehende Sprachübung gegeben[e]«, Metaphern und Synekdochen (1900 a, S. 347). Trotz dieser Hinwendung zu einem kollektiven Erbe, durch die Hermeneutik leicht mit Nationalismus oder Ethnozentrismus hätte verbunden werden können, findet man nichts davon in Freuds Schriften. Er verfolgte die phylogenetischen Ursprünge unbewußter Symbole zurück zu einer mythischen Urvergangenheit vor den Anfängen nationaler Kulturen und Sprachen, deren symbolische Niederschläge »Erbgut geworden waren, in jeder neuen Generation nur der Erweckung … der ›mitgeborenen‹ Symbolik [bedürftig], die aus der Zeit der Sprachentwicklung stammt, allen Kindern vertraut ist, ohne daß sie eine Unterweisung erhalten hätten, und die bei allen Völkern trotz der Verschiedenheit der Sprachen gleich lautet« (1939 a, S. 241).[12] Und im Jahr 1929 hob er hervor: »Der Psychoanalyse fiel als erste Aufgabe zu, jene Triebregungen aufzudecken, die allen heute lebenden Menschen gemeinsam sind, ja die die heute Lebenden mit den Menschen der Vorzeit und der Urzeit gemeinsam haben. Es kostete sie also keine Anstrengung, sich über die Verschiedenheiten hinauszusetzen, die durch die Mehrheit der Rassen, der Sprachen, der Länder unter den Bewohnern der Erde hervorgerufen wurde« (1929 a, S. 554).

Selbstverständlich liegt es mir fern zu behaupten, daß es eine unvermeidliche und intrinsische Verbindung einerseits zwischen Idealismus und Hermeneutik gebe und andererseits einem Verständnis, dem zufolge Psychopathologie sowohl individualistisch als auch universalistisch sei. Daß Freuds Hermeneutik einen allgemeinen universalistischen Ansatz bewirkte, ist nichts als eine historische Tatsache, die aus seinem Versuch entstand, den Ursprung von Symbolen und Symptomen in der Prähistorie zu suchen und zu universellen Erfahrungen, körperlichen Bedürfnissen und Verlangen wie Essen, Defäkation, Geburt, Tod und Sexualität zurückzuverfolgen. Das bedeutete, daß es im Freudschen Unbewußtem keinen Volksgeist im Sinne Herders gab; kein nationaler oder rassistischer Geist verbarg sich in der Seele; keine Archetypen unterschieden zwischen Menschen und Kulturen; es gab keine deutschen oder jüdischen Träume bzw. Krankheiten. Aus Freuds Sicht kannten Geist und Seele nur wahrhaftige universelle Symbole und individuelle persönliche Assoziationen.

Indem Freuds hermeneutische Technik zudem den Interpretierenden und den Interpretierten unentrinnbar miteinander verstrickte, schloß sich die Lükke zwischen Arzt und Patient. Wenn Freud die aus der unbewußten Innenwelt auftauchenden Stimmen seiner Patienten verstehen wollte, war es ihm nicht mehr möglich, jene Distanz zu wahren, welche die Beziehung zwischen Beobachter und Beobachtetem charakterisierte. Bei seinem Versuch, die Sprache der Hysterikerinnen zu entziffern und die wahre Bedeutung ihrer Symptome

[12] Freuds Konzeption des unbewußten phylogenetischen Erbes wird in Kapitel 16 ausführlicher diskutiert.

zu erkennen, mußte er den äußeren und distanzierten Standpunkt aufgeben, durch den Ärzte wie Charcot sich bei der Untersuchung »ihrer« Hysterikerinnen leiten ließen. Das heißt, hermeneutisches Vorgehen führte zu einer dialogischen therapeutischen Praxis der Interpretation und Intervention, Konstruktion und Wiederherstellung.

Da die *scientific community* sich weigerte, sein hermeneutisches Symptomverständnis zu akzeptieren – weitgehend deshalb, weil es auf der in Verruf geratenen *talking cure* beruhte –, ging Freud dazu über, deren Angemessenheit an der Interpretation von Phänomenen zu demonstrieren, die eine therapeutische Technik nicht voraussetzte. So wandte er die hermeneutische Methode in seinen Arbeiten *Zur Psychopathologie des Alltagslebens* (1901 b) und *Der Witz und seine Beziehung zum Unbewußten* (1905 c) an. In den ebenfalls 1905 veröffentlichten *Drei Abhandlungen zur Sexualtheorie* schrieb er, daß »die Neurosen von allen ihren Ausbildungen her in lückenlosen Reihen zur Gesundheit abklingen« und »die Anlage zu den Perversionen keine seltene Besonderheit, sondern ein Stück der für normal geltenden Konstitution« ist (1905 d, S. 71).

Wie alle hermeneutischen Ansätze hatte Freuds Argumentationsweise eine übergreifende, expansive Tendenz, die die Bedeutung von Zeichen und Ausdruck zu entschlüsseln suchte, indem sie Zusammenhänge herstellte und diese in einen immer größeren Kontext plazierte. Letztlich lag Freuds Argumentation ein an seine Kollegen gerichteter Appell zugrunde, sein Verständnis menschlichen Verhaltens zu teilen und es als ein semantisches Feld zu begreifen, das analog einem Text und interpretationsbedürftig sei. Wie wir gesehen haben, prallte dieser Appell an den elementarsten Voraussetzungen des somato-psychiatrischen Paradigmas ab, dem zufolge ja alles, was Freud für bedeutungsvoll und begründbar hielt, als bedeutungslose Epiphänomene physiologischer Prozesse betrachtet wurde. Somit konnte diese grundlegend unterschiedliche Betrachtungsweise nicht allein durch eine entsprechende Argumentation überbrückt werden – und wurde es auch nicht. In seiner Bemühung um eine universelle Hermeneutik der Sprache des Unbewußten konnte Freud sich lediglich auf bruchstückhafte Äußerungen berufen; und dennoch hing die Interpretation dieser Bruchstücke vom Verständnis ihres Gesamteindrucks ab (Taylor, 1971; Bauman, 1978, S. 31). Obwohl das Freudsche Werk zunehmend größere Bereiche erfaßte, drehte seine Weiterentwicklung sich im Kreis. Es war dazu bestimmt, in den beschränkten Grenzen zu verbleiben, die für jede hermeneutische Untersuchung charakteristisch sind.

Auf politischer Ebene aber zerstörte die hermeneutische Dimension, die Freud in eine bislang somatische Wissenschaft einführte, die hierarchischen Unterschiede, die seinerzeit nicht nur den medizinischen, sondern auch den allgemeinen gesellschaftlichen Diskurs beherrschten, und dem zufolge der Gesunde vom Kranken, der Ehrbare vom Verderbten, Ärzte von ihren Patienten und Deutsche von degenerierten Rassen abgetrennt wurden. Statt dessen postulierte die Hermeneutik mentale Mechanismen, die universelle Gültigkeit haben und bei jedem Menschen praktisch-therapeutisch anwendbar sind.

Am Ende dieses ersten Teils möchte ich meine Argumention zusammenfassen: Fremde Interessen und eine fremde Rhetorik – einer Klasse, einer Nation, eines Staates oder einer ethnischen Gruppe – drangen in die medizinische Theorie und Praxis nervöser Störungen ein. Ich habe gezeigt, daß es häufig lediglich eine Frage der Akzentuierung ist, ob der Medizindiskurs als Epiphänomen bürgerlicher und nationalistischer Ideologien der zweiten Hälfte des 19. Jahrhunderts verstanden wird oder umgekehrt. Da weder das eine völlig auf das andere reduziert noch jeweils durch das andere erklärt werden kann, bildeten sich zwei Sprachen heraus, die demselben medizinpolitischen Diskurs angehörten.

Ich habe Freuds frühe Schriften in diesen medizinpolitischen Kontext gestellt, wobei sich folgendes Bild zeigte: a) Freud argumentierte gegen das etablierte medizinische Paradigma seiner Zeit – das der vererbten Degeneration in der Ätiologie der Hysterie eine entscheidende Rolle zuschrieb –, und zwar nicht nur auf einer rein wissenschaftlichen Ebene, sondern auch insofern er seine impliziten und expliziten nationalistischen Werte verwarf und unterminierte; b) Freuds Widerstand gegen das Degenerationsparadigma läßt sich nicht mit seinem Jüdisch-Sein erklären, das heißt damit, daß er einer ethnischen Minderheit angehörte, die von den Nationalisten und der medizinischen Vererbungslehre stigmatisiert wurde; c) Freuds theoretische Innovationen wurden nicht durch ethno-politische Überlegungen angeregt, sondern durch seine klinischen Erfahrungen der *talking cure*, die ihn an der somatischen Ursache der Hysterie zweifeln und eine interpretative Dimension in die somatisch orientierte Disziplin einführen ließen; d) Freuds weitere Theorieentwicklung, die ihn von der sogenannten Verführungstheorie wegführte, läßt sich nicht durch Opportunismus und politisches Engagement erklären, sondern muß in den Kontext seiner therapeutischen Praxis gestellt werden; e) trotz der Problematik dieser psychoanalytischen Praxis fand Freud über sie den Weg zu einer zugleich radikal universalistischen wie individualistischen Hermeneutik von Symptomen und Träumen. Freuds hermeneutische Prinzipien kennen keine Grenzen, die das Normale vom Pathologischen trennen, sie mißtrauen dem Wohlanständigen, stellen den Analytiker auf ein egalitäres Fundament mit dem Analysanden und verweigern die Unterscheidung in ethnische Gruppen.

Teil II

Die Seele als Staat: Metaphorische Politik in Freuds Metapsychologie

Im ersten Teil habe ich ausgeführt, daß Freuds Bruch mit den medizinischen Kategorien der Hysterie als einer organischen Krankheit zur Entwicklung einer allgemeinen Psychologie und einer Theorie der Seele führte, mit der er zeigen konnte, daß normale wie pathologische Phänomene das Ergebnis eines Zusammenspiels unsichtbarer psychischer Strukturen und Kräfte sind. Die psychologische Begrifflichkeit zeichnet das Bild unserer Innenwelt zwangsläufig mit einem Vokabular, das den Beschreibungen der leichter zugänglichen Außenwelt entlehnt ist. Dieses Vokabular überträgt Definitionen, Allgemeinwissen und Assoziationen aus den soziologischen, technologischen, kulturellen oder juridischen Theorieansätzen auf die Psyche, in der analoge Strukturen, Kräfte und Prozesse postuliert werden. Mit den Worten Donald Carlstons: »Sozialpsychologen setzen Widerstand gegen Überredung gleich mit medizinischer Impfung, zwischenmenschliche Beziehungen mit ökonomischen Prozessen, Erinnerung mit Wäschekörben, Verhaltenserwartungen mit Comicstreifen, Wahrnehmungsprozesse mit linearer Regression, private Räume mit Territorien und Merkmalsverläufe mit Varianzanalyse« (Carlston, 1987, S. 153; vgl. Leary, 1990).

Freud war der Meinung: »Vergleiche entscheiden nichts« (1917–18 a, S. 79), griff aber auf sie zurück, um »im Kontakt mit der populären Denkweise zu bleiben« (1926 e, S. 222); sie verhülfen dazu, »daß man sich heimischer fühlt« (1933 a, S. 79), weil sie konkrete Bilder hervorriefen, die die abstrakte Logik seiner Theorie des seelischen Apparats auflockerten. Für Freud waren Analogien und Metaphern sekundär, und er degradierte sie zu illustrativen

Verschönerungen und didaktischen Requisiten, die helfen sollten, seine Patienten, die »oft sehr intelligent sind, aber nicht immer gelehrt«, zu überzeugen (1926e, S. 222). So verteidigte Freud in der *Traumdeutung* sein Denken in Analogien, riet seinen Lesern aber gleichzeitig, seine Topoi nicht zu konkretisieren. Selbstverständlich verwandte er dazu eine Metapher: »[W]ir dürfen unseren Vermutungen freien Lauf lassen, wenn wir dabei nur unser kühles Urteil bewahren, das Gerüste nicht für den Bau halten« (1900a, S. 541).

Bei aller Hochachtung für Freud möchte ich dennoch behaupten, daß bei psychologischen Theorien, bei denen weder Gerüst noch Bau zu sehen bzw. zugänglich ist und alles, was wir haben, nur Vermutung und Interpretation von Phänomenen sein kann, das Gerüst der Bau *ist*. Deshalb sind Metaphern konstitutive Elemente einer jeden psychologischen Theorie. Wenn kognitive und affektive Verbindungen zwischen einer bekannten äußeren Realität und einem unbekannten innerseelischen Bereich hergestellt werden, haben Metaphern nicht nur eine heuristische, sondern auch eine rhetorische Funktion. Welches metaphorische Repertoire eine psychologische Theorie auch heranziehen mag, immer wirkt die Metapher als Linse oder Filter, indem sie einige Aspekte der Psyche hervorhebt – zum Beispiel eine bestimmte Art oder einen bestimmten Bereich der Emotion, Kognition und Motivation –, während andere undeutlich bleiben (Black, 1962, S. 39ff.). Deshalb ist eine Unterscheidung zwischen beobachtbaren und theoretischen Aussagen über die Psyche nicht möglich. Psychologische Theorien können als objektive Beschreibungen von Realität empirisch nicht bestätigt, höchstens bewertet werden hinsichtlich ihrer Erfindungsgabe, ihrer Einfachheit und Ökonomie, mit der sie konstruiert sind, sowie der Tiefe der Einsicht in menschliches Verhalten, die sie zur Verfügung stellen.[1]

Freud verwandte den Begriff der »Metapsychologie« zur Kennzeichnung aller Metaphern, die er zur Veranschaulichung psychischer Prozesse benutzte. Er erklärte: »Ich schlage vor, daß es eine *metapsychologische* Darstellung genannt werden soll, wenn es uns gelingt, einen psychischen Vorgang nach seinen dynamischen, topischen und ökonomischen Beziehungen zu beschreiben« (1915e, S. 280; Hervorhebung im Original). In dynamischen Formulie-

[1] Obwohl ich mich hier auf die Metaphorik psychologischer Theorien beschränken muß, möchte ich anmerken, daß alle humanwissenschaftlichen Theorien metaphorisch konstituiert sind. Zur Rolle von Metaphern vgl. Brown, 1977; Drucker, 1970; Miller, 1979, Nelson, Megill und McCloskey, 1974; Zashin und Chapman, 1974.

rungen suchte er »alle psychischen Vorgänge – von der Aufnahme äußerer Reize abgesehen – auf das Spiel von Kräften zurück(zuführen), die einander fördern oder hemmen, sich miteinander verbinden, zu Kompromissen zusammentreten usw.« (1926f, S. 301). Mit dem ökonomischen Gesichtspunkt fügte er seinem Konfliktmodell Schätzungen über die Größenordnung der in diesem Zusammenspiel beteiligten psychischen Energiemenge hinzu (1915e, S. 280). Aus topischer Perspektive postulierte Freud schließlich psychische Systeme oder Instanzen, innerhalb deren oder zwischen denen psychische Prozesse stattfinden (ebd., S. 272 ff.).

Metapsychologische Formulierungen nehmen in der Freudschen Theorie einen ambivalenten Status ein. Einerseits erscheinen sie im Pathos der Objektivität und Faktizität, als würden beobachtbare und empirisch verifizierbare Bildungen und Vorgänge beschrieben. Andererseits hebt Freud wiederholt hervor, daß Metaphern auf Kausalverhältnisse, Mächte, Energien und Strukturen verweisen, die nur in einer nicht-experimentellen, psychischen Welt vermutet werden können. In seinen *Vorlesungen* gestand er, daß »[d]ie wahrgenommenen Phänomene ... in unserer Auffassung gegen die nur angenommenen Strebungen zurücktreten« müssen (1916–17a, S. 62). In *Jenseits des Lustprinzips* betonte er, daß topische, dynamische und ökonomische Beschreibungen psychischer Vorgänge nicht durch empirische Beobachtungen überlagert würden, und bezeichnete sie als *Apriori*-Kategorien, als »Bildersprache«, ohne die man psychische Vorgänge »gar nicht wahrgenommen haben« würde (1920g, S. 65). Am Anfang dieses Aufsatzes erklärte er: »Die Unbestimmtheit all unserer Erörterungen, die wir metapsychologische heißen, rührt natürlich daher, daß wir nichts über die Natur des Erregungsvorganges in den Elementen der psychischen Systeme wissen und uns zu keiner Annahme darüber berechtigt fühlen. So operieren wir also stets mit einem großen X, welches wir in jede neue Formel mit hinübernehmen« (ebd, S. 30f.). Ähnlich beschrieb er in »Die endliche und die unendliche Analyse« die Metapsychologie als »Hexe«: »Ohne metapsychologisches Spekulieren und Theoretisieren – beinahe hätte ich gesagt: Phantasieren – kommt man hier keinen Schritt weiter. Leider sind die Auskünfte der Hexe auch diesmal weder sehr klar noch sehr ausführlich« (1937c, S. 69).

Selbstverständlich ist es nichts Besonderes, darauf zu verweisen, daß Freuds Theorie der Seele auf Metaphern beruht – ist dies doch ein Charakeristikum *aller* psychologischen Theorien. Deshalb bin ich mit Donald Spence einer Meinung: »Liest man das Freudsche Werk so, als würde es lauter falsifizierbare Überlegungen enthalten, so heißt das, daß die darin enthaltene bedeutsame Metaphorik übersehen und seine wichtigsten Konzepte zu stark konkretisiert werden« (1987, S. 7). Selbst wohlwollende Kommentatoren des Freudschen Werks haben hervorgehoben, daß keine seiner metapsychologischen Hypothesen durch empirische Beweise verifiziert werden können (Fisher und Greenberg, 1977, S. 414; Kline, 1972, S. 351 ff.).

Obwohl Freuds Rückgriff auf eine metaphorische Terminologie und eine spezifische politische Metaphorik anerkannt wurde, verstand man letztere lediglich als eine einzelne unter all den anderen Metaphern im Freudschen Werk: Metaphern der Hydraulik, Biologie, Mechanik, Jurisprudenz, Archäologie oder Geschichte (Edelson, 1983; Lewin, 1971; Wurmser, 1977; Mahony, 1982). Dagegen möchte ich zeigen, daß in Freuds Metapsychologie die unsichtbare Welt der Psyche sich primär im Sinne der äußeren Welt der Gesellschaft manifestiert. Deshalb ist der zweite Teil einer Rekonstruktion der Freudschen Theorie des psychischen Apparats gewidmet, worin ich zeigen will, daß die Freudsche Terminologie und Logik politische Implikationen aufweist.

In meiner Untersuchung der Metaphern im Freudschen Werk versuche ich herauszuarbeiten, daß Freuds Begrifflichkeit sich eines Vokabulars bedient, das sich an Beschreibungen der Wiener Hofadministration und an manifeste politische Institutionen und Verfahren anlehnt – Vertretung, Zensur oder Wahl – und das er auf das Seelenleben überträgt. Indem Freud den Mikrokosmos der Psyche analog dem Makrokosmos des Staates beschreibt, wird die Psyche aufgrund der Begrifflichkeit zwangsläufig »politisiert«. Die Freudsche Terminologie entwirft die Psyche als Kampfplatz, auf dem politische Konflikte ausgetragen werden und diverse Mächte – den gesellschaftlichen analog – miteinander ringen; sie werden beim Verfolgen ihrer Ziele von disparaten Motiven angetrieben und durch Abwehr und Widerstand gespalten. Selbst wo Freuds Metapsychologie unpolitisch erscheint – wenn er zum Beispiel hydraulische Metaphern zu Hilfe nimmt –, werden die Prinzipien der Mechanik nicht bestätigt; vielmehr gibt sich eine implizite politische Logik dahinter zu erkennen. Ich möchte sogar behaupten, daß sich einige offenkundige Probleme und Widersprüche auflösen lassen, wenn wir Freuds Metapsychologie als eine Theorie begreifen, die eine politische Sicht der Psyche zur Verfügung stellt: Dann gibt sie sich als ein geniales Modell zu erkennen, das eine reiche und fruchtbare Konzeptualisierung der Funktionsweise der inneren Welt erlaubt.

Ich halte es für falsch, die Metapsychologie als veralteten und lästigen Ballast abzutun, von dem die Psychoanalyse sich besser befreien sollte, wie dies einige Kommentatoren vorgeschlagen haben (vgl. Gill, 1976).[2] Morris Eagle hat recht, wenn er schreibt: »Allein die Vorstellung einer rein klinischen Theorie, die von keinerlei Metapsychologie befleckt ist, ist illusorisch. So schließt beispielsweise schon die Vorstellung unbewußter Wünsche und Ziele, die für die klinische Theorie der Psychoanalyse von zentraler Bedeutung ist, unvermeidlich metapsychologische Annahmen und Überlegungen ein« (1984, S. 192). Mit Samuel Weber (1986) betrachte ich die Metapsychologie als Freuds »Wille, mit dem Unbekannten zu verhandeln und Ungewißheit nicht nur als eine Behinderung oder einen Defekt zu betrachten, sondern als einen integralen Bestandteil des Denkens und Schreibens« (ebd., S. 73).

5 Wer zensiert wen, wo und warum?

Freuds erstes publiziertes Modell des psychischen Apparats ist im siebenten Kapitel der *Traumdeutung* zu finden: Dort unterscheidet er das System *bewußter* Wahrnehmung von einem System *vorbewußter* Inhalte, die momentan nicht Teil des Bewußtseins sind, diesem aber leicht zugänglich gemacht werden können. Beide Systeme unterscheiden sich von einem dritten System, dessen Inhalt den beiden anderen Systemen unzugänglich ist und deshalb *unbewußt* bleibt. Freud erklärte in einem kursiv gesetzten Absatz in der *Traumdeutung*: »Das Unbewußte ist das eigentlich reale Psychische, *uns nach seiner inneren Natur so unbekannt wie das Reale der Außenwelt, und uns durch die Daten des Bewußtseins ebenso unvollständig gegeben wie die Außenwelt durch die Angaben unserer Sinnesorgane«* (1900a, S. 617f.). Häufig benutzte er Abkürzungen – *Ubw*, *Vbw*, *Bw* –, wenn er sich auf diese Systeme als einzelne psychische Bereiche mit charakteristischen Gesetzen, Verläufen und Inhalten bezog. Dieses von Freud als topisch bezeichnete Modell sollte

[2] Zur prägnanten und kritischen Geschichte der psychoanalytischen Opposition gegen die Metapsychologie vgl. M. H. Klein, 1989; Kovel, 1988.

der Tatsache Rechnung tragen, daß entscheidende Faktoren des eigenen Verhaltens einem selbst unbekannt bleiben, wenn sie vom ethischen oder sozialen Gesichtspunkt als anstößig oder verwerflich erscheinen und durch Zensur blockiert werden (1916–17a, S. 139f.).

Freud konzipierte ein prozeßhaftes Geschehen, dem zufolge der Zugang ängstigender Inhalte zum Bewußtsein in Gestalt einer inneren »Zensur« verleugnet wird. Diese Auffassung war bereits drei Jahre vor Publikation der *Traumdeutung* in einem Brief an Wilhelm Fließ deutlich geworden. Dort fragte er: »Hast Du einmal eine ausländische Zeitung gesehen, welche die russische Zensur an der Grenze passiert hat? Worte, ganze Satzstücke und Sätze schwarz überstrichen, so daß der Rest unverständlich wird. Solche *russische Zensur* kommt zustande bei Psychosen und ergibt die scheinbar sinnlosen *Delirien* (1985, S. 315, Brief vom 22. Dezember 1897; vgl. 1895d, S. 269; 1896b, S. 403). In diesem Absatz beschreibt Freud die Zensur als eine negative Macht, die verhindert, daß eine Bemerkung veröffentlicht und gelesen wird. Als er den Begriff der Zensur in sein publiziertes Werk einführte und die Rolle der Zensur ausführlicher darstellte, faßte er ihn differenzierter:

»Ich will zu diesem Vorkommnis aus dem psychischen Binnenleben das Seitenstück aus dem sozialen Leben suchen. Wo findet man im sozialen Leben eine ähnliche Entstellung eines psychischen Akts? Nur dort, wo es sich um zwei Personen handelt, von denen die eine eine gewisse Macht besitzt, die zweite wegen dieser Macht eine Rücksicht zu nehmen hat. Diese zweite Person entstellt dann ihre psychischen Akte, oder, wie wir auch sagen können, sie verstellt sich. ... In ähnlicher Lage befindet sich der politische Schriftsteller, der den Machthabern unangenehme Wahrheiten zu sagen hat. ... Der Schriftsteller hat die Zensur zu fürchten, er ermäßigt und entstellt darum den Ausdruck seiner Meinung. Je nach der Stärke und Empfindlichkeit dieser Zensur sieht er sich genötigt, entweder bloß gewisse Formen des Angriffs einzuhalten, oder in Anspielungen anstatt in direkten Bezeichnungen zu reden, oder er muß seine anstößige Mitteilung hinter einer harmlos erscheinenden Verkleidung verbergen ... Je strenger die Zensur waltet, desto weitgehender wird die Verkleidung, desto witziger oft die Mittel, welche den Leser doch auf die Spur der eigentlichen Bedeutung leiten.

Die bis ins einzelne durchzuführende Übereinstimmung zwischen den Phänomenen der Zensur und denen der Traumentstellung gibt uns die Berechtigung, ähnliche Bedingungen für beide vorauszusetzen. Wir dürfen also als die Urheber der Traumgestaltung zwei psychische Mächte (Strömungen, Systeme) im Einzelmenschen annehmen, von denen die eine den durch den Traum zum Ausdruck gebrachten Wunsch bildet, während die andere eine Zensur an diesem Traumwunsch übt und durch diese Zensur eine Entstellung seiner Äußerung erzwingt« (1900 a, S. 147 f.).

Der letzte Satz in diesem Zitat wäre als Zusammenfassung der Rolle der Zensur in dem zuvor genannten Brief an Fließ korrekt gewesen, nicht aber in dem Zusammenhang, in dem er hier erscheint: Dieser Schlußsatz kann die Passage nicht zusammenfassen, da hier der Akt der Zensur verschoben und das Ziel verändert wurde. Die Institutionalisierung der Zensur erlaubt ihr, passiv zu bleiben. Sie muß nicht aktiv intervenieren, denn das bloße Vorhandensein der Zensur als Institution, ihre potentielle präventive und bestrafende Macht, veranlaßt andere Akteure, *sich selbst zu zensieren* und sich in Anspielungen, Symbolen und Andeutungen auszudrücken.

Wie Richard Rorty und Ernest Gellner zu Recht hervorgehoben haben, ist das Freudsche Unbewußte listig. Für Gellner ist »List nicht nur ein Attribut des Unbewußten. List ist das Unbewußte an sich« (1985, S. 112). Und Rorty stellt fest, daß das Unbewußte sich nicht aus »stummen, hirnlosen, tumben Holzköpfen zusammensetzt, sondern bevölkert ist von intellektuellen Peers unserer bewußten Selbst, möglichen Gesprächspartnern für diese anderen Selbst« (1991, S. 149). Und tatsächlich ist Freuds Unbewußtes schöpferisch, undurchschaubar und nicht weniger klug als der bewußte Teil eines Individuums. Somit unterwirft sich die Selbstzensur nur bedingt den Anforderungen der Autorität. Indem es seine Äußerungen harmlos erscheinen läßt, ist es gleichzeitig bestrebt, Beschränkungen zu umgehen, während es den Schutz der Instanz sicherstellt, deren Äußerungen als gefährlich oder anstößig betrachtet werden. Michael Levine zufolge ist der Akt der Zensur in der *Traumdeutung* nicht länger darin zu sehen, daß sie eine Äußerung verhindern, sondern die Äußerung trotz der vorhandenen Zensur ermöglichen soll (Levine, 1986, S. 609 ff.). Selbstzensur ist somit ein Akt der Verschleierung, der Irreführung und der Überwindung der zwingenden Macht der Zensur.

Diese schwierige Aufgabe wird von einer unbewußten Seelentätigkeit ausgeführt, die Freud »Traumarbeit« nannte, bei der »eine psychische Macht sich äußert, die einerseits die psychisch hochwertigen Elemente ihrer Intensität entkleidet, und andererseits auf dem Wege der Überdeterminierung aus minderwertigen, neue Wertigkeiten schafft, die dann in den Trauminhalt gelangen« (1900 a, S. 313).

Freud zufolge kann diese Überbewertung psychischer Elemente durch verschiedene Taktiken bewerkstelligt werden. Das Unbewußte eines Träumers kann die wahre Bedeutung eines Wunsches verdecken, indem es seine emotionalen Besetzungen ins Gegenteil verkehrt, zum Beispiel, indem es etwas Erwünschtes als etwas Widerwärtiges darstellt oder eine unsympathische Person als sympathisch. Alternativ dazu kann das Unbewußte verbotene Wunschvorstellungen durch assoziative Bezüge von einer Vorstellung zur anderen *verschieben* oder eine gesamte Serie verbotener Vorstellungen durch ihre Repräsentation mit Hilfe eines Bildes *verdichten,* das in der Seele des Träumers an den Knotenpunkten verschiedener Assoziationsketten lokalisiert ist. Schließlich: Wenn ein solcher Knotenpunkt nicht aufzufinden ist, kann das Unbewußte ein Mischobjekt oder -wort aus den unterschiedlichen Merkmalen disparater Begrifflichkeiten konstruieren – zum Beispiel eine Person, die einer bestimmten anderen Person irgendwie ähnlich sieht, deren Art zu sprechen aber wiederum an eine andere Person erinnert, während die Örtlichkeit im Traum abermals auf einen anderen Kontext verweist.

Welche Art der Vertretung schließlich vom Unbewußten gewählt wird, ist eine Frage der Machtverhältnisse der beteiligten Denkströmungen. Freud führt aus:

> »Die Traumbildung erfolgt also nicht so, daß der einzelne Traumgedanke oder eine Gruppe von solchen eine Abkürzung für den Trauminhalt liefert, und dann der nächste Traumgedanke eine nächste Abkürzung als Vertretung, etwa wie aus einer Bevölkerung Volksvertreter gewählt werden, sondern die ganze Masse der Traumgedanken unterliegt einer gewissen Bearbeitung, nach welcher die meist- und bestunterstützten Elemente sich für den Eintritt in den Trauminhalt herausheben, etwa der Wahl durch Listenskrutinium analog« (ebd., S. 290).

Freuds Bezug zu Wahlverfahren und zur Volksvertretung statt zu Symbolen oder Bildvorstellungen liefert ein Beispiel dafür, wie Macht und Bedeutung sich in seiner Theorie ständig vermengen. Für Freud war die Transformation einer Bedeutung in eine andere niemals nur eine Frage der Übersetzung, Transkription oder Umgestaltung. Sie geht immer einher mit antagonistischen Mächten, die miteinander in Konflikt stehen, und führt immer zu einem zwiespältigen Ergebnis. Zwar ermöglichen Repräsentationen, daß verbotene Gedanken sich auf akzeptable Weise Ausdruck verleihen, sie werden dadurch aber unverständlich und – im politischen Sinn – harmlos, da sie ihrer destabilisierenden Kraft beraubt sind.

Hin und wieder, wenn die Zensur nicht streng genug ist, können sich aber Vorstellungen in den manifesten Traum einschleichen, die dem irritierenden und verbotenen urprünglichen Traumgedanken bedrohlich nahekommen. Dann steht der Zensur ein weiteres Machtmittel zur Verfügung, das ihr im nachhinein doch noch zu intervenieren erlaubt: »Ich stelle mir vor«, schreibt Freud (ebd., S. 493), »daß die verächtliche Kritik: Es ist ja nur ein Traum, dann im Traum auftritt, wenn die niemals ganz schlafende Zensur sich durch den bereits zugelassenen Traum überrumpelt fühlt. Es ist zu spät, ihn zu unterdrücken, somit begegnet sie mit jener Bemerkung der Angst, oder der peinlichen Empfindung, welche sich auf den Traum hin erhebt.«

Die Zensur bleibt selbst dann aktiv, wenn der Träumer erwacht ist. Wird ein Traum erinnert, bestehen häufig Zweifel hinsichtlich einiger seiner Elemente. Da gerade bei jenen augenscheinlich undeutlichen Elementen angenommen werden kann, daß sie für die unbewußten Traumgedanken zentral waren, interpretierte Freud solche Zweifel als einen weiteren durch die Traumzensur angezettelten politischen Trick: »Es ist damit wie nach einer großen Umwälzung in einer der Republiken des Altertums oder der Renaissance. Die früher herrschenden edlen und mächtigen Familien sind nun verbannt, alle hohen Stellungen mit Emporkömmlingen besetzt; in der Stadt geduldet sind nur noch ganz verarmte und machtlose Mitglieder oder entfernte Anhänger der Gestürzten. Aber auch diese genießen nicht die vollen Bürgerrechte, sie werden mißtrauisch überwacht. An der Stelle des Mißtrauens im Beispiel steht in unserem Falle der Zweifel« (ebd., S. 520 f.).

Wieder einmal erklärt Freud ein auf das Träumen bezogenes Phänomen mit einer Analogie, welche die seinem Denken zugrundeliegende Logik von Herrschaft und Autorität offenlegt. Freud wandte sich dann dem Widerstand zu, mit dem ein Träumer auf die Deutung des Traumes seitens des Analytikers reagiert. Widerstand gegen die Vorschläge des Analytikers, was die verborgene Wahrheit des Traumes sei, »müssen wir nun als Traumzensur in die Traumarbeit eintragen«. Der Widerstand diente ihm als Beweis, »daß die Kraft der Zensur sich nicht damit erschöpft hat, die Traumentstellung herbeizuführen, und seither erloschen ist, sondern daß diese Zensur als *dauernde Institution* mit der Absicht, die Entstellung aufrecht zu halten, fortbesteht« (1916–17 a, S. 142, Hervorhebung J. B.).

Michael Levine (1986) zufolge schiebt Freud die Position der Zensur solange hin und her, bis es unmöglich ist, einen stabilen und klar definierten Ort zu bestimmen, an dem sie lokalisiert werden kann. Was zunächst als die spezifische Funktion einer bestimmten psychischen Instanz erscheint, erweist sich als eine Aktivität, die sich in der gesamten Psyche ausbreitet und in jedem Stadium von anderen Akteuren mit häufig widersprüchlichen Intentionen ausgeführt wird. In diesem Sinne ist offenbar auch jene Warnung zu verstehen, die Freud in seinen *Vorlesungen* äußerte: »Ich hoffe, Sie nehmen den Ausdruck [Zensur] nicht allzu anthropomorph und stellen sich unter dem Traumzensor nicht ein kleines gestrenges Männlein oder einen Geist vor, der in einem Gehirnkämmerlein wohnt und dort seines Amtes waltet« (1916–17a, S. 141).

Freud benutzte also eine politische Bildersprache, deren augenscheinliche Einfachheit nicht nur überzeugend, sondern auch trügerisch ist. Er schuf damit eine Theorie, die die Dialektik der Macht in der äußeren, sozialen Welt präzise spiegelte. Eine institutionelle Regierungsinstanz wie die Zensur verursacht immer ein kompliziertes Zusammenspiel von Zwang und Widerstand, von Opposition und dem Überwinden der Opposition. Sie beeinflußt das gesamte Interaktionsnetz eines bestimmten sozialen oder psychischen Systems. Tyrannen bemerken oft zu spät, daß die Zensur nicht nur der Zwangsherrschaft dient, der sie angehört, sondern auch zu innovativen und kreativen Techniken führt, mit deren Hilfe die verbotenen Inhalte in harmloser Verkleidung präsentiert werden. In der realen Politik – ebenso in Träumen – sind beide beteiligten Seiten fähig, bedeutungsvolle Artefakte hervorzubringen und zu interpretieren und sie durch Machtausübung zu entstellen; und beide Seiten benutzen diese Fähigkeiten, um ihr konflikthaftes Vorhaben weiter auszubauen. In einem Staat, in dem es eine Zensur gibt, mögen die Menschen nicht nur Selbstzensur üben, sondern auch vorgeben, von den gefährlichen Wahrheiten nichts zu wissen, selbst wenn sie davon wissen, oder von den verbotenen Texten nicht gehört zu haben, selbst wenn sie davon gehört haben – genau wie ein Träumer Traumelemente in Zweifel ziehen und einer Deutung widersprechen kann.

So hatte Freud aus politischer Perspektive recht, die Zensur als eine dem Gesamtsystem zugehörige Einrichtung darzustellen, deren Vorgänge miteinander verbunden und dialektisch aufeinander bezogen und nicht fixiert und determiniert sind. Die Dialektik der Freudschen Konzeption psychischer Vorgänge, die an der Zensur beteiligt sind – was ein ständiges Verschieben und Gleiten von Grenzen, Mächten, von Intention und Wirkung mit sich bringt –, macht deutlich, daß die Freuds psychischem Modell zugrunde liegende Logik eher soziomorph als mechanistisch ist.

6 Politik der Repräsentation

Die politische Logik der Freudschen Theorie des seelischen Apparats kommt in dem dramatischen Bild zum Vorschein, das Freud in seinen *Vorlesungen* von der Seele entwirft: »Wir setzen das System des Unbewußten einem großen Vorraum gleich, in dem sich die seelischen Regungen wie Einzelwesen tummeln. An diesen Vorraum schließe sich ein zweiter, engerer, eine Art Salon, in welchem auch das Bewußtsein verweilt. Aber an der Schwelle zwischen beiden Räumlichkeiten walte ein Wächter seines Amtes, der die einzelnen Seelenregungen mustert, zensuriert und sie nicht in den Salon einläßt, wenn sie sein Mißfallen erregen« (1916–17 a, S. 305).

Daß seelische Regungen von einem Wächter zurückgehalten werden, liegt darin begründet, daß es sich um »bewußtseinsunfähige« Vorstellungen handelt (1895 d, S. 294, Nachtr.), eine Bezeichnung aus den *Studien über Hysterie,* die Freud von Breuer übernahm und parallel zur »hoffähigen« Vorstellung gebildet worden war. Freud verstand Bewußtsein analog sozialen Privilegien: Der Zugang zum psychischen Salon wird gewährt vermöge der sozialen Akzeptanz einer Vorstellung, ihrer Tauglichkeit für den Eintritt in die feine Gesellschaft bzw. Oberschicht. Diese Anleihen bei der Monarchie und bei Vorgängen bei Hofe zeigen sich ebenfalls in Freuds Begriff der »Instanz«, den er zur Bezeichnung psychischer Systeme verwendet, was starke Anklänge an Staatsbürokratien und Regierungshierarchien hat (1900 a, S. 542).

In dieser Monarchie der Seele sind Privilegien eine Frage der Geburt. Ihre Ureinwohner, die frühkindlichen Triebe, werden in die Tiefen des Unbewußten verbannt, wo eine innere Polizeimacht dafür sorgt, daß sie vom Bewußtsein des Individuums abgetrennt bleiben. Den in der Provinz des Unbewußten entstandenen seelischen Regungen bleibt das Privileg der Bewußtwerdung verwehrt, selbst wenn sie im Laufe ihrer Entwicklung einen hohen Grad an Kultiviertheit und Differenziertheit erreichen. In Freuds Formulierung: »Ihre Herkunft bleibt das für ihr Schicksal Entscheidende. Man muß sie mit den Mischlingen menschlicher Rassen vergleichen, die im großen und ganzen bereits den Weißen gleichen, ihre farbige Abkunft aber durch einen oder anderen auffälligen Zug verraten und darum von der Gesellschaft ausgeschlossen bleiben und keines der Vorrechte der Weißen genießen« (1915e, S. 191).

Freud verglich die Seele explizit mit der multinationalen Habsburger Monarchie und schilderte deren »Hierarchie von über- und untergeordneten Instanzen« (1917a, S. 9) als ein in »Bezirke« aufgeteiltes Land, innerhalb und zwischen denen seelische Prozesse stattfinden. Die Bezirksgrenzen können manchmal von psychischen Energien überquert werden, manchmal werden sie dort aufgehalten, oder ihnen wird die Einreise verweigert bzw. eine andere Gestalt aufgezwungen.

> »Ich imaginiere ein Land mit mannigfaltiger Bodengestaltung, Hügelland, Ebene und Seenketten, mit gemischter Bevölkerung – es wohnen darin Deutsche, Magyaren und Slowaken, die auch verschiedene Tätigkeiten betreiben. Nun könnte die Verteilung so sein, daß im Hügelland die Deutschen wohnen, die Viehzüchter sind, im Flachland die Magyaren, die Getreide und Wein bauen, an den Seen die Slowaken, die Fische fangen und Schilf flechten. Wenn diese Verteilung glatt und reinlich wäre, würde ein *Wilson* seine Freude an ihr haben; es wäre auch bequem für den Vortrag in der Geographiestunde. Es ist aber wahrscheinlich, daß Sie weniger Ordnung und mehr Vermengung finden, wenn Sie die Gegend bereisen« (1933a, S. 79).

Mit der Zeit war Freud mit diesem Modell nicht mehr zufrieden, da es die Psyche zu sehr als geschlossenes System darstellte. Er entwarf ein zweites, das strukturelle System, um dem Einfluß äußerer Faktoren auf das Wirken der Politik der Seele gerecht zu werden. Ab dem Jahr 1923 zerlegte er den »Seelenapparat« in drei Funktionsbereiche, die er »Reiche, Gebiete, Provinzen« (ebd.) nannte. Er schilderte jeden einzelnen Bereich in einer bestimmten Beziehung vis-à-vis den beiden anderen Bereichen sowie der Außenwelt. Dazu wählte er einfache Pronomina, nannte diese Zentren »Ich« und »Es«, und erfand den bildlich machtvollen Begriff des »Über-Ichs«. Explizit lehnte er wissenschaftliche Neologismen ab, denen – so Freud spöttisch – »vollautende griechische Namen« zugrunde lägen (1926e, S. 222).

Im Vergleich zum ersten Modell bestand die wichtigste Erneuerung des zweiten Entwurfs des seelischen Apparts darin, daß Freud eine besondere Instanz einführte, die das Subjekt in einen inneren Dialog mit den Repräsentanzen von Menschen verwickelt, deren Anerkennung in der Kindheit von Bedeutung war – vor allem mit einem oder beiden Elternteilen. In der Formulierung Freuds: »Die ins Ich introjizierte Vater- oder Elternautorität bildet dort den Kern des Über-Ichs, welches vom Vater die Strenge entlehnt« (1924 d, S. 398). Abermals kommen Grenzen ins Gleiten. Autoritätsfiguren existieren nicht nur außen und außerhalb meiner selbst, heimlich stehlen sie sich auch ins Innere, in den Seelenapparat.

Um das Passieren jener Grenzen zu verstehen, die die Individuen voneinander trennen, will ich einen Moment bei dem Begriff der Repräsentation bzw. Vertretung verweilen, auf den Freud häufig zurückgriff und der ein Spiegel dessen ist, wie Repräsentation im Staatswesen funktioniert. Bei diesem Typus politischer Repräsentation kann eine Person stellvertretend für eine Reihe anderer Personen handeln. Eine solche Beziehung umfaßt die Abwesenheit des Repräsentierten – des Wählers beispielsweise – und die Anwesenheit der anderen Person in der Machtposition – sagen wir im Parlament –, wobei legitimerweise beansprucht werden kann, daß durch ihre/seine Handlungen nicht nur der eigene Wille, sondern auch der Wille des abwesenden Repräsentierten realisiert wird. Die Logik einer politischen Repräsentation beinhaltet die Abhängigkeit des Repräsentanten vom Repräsentierten – im Sinne der Verpflichtung, gegenüber den Intentionen und Wünschen des Repräsentierten glaubwürdig zu bleiben –, paradoxerweise aber auch die Unabhängigkeit des Repräsentanten vom Repräsentierten. Obwohl sie andere vertreten sollen, sind Delegierte berechtigt und verpflichtet, eigene Entscheidungen zu treffen und einen neuen, oft unerwarteten Richtungsverlauf einzuleiten, ohne besondere Anweisungen dafür einholen zu müssen (Laplanche und Pontalis, 1967, S. 441 ff.; Pitkin, 1967, S. 154). Gesetzgeber sind nicht die einzigen, die den Anspruch erheben, den Willen des Volkes zu repräsentieren. Desgleichen sollen Institutionen bzw. Instanzen, die den Gesetzgeber unterstützen – wie die Polizei und das Militär –, den kollektiven Willen des Bürgers vertreten, obwohl diese auch verhindern, daß einzelne Individuen oder Volksgruppen eigene Wünsche realisieren, oder bei Gesetzesübertretung Strafen verhängen.

Freud übertrug diese Logik politischer Repräsentation auf den seelischen Bereich, indem er das Über-Ich zur Instanz des seelischen Gesetzgebers bzw. Schiedsrichters und Gesetzeshelfers erhob. In diesen Funktionen repräsentiert das Über-Ich nur teilweise das subjektive »Ich«, über das es präsidiert. Das Über-Ich repräsentiert des weiteren andere Personen – vor allem Elternfiguren – und unterstützt Ziele, die der Person, der es die Gesetze verordnet und auferlegt, fremd sind. Seine Rolle ist deshalb eher die einer »Besatzung« in einer »eroberten Stadt«. Freud zufolge ist das, was das Über-Ich als das »Böse« erachtet, »oft gar nicht das dem Ich Schädliche oder Gefährliche«

(1930a, S. 483). Dennoch repräsentiert das Über-Ich gleichzeitig die ethischen Normen des Individuums. Freud stellt das Überich als »eine von uns erschlossene Instanz« dar, deren Funktion es ist, dem Individuum ethische Ideale voranzustellen, den moralischen Wert seiner Gedanken, seiner Taten und seines Verhaltens abzuwägen und, wenn notwendig, auch Kritik an ihm zu üben und Strafen aufzuerlegen (1930a, S. 496).

Da das Über-Ich Moralvorstellungen repräsentiert und durchsetzt, die außerhalb des Subjekts entstanden sind, dann aber Bestandteil seiner moralischen Selbstwahrnehmung wurden, kann es mit »Grausamkeit« (1933 a, S. 66) und »Strenge« (1924c, S. 380) seines Amtes walten. In Freuds eloquenter Darstellung der Psychodynamik der Depression wird das Ich von Schuldgefühlen erdrückt, und das Über-Ich erscheint als Richter in einem kafkaesken Prozeß. Das Über-Ich, schreibt Freud, »wird im melancholischen Anfall ... überstreng, beschimpft, erniedrigt ... läßt es [das Ich] die schwersten Strafen erwarten ..., als hätte es das ganze Intervall über Anklagen gesammelt und nur seine gegenwärtige Erstarkung abgewartet, um mit ihnen hervorzutreten und auf Grund dieser Anklagen zu verurteilen« (1933 a, S. 67).

Am anderen Ende des seelischen Apparats plazierte Freud das Es, die Instanz, welche »die eigentliche Lebensabsicht des Einzelwesens« ausdrückt (1940a, S. 70). Ausgestattet mit irrationalen Leidenschaften und Wünschen, widmet es sich ausschließlich der – zumeist sexuellen – Triebbefriedigung. In Freuds erster Topik entspricht das Es weitgehend dem System *Ubw.* Ohne Organisation oder kollektiven Willen verfolgen die unterschiedlichen Strebungen des Es ihre eigenen Ziele, unabhängig voneinander und ohne Bezug zueinander. Das Es ist zu chaotisch und blind, um dem menschlichen Verhalten einen Anhaltspunkt zu geben. Nach Freud würde ein Individuum »der Vernichtung nicht entgehen«, wenn er oder sie dem Es »im blinden Streben nach Triebbefriedigung« folgen würde (1933 a, S. 82; vgl. 1926e, S. 223). Wie das Über-Ich ist auch das Es ein duales Geschöpf: Es repräsentiert Interessen, die der individuellen Selbstwahrnehmung fremd sind; gleichzeitig bildet es den Kern des Seelenlebens, aus dem alle anderen psychischen Instanzen entstammen.

Das Ich schließlich, »Repräsentant der Außenwelt, der Realität« (1923 b, S. 264; vgl. 1940a, S. 69), ist vollkommen an die Gegenwart gebunden. Es repräsentiert die Vernunft und einen klaren Verstand und ist »von der Rücksicht auf Sicherheit beherrscht« (1940a, S. 129). »Wir haben uns die Vorstellung von einer zusammenhängenden Organisation der seelischen Vorgänge in einer Person gebildet und heißen diese das *Ich* derselben. An diesem Ich hängt das Bewußtsein, es beherrscht die Zugänge zur Motilität ...; es ist diejenige seelische Instanz, welche eine Kontrolle über all ihre Partialvorgänge ausübt ... und die Traumzensur handhabt« (1923 b, S. 243; Hervorhebung im Original). Anders formuliert: Das Ich repräsentiert das eigene bewußte Interesse und die bewußte Einsicht, gleichzeitig aber auch auferlegte äußere Handlungszwänge. Es hat die Sicherheit und Selbsterhaltung des Individuums im Blick und führt Kriterien des Machbaren und Sinnvollen in die Psyche ein.

In der Terminologie der Machtdynamik kann im Freudschen Modell der Seele keine einzige psychische Tätigkeit ohne die Teilnahme des Ichs stattfinden: »Wenn alle treibende Kraft, die das Fahrzeug von der Stelle bringt, vom Es aufgebracht wird, so übernimmt das Ich gleichsam die Steuerung, bei deren Ausfall ja ein Ziel nicht zu erreichen ist« (1926 e, S. 228). Ist das Ich stark, kann es als Machtvermittler in Aktion treten. In Freuds Worten: »[E]s geht gut, wenn das Ich seine volle Organisation und Leistungsfähigkeit besitzt, zu allen Teilen des Es Zugang hat und seinen Einfluß auf sie üben kann« (ebd., S. 229). Ist das Ich jedoch schwach, könnte es Handlungszwängen unterliegen ähnlich »einem konstitutionellen Monarchen, ohne dessen Sanktion nichts Gesetz werden kann, der es sich aber sehr überlegt, ehe er gegen einen Vorschlag des Parlaments sein Veto einlegt« (1923 b, S. 285). Freud dramatisierte diesen Konflikt folgendermaßen:

> »Als Grenzwesen will das Ich zwischen der Welt und dem Es vermitteln, das Es der Welt gefügig machen und die Welt mittels seiner Muskelaktionen dem Es-Wunsch gerecht machen. Es benimmt sich eigentlich wie der Arzt in einer analytischen Kur, indem es sich selbst mit seiner Rücksichtnahme auf die reale Welt dem Es als Libidoobjekt empfiehlt und dessen Libido auf sich lenken will. Es ist nicht nur der Helfer des Es, auch sein unterwürfiger Knecht, der um die Liebe seines Herrn wirbt. Es sucht, wo möglich, im Einvernehmen mit dem Es zu bleiben, überzieht dessen *ubw* Gebote mit seinen *vbw* Rationalisierungen, spiegelt den Gehorsam des Es gegen die Mahnungen der Realität vor, auch wo das Es starr und unnachgiebig geblieben ist, vertuscht die Konflikte des Es mit der Realität und wo möglich auch die mit dem Über-Ich. In seiner Mittelstellung zwischen Es und Realität unterliegt es nur zu oft der Versuchung, liebedienerisch, opportunistisch und lügnerisch zu werden, etwa wie ein Staatsmann, der bei guter Einsicht sich doch in der Gunst der öffentlichen Meinung behaupten will« (ebd., S. 286 f.).

Freud verstand das Ich generell als bescheidene, vorsichtige Instanz, welche, »[s]o vom Es getrieben, vom Über-Ich eingeengt, von der Realität zurückgestoßen«, darum ringt, »die Bewältigung seiner ökonomischen Aufgabe, die Harmonie unter den Kräften und Einflüssen herzustellen« (1933 a, S. 85). Häufig fühlt sich das Ich gegenüber diesen anderen Kräften schwach, und ihm fehlt die Einsicht, die zur Durchsetzung seiner Aufgaben notwendig wäre: »Werden die beiden ersteren zu stark, so gelingt es ihnen, die Organisation des Ichs aufzulockern und zu verändern, so daß seine richtige Beziehung zur Realität gestört oder selbst aufgehoben wird« (1940a, S. 98).

Wenn das Ich »seine Einheit verloren« hat, erkrankt das Individuum (1926e, S. 251). »Unsere Seele«, fährt Freud fort, »jenes kostbare Instrument, mittels dessen wir uns im Leben behaupten, ist nämlich keine in sich friedlich geschlossene Einheit, sondern eher einem *modernen Staat* vergleichbar, in dem eine genuß- und zerstörungssüchtige Masse durch die Gewalt einer besonnenen Oberschicht niedergehalten werden muß« (1932c, S. 263, Hervorhebung J. B.). In seinem Aufsatz »Eine Schwierigkeit der Psychoanalyse« wandte Freud sich direkt an das Ich und tadelte es wegen seiner schlechten Politik: »Du benimmst dich wie ein absoluter Herrscher, der es sich an den Informationen seiner obersten Hofämter genügen läßt und nicht zum Volk herabsteigt, um dessen Stimme zu hören. Geh in dich, in deine Tiefen und lerne dich erst kennen« (1917a, S. 11).

Freud trennt, zerlegt und dezentralisiert das psychische Strukturmodell also in Instanzen, für die wiederum psychische und emotionale Merkmale charakteristisch sind. Wie im Fall der seelischen Zensur entpuppt sich das, was zunächst eine einfache Aufteilung des seelischen Apparats in funktionale Bereiche zu sein scheint, als ein komplexes Gebilde. Alle psychischen Instanzen repräsentieren gleichzeitig Interessen und Mächte, die der Selbstvorstellung des Subjekts intrinsisch wie extrinsisch sind. Sie verhalten sich wie menschliche Wesen, die denken, begehren, sich erinnern, mit denen man reden kann und die sogar in jener politischen Sprache mit sich selbst reden, die Freud für die Psyche entwickelt hat. So etwa beschrieb Freud die Reaktion des Ichs auf das Auftauchen unbewußter Gedanken bei einer neurotischen Störung: »[E]s kommen Impulse, die wie die eines Fremden sind, so daß das Ich sie verleugnet, aber es muß sich doch vor ihnen fürchten und Vorsichtsmaßnahmen gegen sie treffen. Das Ich sagt sich, das ist eine Krankheit, eine fremde Invasion, es verschärft seine Wachsamkeit, aber es kann nicht verstehen, warum es sich in so seltsamer Weise gelähmt fühlt« (ebd., S. 9).

Da Freud dem Es, Ich und Über-Ich als *dramatis personae* widersprüchliche Interessen und Intentionen zuschrieb, beruft die psychoanalytische *lingua franca* sich auf etwas, was vermutlich – bis hin zu Platon – die älteste Metapher der Seele ist: Dort ist die Innenwelt des Menschen als *polis* dargestellt. Freud übernahm diese Metapher, benutzte sie für die Erschaffung seiner Theorie des seelischen Apparats und beschrieb die Psyche als politische Arena, in der widersprüchliche Mächte miteinander kämpfen, um das individuelle Handeln insgesamt bestimmen zu können. Er pries die Vorteile der Überwachung und warnte vor den Gefahren der Vorstellung von Gleichheit und Egalität, die er mit Schwäche oder gar mit einem Zusammenbruch der Regierungsgewalt der Seele assoziierte, wohingegen er darlegte, daß Gesundheit auf einer aufgeklärten, aber elitären Ordnung basiere.

Freud konzipierte die Instanzen des Seelenlebens als innere Repräsentanzen, die außerhalb der subjektiven Einflüsse und Interessen liegen; damit unterminierte er die Konzeptionen des Subjekts als selbst-umzäunte Entität mit starren, undurchlässigen Grenzlinien. In Freuds Vorstellung lebt die Gesellschaft im Subjekt und das Subjekt in der Gesellschaft, wobei das eine weder gänzlich auf das andere reduziert noch durch es erklärt werden kann.

7 Mechanische Fehler

In den vorherigen Kapiteln habe ich die politischen Implikationen diskutiert, die an der Oberfläche der Freudschen Metapsychologie zu finden sind, das heißt ihre explizit politische Terminologie. Im folgenden möchte ich zeigen, daß Politisches auch in den »Tiefen« gefunden werden kann, verborgen unter einem Schleier mechanistischer Begrifflichkeiten, die Freud der Physik entlehnte.

In der zweiten Hälfte des 19. Jahrhunderts galt die Physik allgemein als die fortschrittlichste Wissenschaft, von deren Konzepten die meisten anderen naturwissenschaftlichen Bereiche sich inspirieren ließen.

In seinem berühmten Vortrag am Berliner Institut für Physik von 1847 über »Die Erhaltung der Kraft« definierte Helmholtz den Begriff der Kraft als ontologisches Prinzip, Ursprung aller Dinge und als unerläßlich zur Erklärung aller mechanischen Ursachen. Für Helmholtz, der zwischen Tier, Mensch und Maschine keinen Unterschied machte, war Kraft eine transzendentale Macht, die Basis allen Denkens und Handelns, die aller Arbeit zugrunde liege (vgl. Rabinbach, 1992, S. 53 ff.).

Freud übernahm die Helmholtzsche Konzeption und übertrug die Vorstellung der »Kraft« und die seinerzeit verbreiteten Gesetze des Strömens und Gleitens von Energie, ihrer Konservierung, Entropie und Konversion auf die Psyche. 1894 postulierte er einen »Affektbetrag« oder eine »Erregungssumme«, die »sich über die Gedächtnisspuren der Vorstellungen ausbreitet, etwa wie eine elektrische Ladung über die Oberflächen der Körper«, und er verglich seine »Theorie des ›Abreagierens‹ ... mit der Annahme des strömenden elektrischen Fluidums« (1894 a, S. 74). In einem an die Adresse seiner Neurologen-Kollegen gerichteten Manuskript, das erst 1950 veröffentlicht wurde – James Strachey gab dieser Arbeit den Titel »Entwurf einer Psychologie« (1950 c [1895]) – unternahm Freud den Versuch, »psychische Vorgänge ... als quantitativ bestimmte Zustände aufzeigbarer materieller Teile« in einem »Reflexvorgang« darzustellen (ebd., S. 387 f.). Fünf Jahre später wiederholte er in der *Traumdeutung*: »Der Reflexvorgang bleibt das Vorbild ... aller psychischen Leistung« (1900 a, S. 543), reduzierte aber seelische Vorgänge nicht mehr auf neurophysiologische Vorgänge (ebd.). Dennoch blieb sein Diskurs durchdrungen von Bezügen zu hypothetischen »Strömungen« psychischer Energie von einem Speichersystem über »durchlässige Neuronen« oder »Bahnungen« zu ihrer »Ladung« oder »Entladung« durch »Kontaktschranken« (1950 c, S. 391, 393, 404, 431; 1900 a, S. 585; 1912 c, S. 322; 1916–17 a, S. 358; 1923 b, S. 274).

Prima facie scheint es, daß die politische Lesart der Freudschen Metapsychologie an ihre Grenzen gelangt, wenn sie mit solch energetischen Formulierungen konfrontiert ist. Freud beschrieb die energetischen Prozesse der Psyche aber in einer Weise, die mit den Grundannahmen der Physik nicht übereinstimmen. Wenn beispielsweise von der »Entfernung« zwischen einem annehmbaren und einem anstößigen Gedanken und von Besetzungsüberschreitungen innerhalb dieser Vorstellungen die Rede ist, scheint die Energie in einer Art psychischem Raum umherzuwandern (1915 d, S. 252). Es bedarf keiner besonderen Betonung, daß das Seelenreich jenseits von Raum und Zeit liegt und es sich bei der »Entfernung« zwischen den Gedanken wohl um nichts anderes als eine Metapher handelt. Natürlich ist Freuds räumliche und hydraulische Terminologie eine Metapher seiner Wahrnehmung über die Nähe oder Entfernung von Vorstellungen, die aufgrund ihrer halb-wissenschaftlichen Imagination den Schein von Objektivität gewinnt.

In den vergangenen Jahren haben Wissenschaftstheoretiker und Psychoanalytiker die Freudsche Vorstellung von psychischer Energie – die sie wörtlich nehmen – heftig kritisiert. Eine diesbezügliche Untersuchung der energetischen Konzepte Freuds schließt mit der Feststellung, diese seien entweder »unglaubwürdig, unnütz oder falsch« (Swanson, 1977, S. 630), und Panel-Diskussionen auf psychoanalytischen Kongressen machen deutlich, daß ein erheblicher Teil der psychoanalytischen Gemeinschaft die Nützlichkeit des Konzepts psychischer Energien inzwischen anzweifelt oder es völlig zurückweist (Panel-Report, 1963; 1976). Aber das Konzept einfach zu verwerfen kann nicht genügen. Hat man einmal anerkannt, daß Freuds Konzept seelischer Energien vage und inkonsistent ist – daß es, in der Formulierung Yehuda Elkanas (1985, S. 229), »physikalisch völliger Unsinn« ist –, kann man getrost fortfahren, seine Logik genauer zu untersuchen. Neben anderen Autoren macht Elkana darauf aufmerksam, daß Freud den Begriff psychischer Energien weniger im naturwissenschaftlichen Verständnis einsetzte, sondern vielmehr als lockere Metapher, als ein intuitiv zugängliches Bild, das Bestandteil unserer Kultur ist und das wir »zu Hilfe rufen, wenn wir über unsere begrenzten seelischen Energien oder über den Erhalt unserer psychischen Kräfte umgangssprachlich reden« (ebd., S. 228).

Hinter den Rissen des mechanistischen Firnis der Metapsychologie kommt eine vernünftige ökonomische Logik zum Vorschein, von der sich Freud bei seinen energetischen Imaginationen leiten ließ (vgl. Fromm, 1970a, S. 231 f.). Nicht die Physik und der physikalische Ansatz bilden die Grundlage für Freuds energetische Vorstellungen, sondern das, was er »das ökonomische Prinzip der Aufwandersparnis« nannte (1911b, S. 234). In *Das Unbehagen in der Kultur* warnte er: »Da der Mensch nicht über unbegrenzte Quantitäten psychischer Energie verfügt, muß er seine Aufgaben durch zweckmäßige Verteilung der Libido erledigen« (1930a, S. 463). Ökonomisches Denken hat Freud bei der Entwicklung seiner Theorien immer mitberücksichtigt. In der *Traumdeutung* heißt es: »Es ist sehr wohl möglich, daß ein Tagesgedanke die Rolle des *Unternehmers* für den Traum spielt; aber der Unternehmer, der, wie man sagt, die Idee hat und den Drang, sie in Tat umzusetzen, kann doch ohne Kapital nichts machen; er braucht einen *Kapitalisten*, der den Aufwand bestreitet, und dieser Kapitalist, der den psychischen Aufwand für den Traum beistellt, ist alle Male und unweigerlich, was immer auch der Tagesgedanke sein mag, *ein Wunsch aus dem Unbewußten*« (1900a, S. 566; Hervorhebung im Original).

Freuds Triebtheorie läßt erkennen, daß nicht nur die ökonomische Vorstellung von psychischer Energie für sein Denken zentral ist, sondern auch die damit verbundenen politischen Implikationen. Er führte das Triebkonzept in den *Drei Abhandlungen zur Sexualtheorie* im Jahre 1905 ein und stellte darin seine energetischen Vorstellungen in einen differenzierten Bezugsrahmen, indem er sexuelle Energien von anderen unterschied. Es ist offenkundig, daß dieses Konzept von »treiben« hergeleitet ist und das undeutliche Drücken und Vorwärtstreiben, »das Drängende« (1909b, S. 371) evoziert, das sexuelle Wunschvorstellungen in der Seele ausüben (vgl. 1910a, S. 36; 1914c, S. 144; 1933a, S. 103; 1940a, S. 68).

Daß das Triebkonzept wenig mit tierischen Instinkten zu tun hat, wird deutlich, wenn man Ursprünge und Funktion des Triebs in der Freudschen Theorie untersucht. Freud bezeichnete den Trieb als einen »festgelegten ... konventionelle[n] ... Grundbegriff« (1915c, S. 211), der ihm die Grenze zwischen Soma und Psyche zu setzen wie zu transzendieren und gleichzeitig die verwirrenden onotologischen Fragen der psychophysischen Debatte zu umgehen erlaubte (vgl. ebd., S. 216; 1910c, S. 209; 1910i, S. 100; 1926e, S. 227). Freuds Suche nach einer konzeptionellen Brücke war das Ergebnis seiner wiederholten Versuche, eine strukturelle Vorstellung des Körper-Seele-Verhältnisses zu entwerfen, ohne daß es ihm gelungen wäre, ein ihn selbst zufriedenstellendes theoretisches Konzept zu entwickeln. In seiner frühen Aphasie-Studie setzte Freud Soma und Psyche als zwei Bereiche zueinander in Beziehung, in denen parallel voneinander unabhängige Prozesse stattfinden. In seinem *Entwurf* von 1895 übernahm er eine reduktionistische Haltung und postulierte, daß die Bereiche identisch seien. Mit der *Traumdeutung* gab er auch diese Position auf und ermahnte, »der Versuchung sorgfältig aus dem Wege [zu] gehen, die psychische Lokalität etwa anatomisch ... bestimmen« zu wollen (1900a, S. 541; vgl. 1915e, S. 273; 1916–17a, S. 14, 408; 1925d, S. 58f.; 1926e, S. 221). Schließlich konzipierte Freud 1905 mit seinem Triebkonzept erstmals eine Verbindung zwischen Körper und Seele, die er nicht nur vorübergehend als angemessen betrachtete.

Ursprünglich verstand Freud nur die Beziehung zwischen der somatischen Quelle sexueller Wunschvorstellungen und deren Auswirkungen im Seelenleben als Triebgeschehen. Im Gegensatz zu Ethologen, die sexuelle Erregung als

– zumindest im Prinzip – meßbare hormonelle Prozesse betrachten, verwies Freud auf keinerlei konkrete endokrinologische Substrate der Sexualtriebe. Ihre Substanz bleibe hypothetisch, unsichtbar und durch Definition nicht meßbar. Seine Äußerungen zum Triebkonzept sind häufig unklar und schwer faßbar – bestand doch die Aufgabe von Triebstrebungen darin, Grenzen zu transzendieren. Freud stellte sie in den psychologischen Diskurs, aber er lokalisierte sie weder im bewußten noch im unbewußten psychischen System, denn Triebe waren für ihn »das letzte, was die psychologische Erforschung überhaupt zu erkennen vermag« (1937c, S. 88).

Als Grenzwesen zwischen Soma und Psyche beschrieb Freud den Trieb dem jeweiligen Blickwinkel entsprechend als Repräsentanten oder als Repräsentierten (vgl. Strachey, 1957, S. 112 f.).[3] Wenn Freud sich »von der *biologischen* Seite her der Betrachtung des Seelenlebens« zuwandte – das heißt aus der körperlichen Perspektive –, nannte er den Trieb den »psychische[n] Repräsentant[en] der aus dem Körperinnern stammenden, in die Seele gelangenden Reize« (1915 c, S. 214, Hervorhebung J. B.). Betrachtete er dagegen den Trieb von der seelischen Seite her und untersuchte ihn als »Abgrenzung des Seelischen vom Körperlichen«, schilderte er ihn als Repräsentierten, der unbemerkt bleibe, es sei denn, er wende sich ein weiteres Mal einem anderen Repräsentanten zu (1905 d, S. 67).

Ich will dieses komplexe Modell eines zweigleisigen Repräsentantensystems, das ich aus Freuds Schriften extrahiert habe, rekapitulieren: Zuerst trägt der Trieb die körperlichen Bedürfnisse in die Seele und heftet sich dann im *Ubw* an das, was Freud eine »Vorstellungsrepräsentanz« nannte, das heißt an die Vorstellung eines Objekts, das Befriedigung verspricht. Nur aufgrund solch sekundärer seelischer Repräsentanzen kann auf das Vorhandensein von Trieben geschlossen werden. »Ich meine wirklich«, erklärte Freud, »der Gegensatz von Bewußt und Unbewußt hat auf den Trieb keine Anwendung. Ein Trieb kann nie Objekt des Bewußtseins werden, nur die Vorstellung, die ihn repräsentiert. Er kann aber auch im Unbewußten nicht anders als durch die Vorstellung repräsentiert sein. Würde der Trieb sich nicht an eine Vorstellung

[3] Strachey diskutiert in seiner Einleitung zur englischen Ausgabe (*SE* XIV) diese Dualität als unlösbaren Widerspruch in Freuds Werk. Es geht hier jedoch nicht um eine von Freud persönlich gestiftete Verwirrung, sondern um ein weiteres Beispiel dafür, daß mit politischen Metaphern in der Freudschen Theorie Grenzen gleichzeitig postuliert und transzendiert werden. Vgl. Ricœur, 1979, S. 127 Fn. 2, S. 147).

heften oder nicht als ein Affektzustand zum Vorschein kommen, so könnten wir nichts von ihm wissen« (1915 e, S. 275 f.).

Die politische Metapher der Repräsentation, die Freud zur Beschreibung der Funktion der psychischen Instanzen und der Triebe heranzog, erlaubte ihm, das Individuum nicht nur als ein aus sozialen Rollen und sozialen Beziehungen bestehendes Gruppenprodukt zu konzipieren, sondern auch den körperlichen Bedürfnissen und Interessen, die dem Sozialisationsansatz Grenzen setzen, einen wichtigen Platz einzuräumen. Obwohl der Mensch Freud zufolge ein vergesellschaftetes Tier ist, betonte er auch, daß der Mensch eine körperliche Kreatur ist, die nie ganz vergesellschaftet werden kann. Tatsächlich ist dies eine der wichtigsten Implikationen im Freudschen Modell der Körper-Seele-Beziehung. Es fordert einige grundsätzliche Vorannahmen der modernen Konzeption von Gesellschaft heraus und verweist auf die Problematik gesellschaftlicher Existenz. Zwischen Körper und Gesellschaft gestellt, genießt das Freudsche Subjekt nie volle Handlungsfreiheit, es ist aber auch nie gänzlich in seinen bzw. ihren Handlungen festgelegt.

Im Jahr 1910 begann Freud die Selbsterhaltung als eine Aktivität zu charakterisieren, die ihren Ursprung in den Trieben hat: »Als ›Hunger‹ oder als ›Liebe‹ können wir nach den Worten des Dichters alle in unserer Seele wirkenden organischen Triebe klassifizieren« (1910 i, S. 98). In diesem Stadium seines Denkens definierte er Triebe im allgemeineren Sinn als Mächte, die zur Handlung drängen mit dem Ziel, die körperlichen Bedürfnisse zu befriedigen, zum Beispiel bei Hunger zu essen: »Der Charakter des Drängenden ist eine allgemeine Eigenschaft der Triebe, ja das Wesen derselben. Jeder Trieb ist ein Stück Aktivität« (1915 c, S. 214; vgl. 1940 a, S. 70). Die durch Hunger verursachten Bedürfnisse unterscheiden sich erheblich von den Liebesbedürfnissen. Die Befriedigung von Hunger erfordert recht genaue Objektvorstellungen in einem mehr oder weniger festen Zeitrahmen. Sexuelle Triebstrebungen sind dagegen sehr viel geschmeidiger. In Freuds Denken liegt ihre Quelle in verschiedenen Körperzonen; und da die Triebobjekte zufällig sind, können sie in vielfältige Partialtriebe aufgeteilt und verschoben, gehemmt oder verleugnet werden, ohne dabei ihre individuelle körperliche Existenz zu gefährden.

Die Mischung aus Geschlossenheit und Offenheit der Freudschen Triebtheorie hat eine duale – oder dialektische – Wirkung. Einerseits erweitert sich der Aktionsbereich der Triebaktivitäten auf ein weites Feld menschlichen Handelns. Andererseits wird durch diese Bereichserweiterung und von im Körper entstehenden und von dort in die Seele gelangenden Mächten ihre

Überzeugungskraft als biologische Kräfte unterwandert. Triebregungen lassen immer Platz für eine Vielfalt strategischen und taktischen Vorgehens – Freud sprach von Triebschicksalen –, die einem Individuum zur Triebbefriedigung verhelfen. Deshalb hat Freud menschliches Verhalten niemals nur *kausal* – mit einem simplen Hinweis auf etwas Drängendes oder Triebhaftes – erklären können. Vielmehr läßt sein Erklärungsmodell alles offen und erfordert zusätzliche *Absichts*erklärungen (vgl. Laplanche und Pontalis, 1967, S. 525 ff.). In der Formulierung Freuds: »... wenn auch dies Endziel für jeden Trieb unveränderlich bleibt, so können doch verschiedene Wege zum gleichen Endziel führen« (1915 c, S. 215).

Die Terminologie und Logik der Freudschen Libidotheorie vermischen das Kausale und das Absichtsvolle unter Rückgriff auf ein Repertoire politischer Metaphern, das Triebregungen in Energien verwandelt, die eine Geschichte und soziale Beziehungen aufweisen. Freud beschrieb das früheste Stadium der sexuellen Entwicklung – die polymorph-perverse Sexualität – als Anarchie, in der die verschiedenen Partialtriebe der jeweiligen erogenen Zonen unabhängig voneinander ihre Lust zu befriedigen suchen. In Freuds Worten kann sich Sexualität nur durch »die Unterordnung aller sexuellen Partialtriebe unter den Primat der Genitalien« (1916–17 a, S. 340) von seiner infantilen Form in eine erwachsene Form verwandeln. Freud veranschaulichte die Logik seiner toleranten Haltung zur sogenannten »perversen« Sexualität – eine von ihm nicht abwertend gemeinte Bezeichnung – mit einem sogar noch expliziter politischen Bild. Ihm zufolge etabliert sich in der »normalen« wie in der »perversen« Sexualität »eine gut organisierte Tyrannis, nur daß hier die eine, dort eine andere Familie die Herrschaft an sich gerissen hat« (1916–17 a, S. 334; vgl., S. 315; 1905 e, S. 210; 1908 d, S. 154). Aus politischer Perspektive unterscheidet sich die hier beschriebene Sexualität von der frühkindlichen Sexualität, in der »ihre einzelnen Partialtriebe ... gleichberechtigt« sind (1916–17 a, S. 334), das heißt, daß ihnen jene autoritäre Organisation fehlt, die erwachsene Sexualität strukturiert und sie auf äußere Objekte lenkt. Freud mahnte, daß in der sexuellen Entwicklung viele Hindernisse liegen, die zu einer frühen »Fixierung« der Libido auf bestimmte Körperzonen führen und eine vorzeitige Entwicklungshemmung bewirken können (1905 d, S. 137). Auch wenn ein Entwicklungsstadium durchlaufen wurde, ist eine Rückkehr – das heißt eine »Regression« – aus Freuds Sicht immer gegeben. Unter ungünstigen Bedingungen mag die Versuchung groß sein, den leichteren Fluchtweg in eine befriedigendere Vergangenheit einzuschlagen, statt sich mit der unbefriedigenden Gegenwart auseinanderzusetzen (1910 a, S. 53). Freud veranschaulichte seine Warnung über die hinter jeder Wegmarke der menschlichen Entwicklung lauernden Gefahren anhand einer militärischen Analogie: »Denken Sie daran, wenn ein Volk in Bewegung starke Abteilungen an den Stationen seiner Wanderung zurückgelassen hat, so wird es den weiter Vorgerückten naheliegen, sich bis zu diesen Stationen zurückzuziehen, wenn sie geschlagen werden oder auf einen überstarken Feind stoßen« (1916–17 a, S. 353).

In diesem Kapitel habe ich zu zeigen versucht, daß in Freuds Theorie die Libido in militärischen und politischen Begriffen beschrieben und ihre Dynamik mit Verläufen und Konstellationen verbunden ist, die der Gesellschaft und sozialen Welt entnommen sind. Dieser Argumentation zufolge hängt die Freiheit in der äußeren Welt von ihrer innerhierarchischen Integration ab. Egalitäre Rechte gehören den frühkindlichen sexuellen Entwicklungsstadien an und zeichnen sich durch Anarchie sowie mangelnde Beschränkung und Selbstkontrolle aus. Die gezielte Suche nach Befriedigung in der äußeren Welt, das Finden eines Objekts und die Realitätsbearbeitung im Dienste der Lust sind nur möglich unter der Bedingung eines gefestigten – sei es perversen, sei es normalen – inneren Tyrannen.

8 | Besatzermächte

In meinen bisherigen Überlegungen habe ich mich schwerpunktmäßig mit Freuds Konzeption seelischer Prozesse, Strukturen und Instanzen befaßt. Im folgenden möchte ich mich einigen Aspekten seiner theoretischen Überlegungen zur Herkunft und Entwicklung der psychischen Aktivität zuwenden.

Freud ging davon aus, daß am Anfang des Lebens die Psyche, angespornt vom Streben nach Lustgewinn, nur zu »primärprozeßhaftem Denken« in der Lage sei. Für ihn ist die Abnahme seelischer Spannungen eine lustvolle Erfahrung, und er beschrieb Aktivitäten mit einem solchen Ziel als vom »Lustprinzip« gelenkte Seelentätigkeiten (1916–17 a, S. 370). Ein Säugling stellt sich seine Objekte, die er in der Vergangenheit als lustspendend erfahren hat, lediglich vor, beispielsweise die mütterliche Brust. Halluzinationen sind in dieser Phase möglich, da die Triebregungen noch frei, beweglich und ungehemmt sind und sich in großen Formationen weiterbewegen können, um lustvolle Erinnerungen zu besetzen (1900a, S. 601 ff.; 1920g, S. 35; 1940a, S. 90).

In meinen Überlegungen zur Traumarbeit habe ich ausgeführt, daß die Vorrangigkeit von Vorstellungen oder Erinnerungen im Seelenleben von der Triebquantität abhängt, mit der sie behaftet sind. Freud verglich diese sich an Vorstellungen heftende Triebmenge mit einer militärischen Eroberung und nannte sie *Besetzung*. An einer Stelle ersetzte er diesen Begriff mit dem Synonym *Positionen*, um solche Energiebesetzungen zu benennen (1916–17 f, S. 425).

Da Halluzinationen mit erheblicher psychischer Energie besetzt sind, benötigen sie große Mengen an Kraftaufwand und Intensität, »während das Objekt draußen nicht mehr vorhanden zu sein braucht« (1925 h, S. 14) – und deshalb keine reale Befriedigung verschaffen kann. Mit der Zeit führt diese psychische Aktivität zu immer größerer Frustration, das heißt zu Unlust, und es wird offensichtlich, daß eine gründliche Reorganisation der psychischen Prozesse notwendig ist, um reale Befriedigung zu erlangen.

Die infantile Seelentätigkeit gibt ihre eingeschränkte Sicht der Lust auf und übernimmt eine neue Besetzungspolitik, die dazu führt, daß die Energiemenge auf alle, selbst unlustvolle, Wahrnehmungen und Erinnerungen verteilt werden kann. Auf diese Weise wird das Individuum seines Umfeldes gewahr, und es lernt, ein gewisses Maß an Unlust zu tolerieren, in der Hoffnung, schließlich doch noch reale Befriedigung zu erlangen. Freud nennt dies die Entstehung des »Realitätsprinzips«. Statt von einem sinnlosen, massiven »Abströmen der Erregungsquantitäten« überrannt zu werden, entwickelt sich »sekundärprozeßhaftes Denken«, dem zufolge die Psyche nur geringe Mengen aufwenden muß, damit »die für die Veränderung der Außenwelt notwendige Quantität« nicht verringert wird (1900a, S. 605). Die Fähigkeit, Energie einzusparen, indem lediglich geringe Energiemengen zur Realitätsprüfung und damit zur Antizipation möglicher Konsequenzen von Handlungen eingesetzt werden, stattet den Menschen mit der Fähigkeit aus, nicht nur das Lustvolle, sondern auch das Sinnvolle zu berücksichtigen. Anders formuliert: In Freuds Metaphorik ist es ökonomische Effizienz, die es dem Menschen ermöglicht, in den Kategorien logischer Gesetzmäßigkeit und in Sprache zu denken.

Lediglich die Regungen im System *Ubw* erhalten sich ihre ursprüngliche

Verblendung und Freiheit. In diesem psychischen Bereich sind weiterhin Verschwendung und Chaos vorherrschend. Als widerspenstige Geschöpfe drängen die unbewußten Strebungen nach Wunscherfüllung und geben zu verstehen, »daß sie auf dem Wege durch das System des Vorbewußten zum Bewußtsein und zur Beherrschung der Motilität durchdringen möchten« (ebd., S. 573; vgl. S. 609 f.; 1920 g, S. 17). Wie bereits ausgeführt, treffen die unbewußten Strebungen an der Grenze zum Vorbewußten auf eine feindliche Macht, die ihrer ursprünglichen Freiheit Einhalt gebietet: die Zensur. Woher nimmt diese nun aber die Kräfte, mit der sie die enormen aus dem Unbewußten hervordringenden mobilen Energiemengen zurückhält und bändigt? Freud erklärte sich die Macht des Systems *Vbw* mit Wortvorstellungen, die dem Drängen aus dem Unbewußten entgegenwirken: »Das System *Ubw* enthält die Sachbesetzungen der Objekte ... Das System *Vbw* entsteht, indem diese Sachvorstellung durch die Verknüpfung mit den ihr entsprechenden Wortvorstellungen überbesetzt wird. Solche Überbesetzungen ... sind es, welche eine höhere psychische Organisation herbeiführen und die Ablösung des Primärvorganges durch den im *Vbw* herrschenden Sekundärvorgang ermöglichen« (1915 e, S. 300).

Damit zeigte Freud, daß durch Wortvorstellungen regulative Vorgänge im psychischen Apparat errichtet werden, die den Menschen vom Tier unterscheiden. Die Macht des Wortes bewirkte den Umsturz des quantitativen Fundaments des Freudschen Energiemodells. Obwohl Freud das System *Ubw* als »den größere[n] Kreis« (1900 a, S. 617) bezeichnete, ging er davon aus, daß die Systeme *Vbw* und *Bw* wegen ihrer organisatorischen Überlegenheit – das heißt ihrer Fähigkeit zur sprachlichen Repräsentation, zur Wortvorstellung – mit größerer Macht ausgestattet sind. Wie immer demonstrierte Freud die Logik seiner Argumentation an einem Beispiel parlamentarischer Staatspolitik: »In einem Staate wehr[t] sich eine gewisse Clique gegen eine Maßregel, deren Beschluß den Neigungen der Masse entsprechen würde. Diese Minderzahl bemächtigt sich dann der Presse, bearbeitet durch sie die souveräne ›öffentliche Meinung‹ und setzt es so durch, daß der geplante Beschluß unterbleibt« (1926 d, S. 119).

Die im *Vbw* und *Ubw* vorhandenen Wortvorstellungen statten beide Systeme nicht nur mit einer besseren Organisation aus, durch die die Energiemengen gezähmt werden können, welche die Psyche, vom Körper herkommend, überschwemmen. Letztlich sprach Freud dem Wort sogar die Macht zu, Energiemengen zu bändigen, umzulenken und die absolute Einhaltung der bewußten Ziele des Individuums erzwingen zu können. Diese letzte Stufe wird im System *Bw* erreicht, in dem die »Sinneserregung« nicht nur an Wortvorstellungen gebunden ist, sondern »einen neuen Beitrag zur Lenkung und zweckmäßigen Verteilung der mobilen Besetzungsqualitäten« leistet, die den Absichten des Individuums entsprechen (1900 a, S. 621). Auf diese Weise wird Energie für bewußtes Denken verwendbar, welches für Freud nichts weiter war als »ein probeweises Handeln mit kleinen Energiemengen, ähnlich wie die Verschiebungen kleiner Figuren auf der Landkarte, ehe der Feldherr seine Truppenmassen in Bewegung setzt« (1933 a, S. 96).

Es wurde ausgeführt, daß in der Freudschen Metapsychologie Wortvorstellungen nicht nur Bedeutungsträger sind, sondern auch Elemente darstellen, die innerseelisch Macht ausüben und Energiemengen zurückhalten und in eine Richtung lenken können. Wortvorstellungen spielen im politischen Kampf, der in der Seele tobt, eine aktive Rolle. In seiner Topik der Seele setzt Freud, insgesamt betrachtet, Energie und Wortvorstellungen in einem dreistufigen Kontrollsystem zueinander in Beziehung. Auf der ersten, unbewußten Ebene sind Energiemengen »frei« und mobil, der Zugang zur Motilität wird ihnen aber verweigert. Auf der zweiten, vorbewußten Ebene ist die Energie an Wortvorstellungen gebunden und in ihrer Beweglichkeit behindert. Und schließlich wird die Energiemenge reguliert und zu Handlungen genötigt, die häufig den eigenen Zielvorstellungen auf der Bewußtseinsebene zuwiderlaufen. Wenn überhaupt eine entscheidende Grenze in Freuds Modell des seelischen Apparats bestimmt werden kann, so muß sie am Eingang zum System *Vbw* gezogen werden, dort, wo dem Bilderdenken, welches das *Ubw* charakterisiert, Wortvorstellungen hinzugefügt werden. An diesem Punkt werden unter der Vorherrschaft des Realitätsprinzips die verschwenderischen primärprozeßhaften Mechanismen des Lustprinzips durch sekundärprozeßhaftes Denken ersetzt. Da dieser Übergang durch die Macht des Wortes herbeigeführt wird, überrascht es nicht, daß Freud seinen Versuch, ihm im Sinne von Energieprozessen Rechnung zu tragen, als Fehlschlag verbuchte: »Ich gestatte mir von jetzt an, die mechanische Darstellung ... schuldig zu bleiben« (1950 c [1895], S. 461).

Die Schwierigkeiten, denen Freud begegnete, sind keineswegs überraschend. Sie ergeben sich aus seinem Versuch, rein mechanistische und kausale Erklärungen innerhalb eines theoretischen Ansatzes zu liefern, dessen politische Logik Mechanik und Bedeutung ständig und unausweichlich vermischt und deshalb nie auf eine der beiden Dimensionen reduziert werden kann.

Freuds Versuche einer mechanistischen Erklärung mußten notgedrungen in einer Sackgasse enden, da die Logik seines Denkens wahrhaftig dialektisch ist. Die Dialektik der Freudschen Theorie manifestiert sich in seiner gesamten Metapsychologie, aber am deutlichsten zeigt sie sich darin, wie er die dynamischen Prozesse zwischen Lust- und Realitätsprinzip konstruiert.

In Freuds Theorie des psychischen Apparats kommt es zu einer entwicklungsbedingten Progression vom Lustprinzip zum Realitätsprinzip, in deren Verlauf das Lustprinzip überwunden, nicht aber zerstört wird. Obwohl es transzendiert wurde, bleibt es auf einer höheren Ebene als einer Einheit seiner selbst und seines Gegenteils erhalten, ein Vorgang, den Hegel mit dem Begriff der *Aufhebung* beschrieb. Hegel benutzte diesen Begriff, da *aufheben* zweierlei heißen kann: annullieren und bewahren. So wird mit *Aufhebung* ein Übergang beschrieben, in dessen Verlauf eine niedrigere Stufe sowohl aufgegeben als auch bewahrt wird und eine Affirmation in ihrer Negation erhalten bleibt.

Freud folgte dieser dialektischen Logik und verstand das Lustprinzip als etwas, das im Zuge der seelischen Entwicklung aufgegeben und abgeschafft wurde, nicht etwa, weil es das Streben nach Lust verworfen hätte, sondern weil es ihm mißlungen war, sein Ziel zu erreichen. Und obwohl das Realitätsprinzip als Gegenspieler auftritt und das Lustprinzip in seiner ursprünglichen Form negiert, bewahrt es dessen Ziele, indem es diese auf eine höhere Stufe hebt. Mit Freuds Worten: »In Wirklichkeit bedeutet die Ersetzung des Lustprinzips durch das Realitätsprinzip keine Absetzung des Lustprinzips, sondern nur eine Sicherung desselben« (1911 b, S. 235 f.). Das Lustprinzip kann unser ganzes Leben lang nicht entthront bzw. zunichte gemacht werden. Es hat uns alle im Griff, und so gesehen ist sprachliches Denken »doch nichts anderes als der Ersatz des halluzinatorischen Wunsches« (1900 a, S. 572), das heißt, eine andere Art, sich Befriedigung zu verschaffen. Das Individuum erlangt Selbstbestimmung, wenn es fähig ist, innere und äußere Forderungen zu handhaben und der Verlockung nach sofortiger und vollständiger Befriedigung zu widerstehen, was Freud zufolge »oft genug zu gefährlichen Konflikten mit der Außenwelt und zum Untergang führen« würde (1940 a, S. 128). Obwohl im Laufe dieser Entwicklungsphase der Lustanspruch abnimmt, da das Lustprinzip dem Realitätsprinzip Platz macht, ermöglicht das Realitätsprinzip auch vorsätzliches Handeln, die Aneignung realer Objekte und Kontrolle über sie, so daß es reale Lust zu verschaffen vermag.

Dennoch gelangt dieser dialektische Prozeß zu keiner endgültigen Synthese, denn in Freuds Ansatz gibt es kein Ende der Dialektik von Lust und Realität. Sobald das Realitätsprinzip in Erscheinung tritt, treffen die von ihm ausgehenden Kräfte – rationales, sprachliches, sekundärprozeßhaftes Denken – auf Widerstand: Es »regt sich in uns ein Widerstand gegen die Unerbittlichkeit und Monotonie der Denkgesetze ... Die Vernunft wird zur Feindin, die uns soviel Lustmöglichkeit vorenthält« (1933 a, S. 34 f.). Ein Teil der Seele weigert sich, durch Sprache und Logik gebändigt zu werden und zieht sich auf eine Welt der Wunschbilder zurück. Solange das Wunschdenken sich in Schranken hält, droht keine Gefahr. Freud zog zur Illustration folgendes Bild heran: Das Seelenleben an der »Front« bedarf wegen der Nähe des Feindes einer strengen Organisation, während die Dinge im »Hinterland« viel entspannter sein können (1926 e, S. 223). Imaginierte Befriedigungen können sogar eine heilsame, kompensatorische Wirkung haben, nämlich wenn eine frustrierende Realität, wiewohl bekannt, vorübergehend ausgeblendet wird, beispielsweise in der Kunst oder im Spiel. Das gelingt nur, solange das Individuum Phantasie und Realität auseinanderhalten kann; eine zu große Befreiung von den eintönigen Denkgesetzen und Überlegungen hinsichtlich dessen, was sinnvoll ist, birgt Gefahren in sich. Befreit man den Menschen nicht nur von Restriktionen, sondern auch davon, persönliche Interessen zu verwirklichen und der Selbsterhaltungspflicht nachzugehen, so kann das Lustprinzip denjenigen Leid und Tod bringen, denen es mißlingt, das Lustprinzip auf sein Reservat zu begrenzen, und die Schludrigkeit des »Hinterlands« an die »Front« marschieren läßt.

1920 betonte Freud die potentiell destruktiven Aspekte des blinden Luststrebens, als er in *Jenseits des Lustprinzips* folgerte: »Das Lustprinzip scheint geradezu im Dienste der Todestriebe zu stehen« (1920 g, S. 69). Zu dieser Zeit ging Freud davon aus, daß beide Triebe, sexuelle wie Selbsterhaltungstriebe, im Dienste der Erhaltung der menschlichen *species* stehen und deshalb unter einem Begriff, dem Eros, gefaßt werden können. Das Ziel des Eros besteht nach Freud darin, »immer größere Einheiten herzustellen« (1940 a, S. 71; vgl. 1930 a, S. 477), während er im Todestrieb eine elementare Tendenz erkennt, die Verbindungen auflöst, zur Zerstörung und, wie der Name sagt, zum Tode führt. In diesem Kontext sah Freud im Tod einen Zustand der Vollendung, der organischen Materie vor der Geburt vergleichbar. Für Freud ist das Leben nichts als eine anhaltende Störung der Materie, die, aus ihrem friedlichen Schlummer wachgerüttelt, sich dorthin zurücksehnt und stirbt: »*Das Ziel alles Lebens ist der Tod ... Das Leblose war früher da als das*

Lebende« (1920g, S. 40, Hervorhebung im Original). Er wählte den Begriff »Nirwanaprinzip«, mit dem er das Streben des Todestriebs »nach Herabsetzung, Konstanterhaltung, Aufhebung der inneren Reizspannung« beschrieb, und erklärte, daß dieses Streben »im Lustprinzip zum Ausdruck kommt« (1920g, S. 60).

Seltsamerweise scheint Freud das Lustprinzip mit dem Todestrieb zu verknüpfen, während er die Sexualität mit Eros, dem Antagonisten des Todestriebs, verband. So ist es Freud auch nie ganz gelungen, die Theorie des Eros und Todestriebs mit seiner früheren Triebtheorie in Einklang zu bringen oder sich über das Verhältnis von Todestrieb und Aggression Klarheit zu verschaffen. In *Das Unbehagen in der Kultur* beispielsweise argumentierte Freud, daß Aggression im Todestrieb entsteht, dessen destruktive Strebungen nach außen und auf die Zerstörung anderer gerichtet werden (1930a, S. 478), und »daß die Aggressionsneigung eine ursprüngliche, selbständige Triebanlage des Menschen ist« (ebd., S. 481).

Eros und Todestrieb wurden nie wirklich Teil des Freudschen Modells des psychischen Apparats. Die Triebe blieben für ihn »mythische Wesen, großartig in ihrer Unbestimmtheit« (1933a, S. 101), auf die er sich primär in seinen Schriften zur Kultur und zur Geschichte der Zivilisation berief. Deshalb will ich hier auch weder die komplexen Zusammenhänge der Freudschen Konzeption von Tod, Aggression und Destruktion noch deren extrem problematisches Verhältnis zur Lust und Sexualität näher diskutieren.[4] Festhalten möchte ich lediglich, daß Freuds etwas verblüffendes Konzept des Todestriebs in erster Linie eine symbolische Reformulierung seiner Feststellung zu sein scheint, daß vollständige Befriedigung im Leben nicht möglich und totale Lust irgendwie mit Vernichtung verbunden ist. Unter dem Eindruck einer melancholischen Wende, die in jenen Jahren Freuds Menschenbild beeinflußte, schrieb er an den Schweizer Pfarrer Oskar Pfister: »Mein Pessimismus erscheint mir ... als ein Resultat, der Optimismus meiner Gegner als eine Voraussetzung. Ich könnte auch sagen, ich habe mit meinen düsteren Theorien eine Vernunftehe geschlossen, die anderen leben mit den ihren in einer Neigungsehe. Hoffentlich werden sie dabei glücklicher als ich« (Freud und Pfister, 1963, S. 144, Brief vom 7. Februar 1930).

---

[4] Der Begriff der Aggression in Freuds Werk soll hier nicht thematisiert werden, da dieses Thema ausführlich von anderen Autoren behandelt worden ist. Zu besonders klaren und umfassenden Beispielen vgl. Fromm, 1973, und Stepansky, 1977.

9 Konfliktstrategien

Es wurde ausgeführt, daß für Freud – unabhängig vom jeweiligen Triebmodell – psychische Energie immer ein knapper Grundstoff war, der effektiv eingesetzt werden muß, wenn es dem Individuum gelingen soll, die reale Welt in eine lustvollere zu verwandeln. Folglich stellte er die Hypothese auf, daß Primärprozesse gezwungen werden müssen, die Konsequenzen ihrer Verblendung anzuerkennen. Nachdem sie sich von der Realität abgewandt haben, kann ihnen nicht erlaubt werden, die Handlungen zu überwachen, die in eben dieser Realität stattfinden. Verbannt in die unbewußten Tiefen der Seele, getrennt von der Realität und dem Bewußten, behalten die Primärprozesse die infantilen Triebstrebungen bei, die zu Beginn des Lebens charakteristisch sind. Freud ging beharrlich davon aus, daß die psychische Vergangenheit, anders als die historische Vergangenheit, nicht zerstört werden könne; frühere Entwicklungsphasen werden lediglich überdeckt und bleiben neben dem bestehen, was sich aus ihnen entwickelt hat. Der psychische Kern bleibt »ein Chaos, ein Kessel voll brodelnder Erregungen« (1933 a, S. 80; vgl. 1913 j, S. 413). Die unbewußte Fortdauer des Lustprinzips verwandelt den innerseelischen Naturzustand in eine drohende Gefahr, ein allgegenwärtiges Potential des Chaos, vergleichbar dem Naturzustand bei Hobbes. Aus meiner Sicht setzt dies eine strategische Position in Freuds Argumentationsweise voraus, welche die Notwendigkeit eines seelischen Tyrannen zu rechtfertigen sucht, eines Tyrannen, der ein unheilvolles und pathologisches Potential daran hindert, in überwältigender Weise Aktualität zu erlangen.

Der Hobbessche Naturzustand – ein nie endender Krieg aller gegen alle, gesetzlos, außerhalb der Geschichte und dennoch allgegenwärtig – ist eine willkommene Analogie für das, was wir alle Freud zufolge in unserer Seele verbergen. In seinen späteren Schriften gelangen das System *Ubw* und das Es nie zu gemeinsamen Wunschvorstellungen. Beide sind voll widersprüchlicher Strebungen und haben kein Verständnis für Unzulänglichkeit, Negation oder Zweifel. Wie Hobbes ging Freud von einem außerhalb der Geschichte und Kultur angesiedelten fiktiven Naturzustand aus, um die reale Existenz des

Leviathan, des allmächtigen Staates, zu legitimieren. Obwohl Freud die Mechanismen des Primärprozesses ausgiebig erforschte und über sie schrieb, als handele es sich um beobachtbare Phänomene, machte er gleichwohl geltend: »Ein psychischer Apparat, der nur den Primärvorgang besäße, existiert … unseres Wissens nicht und ist insoferne eine theoretische Fiktion« (1900 a, S. 609; vgl. ebd., S. 604; 1911 b, S. 232, Fn. 1). Ähnlich dem Hobbesschen Modell, das weniger imaginäre Naturmenschen als vielmehr seine eigenen Zeitgenossen in einem gesetzlosen Staat abbildete, ist Freuds Konzeption des Primärprozesses nicht wirklich ein Bild der Funktionsweise des frühkindlichen Seelenlebens, sondern eine Aussage über seine Vorstellung darüber, wie Erwachsene handeln würden, wenn sie von dem, was die Realität sie lehrt, befreit wären (Macpherson, 1962, S. 21). Das reife und vernunftgeleitete Individuum Freuds könnte fast mit den Worten umschrieben werden, die Hobbes für den *Leviathan* im Vorwort der lateinischen Ausgabe fand: Er nannte ein solches Individuum, »einen Kunstmenschen, der zum Schutze und zur Erlösung des Naturmenschen geschaffen wurde und dem er an Großartigkeit und Macht überlegen ist« (zit. nach Oakeshott, 1975, S. 72). Was Vernunft und eine rationale Organisation zur Verfügung stellen müssen – auch dies mit dem *Leviathan* vergleichbar –, sei nicht Glück, sondern das Wegschaffen zumindest einiger der auf dem Weg zur Befriedigung liegenden Hindernisse mit dem Versprechen, wie Hobbes formuliert, immer »jene Dinge zu erhalten, die ein Mensch von Zeit zu Zeit begehrt« (ebd., S. 81).

Welches sind nun aber die benötigten und erreichbaren Mittel, um jene rationale Organisation gegen den ständigen Ansturm der unbewußten Kräfte aufrechtzuerhalten? Welche politischen Wege sind dem innerseelischen Leviathan zugänglich und welche versprechen Erfolg? Freuds Überlegungen hierzu organisieren sich um die Verdrängunglehre, die er als den »Grundpfeiler« bezeichnete, »auf dem das Gebäude der Psychoanalyse ruht« (1914 d, S. 54; vgl. 1925 d, S. 55). Und in der *Traumdeutung* hieß es, daß der Ausdruck »verdrängen … dem Vorstellungskreis des Kampfes um ein Terrain entlehnt« sei. Und so läßt Freuds Terminologie auch wenig Zweifel, daß er die Verdrängung analog einem militärischen oder politischen Vorgehen entwarf, wenngleich er auch warnte, daß dies nicht »im rohesten Sinne« zu verstehen sei (1900 a, S. 615).

Verdrängung kennzeichnet den Versuch, vor unakzeptablen Wünschen und Vorstellungen zu flüchten und sie von sich fernzuhalten, indem sie in das Unbewußte verbannt und »vergessen« werden. Freud verglich diese Strategie mit einer Art Vogel-Strauß-Politik. Der Versuch, sich durch simple »Abwendung« der bedrohlichen Regungen und Vorstellungen zu entledigen, gibt diesen die Gelegenheit, sich in ein »inneres Ausland« (1933 a, S. 62) zurückzuziehen, wo sie »gleichsam ein Staat im Staat, eine unzugängliche, zur Zusammenarbeit unbrauchbare Partei« darstellen (1939 a, S. 181).

Trotz der Vielfältigkeit der Verdrängungsmechanismen sind sie doch immer absolutistisch, rigide, hinterlistig, ineffizient und ineffektiv. Sie führen zu Symptomen, lähmen das Individuum und können keine wahre Lust bereiten; sie sind unökonomisch und hemmen die Genußfähigkeit. Mit anderen Worten: Sie charakterisieren den Neurotiker (1926 d, S. 177; 1900 a, S. 606 f.; 1939 a, S. 181). Somit ist die Verdrängung der Hauptgegner der psychoanalytischen Praxis, und selbst wenn ein absoluter Sieg nie errungen werden kann, bemißt sich der therapeutische Erfolg an ihrer graduellen Aufhebung oder Überwindung.

Um zu erklären, weshalb Verdrängung verdammenswert ist, griff Freud erneut auf Wortvorstellungen und energetische Vorstellungen als wesentliche politische Strategien des Seelenlebens zurück. Verdrängung setzt ein, wenn das Ich einer Vorstellung den Eingang zum Bewußtsein verwehrt, um zu verhindern, daß die sexuelle Energie, die an dieser Vorstellung haftet, mit einfließt. Es wird eine Art innerer Damm in der Psyche errichtet, der aber seine Aufgabe nicht erfüllt, da das Ich, statt im Kampf gegen unbewußte Kräfte auf seinen größten Trumpf, die Sprache zurückzugreifen, ausschließlich – und fälschlicherweise – energetische Mittel einsetzt. In Freuds Formulierung versucht das Ich ausschließlich mit »Gegenbesetzung« zu operieren. Da aber die dem Ich zur Verfügung stehende Energiemenge derjenigen des Es unterlegen sind, gelingt es dem Ich zwangsläufig immer weniger, die verdrängten energetischen Kräfte unter Kontrolle zu halten (1915 e, S. 280; vgl. 1907 b, S. 137; 1905 d, S. 177; 1937 c, S. 70).

In Freuds Sicht verhält es sich sogar so, daß die Energie, sobald eine bestimmte Energiemenge ins Unbewußte verdrängt wurde, wieder frei beweglich ist und nicht daran gehindert werden kann, »sich weiter zu organisieren, Abkömmlinge zu bilden und Verbindungen anzuknüpfen« (1915 d, S. 251). Sie können andere assoziierte, aber eher harmlose Vorstellungen besetzen, die ihnen als Unterschlupf und Wirt dienen und ihnen ermöglichen, schließlich in Form von Symptomen, das heißt als pathologische »Aufhebungen« dessen, was verdrängt worden ist, ins Bewußtsein zurückzukehren. Wie immer stellte Freud auch diesen Vorgang als Machtkampf dar und beschrieb ihn als »Ausdruck der Rebellion des Es gegen die Außenwelt« (1924 e, S. 365). »Die Neurosen entsprechen einer mehr oder weniger partiellen Überwältigung des Ich durch die Sexualität, nachdem dem Ich der Versuch zur Unterdrückung der Sexualität mißlungen ist« (1913 j, S. 410; vgl. 1917 a, S. 10).

Das Streben nach Lust hat eine unlustvolle und unökonomische Situation hervorgerufen. Neurotische Symptome spenden offenbar nicht die Lust, die sie anfangs versprochen haben. Statt dessen hat sich das Ich mit seiner unbesonnenen Verdrängungsstrategie einem endlosen Kampf gegen einen unerreichbaren und unbesiegbaren Feind verschrieben. Da das Ich unfähig ist, seine rechtmäßige Souveränität in der Psyche zurückzugewinnen, muß es an Interventionen von außen appellieren, in der Hoffnung, das Gleichgewicht innerseelischer Mächte zugunsten seiner selbst wiederherzustellen: »Es ist wie in einem Bürgerkrieg, der durch den Beistand eines Bundesgenossen von außen entschieden werden soll. Der analytische Arzt und das geschwächte Ich des Kranken sollen, an die reale Außenwelt angelehnt, eine Partei bilden gegen die Feinde, die Triebansprüche des Es und die Gewissensansprüche des Über-Ichs« (1940 a, S. 98).

Eine der wichtigsten Aufgaben der Freudschen Psychotherapie ist, das Ich eines Individuums im Bündnis gegen Es-Strebungen – wie auch Über-Ich-Strebungen – zu unterstützen: »Wir wollen das Ich herstellen, es von seinen Einschränkungen befreien, ihm die Herrschaft über das Es wiedergeben, die es infolge seiner frühen Verdrängungen eingebüßt hat. Nur zu diesem Zweck machen wir die Analyse, unsere ganze Technik ist auf dieses Ziel gerichtet« (1926 e, S. 232). Und in der *Neue[n] Folge der Vorlesungen* nannte er als Ziel der Psychoanalyse kurz und bündig: »Wo Es war, soll Ich werden« (1933 a, S. 86).

Bezogen auf die Ziele der Psychoanalyse war Freud dennoch bescheiden; er betonte, daß die psychoanalytische Behandlung nicht darauf ausgerichtet sein könne, alle Verdrängungen vollständig aufzuheben. Bestenfalls könne einem Individuum dazu verholfen werden, neue Mittel und Wege zu finden, um zumindest einige der Verdrängungen unter Kontrolle zu bringen. In der *Traumdeutung* warnte er, daß die »Unterwerfung« (1900 a, S. 587) des Unbewußten durch den bewußten Teil des seelischen Apparats niemals vollständig sein könne, und in den *Vorlesungen* merkte er in aller Vorsicht an, daß nach der analytischen Kur ein Individuum »etwas weniger Unbewußtes und etwas mehr Bewußtes in sich hat als vorher« (1916–17 a, S. 452).

Um zu wiederholen: Freuds autoritäre Haltung darf mit einer absolutistischen Haltung ebensowenig verwechselt werden wie seine Kritik des Absolutismus der Verdrängung mit der Befürwortung einer radikalen Befreiung, wandte er sich doch sowohl gegen die Befürworter allzu großer Freiheiten als auch gegen die Befürworter allzu großer autoritärer Unterdrückung. Damit übernahm er die Position des Ichs, dessen Hegemonie er grimmig vertrat. Wie Freud auf einem Treffen der Wiener Psychoanalytischen Vereinigung anmerkte, wird verdrängte Sexualität befreit, »nicht damit sich nun der Mensch von ihr beherrschen lasse, sondern wir ermöglichen eine Unterdrückung, Verwerfung der Triebe« (Nunberg und Federn, 1962–74, Bd. 2, S. 81, Protokoll 62 vom 16. 12. 1908). Was Freud an der verurteilenden Verdrängungsstrategie beanstandete, ist ihre Ineffizienz und Ineffektivität, nicht aber ihr wesentliches Ziel, einen Zustand herzustellen, in dem der Sexualtrieb »nicht mehr seine eigenen Wege zur Befriedigung geht« (1937c, S. 69).

Im Freudschen Denken hat die Auflösung von Verdrängung viele Vorteile. Dem Ich wird verfügbar, was vormals unzugänglich war oder aufgrund der Anstrengung, die inneren Barrieren aufrechtzuerhalten, vergeudet wurde. Da das Ich »vergrößert« wird (1916–17a, S. 473), kann es sich gegenüber sexuellen Bedürnissen versöhnlicher verhalten. Es ist in der Lage, einer bestimmten verdrängten Wunschmenge den Zugang zur direkten Befriedigung zu gestatten – was nun gewährt werden kann, ohne das Individuum in Gefahr zu bringen. Im Austausch hat das Ich jetzt die Macht, andere, problematischere Sexualstrebungen, wie beispielsweise die prägenitalen »perversen« Triebe, verstärkt zu überwachen, so daß sie für legitime und sozial anerkannte kulturelle Aktivitäten eingesetzt werden können (1908d, S. 150; 1914c, S. 161; 1916–17a, S. 358).

Diese Art innerer Kontrolle wird durch »Sublimierung« erreicht, ein Prozeß, in dem das Ich den Trieben eine Kompromißbildung aufzwingt, die das sozial und rational Nützliche mit dem Lustvollen verbindet. Die verbotenen sexuellen Wünsche, die unter den gegebenen gesellschaftlichen Verhältnissen nicht gewährt werden können, werden vom Ich nicht blockiert, sondern desexualisiert, indem sie in eine höhere Kulturebene aufsteigen. Auf diese Weise bietet das Ich »einen Ausweg an, wie die Anforderung erfüllt werden kann, ohne die Verdrängung herbeizuführen« (1914c, S. 162). Mit einer solch alternativen Aufhebung der verbotenen Libido erlaubt die Sublimierung dem Individuum, nicht aus der direkten Befriedigung verbotener Wünsche, sondern aus der verfeinerten intellektuellen Arbeit Lust zu gewinnen. Diese Möglichkeit ist allerdings »nur wenigen Menschen zugänglich … Sie setzt besondere, im wirksamen Ausmaß nicht gerade häufige Anlagen und Begabungen voraus« (1930a, S. 438).

Es läßt sich eine dritte Strategie in diesem Konflikt zwischen Wunsch und sozialer Notwendigkeit benennen, die Freud trotz ihrer Bedeutung in seinen Schriften nicht dezidiert herausgearbeitet hat. In vielerlei Hinsicht handelt es sich hier um die Umkehrung von Verdrängung. Die inakzeptablen sexuellen Wünsche werden ihrer Energie beraubt, und ihren Vorstellungsrepräsentanzen wird, nachdem sie entwaffnet wurden, der Zugang zum Bewußtsein erlaubt. Nach Freud besteht ein Ziel der psychoanalytischen Behandlung darin, den Patienten zu einem Vorgehen befähigen, das er »Verurteilung« nannte. Im *Kleinen Hans* heißt es: »Die Analyse macht ... den *Erfolg* der Verdrängung nicht rückgängig; die Triebe, die damals unterdrückt wurden, bleiben die unterdrückten, aber sie erreicht diesen Erfolg auf anderem Weg, ersetzt den Prozeß der Verdrängung, der ein automatischer und exzessiver ist, durch maß- und zielvolle Bewältigung mit Hilfe der höchsten seelischen Instanzen, mit einem Wort: *sie ersetzt die Verdrängung durch die Verurteilung*« (1909 b, S. 375; Hervorhebung im Original).

Wie der Begriff der Verurteilung nahelegt, ist das Individuum, wenn verdrängtes Material in das Bewußtsein aufsteigt, nicht von der Aufgabe befreit, oft schwierige und schmerzhafte Entscheidungen zwischen widersprüchlichen Triebstrebungen zu treffen. Eigentlich will die Psychoanalyse einen pathologischen Krieg, in dem Entscheidungen unmöglich sind, in eine normale Konfrontation verwandeln, in der Entscheidungen getroffen werden können (1916–17a, S. 449). Nach Freuds berühmter Erklärung in den Schlußbemerkungen der *Studien über Hysterie* ist »viel damit gewonnen ..., wenn es uns gelingt, ... hysterisches Elend in gemeines Unglück zu verwandeln« (1895 d, S. 312).

Die psychische Instanz, der die Aufgabe der Verurteilung zufällt, ist selbstverständlich das Ich: »Die Analyse soll die für die Ichfunktionen günstigsten psychologischen Bedingungen herstellen; damit wäre ihre Aufgabe erledigt« (1937 c, S. 96). Die Ich-Erweiterung eröffnet dem Individuum eine ganze Reihe neuer Möglichkeiten – sowie einige alte, die sich verändert haben. Freud erwähnte beispielsweise, daß eine erfolgreiche Behandlung einem Patienten sogar die Wahlmöglichkeit einräumen solle, neurotische Symptome selbst zu produzieren, falls ihm dies zweckdienlich erscheine, das heißt, daß das Unbewußte Symptome nicht mehr erzwingt, sondern daß sie freiwillig gewählt werden. In Freuds Formulierung soll die Analyse »die krankhaften

Reaktionen nicht unmöglich machen, sondern dem Ich des Kranken die Freiheit schaffen ..., sich so oder anders zu entscheiden« (1923 b, S. 280, Fn.). Und in den *Vorlesungen* heißt es: Wenn die Patienten »nach Vollendung ihrer Kur selbständig geworden, sich aus eigenem Ermessen zu irgend einer mittleren Position zwischen dem vollen Ausleben und der unbedingten Askese entschließen, fühlen wir unser Gewissen durch keinen dieser Ausgänge belastet« (1916–17 a, S. 451). Freud suchte weder einen universell gültigen Weg zum richtigen Leben zu verschreiben noch aus seinen Patienten bessere Menschen zu machen. In diesem Sinne schrieb er in einem Brief an seinen amerikanischen Anhänger James Jackson Putnam: »Die Nichtswürdigkeit der Menschen, auch der Analytiker, hat uns immer großen Eindruck gemacht, aber warum sollten die Analysierten durchaus die Besseren sein? Die Analyse macht *einheitlich*, aber nicht an und für sich *gut*« (zit. nach Jones, 1953–57, Bd. II, S. 219, Hervorhebung im Original).

Fassen wir zusammen: Ich habe eine Rekonstruktion der Metapsychologie Freuds zu erarbeiten und aufzuzeigen versucht, daß seine metapsychologischen Überlegungen nicht von mechanistischen Vorstellungen, sondern vielmehr von einer politischen Dialektik bestimmt wurden. An der »Oberfläche« der Freudschen Theorie des Seelenlebens habe ich politische Implikationen entdeckt und gezeigt, daß die Dynamik unserer schwer faßbaren inneren Welt analog zur äußeren Sozialwelt dargestellt ist, eine Außenwelt, in der kriegerische Mächte sich gegenseitig bekämpfen, angespornt von unvereinbaren Motiven zur Durchsetzung ihrer Ziele, getrennt voneinander durch »Abwehr«, »Widerstand« und »Zensur«. Damit hat Freud ein Bild des Seelenlebens gezeichnet, das den gesellschaftlichen Hierarchien nachgebildet ist, in der die einzelnen Klassen bzw. Schichten in einem Bürgerkrieg miteinander kämpfen, um die Handlungen der einzelnen Individuen als Ganzes bestimmen zu können.

Ich bin mir im klaren, daß historisch betrachtet Freud sein frühes Modell der Psyche in der Tradition mechanistischer Vorstellungen der Neurophysiologie entwickelte und er mechanistische Metaphern durchweg so verwendet, als kennzeichneten sie real beobachtbare Phänomene. Somit könnte eine politische Lesart kontraproduktiv und historisch ungenau erscheinen. Wie weiter oben ausgeführt, war Freud sich bewußt, daß seine mechanistischen Vorstellungen unzulänglich waren, an entscheidenden Punkten die komplexen seelischen Prozesse nicht erklären konnten. Diese »mechanistischen Unzulänglichkeiten« basieren auf der Dialektik der Freudschen Theorie, in der sich ständig und ohne Ausweg Ursache und Bedeutung vermengen und ineinander verflechten und fixierte, festgesetzte Grenzen im Individuum sowie zwischen Individuen ständig untergraben und zersetzt werden. Deshalb ist die Freuds Modellen zugrunde liegende Logik selbst dann politisch, wenn sie sich auf eine mechanistische Terminologie beruft.

10 | Freie Wahl

Da Freud die Psyche als eine in endlose innere Kämpfe verwickelte politische Ordnung konstruierte, in der die Herrschaft des Ichs ständig gefährdet und niemals ungebrochen ist, dezentrierte er das Subjekt. Freud sah die Psychoanalyse in der Tradition der großen subversiven Wissenschaftsbewegung der Moderne, die die Illusion zerstören sollte, daß der Mensch Zentrum des Universums sei. Freud zufolge hat diese Dezentrierung drei Helden: Sie begann mit Kopernikus, der die Menschen lehrte, daß die Erde nicht Zentrum des Universums ist; sie setzte sich fort mit Darwin, der den Menschen aus dem Zentrum der Schöpfung verdrängte und sie als Nachkommen von Tieren definierte. »Die dritte und empfindlichste Kränkung aber«, so Freud weiter, »soll die menschliche Größensucht durch die heutige psychologische Forschung erfahren, welche dem Ich nachweisen will, daß es nicht einmal Herr ist im eigenen Hause, sondern auf kärgliche Nachrichten angewiesen bleibt von dem, was unbewußt in seinem Seelenleben vorgeht« (1916–17 a, S. 295; vgl. 1917 a, S. 6 f.).

Aufgrund der Dezentrierung des Subjekts sowie des Postulats, daß individuelle Freiheit von innerer Herrschaft abhängig ist, schuf Freud eine Metapher der Seele, die Isaiah Berlin energisch verurteilt: Sie stelle ein gefährliches politisches Moment bereit. Berlin ist der Ansicht, daß eine solche Metapher all diejenigen, die unter ihrem Einfluß stehen, den gefährlichen Weg zu Autoritarismus und Gewalt einschlagen läßt, und die – trotz bester Absichten – den Freiheitsgedanken in ein Konzept verwandeln, das Unterdrückung und Gewalt billigt (Berlin, 1969, S. 213 f.).

Berlin geht von der Annahme aus – der sich Lakoff und Johnson später anschließen –, daß unser Verhalten sich weitgehend an dem metaphorischen

Blickwinkel orientiert, von dem aus wir die soziale und psychische Realität zu verstehen suchen. Lakoff und Johnson zufolge ist es »in den meisten Fällen ... nicht entscheidend, ob die Metapher Wahres oder Falsches impliziert, sondern welche Wahrnehmungen mit ihr verbunden sind, welche Schlußfolgerungen sich aus ihr ableiten lassen und welche Handlungen durch sie sanktioniert werden. In allen Lebensbereichen – nicht nur in der Politik oder in der Liebe – definieren wir unsere Realität von Metaphern her und handeln auf der Basis der Metaphern. Wir ziehen Schlußfolgerungen, verfolgen Ziele, gehen Verpflichtungen ein und führen Pläne aus: Und das alles geschieht auf der Grundlage dessen, wie wir unsere Erfahrung – bewußt oder unbewußt – mittels der Metapher partiell strukturieren« (1980, S. 181 f.).

Nach Berlin gibt es zwei Freiheitsmetaphern – er nennt sie Konzepte oder Begriffe –, die politisches Verhalten lenken. Dem »positiven« Freiheitsbegriff zufolge ist das Individuum im Innern gespalten und hierarchisch strukturiert. Aus dieser Sicht hat Freiheit vor allem mit intrasubjektiver Politik zu tun, das heißt mit Fragen wie: »Von wem werde ich regiert?« oder »Wer ist der Herr?« (ebd., S. 45 f., S. 211). Antworten auf Fragen wie »Wer ist frei?« oder »Wann ist man frei?«, wie sie für den positiven Freiheitsbegriff typisch sind, deuten auf eine Instanz im Innern des Individuums – zum Beispiel die Vernunft –, von der angenommen wird, daß nur die Herrschaft dieser speziellen Instanz dem Individuum ermöglichen wird, das zu tun, was »wahrhaftig« und »wirklich« ihr oder sein eigener Wille ist; das heißt, sie oder ihn mit dem auszustatten, was Berlin »Freiheit zu« nennt. Ausgangspunkt des Begriffs der positiven Freiheit ist, so Berlin, die Idee der Selbstbestimmheit. Diese Metapher habe ihre Befürworter – historisch und psychologisch – in Richtung Despotismus, Totalitarismus und Gewalt gedrängt.

Die wirklichen Widersacher sind für Berlin die rationalistischen Monisten – wie Rousseau und Marx –, zu denen er all jene Denker zählt, die die positive Metapher der Selbstbestimmtheit übernehmen. Berlin faßt ihre Forderungen wie folgt zusammen:

> »Erstens: alle Menschen haben ein und nur ein wahres Ziel, die rationale Selbstbestimmung; zweitens: die Ziele aller rationalen Wesen müssen sich notwendigerweise in ein einziges, universelles, harmonisches Schema fügen, das manche Menschen möglicherweise klarer zu erkennen vermögen als andere; drittens: alle Konflikte und folglich auch alle Tragik ergeben sich allein aus dem Zusammenprall der Vernunft mit dem Irrationalen oder ungenügend Rationalen, mit den

unreifen und unentwickelten Elementen im Leben von Individuen oder Gruppen, aber solche Konflikte sind prinzipiell vermeidbar, und zwischen völlig rationalen Wesen können sie unmöglich entstehen; und schließlich: wenn alle Menschen rational gemacht worden sind, werden sie den rationalen Gesetzen ihrer eigenen Natur gehorchen, die für alle und bei allen gleich sind, und werden auf diese Weise zugleich völlig gesetzestreu und völlig frei sein« (ebd., S. 235 f.).

Nach Berlin transzendiert das »höhere« Selbst das Individuum und identifiziert es mit der Rasse, Nation oder Klasse, der es angehört. Als Karikatur dessen, was ursprünglich als Freiheitslehre gedacht worden war, stehe die positive Metapher für die erzwungene Einbindung des Individuums in eine größere Sozialgemeinschaft – entsprechend seiner Rassen-, Klassen- oder nationalen Zugehörigkeit – als Teil eines Prozesses, in dem eine »höhere« Freiheit erreicht wird: auf diese Weise werde Tyrannei und Unterdrückung gerechtfertigt (ebd., S. 46 f., 212 f., 235).

Berlin stellt dem positiven Freiheitsbegriff ein liberales, »negatives« Freiheitskonzept im Sinne einer »Befreiung von« gegenüber. In dieser Metapher figuriert das Individuum als eine im Innern mehr oder weniger einheitliche Instanz; ihr Bezugsrahmen ist räumlich und die von ihr gestellten Fragen sind: »Wie groß ist das Gebiet, auf dem ich Herr bin oder sein soll?« oder »Auf welchem Gebiet bin ich der Herr?« (ebd., S. 45). Das negative Konzept führt somit zu Freiheitsdefinitionen im Sinne eines durch Grenzen abgesteckten Bereichs, in dem Bewegungsfreiheit garantiert ist und es keine Hindernisse gibt (ebd., S. 40 ff., 203 f., 206). Für Berlin ist das negative Denken und Sprechen über Freiheit – das heißt im Sinne einer Abwesenheit von Zwängen und Knechtschaft, einer Negation äußerer auferlegter Hindernisse und Beschränkungen – sicherer, da diese Metapher sich nicht als Deckmantel für Unterdrückung und Knechtschaft anbiete.

Weiter oben wurde ausgeführt, daß Freud von der Vorstellung einer hierarchischen seelischen Integration ausging, der zufolge ein Individuum nur dann autonom und frei sein kann, wenn das Ich die innere Befehlsgewalt übernimmt. Dieser Ansatz stellt Freud in die philosophische Tradition, die Freiheit im »positiven« Sinn als Selbstbestimmtheit definiert. Das dürfte mehr als ausreichen, ihm einen Platz auf Berlins Liste der Bösewichte zuzuweisen. Jedoch macht Peter Gay darauf aufmerksam, daß Freud, der stets die Pluralität und Widersprüchlichkeit der menschlichen Ziele hervorhob und dem Individuum freie Wahlmöglichkeiten zugestand, einen Freiheitsbegriff im liberalen Sinn vertrat (Gay, 1979, S. 99 ff.). Allerdings erklärt Gay nicht, wodurch Freuds Metapher der Selbstbestimmtheit sich im einzelnen von der positiven Metapher Berlins unterscheidet, und in seinem Eifer, das Gemeinsame zwischen Freud und Berlin hervorzuheben, verschenkt er auch noch die »positiven« Gesichtspunkte im Freudschen Freiheits- und Autonomiediskurs.

Anders als Berlin und Gay gehe ich davon aus, daß Freuds Freiheitsbegriff weder liberal ist noch Gefahr läuft, von einer Ideologie der Unterdrückung und Knechtschaft vereinnahmt zu werden. Vielmehr kombinierte Freud die Metapher der Selbstbestimmheit mit einem Konzept individueller Autonomie auf eine Weise, die einen Verweis auf Berlins Dichotomie einer »positiven« bzw. »negativen« Freiheit verbietet. Vereinfacht könnte gesagt werden, daß Freud sich von denjenigen, die Berlin ins Visier nahm, insofern unterscheidet, als er die Seele nicht in zwei, sondern in drei Elemente gliedert. Aufgrund dieser Dreiteilung der seelischen Struktur konnte Freud äußere Einschränkungen herausarbeiten, die von einer eigenen Instanz, dem Über-Ich, auferlegt werden, und diese den individuellen autonomen Interessen gegenüberstellen, wie sie das Ich repräsentiert.

Einerseits mißbilligte Freud die Herrschaft des Über-Ichs – Repräsentant einer auf allgemeinen Normen und Wertvorstellungen gründenden Moral, die in der von Berlin attackierten rationalistischen Lehre den Sieg davonträgt. Richard Rorty kommentierte dies so:

> »Während jeder, von Platon bis Kant, unser zentrales Selbst, unser Bewußtsein, den normierten autoritativen Anteil in uns mit universellen Wahrheiten, allgemeinen Prinzipien und einer gemeinsamen menschlichen Natur identifiziert, machte Freud unserer Bewußtsein nur noch zu einem weiteren, nicht sonderlich zentralen Teil einer größeren homogenen Maschine. Er setzte das Pflichtgefühl gleich mit der Verinnerlichung einer Unmenge idiosynkratischer, nebensächlicher Episoden ... Er verstand die Stimme des Bewußtseins nicht als Stimme eines Teils der Seele, die sich mit dem Allgemeinen befaßt im Gegensatz zu dem Teil, der sich dem Besonderen widmet, sondern als ein (meistens gestörtes) Gedächtnis gewisser sehr spezieller Ereignisse« (1991, S. 157).

Andererseits ergriff Freud jedoch auch nicht Partei für die wilden und ungezähmten Es-Strebungen, für deren Befreiung diejenigen eintraten, die den Freudschen Diskurs in eine revolutionäre Weltanschauung zu verwandeln suchten, wie Wilhelm Reich und Herbert Marcuse. Folglich bestärkt Freuds positiver Freiheitsbegriff, dem zufolge Freiheit von der gütigen Tyrannenherrschaft des Ich abhängig sei, die Vorstellung, daß das Individuum mit den Sozialnormen im Konflikt lebe, und betont die autonomen Wahlmöglichkeiten.

Selbstbestimmtheit ist im Freudschen Diskurs also nie vollkommen erreichbar. Wohl mag der einzelne mit weniger Verdrängung leben, aber keiner wird je ganz ohne Verdrängung sein. Wohl mag der einzelne sich versteckter Intentionen und Impulse bewußter werden, aber keiner wird je erreichen, vollkommen selbsttransparent und selbstkontrolliert zu sein. Wohl mag der einzelne zunehmend rational denken und handeln, aber keiner wird je ohne irrationale Wünsche und Befürchtungen sein. Freud zufolge sollte der Einblick in das eigene Selbst bewirken, der Grenzen der Vernunft gewahr zu werden und zu erkennen, daß Selbsterkenntnis immer unvollkommen ist. Natürlich können solche Grenzen und Einschränkungen das Individuum nicht seiner Verantwortung entheben. Obwohl bestimmte Selbstanteile immer jenseits der bewußten Kontrolle und des Wissens sein werden, hielt Freud eisern daran fest, daß der einzelne für all seine Gedanken und Gefühle – seien sie bewußt oder unbewußt – Verantwortung zu übernehmen habe. So schreibt er zum Beispiel, daß ein jeder für seine bösen Strebungen im Traum verantwortlich sei, selbst wenn Motivationen und Expressionen nicht kontrolliert werden könnten: »Wenn ich die in mir vorfindlichen Strebungen nach sozialen Maßstäben in gute und böse klassifizieren will, so muß ich für beide Arten die Verantwortlichkeit tragen« (1925 i, S. 567).

Im Gegensatz zu den philosophischen Fürsprechern der Macht der Vernunft basierte Freuds Befürwortung der Hegemonie des Ichs nicht auf ethischen Überlegungen, das heißt auf der Annahme, der Mensch müsse vernunftgeleitet sein, da vor allem die Vernunft ihn vom Tier unterscheidet. Vielmehr ist Freuds Argument sowohl hedonistisch – weil sie eine Minderung von Leiden und eine Zunahme von Lust verspricht – als auch ökonomisch – weil sie weniger Verschwendung und mehr Effizienz in Aussicht stellt. Von den vier Postulaten, die Berlin zufolge für Denker der »positiven« Freiheitstradition charakteristisch sind, würde Freud möglicherweise nur dem ersten zugestimmt haben, dem zufolge das Ziel des Menschen rationale Selbstbestimmheit sei.

Selbst hier sind einige Vorbehalte angebracht; der gewichtigste dürfte sein, daß Freud im Luststreben ein rationales Ziel erkannte. Freuds Vorstellung war nicht die Befreiung von Begierde; anders als Kant oder Descartes ging er davon aus, daß Vernunft nie selbstgenügsam und Toleranz gegenüber menschlichen Leidenschaften das Wesen der Vernunft sei: »Das Wesen der Vernunft bürgt dafür, daß sie ... nicht unterlassen wird, den menschlichen Gefühlsregungen und was von ihnen bestimmt wird, die ihnen gebührende Stellung einzuräumen« (1933 a, S. 185). Zweifellos sind auch andere Forderungen der rationalen Monisten – bezogen auf die Möglichkeit totaler sozialer Harmonie, das Irrationale aller Konflikte und die Einstimmigkeit aller vernunftgeleiteten Menschen – der psychoanalytischen Weltanschauung ebenso fremd wie der Sichtweise Berlins. So sind beispielsweise die Ziele der therapeutischen Intervention im Bürgerkrieg der Psyche in einer Weise dargestellt, die Freud deutlich von den rationalistischen Monisten und deren Idealen einer einträchtigen Befreiung unterscheidet. Schließlich wollte Freud Widersprüche nicht abschaffen, sondern lediglich ihre Umwandlung vom Pathologischen zum Normalen bewirken.

Zudem machte Freud seelische Gesundheit nicht nur von inneren Voraussetzungen der Selbstbestimmheit und der Selbsterkenntnis abhängig – soweit er dies für möglich hielt. Er forderte auch einen Bereich, in dem das Individuum sich entwickeln, heranreifen und sexuelle Befriedigung erlangen kann ohne unnötige Einschränkungen, wie sie durch soziokulturelle Konventionen auferlegt werden. Wie weiter oben in den Überlegungen zu Freuds Opposition gegen die Sexualnormen seiner Zeit dargestellt, forderte er für das Individuum zweifelsohne die »Befreiung von« äußeren Einschränkungen. Allerdings befürwortete er kein gänzlich uneingeschränktes Sexualleben, sondern erhob lediglich den Anspruch, daß »[g]ewisse Triebregungen, in deren Unterdrückung die Gesellschaft zu weit gegangen ist, ... zu einem größeren Maß von Befriedigung zugelassen werden« (1925 e, S.107).

Die Diskrepanzen zwischen Freud und Berlin sind tiefgreifend; sie sind Ausdruck ihrer beider ureigenen Sichtweisen des Menschen. Für Berlin ist der Mensch im wesentlichen selbsttransparent, einheitlich, autonom und zu freier und rationaler Wahl in der Lage. Die Freiheit des Menschen ist ein Gut, das gegen widrige Umstände verteidigt werden muß, während Unfreiheit im Sinne äußerer Einmischungen und Einschränkungen begriffen wird, welche die individuelle Wahl verhindern, jedoch äußerlich und entfernbar sind. Für Berlin ist das Fehlen äußerer Behinderungen – verstanden analog zu freiheitsberaubenden materiellen Hindernissen wie Ketten, Mauern oder verschlossene Türen – die notwendige und angemessene Voraussetzung für Freiheit. Die negative Freiheitsmetapher leitet sich also ab von einem mechanischen Bild sozialer Kausalität, dem zufolge zwischen zwei autonomen Instanzen eine

Abhängigkeitsbeziehung besteht: Der eine Akteur fördert bzw. treibt an, der andere wird gefördert bzw. angetrieben; der eine Akteur untersagt Aktivität, dem anderen wird Aktvität untersagt (Adler, 1958–61, Bd. 2, S. 548 f.).

Selbstverständlich wies Freud solche Vorstellungen von Individuum und Gesellschaft zurück. Er konzipierte die Psyche als politisches Repräsentantensystem, dessen dialektische Prozesse die *Aufhebung* der Außenwelt im Innern des Individuums berücksichtigen, und beschrieb damit die Grenzen zwischen Selbst und anderen als durchlässig. Für Freud war die Gesellschaft nicht nur der Ort, an dem das Subjekt situiert ist und sich konstituiert; sie wurde selbst zu einem Teil des Subjekts. In Russell Jacobys Worten: »Obschon Freud in seiner unmittelbaren Vernachlässigung der Gesellschaft ›konservativ‹ war, sind seine Begriffe radikal, wenn sie der Gesellschaft dort nachspüren, wo sie angeblich nicht existiert: in der Privatheit des Individuums. Freud hob die bürgerliche Trennung von privat und öffentlich, Individuum und Gesellschaft auf und legte die objektiven Wurzeln, den Gehalt des privaten Subjekts frei – seinen gesellschaftlichen Inhalt. Freud entlarvte die Lüge von der Unversehrtheit des Subjekts; er zeigte, daß es überall verletzt wurde« (1975, S. 48).

Freuds gesamte Libidotheorie verweist auf die zwingenden Kräfte und kreativen Einflüsse, die einem Individuum durch andere eingeflößt werden: durch Liebe, Furcht und Macht, durch Erziehung, Ausbildung, Sozialisation, Sitten und Gebräuche, durch Religion und Moral. Sie thematisiert die verschiedenen Möglichkeiten, wie die Freiheit des einzelnen von Eltern, Lehrern, Kirchenmännern und Führern behindert oder unterstützt werden kann, ohne Gefängnismauern zu errichten oder niederzureißen. Insbesondere der Begriff des Über-Ichs zeigt, wie für Freud eine Person zu einem wesentlichen Aspekt einer anderen werden kann, so daß deren ureigene Identität von der internalisierten Präsenz ersterer dauerhaft abhängig ist. Anders als Berlin betrachtete Freud Freiheit als ein Gut, das ein ursprünglich unfreies, fragmentiertes und irrationales Individuum erst erwerben muß.

Günstige Bedingungen allein, wenngleich erforderlich, reichen für eine freie Wahl nicht aus. Ohne die Bedeutung negativer Freiheit zu leugnen, war Freud der Ansicht, daß jene, die Selbstbestimmtheit erlangen, sich einer Freiheit erfreuen, die andere unter denselben äußeren Gegebenheiten nicht besitzen. Das Individuum muß also die notwendigen psychischen Mittel erlangen, bezähmen und umlenken, damit die innere Befehlsgewalt des Ichs gesichert werde. Mit anderen Worten: Freud hatte die individuelle *Aneigung* von Freiheit im Blick, während Berlins Typus der Liberalisierung sich mit ihrer *Vertei-*

digung befaßt. In Mortimer Adlers Formulierung ist liberale Freiheit allein umstandsbedingt, während nach Freuds Konzeption Freiheit sowohl umstandsbedingt als auch erworben ist (Adler, 1958-1961, Bd. 2, S. 265 f.).

Auch Berlin erkennt an, daß es bei fehlenden inneren oder materiellen Möglichkeiten nicht gelingen mag, Freiheit zu praktizieren, er geht aber davon aus, daß Freiheit gegeben ist, sobald äußere Einschränkungen fortfallen. Für Berlin ist Freiheit eine *Option*, keine *Praxis*. Ich bin der Ansicht, daß Berlin, da er die Metapher der Selbstbestimmheit mit dem rationalistischen Monismus gleichsetzte und sich hinter einen streng philosophischen Wall zurückzuziehen versuchte, um sich vor den Gefahren des letzteren zu schützen, geradezu gezwungen war, sich auf einen simplifizierenden und reduktionistischen Ansatz zu beschränken und für die Dialektik sozialer Beziehungen blind und taub zu machen.

Freuds Diskurs dagegen ist von einer unlösbaren Spannung gekennzeichnet: Einerseits forderte er Selbstbestimmheit und Selbsterkenntnis und gab dem Subjekt die volle Verantwortung für sich selbst. Andererseits verwies er auf einen unkontrollierbaren und unbekannten Kern – und damit auf die *Grenzen* von Selbstbestimmheit und Selbsterkenntnis –, und er zeigte, wie das Selbst ständig von inneren und äußeren Mächten überfallen wird. Das Freudsche Subjekt ist zu einem lebenslangen Kampf innerhalb seiner selbst und mit anderen verdammt, der erst im Tod ein Ende hat.

Das ist ein tragisches Menschenbild. Freuds Ruf als düsterer Denker wird bestärkt, wenn wir den *Zweck* berücksichtigen, zu dem Selbstbestimmheit erlangt werden soll: »Das Leben zu ertragen, bleibt ja doch die erste Pflicht aller Lebenden« (1915 b, S. 354). Nicht das befriedigende Gefühl moralischer Reinheit, von Glück, Überlegenheit oder völliger Freiheit, sondern alles, was Freud zufolge durch Selbstbestimmheit erreicht werden kann, ist die notwendige Kraft, das Leben im Unglück zu ertragen, ohne sich in die individuelle oder kollektive Neurose, zum Beispiel die Religion, flüchten zu müssen. Gelegentlich machte Freud die Zwänge des Lebens allgemein, die uns extreme Opfer abverlangen, für unser unvermeidliches Unbehagen verantwortlich. Dann wiederum erhob er den Anspruch, daß »unsere Glücksmöglichkeiten schon durch unsere Konstitution beschränkt« sind (1930 a, S. 434). Für Freud liegt das Ziel gelungener Selbstbestimmheit und Selbsterkenntnis in der Fähigkeit, die Unausweichlichkeit von Unglück anzuerkennen (Gabriel, 1983, S. 101). Barry Richards nennt die Freudsche Philosophie des Menschen zu Recht eine »Philosphie des Erduldens«. Erfolgreich zu leben heiße für Freud,

»die Enttäuschung, Schuld und Furcht zu ertragen, die wir unausrottbar in uns haben« (1989, S. 21).

Richards verweist auf ein weiteres tragisches Element in Freuds Verständnis der Selbstbestimmheit und Selbsterkenntnis: die *Inhalte* des Wissens, die der Mensch bei seinen Bemühungen um Selbsterkenntnis erlangt, sind ebenfalls von trauriger Art. Denn was der Mensch vor sich selbst verbirgt, das sind eigene mörderische Haßimpulse, inzestuöse Begierden, frühe Enttäuschungen und Verluste, infantile Neidgefühle und Besitzgier, quälende Schuldgefühle, Befürchtungen und Ängste. Einzig durch Bewußtwerdung solcher bislang im Unbewußten eingekerkerten Anteile des Subjekts kann ein freieres, vorteilhafteres und lustvolleres Leben gefunden werden. Eine solche Transformation erlaubt nach Freud eine aufrichtigere und authentischere Lebensweise, die *eo ipso* ethischer ist. »Wir sagen uns«, so Freud in seinen *Vorlesungen*, »wer die Erziehung zur Wahrheit gegen sich selbst mit Erfolg durchgemacht hat, der ist gegen die Gefahr der Unsittlichkeit dauernd geschützt, mag sein Maßstab der Sittlichkeit auch von dem in der Gesellschaft gebräuchlichen irgendwie abweichen« (1916–17a, S. 451).

Philip Rieff meint, wenn überhaupt davon ausgegangen werden könne, daß eine moralische Absicht im Freudschen Ideal der Selbstbestimmheit und Selbsterkenntnis enthalten sei, dann sei dies persönliche Aufrichtigkeit (Rieff, 1965, S. 315 ff.; vgl. Abramson, 1984, S. 220 f.; Ricœur, 1965, S. 288). Mit dieser Betonung einer inneren Wahrheit unterscheidet sich Freud ein weiteres Mal von den Ansätzen der liberalen Philosophen. Deren wichtigstes Augenmerk liegt auf menschlichem Verhalten im Hinblick auf äußere Ziele, wie sie sich bei Eigentumsübertragungen, im Wählerverhalten, in politischen Verbänden und Reden manifestieren. Für sie ist Sprache in erster Linie ein kognitives Mittel, das wahr und richtig ist, solange es den Ereignissen in der äußeren Welt entspricht. Offensichtlich waren solche Aspekte menschlichen Verhaltens und Ausdrucks für Freuds Anliegen sekundär. Nach innen gerichtet, folgte er dem Weg in die psychische Welt des Individuums und untersuchte die Wahrheit oder Freiheit von Rede und Handlung im Hinblick darauf, wie wahrhaftig und frei versteckte Intentionen, Wünsche und Befürchtungen sich darin ausdrücken. So gewinnen Begriffe der Wahrheit, Emanzipation und Macht mit Freud eine neue Bedeutung, deren Untersuchung ich im dritten Teil fortsetzen und anhand der klinischen Praxis der Psychoanalyse diskutieren will.

Teil III

Im Einvernehmen zweier Erwachsener: Face-to-face-Politik in der klinischen Praxis der Psychoanalyse

Peter Laslett (1963) stellt das Konzept der Territorialgesellschaft – das heißt des Staates – dem Konzept der von ihm so genannten Face-to-face-Gesellschaft gegenüber. In einer Face-to-face-Gesellschaft ist Territorium wegen seiner geringen Größe meistens bedeutungslos. Ihre Mitglieder sind in einer direkten und totalen Beziehung miteinander verbunden; sie reagieren intuitiv aufeinander, und zwar »mit ihrer gesamten Persönlichkeit, bewußt und unbewußt, verdeckt und offen, in allen Situationen«. In einer Face-to-face-Gesellschaft werden sehr viel mehr gemeinsame Erfahrungen miteinander geteilt als in der großflächigen Territorialgesellschaft, mit der sich die moderne Politikwissenschaft beschäftigt. Folglich werden Krisen, so Laslett, in der Face-to-face-Gesellschaft oft durch persönliche Reaktionen gelöst, wie sie in den in einem Staat gängigen Interaktionsformen seltener vorkommen – beispielsweise durch »Exklamationen, Apostrophe, Lachen und Schweigen« (ebd., S. 158). Laslett argumentiert weiter, daß es den Politikwissenschaften nicht gelungen sei, die für die Face-to-face-Gesellschaft und die Territorialgesellschaft charakteristischen Unterscheidungen der jeweiligen psychologischen Prozesse vorzunehmen. Dieses Versäumnis habe bei der Analyse beider Gesellschaftstypen zu Mißverständnissen geführt.

Es ist offenkundig, daß das psychoanalytische klinische Setting wie eine dyadische Face-to-face-Gesellschaft beschaffen ist. Da es bewußte und unbewußte Dimensionen, verbale und nonverbale Interaktionen umfaßt, sind Analytiker wie Analysand mit ihrer gesamten Persönlichkeit verwickelt. Ich möchte zeigen, daß die psychoanalyische Situation wie jede Face-to-face-Gesellschaft politisch strukturiert ist. Einerseits regeln die Mechanismen und Verfahren des psychoanalytischen Settings die Verteilung und Ausübung von Macht. Andererseits findet die psychoanalytische Begegnung in einer Territorialgesellschaft statt, deren vielfältige Bezüge sich auf die Machtstrukturen auswirken.[1] Die beiden Personen treffen niemals nur als Analytiker und Analysand aufeinander, sondern immer auch als Angehörige eines Berufs, einer Nation, einer sozialen Schicht und eines Geschlechts. Somit handelt es sich immer um eine duale Interaktion zwischen Analytiker und Analysand, an der beide als Akteure beteiligt sind, deren Handlungen sich an die die innere Dynamik des therapeutischen Settings leitenden universellen Regeln und Strukturen anlehnen und die zugleich ihr jeweiliges Geschlecht, ihre Schichtzugehörigkeit und ihre Nation repräsentieren.

Im ersten Kapitel des dritten Teils untersuche ich die Rolle, die äußere Faktoren bei der Konstitution des psychoanalytischen Settings spielten; das heißt, ich arbeite heraus, wie sich die Begegnung mit Hysterikerinnen auf die männliche, bürgerliche Identität der Ärzte auswirkte. Während solch äußere Faktoren viele Ärzte dazu veranlaßte, Gewalt gegen ihre Patientinnen anzuwenden – so meine Argumentation –, vermied Freud durchweg therapeutische Zwangsmittel, obwohl auch er eine autoritäre Behandlungsform zu etablieren suchte. In einer anschließenden detaillierten historischen Studie vergleiche ich die Haltung von im Ersten Weltkrieg psychoanalytisch ausgebildeten bzw. inspirierten Ärzten mit der Haltung nicht analytischer Ärzte. Hier beschreibe ich den Einfluß nationalistischen Engagements auf die therapeutische Behandlungspraxis männlicher Ärzte für männliche Patienten. Diese Untersuchung zeigt, daß der von Freud entwickelte therapeutische Ansatz nicht nur ihn selbst, sondern auch seine Schüler davon abhielt, in der Behandlung männlicher Patienten Gewalt anzuwenden (ebenso gegen Frauen, wie weiter unten ausgeführt wird), selbst dann nicht, wenn die gesellschaftlichen Verhältnisse die Anwendung von Grausamkeit erlaubten.

Die beiden letzten Kapitel des dritten Teils untersuchen detailliert Freuds Diskurs der inneren Dynamik der Face-to-face-Politik im psychoanalytischen Behandlungszimmer. Ich beleuchte Freuds Konzeption sowohl der Ursachen

---

[1] Zum Begriff der situationsbezogenen gesellschaftlichen Macht vgl. Wartenburg, 1992a.

der Autorität des Analytikers über den Analysanden als auch ihre Reichweite, Grenzen und Verwendung und entwerfe die psychoanalytische Psychotherapie als eine soziale Praxis, die zum Ziel hat, Autorität im Dienste der Emanzipation des Analysanden einzusetzen.

11 Ein Hauch von Klassenkampf

Wie im ersten Teil erörtert, hörten Ärzte zu Lebzeiten Freuds den Hysterikerinnen nicht zu. Charcot soll zum Beispiel gesagt haben: »Sie sehen das Gebrüll der Hysterikerinnen – viel Lärm um nichts« (Showalter, 1987, S. 154). Sein Motto war: *»J'inscris ce que je vois«*, und da für ihn hysterische Anfälle physiologisch determinierte *tableaux* bzw. Schauspiele waren, führte Charcot seine Hysterikerinnen dem Publikum ausgiebig vor und ließ sie sorgfältig photographieren (Didi-Huberman, 1982, S. 37; vgl. Showalter, 1987, S. 148 ff.).[2] Während Charcot den Worten der Hysterikerinnen keine Beachtung schenkte, versuchten einige Mediziner die vermeintlich erkrankten Organe durch operative Eingriffe zu entfernen. Andere wiederum, für die hysterische Frauen Simulantinnen waren, ergriffen Gewaltmaßnahmen, wenn sie sich den Methoden des Arztes widersetzten, um auf diese Weise ihre stumme Unterwerfung zu erzwingen. Meistens verstanden Mediziner ihre Aufgabe als einen Kampf gegen Simulantinnen, denen die soziale Rolle der Ehefrau und Mutter im Dienste von Familie, Staat oder Rasse aufgezwungen werden mußte.

Nach Hannah Decker rieten Gynäkologen des späten 19. Jahrhunderts zur Behandlung von Hysterikerinnen, »nach jedem hysterischen Anfall einen Schlauch in das Rektum einzuführen«; sie drohten den hysterischen Mädchen, ihnen »ein heißes Bügeleisen auf die Wirbelsäule zu pressen« oder die Klitoris zu verätzen, falls sich ihre Krankheit als »hartnäckig« erweise (Dek-

[2] Zur Kritik an Didi-Huberman vgl. Micale, 1989, S. 337 f.; zur faszierenden Geschichte der bildlichen Darstellung der Hysterie vgl. Gilman, 1993, S. 345 ff.

ker, 1980/81, S. 451). Caroll Smith-Rosenberg zufolge fühlten sich »viele Ärzte mit ihren hysterischen Patientinnen in einen Machtkampf verstrickt«; sie meinten »den Willen der Hysterikerinnen beherrschen zu müssen; nur so … sei eine anhaltende Heilung zu bewirken«. Im Kampf mit ihren Patientinnen empfahlen Ärzte häufig, »Hysterikerinnen zu würgen, bis der Anfall aufhört, nasse Handtücher über Gesicht und Körper zu schlagen und sie vor der Familie und vor Freunden bloßzustellen und dem Gespött preiszugeben, indem man eiskaltes Wasser über sie goß« (Smith-Rosenberg, 1972, S. 674 f.).

Paul Flechsig, Psychiatrie-Professor an der Universität Leipzig, berichtete 1884 von zehn Fällen, in denen die Hysterie durch Entfernung der Eierstöcke behandelt wurde, und meinte, er habe kein einziges Zeichen irgendwelcher ungünstiger Auswirkungen auf die Psyche der Patientinnen beobachten können. Aufgrund des verbreiteten Widerstands gegen die Ovariotomie hatte Alfred Hegar, ein seinerzeit in Deutschland führender Gynäkologe, bereits 1880 gewarnt, die Abneigung deutscher Mediziner gegen diese Operation habe »einen retardirenden Einfluss auf die Entwickelung der ganzen deutschen Gynäkologie ausgeübt. Hätten die Kritiker die Operation selbst in die Hand genommen, ausgeübt, in ihren Bedingungen, Indicationen und Technik verbessert, so wäre dies von unberechenbar günstigem Einfluss für die ganze Entwickelung des Fachs in Deutschland gewesen. Lassen wir uns doch nicht wieder eine Sache durch Fremde aus der Hand nehmen!« (1880, S. 683).

Daß Fragen des Geschlechts und des Nationalsstolzes in den medizinischen Debatten zur Behandlung der Hysterie von ausschlaggebender Bedeutung war, wird darüber hinaus an der seinerzeit wohl populärsten Heilbehandlung, Silas Weir Mitchells Mastkur, offenkundig. Als Leiter des angesehenen Krankenhauses für Orthopädie und Neurologie in Philadelphia war Mitchell in Medizinerkreisen in Amerika ebenso berühmt wie Charcot in Frankreich (Drinka, 1984, S. 198). Seinen Ruhm verdankte er vor allem einer Behandlungsmethode, bei der die Hysterikerin für mehrere Wochen in stummer Passivität von der Außenwelt isoliert wurde. Sie war einem streng regulierten Behandlungsplan unterworfen, bestehend aus Massagen und Elektrizität bei gleichzeitiger Überernährung mit einer Milchdiät. Die Mastkur wurde vorwiegend von wohlhabenden Patientinnen in Anspruch genommen, die für diese zeitintensive Privatbehandlung das nötige Geld aufbringen konnten. Allem Anschein nach war ihr auch ein gewisser Erfolg beschieden. Obwohl Mitchells Therapie nicht ausdrücklich als Strafe konzipiert war – sie sollte vor allem Erschöpfungszustände und Blutarmut beheben –, beschrieb er detailliert den Machtkampf bei der Behandlung von Hysterikerinnen. Er verwies auf »die moralischen Vortheile der Ruhe, der Isolirung« (Mitchell, 1884, S. 35) und betrachtete es als »des Arztes Pflicht ..., nicht nur auf den Körper ... einzuwirken, er muß auch in moralischer Beziehung einzugreifen versuchen. Nichts Geringeres kann helfen« (ebd., S. 22). Deshalb sei »der erste, nothwendige Schritt«, die Patientinnen vom Kontakt mit denen, die bereitwillige Sklaven ihrer Launen geworden waren, fernzuhalten und die »unselige Gemeinschaft aufzuheben« (ebd.). Er bestätigte die Einschätzung eines Kollegen, daß »ein hysterisches Mädchen ... ein Vampyr [ist], der den Gesunden in der Umgebung das Blut aussaugt« (ebd., S. 26). Des weiteren behauptete er, es gebe Hysterikerinnen, »die sich unter den nichtigsten Vorwänden der Ruhe hingeben« (ebd., S. 30). Man müsse der Hysterischen Selbstbeherrschung beibringen, sie aus dem Bett jagen und zur Aktivität zwingen, »und zwar so oft und so lange, bis die Anstrengung ihr keine Veranlassung mehr giebt, Ermüdung zu simuliren« (ebd., S. 31). In einigen Fällen war Mitchell aber auch der Meinung, daß die Patientinnen tatsächlich Ruhe und Erholung brauchten, wenngleich nicht so, wie sie es wünschten:

> »Den halben Tag im Bett zu liegen, ein bischen zu lesen und ein bischen zu nähen, als Kranke interessant zu sein und Sympathie zu erregen, das ist alles recht schön; allein, wenn es heisst einen vollen Monat ganz im Bett zubringen, und weder lesen noch schreiben noch nähen zu dürfen, und eine Pflegerin zu haben, die keine Verwandte ist, wie wird für solche Frauen die Ruhe dann eine bittere Medicin, mit welcher Freude nehmen sie dann den Befehl entgegen aufzustehen und umherzugehen, wenn das ebenso freudig begrüsste wie heiss ersehnte Machtwort des Arztes erklingt! – Ich halte es nicht für leicht, gerade darin einen Fehler zu machen, wenn die Patientin nicht gerade mit krankhafter Lust an der ihr aufgezwungenen Ruhe festhält, und der betreffende Arzt nicht ein Mann von geringer Energie ist« (ebd., S. 32).[3]

Wie diese Beschreibung therapeutischer Behandlungspraxis zeigt, verstanden die Mediziner des späten 19. Jahrhunderts sich weitgehend als Repräsentanten ihrer Nation und einer patriarchalen Ideologie, die Bestandteil ihrer Welt-

---

3 Zu einer umfassenden Diskussion der Weir-Mitchell-Behandlung bei Patientinnen vgl. Poirier, 1983; Showalter, 1987.

anschauung war. Ihre Erfahrung mit Hysterikerinnen war dualistisch: Einerseits waren sie Ärzte, die ihren Patientinnen helfen wollten; andererseits waren sie Männer, die die patriarchale Gesellschaftsstruktur verteidigten und den Widerstand der rebellierenden Frauen zu brechen suchten – und nur allzu oft überwog letzteres.

Als Freud 1887 die deutsche Übersetzung des Buches von Weir Mitchell positiv rezensierte, war die Mastkur für Hysterikerinnen des mittleren und gehobenen Bürgertums eine weitverbreitete Behandlungsmethode. Ein Jahr später wiederholte Freud, daß der »ausgezeichnete Ruf« dieser Methode berechtigt sei, und gegen Ende 1880 und Anfang 1890 griff er bei der Behandlung von Hysterikerinnen regelmäßig auf gewisse Elemente der Mastkur zurück, wie Bäder, Massage, Elektrizität und Überernährung.

In einer frühen Fallgeschichte erwähnte Freud sogar »die schmerzhaften Schläge« bei der Behandlung mit elektrischen Strömen, aber nirgendwo in seinem Werk ist der gewalttätige und einschränkende Geist zu entdecken, der für seine Zeitgenossen charakteristisch war. Freud stellte lediglich fest, daß seine Patientin, Emmy von N., die Schmerzen in den Beinen hatte, sich »[g]anz besonders ... für die schmerzhaften Schläge der Influenzmaschine zu erwärmen« schien; die elektrischen Ströme »schienen die eigenen Schmerzen der Kranken zurückzudrängen« (1895 d, S. 200, 266; vgl. Strachey, 1955, S. XI f.).

Im großen und ganzen überwiegt jedoch der Eindruck, daß Freud sein Vertrauen in überhaupt keine spezielle Technik setzte. Er kommentierte Mitchells Mastkur, diese sei »nicht als etwas systematisch in sich Abgeschlossenes zu betrachten«. In Freuds Sicht bestand »die Hauptwirkung« in der Isolierung des Patienten von anderen neurotischen Familienmitgliedern und in der »Beeinflussung durch den Arzt« (1888 b, S. 88).

Auch für Freud gründete die Heilbehandlung auf der Fähigkeit des Arztes, den Patienten seine Autorität aufzuzwingen – allerdings ohne Gewaltanwendung. Bei seiner Suche nach entsprechend wirksamen Mitteln, experimentierte er mit der hypnotischen Suggestion. 1890 stellte er fest, daß »[d]ie Hypnose ... dem Arzt eine Autorität [schenkt], wie sie wahrscheinlich niemals ein Priester oder Wundermann besessen hat, indem sie alles seelische Interesse des Hypnotisierten auf die Person des Arztes vereinigt« (1890 a, S. 309). Mit dem Thema der Hypnose wandte Freud sich explizit gegen jene, die die Freiheit des Patienten verteidigten. So hatte sein ehemaliger Lehrer Theodor Meynert beispielsweise erklärt, daß »der Mensch zu einem willen- und vernunftslosen Wesen herabgesetzt und seine nervöse und psychische Degeneration nur beschleunigt wird« (zit. nach Sulloway, 1979, S. 79). Dagegen war Freud der Ansicht, daß »der Arzt – auch der Nicht-Hypnotiseur – nie befriedigter [ist], als wenn er durch die Macht seiner Persönlichkeit, den Einfluß seiner Rede und seiner – Autorität, ein Krankheitssymptom aus der Aufmerksamkeit des Kranken verdrängt« (1889 a, S. 129; vgl. Forrester, 1985, S. 257).

In dieser Zeit fand die Hypnose vor allem in Frankreich in den einschlägigen Berufskreisen Aufmerksamkeit, wo Charcot ihr einen achtbaren Status verschafft hatte. Freud, der sich der nationalistischen Inbrunst bewußt war, die in den medizinischen Debatten mitschwang, war in seinen Schriften darauf bedacht, nicht nur französische, sondern auch deutsche Autoritäten – zum Beispiel Krafft-Ebing – zu zitieren, die die Hypnose befürworteten. Gleichzeitig kritisierte Freud aber die nationalistischen Vorurteile, die das wissenschaftliche Spektrum einschränkten, und merkte bitter an: »Wie man sieht, können diese Namen auch solche Urteilsbedürftige befriedigen, deren Vertrauen fordert, daß eine wissenschaftliche Autorität gewisse Bedingungen der Nationalität, der Rasse und der geographischen Breite erfülle, und deren Gläubigkeit an den Grenzpfählen des Vaterlandes haltmacht« (1889 a, S. 130).[4]

Ursprünglich hatte Freud die hypnotische Suggestion bei Charcots Vorführungen an der Salpêtrière kennengelernt. Fasziniert von den neuen Wegen, die sich durch derartige Techniken eröffneten, nahm er später an dem Ersten Internationalen Kongreß für Hypnotismus in Paris teil, auf dem auch Auguste Forel, Valentin Magnan, William James, Cesare Lombroso zugegen waren, vor allem aber Hyppolite Bernheim und Ambroise Liébault aus Nancy, die als die herausragendsten Autoritäten auf dem Gebiet der hypnotischen Suggestion in Europa bereits höchste Anerkennung genossen (Ellenberger, 1970, S. 137 ff., 996 ff., ; vgl. Sulloway, 1979, S. 399). Bernheim, 1879 zum Professor für Innere Medizin in Nancy ernannt, war 1882 von den Hypnose-Methoden eines Landarztes – Ambroise Liébault – dermaßen beeindruckt, daß er sie zu übernehmen beschloß. Dieser benigne Arzt behandelte Patienten kostenlos und nahm lediglich entgegen, was ihm freiwillig für die Behandlung angeboten wurde, weshalb er – wie Henri Ellenberger zusammenfaßt – nicht

[4] Zu Rassenkonflikten in der deutschsprachigen Wissenschaft der zweiten Hälfte des 19. Jahrhunderts vgl. Gilman, 1993, S. 20 ff.

nur als Quacksalber, sondern auch als Narr galt (1970, S. 139). Seine Patienten, zumeist aus der armen, ungebildeten Landbevölkerung, hypnotisierte er in einer großen Scheune außerhalb von Nancy, 25 bis 40 Patienten an einem Vormittag. Zusammen mit Bernheim soll er an die 20.000 Patienten in Trance versetzt haben.

Freud übersetzte eines der Bücher Bernheims ins Deutsche und reiste im Sommer 1889 mit einer Patientin nach Nancy. Er blieb mehrere Wochen, stand mit den beiden berühmten Hypnotiseuren in persönlichem Kontakt und sah »den rührenden alten Liébault bei seiner Arbeit an den armen Frauen und Kindern der Arbeiterbevölkerung« (1925 d, S. 41). Auch beobachtete er Bernheims hypnotische Anwendung bei stationären Patientinnen. Als Bernheim sich dann aber jener Frau zuwandte, die Freud mitgebracht hatte, konnte er ihr keine Linderung verschaffen. Sie war, so Freud, eine »vornehme ... Hysterika«, und Bernheim »gestand mir freimütig, daß er die großen therapeutischen Erfolge durch die Suggestion nur in seiner Spitalspraxis, nicht auch an seinen Privatpatienten erziele« (ebd.).

Bei der Behandlung der Hysterie waren also Medizin und Politik auf drei Ebenen miteinander verflochten: die eher periphere Ebene der nationalistischen Rivalitäten, die zentralere Ebene der patriarchalen Ideologien und schließlich die Ebene der hypnotischen Suggestion, der Rückgriff auf eine soziale Praxis, die auf Klassenunterschieden aufbaute. Es scheint, als hätten Ärzte eher die reichen Frauen in der Privatpraxis gewaltsam behandelt, da diese viel schwerer der Therapie zugänglich waren als die armen Frauen, die aufgrund des ärztlichen Status und der Autorität als Mediziner leicht überwältigt werden konnten. Offenbar hing die magische Kraft der Hypnose größtenteils davon ab, ob es dem Arzt gelang, seine gesellschaftliche und berufliche Überlegenheit in eine verbale Macht über jene Patienten zu verwandeln, die in ihrer Sozialisation ein Verhalten eingeübt hatten, das die Dynamik der Hypnose ihnen abverlangte: Ehrerbietung, Duldsamkeit, Unterwürfigkeit und Dankbarkeit gegenüber dem Arzt, der sie unentgeltlich behandelte (Ellenberger, 1970, S. 140; Carotenuto, 1991, S. 51 f.; Forrester, 1985, S. 257).

Auch Charcot veranstaltete sein öffentliches Schauspiel der Hysterie an der Salpêtrière mit Patientinnen aus den Armenvierteln, die oft von seinen Assistenten so vorbereitet worden waren, daß ihre Vorführungen dem berühmten Mediziner und dessen Publikum gefielen (Showalter, 1987, S. 150). Wie Liébault und Bernheim hynotisierte Charcot seine Patienten zwecks medizinischer Klassifizierung und öffentlicher Wohltätigkeit, ohne sich aber speziell für ihre Gedanken, Gefühle und Privatsphäre zu interessieren. John Forrester schreibt in diesem Zusammenhang: »Das Bild des ehrwürdigen Landarztes Liébault, pastoraler Mentor des Universitätsprofessors Bernheim, der in einer großen Scheune hinter seinem Haus die Armen seiner Gemeinde einen nach dem anderen und vor den Augen aller hypnotisierte, könnte kein treffenderer Gegensatz zu der verschwiegenen, mit schweren Teppichen ausgelegten Privatwelt bürgerlicher Wohn- und Schlafzimmer sein, in denen Freud seine Kunst praktizierte« (Forrester, 1985, S. 258; de Swaan, 1978). Ähnlich wäre die berühmte Salpêtrière-Ikonographie nervöser Störungen, für die Patientinnen regelmäßig nackt photographiert wurden, um Tics und Bewegungsabläufe bis ins kleinste anatomische Detail aufzuzeichnen, mit Freuds Patientinnen aus dem Bürgertum undenkbar gewesen.

Vom politischen Standpunkt können die Anfänge der psychoanalytischen Psychotherapie teilweise darin gesehen werden, daß Freud keine Vorurteile gegenüber einer Behandlungsmethode hegte, die in der deutschen Medizin im allgemeinen als fremdartig betrachtet wurde. In erster Linie erwuchs sie jedoch aus seinem Versuch, die Arzt-Patient-Beziehung zu verändern und ein öffentliches Schauspiel, in dem Angehörige der Unterschicht sich dem Befehlston eines Arztes der Mittelschicht unterwerfen, in ein privates Zusammentreffen zu verwandeln, bei dem Patienten und Arzt derselben gesellschaftlichen Schicht angehören und denselben kulturellen Hintergrund haben – und erstere oft sogar beträchtlich wohlhabender und mächtiger sind als letzterer. Freuds Patienten waren nicht ungebildete, unkultivierte und abergläubische arme Bauern oder Fabrikarbeiter, sondern zumeist wohlhabende und gebildete Frauen. Bereits in der Einleitung zur ersten Ausgabe der *Studien über Hysterie* machte Freud deutlich: »Unsere Erfahrungen entstammen der Privatpraxis in einer gebildeten und lesenden Gesellschaftsklasse« (1895 d, S. 217, Nachtr.). Obwohl seine Patientinnen überaus sprach- und ausdrucksfähig, selbstbewußt, ehrgeizig und häufig rebellisch waren, suchte Freud nach einer Methode, die ihm bürgerliche Frauen zu behandeln erlaubte, ohne dabei – wie einige seiner Kollegen – Gewaltmittel einzusetzen.

Dennoch ist unbestreitbar, daß Freuds Theorie im allgemeinen und seine Behandlungsmethode hysterischer Frauen im besonderen von starken patriarchalen und autoritären Vorurteilen durchdrungen sind. Über diese Aspekte ist im Kontext feministischer Überlegungen zu Freuds »Bruchstück einer Hysterie-Analyse« (1905 e) – der Analyse der 18jährigen Ida Bauer, berühmt geworden unter dem Pseudonym Dora – viel geschrieben worden.[5] Hier ist nicht der Ort, die phallozentristische Ideologie detailliert wiederzugeben, die Freuds Haltung während der gesamten Behandlung zugrunde lag. Lediglich ein Beispiel soll angeführt werden: Dora erzählte Freud, daß sie als 14jähriges Mädchen von einem »Freund der Familie« sexuell belästigt worden war, nachdem dieser Mann sie unter dem Vorwand in sein Büro gelockt hatte, sie könne von dort aus einer Kirchenprozession zuschauen. In seiner Analyse dieses Ereignisses blieb Freud indifferent gegenüber der Tatsache, daß Dora als Minderjährige durch Tricks und gegen ihren Willen in diese Situation gelockt worden war. Als Dora beim Angriff des Herrn K. »einen heftigen Ekel« empfand und unverzüglich die Flucht ergriff, erklärte Freud, dies sei lediglich ein Beispiel ihrer Hysterie (1905 e, S. 186).

Feministinnen haben zu Recht darauf verwiesen, daß Doras hysterische Symptomatik die stumme Rebellion einer Frau sowohl schützte als auch verriet – Dora habe sich in eine soziale Rolle hineingezwängt gefühlt, die zu aktzeptieren sie sich weigerte, ohne zu offenem Widerstand jedoch in der Lage zu sein. Freuds psychologische Erklärungen der Symptome der jungen Frau verzerren aus feministischer Sicht den politischen Charakter ihres Protestverhaltens: »Statt zu fragen, ob Rebellion psychische Pathologie sei, müßte gefragt werden, ob psychische Pathologie unterdrückte Rebellion sei. War die hysterische Frau eine feministische Heldin, die gegen die Einengung im bürgerlichen Heim rebellierte?« (Showalter, 1987, S. 147). Einige feministische Interpretinnen romantisieren Doras Hysterie sogar auf die eine oder andere Weise. Hélène Cixous zum Beispiel erkennt in ihr »ein zentrales Beispiel der Protestkraft von Frauen« (zit. nach Bernheimer und Kahane, 1985, S. 1). Toril Moi hingegen interpretiert Doras Hysterie als Zeichen sowohl der Niederlage als auch des Protests: »wenn das Emanzipationsprojekt der Psychoanalyse im Fall Dora fehlschlägt, dann deshalb, weil der Befreier Freud objektiv gesehen auch auf der Seite der Unterdrücker ist. Als Mann einer patriarchalen Gesellschaft, und zudem nicht irgendeiner, sondern ein gebildeter Mann des Bürgertums, verkörpert er *malgré lui* patriarchale Werte« (Moi, 1985, S. 192 f.).

---

[5] Bernheimer und Kahane (1985) haben eine Reihe repräsentativer Artikel und eine umfangreiche Bibliographie mit mehr als 60 Angaben aus zumeist feministischer Sicht zu Freuds Dora publiziert.

Ohne Zweifel sind dies bissige Kommentare. Betrachten wir Freuds therapeutisches Vorgehen aus historischer Sicht, müssen wir allerdings anerkennen, daß er trotz seiner patriarchalen Vorurteile die Hysterikerinnen weniger unterdrückte als viele seiner Zeitgenossen. Er verwarf die moralischen Stigmatisierungen, die hysterischen Frauen anhafteten, lehnte körperliche Gewaltanwendung ab, versuchte den Frauen dazu zu verhelfen, sich ihrer Bedürfnisse und Wünsche bewußt zu werden, auch wenn diese den anerkannten Konventionen widersprachen, und – höchst ungewöhnlich für einen männlichen Arzt seiner Zeit – er war bereit, ihnen zuzuhören und von ihnen zu lernen. Was Freud die fest etablierten Wissens- und Geschlechterhierarchien im Wiener *Fin-de-siècle* zu transzendieren erlaubte, lag in der Affinität ihrer beider Klassenzugehörigkeit begründet, die Arzt und Patientin einander näherbrachte und dem männlichen Arzt ermöglichte, den Hysterikerinnen zuzuhören. Bildung und Wohlstand ließen die Patientinnen in einen komplexen und reflexiven Dialog mit dem Arzt treten, was wiederum letzteren befähigte, die Krankheitsursachen zu erforschen.

Fanny Moser zum Beispiel, eine der ersten Patientinnen Freuds – in den *Studien über Hysterie* (1895 d) tritt sie unter dem Pseudonym Emmy von N. auf –, war die Witwe eines Industriellen russisch-schweizerischer Herkunft und galt als reichste Frau Europas (Swales, 1986, S. 27). Freuds erste und vermutlich wichtigste Patientin war Anna von Lieben, der er das Pseudonym Cäcilie M. gab. Wie Freud in den *Studien über Hysterie* schrieb, hatte diese Fallgeschichte den Anstoß gegeben, zusammen mit Breuer die »Vorläufige Mitteilung« zu veröffentlichen, in der sie erstmals ihre Theorie und therapeutische Methode vorstellten. Für Freud war Cäcilie M. eine Patientin, die er »weitaus gründlicher als jede andere hier erwähnte Kranke kennen lernte« (1895 d, S. 123). Bewundernd nannte er »Frau Cäcilie ... eine hochintelligente Dame, der ich auch viel Förderung im Verständnisse hysterischer Symptome verdanke« (ebd., S. 129 f.). In einer Bemerkung über seine Patientin, die bei Charcot, Liébault und Bernheim undenkar gewesen wäre, schrieb Freud an Wilhelm Fließ: »Wenn Du Cäcilie M. kenntest, würdest Du keinen Moment zweifeln, daß nur dieses Weib meine Lehrmeisterin gewesen sein kann« (1985, S. 243, Brief vom 8. Februar 1897; vgl. Swales, 1986, S. 12).

Peter Swales, der die biographischen Daten der Anna von Lieben rekonstruiert hat, gibt ein faszinierendes Bild des Klassenhintergrunds dieser frühen Patientin Freuds. Im Jahr 1847 als Baronin Anna von Todesco und Tochter eines Bankiers geboren, wuchs sie mit Kindermädchen, Erzieherinnen und

Lehrern in einer Villa auf, in der die Reichen und Berühmten der Wiener Gesellschaft ein- und ausgingen. Später bezog sie einen Medici-Palast, in dem gefeierte Meister wie Brahms, Liszt und Johann Strauß regelmäßig verkehrten. Nach ihrer Heirat im Jahr 1871 mit dem hochgebildeten, reichen jüdischen Bankier Leopold von Lieben verbrachte sie die meiste Zeit in exklusiven Hotels, Badekurorten und auf ihrem Familiensitz, umsorgt von Zimmermädchen und Dienstboten. Fast ihr ganzes Leben war sie jedoch ernsthaft psychisch gestört, gepeinigt von quälenden Schuld- und Angstgefühlen, gemartert von hysterischen Schmerzen, abhängig von Morphium und eingeschlossen in Krankenzimmern. Da sie auch unter Schlaflosigkeit litt, engagierte sie einen Berufsschachspieler, der die ganze Nacht vor ihrem Schlafzimmer warten und zu einem Spiel mit ihr bereit sein mußte, wann immer sie es wünschte (Swales, 1986, S. 22).

Als Freud im Jahr 1888 von seinem renommierten Kollegen und Mentor Josef Breuer der Anna von Lieben empfohlen wurde, war er noch ein junger, unerfahrener Arzt von nicht allzu gutem Ruf am Anfang seiner Karriere. Zusammen mit Breuer war er engagiert worden, diese exzentrische Kranke in ihrem Haus ärztlich zu betreuen, und es ist zu vermuten, daß seine Position mit der des Schachspielers nahezu identisch war. In einer verräterischen Formulierung heißt es zum Beispiel, daß er eines Tages »von der Kranken zur hypnotischen Behandlung veranlaßt« worden sei (1895 d, S. 246). Im Mai des Jahres 1889 versuchte Freud auch, Fanny Moser/Emmy von N. zu hypnotisieren, und weil er mit dieser Methode bei reichen und gebildeten Frauen nur wenig Erfolg hatte, war er mit ihrer Anwendung rasch unzufrieden. Später bezeichnete er sie als Hokuspokus, als monotones unzuverlässiges Verfahren, das lediglich kurzfristige Verbesserungen ermöglichte (1910 a, S. 18 f.; 1895 d, S. 165; 1916–17 a, S. 466 ff.; 1925 d, S. 40 f.).

Die durch Geld, Klasse und Kultur in die hypnotische Beziehung eingebrachten Schwierigkeiten lassen sich folgendermaßen beschreiben: Ein Arzt mußte eine Patientin von höherem gesellschaftlichen Status kraft seiner Worte zu beherrschen versuchen; sie bezahlte ihn für seine Dienste, wurde zu seinem Arbeitgeber und befahl ihm, sie zu hypnotisieren. Im Gegensatz zu den für Charcot, Bernheim und Liébault charakteristischen kurzen, öffentlichen Treffen war Freud dank seines Angestelltenstatus und der Zugehörigkeit zur selben Klasse in einer komplizierten und persönlichen Beziehung an seine Patientinnen gebunden. Das erschwerte das Hypnotisieren, ließ aber eine vertrauliche Allianz des gegenseitigen Respekts, Zutrauens sowie ein Einvernehmen entstehen, das die bislang ungesagten verstörenden sexuellen und familialen Geheimnisse aufzudecken half. Konventionelle Geschlechtergrenzen, die Arzt und Patientin voneinander trennten, wurden also aufgehoben.

Selbst als Freud wohlhabende und gebildete Frauen zu hypnotisieren versuchte, wollte er weder ihre Symptome unterdrücken noch sie zu einem akzeptableren Verhalten zwingen, sondern vielmehr sie zum Sprechen bringen. Diese Technik hatte er Josef Breuer abgeschaut, der schon vor Freuds Reise nach Paris sein Mentor gewesen war. Als Breuer Freud von seinen therapeutischen Experimenten berichtete, konnte ersterer bereits auf eine Reihe hypnotischer Erfahrungen zurückblicken. Er hatte sie im Laufe der Behandlung einer zwanzigjährigen jungen Frau namens Bertha Pappenheim gesammelt, die später unter dem Pseudonym Anna O. berühmt werden sollte. In seiner Falldarstellung beschrieb Breuer Anna O./Bertha Pappenheim als resistent gegenüber jener ärztlichen Autorität, die bei Hypnose ins Spiel gebracht wurde. Für Breuer war dieser Patiententypus »von bedeutender Intelligenz, erstaunlich scharfsinniger Kombination und scharfsinniger Intuition; ein kräftiger Intellekt ... Dieser letztere machte sie auch völlig unsuggestibel; nur Argumente, nie Behauptungen hatten Einfluß auf sie. Ihr Wille war energisch, zäh und ausdauernd; manchmal zum Eigensinn gesteigert, der sein Ziel nur aus Güte, um anderer willen, aufgab« (Breuer, in: Freud, 1895 d, S. 221, Nachtr.).

Die willensstarke junge Bertha Pappenheim/Anna O., »von überfließender geistiger Vitalität«, führte laut Breuers Darstellung »in der puritanisch gesinnten Familie ein höchst monotones Leben« (ebd., S. 222). Als ihr Vater tödlich erkrankte, pflegte sie ihn über mehrere Monate unter größten Anstrengungen. Im Laufe dieser Zeit entwickelte sie vielfältige neurotische Symptome: ein nervöses Husten, Schielen, Angstanfälle, Kopfschmerzen, Sehstörungen, Muskelverkrampfungen, Paralysen, Halluzinationen, Delirien, unerklärbare Veränderungen und Dissoziierungen ihrer Persönlichkeit, Mutismus sowie den Verlust der deutschen Sprache. Nach dem Tod ihres Vaters konnte sie deutsch nicht einmal mehr verstehen und kommunizierte nur noch auf englisch. Wiederholte Selbstmordversuche machten es schließlich notwendig, sie aus ihrer Wohnung in Wien zu entfernen und aufs Land zu bringen.

In einem innovativen Vorgehen, größtenteils durch seine Patientin inspiriert und angeregt, drängte Breuer diese, über ihre Halluzinationen zu sprechen. Als Anna O. merkte, daß die Halluzinationen, wenn sie sie in Worte faßte, ihre Macht über sie verloren, daß sie sich beruhigte und von den damit verbundenen Symptomen befreit wurde, erfand sie für diese Technik die Bezeichnung »*talking cure*« (ebd., S. 229). Es war also eine Frau und Patientin, die Breuer – und damit indirekt auch Freud – die heilende Macht des Wortes suggerierte. Ernest Jones bezeichnete Bertha Pappenheim sogar als diejenige, »die die karthatische Methode erfand« (Jones, 1953–57, Bd. I, S. 298).

Dennoch bestehen erhebliche Zweifel, daß Breuer bei der Behandlung seiner Patientin Erfolg beschieden war. Henri Ellenberger fand Beweismaterial, das nahelegt, daß Bertha Pappenheim/Anna O. – entgegen Breuers Beteuerungen – bestenfalls vorübergehend genesen war und später in eine Schweizer Klinik eingewiesen werden mußte (Ellenberger, 1972). Unabhängig vom Ergebnis gibt es jedoch keine Zweifel, daß diese von einer Patientin inspirierte kathartische Behandlungsmethode sich grundlegend von den typischen Suggestionsmethoden unterschied, die französische Hypnotiseure einsetzten, bei denen der Arzt sprach, während die Patientin stumm und passiv blieb. Wie Freud später erklären sollte, wollte er die Patientin als »Mitarbeiter« gewinnen und die Behandlung bis zu einem gewissen Grad auf ihren intellektuellen Interessen aufbauen (1895 d, S. 285).

Es liegt mir fern, die Redekur als eine auf egalitären Prinzipien beruhende Beziehung darstellen zu wollen. Im Gegenteil suchte Freud, nachdem er die hypnotische Behandlungstechnik aufgegeben hatte, nach neuen Mitteln, seine aufgrund mangelnder Klassenunterschiede ernsthaft untergrabene Autorität über seine Patientinnen zurückzugewinnen und in seinem Machtkampf die Oberhand über sie zu erlangen.

Zu diesem Zweck entwickelte er als erstes eine recht theatralisch anmutende »Drucktechnik«, die seine Patientinnen zum Sprechen bringen sollte. Er bat sie, die Augen zu schließen und sich zu konzentrieren. Anschließend befragte er sie nach den Ursachen ihrer Symptome. Wann immer die Antwort auf sich warten ließ, legte er die Hand auf ihre Stirn oder nahm ihren Kopf in seine Hände und erklärte, daß dieser Druck helfen werde zu erinnern, wonach auch immer sie suchten. Er suggerierte ihnen, daß ein psychisches Bild vor ihren Augen entstehe, sobald er mit dem Druck aufhöre, und bat sie, ihm ohne Zögern mitzuteilen, was ihnen gerade durch den Kopf gehe (ebd., S. 168): »Es ist natürlich von hohem Werte für den Fortgang der Analyse, daß man dem Kranken gegenüber jedesmal recht behalte, sonst hängt man ja davon ab, was er mitzuteilen für gut findet« (ebd., S. 283). Diese omnipotente und allwissende Haltung war notwendig, um die Patientinnen dazu zu bringen, über Dinge zu reden, die sie offensichtlich lieber verschwiegen hätten.

Lediglich ein bewußter Wille durfte die therapeutische Dyade bestimmen: der Wille des allmächtigen Doktors. Er hielt daran fest, daß Elisabeth von R. kein Recht habe, an dem, was sie sah und dachte, Kritik zu üben; sie sei verpflichtet, »vollkommen objektiv zu bleiben und zu sagen, was ihr in den Sinn gekommen sei, es möge passen oder nicht« (ebd., S. 219). Der Patientin war es untersagt, ihre Worte bewußt zu kontrollieren: »Keine Kritik, keine Zurückhaltung, weder aus Affekt noch aus Geringschätzung!« (ebd., S. 270).

Diese Zitate aus Freuds Schriften zeigen, daß die sogenannten »freien« Assoziationen den Patientinnen nicht als eigene Entscheidung freigestellt, sondern eher als Pflicht auferlegt wurden. Dabei replizierte und invertierte Freud die typische patriarchale Machtstruktur seiner Gesellschaft. Einerseits handelte er als Mann, der Frauen Regeln auferlegte und sie zwang, etwas zu tun, was sie aus freien Stücken eindeutig verweigert hätten. Andererseits befähigte er sie, über das zu reden und in Sprache zu fassen, was ein strenger Moralkodex und tiefliegende Ängste verhinderten.

Diese Dualität ist für Freuds Haltung gegenüber hysterischen Frauen charakteristisch. Zu Recht wurde in der feministischen Literatur beschrieben, daß Freuds therapeutische Praxis patriarchale Verhaltensmuster reproduzierte, verstärkte und auf seinem autoritären Verhältnis Frauen gegenüber gründete. Wie ich in diesem Kapitel und in Kapitel 2 zu zeigen versucht habe, unterwanderte Freuds therapeutische Praxis aber auch systematisch die Vorurteile seiner Zeit gegenüber Hysterikerinnen. Freud lehnte Gewalt in der Behandlung hysterischer Frauen ab; er versuchte sie aus dem Schweigen zu befreien, in das sie sich geflüchtet hatten; er verstand ihre Symptome und ihre Rede als etwas für das wissenschaftliche Verstehen Bedeutsames und Wertvolles und betrachtete sie in seiner klinischen Praxis als Partnerinnen. Statt den bürgerlichen Frauen die ihnen durch gesellschaftliche Konventionen zugeschriebenen Rollen gewaltsam aufzuzwingen, versuchte Freud deren übertriebene Bindung an die bürgerliche Ethik, die er für die Erkrankung verantwortlich hielt, zu nutzen. Wie Freud 1913 erklärte, liegt dem Genesungswunsch – von dem der Erfolg einer psychoanalytischen Behandlung abhängt – ein ökonomisches Kalkül zugrunde: »Für den Mittelstand ist der für die Psychoanalyse benötigte Geldaufwand nur scheinbar ein übermäßiger. Ganz abgesehen davon, daß Gesundheit und Leistungsfähigkeit einerseits, ein mäßiger Geldaufwand anderseits überhaupt inkommensurabel sind: wenn man die nie aufhörenden Ausgaben für Sanatorien und ärztliche Behandlung zusammenrechnet und ihnen die Steigerung der Leistungs- und Erwerbsfähigkeit nach glücklich beendeter analytischer Kur gegenüberstellt, darf man sagen, daß die Kranken einen guten Handel gemacht haben« (1913c, S. 466f.).

Anders formuliert: Freud verstand die psychoanalytische Psychotherapie als Bestandteil des kapitalistischen Warentauschs, der die Patienten befähigt, ihr Einkommen zu erhöhen (Wolfenstein, 1993, S. 351). Er appellierte an den bürgerlichen Geist, den er mit seinen Patientinnen teilte, und versuchte gleichzeitig, bürgerliche Werte als Grundlage eines Heilverfahrens psychischer Störungen zu nehmen, die eben diese Werte verursacht hatten. Psychoanalytikern gab Freud den Rat, ihren Patienten offen zu sagen, daß sie ihre Bildung und Erfahrung in bare Münze umzusetzen gedächten, denn es sei ihr Geschäft, ihr Wissen und Können zu verkaufen: »...der Psychoanalytiker darf sich in die Lage des Chirurgen versetzen, der aufrichtig und kostspielig ist, weil er über Behandlungen verfügt, welche helfen können« (1913c, S. 464).[6] Freud war der Meinung, daß diese Offenheit dem Analytiker nicht nur erlaube, sich ökonomisch abzusichern, sondern auch seine Patienten dahingehend zu erziehen, selbstsüchtige »Zwiespältigkeit, Prüderie und Heuchelei« zu überwinden (ebd.).

Da Freud meinte, daß suggestive Techniken nur dann durch Kooperation seiner Patienten ersetzt werden könnten, wenn er auf deren Internalisierung der bürgerlichen Moral und auf der Effizienz ihres ökonomischen Kalküls vertrauen konnte, mußte der Zugang zum psychoanalytischen Setting auf das Bildungsbürgertum beschränkt bleiben. Der Zugang zur Psychoanalyse sei »auf die wohlhabenden Oberschichten der Gesellschaft eingeschränkt, die ihre Ärzte selbst zu wählen pflegen« (1919a, S. 192). Einerseits erhob er den Anspruch, daß diejenigen, die er »die Armen« nannte, nicht so leicht erkrankten, da sie weniger unter den bürgerlichen Normen litten, in ihrem Sexualverhalten weniger gehemmt seien und ihnen deshalb weniger seelische Entsagung und sexueller Verzicht aufgezwungen werde als der Mittelschicht (vgl. 1916–17a, S. 366ff.). Andererseits führte er an, daß bei jenen »Armen«, die erkrankten, das ökonomische Kalkül, das bei Mittelschichtspatienten ein Anreiz zur Gesundung sei, eine machtvolle Motivation in die entgegengesetzte Richtung darstelle: »... ganz unbestreitbar steht die andere Erfahrung da, daß der Arme, der einmal eine Neurose zustande gebracht hat, sich dieselbe nur sehr schwer entreißen läßt. Sie leistet ihm zu gute Dienste im Kampfe um

[6] Wie Ärzte zur Zeit Freuds sich über die Vergütung ihre Dienste geäußert haben vgl. de Swaan, 1978.

die Selbstbehauptung; der sekundäre Krankheitsgewinn, den sie ihm bringt, ist allzu bedeutend. Das Erbarmen, das die Menschen seiner materiellen Not versagt haben, beansprucht er jetzt unter dem Titel seiner Neurose und kann sich von der Forderung, seine Armut durch Arbeit zu erkämpfen, selbst freisprechen« (1913 c, S. 466).

Gewiß zog Freud daraus nicht den Schluß, arme Neurotiker sollten als Simulanten entlarvt werden. Seiner Ansicht nach kamen ökonomische Überlegungen erst dann zum Tragen, wenn sich ein pathologischer Zustand bereits entwickelt hatte und die sozialen und finanziellen Auswirkungen einer Erwerbsunfähigkeit Realität geworden waren. Für Freud erkrankten Neurotiker immer aufgrund eines inneren, unbewußten Konflikts. Erst anschließend könnten sie versucht sein, aus bewußten, äußeren Gründen weiterhin krank zu bleiben, so ihre soziale Lage Krankheit als nützlich erscheinen lasse. Freud bedauerte, daß »die analytische Therapie ... den Armen fast unzugänglich ist«. Da er aber kein Gesellschaftsreformer war, vertrat er den Standpunkt: »Es ist wenig dagegen zu tun« (ebd.). Für ihn war der Psychoanalytiker sogar selbst in der Position der Armen, denen er nicht helfen konnte, da es ihm nicht besser erging als jenen: »Selbst arm und gesellschaftlich ohnmächtig, genötigt von unserer ärztlichen Tätigkeit unseren Unterhalt zu bestreiten, sind wir nicht einmal in der Lage, unsere Bemühung auch dem Mittellosen zuzuwenden, wie es doch andere Ärzte bei anderen Behandlungsmethoden können. Unsere Therapie ist dafür zu zeitraubend und zu langwierig« (1916–17 a, S. 448). Mit anderen Worten: Da Psychoanalytiker als dem Bürgertum angehörige Berufsexperten ihren Lebensunterhalt verdienen müssen, können sie nur mit Angehörigen ihrer eigenen gesellschaftlichen Klasse Geschäfte machen.

12 Die Psychiatrie zieht in den Krieg

Bei Ausbruch des Ersten Weltkriegs war die Freudsche Theorie von einer kleinen, aber aktiven therapeutischen Gemeinschaft übernommen worden; sie legte fest, wie die Mitglieder ihre Patienten behandelten. Aus meiner Sicht belegt das Verhalten dieser Gruppe in den Kriegsjahren gegenüber den staatlichen und militärischen Machthabern einerseits und ihren Patienten andererseits, daß der psychoanalytische Diskurs bei der Mißbilligung von therapeutischer Gewalt eine bedeutende Rolle spielte. Selbst unter Bedingungen, in denen die Heeresführung ärztliche Gewalt legitimierte, bewog der von Freud entwickelte therapeutische Ansatz psychoanalytisch ausgebildete oder inspirierte Ärzte, Patienten in humaner Weise zu behandeln. Anders als nicht analytisch orientierte Militärärzte waren Psychoanalytiker, die in den Armeen der Mittelmächte dienten, nicht grausam und rücksichtslos bei der Behandlung von Wehrdienstpflichtigen, die im Dienste des Vaterlandes unter Kriegsneurosen litten.

Als Österreich-Ungarn und Deutschland sich 1914 in aller Eile anschickten, aus Bürgern Soldaten zu machen, wurden Rekruten in einem Maß und einer bislang nicht gekannten Geschwindigkeit der Kriegsmaschinerie einverleibt. Um die Soldaten für den Krieg auszubilden und ihre Kampffähigkeit zu fördern, wurden Körper und Seele wie Objekte behandelt. Sowohl die Belastungen des Militärdienstes als auch die aktuellen Kriegserfahrungen verursachten bei den einberufenen Soldaten schwere traumatische Störungen. Einige litten unter Lähmungen, Blindheit, Taub- und Stummheit; andere wiederum entwickelten ein Zittern, Zuckungen oder Krämpfe ohne organische Ursachen. Bewußtsein, Kognition oder Gefühlswahrnehmungen waren getrübt, sie litten an schweren Angstzuständen, Phobien oder Depressionen. Schnell erreichten diese Symptome epidemische Ausmaße, was zur Folge hatte, daß eine große Anzahl Soldaten für den Krieg untauglich war, da sie nicht mehr in der Lage waren, an Ausbildung und Kampf teilzunehmen. Solch deviantes Verhalten brachte sie mit den Zielen und Absichten der Regierungen und des Militärs in Konflikt. Militärärzte traten in diesen Konflikt ein in einer offiziellen Funktion, der zufolge sie ihren militärischen Vorgesetzten dienten. Die Aufgabe des Arztes bestand darin, die Ausbildung von Symptomen zu stoppen und die Neurotiker zu bewegen, ihre gesellschaftliche Funktion als fügsame Kämpfer, zu der der Staat sie eingezogen hatte, wieder aufzunehmen. Bei der Behandlung von Soldaten, die Symptome entwickelt hatten, ließen Psychiater sich eher von ihrem nationalistischen Engagement leiten als von der Sorge um ihre Patienten. Unabhängig vom theoretischen Ansatz definierten sie ihr therapeutisches Vorgehen als administrative Intervention, um die Fügsamkeit der Soldaten gegenüber dem Staat und seinen militärischen Zielen zu bestärken und zu unterstützen.

Zu Anfang des Krieges hielt sich die deutsche und österreichisch-ungarische Psychiatrie an ein somatisches Modell nervöser Störungen, das in erster Linie dem Werk Hermann Oppenheims aus den späten achtziger Jahren des 19. Jahrhunderts verpflichtet war (Fischer-Homburger, 1975, S. 29 ff.). Deshalb wurde bei den ersten Soldaten, die mit Zittern, Stupor oder Paralysen in die Militärkrankenhäuser eingewiesen worden waren, eine organische Schädigung des Nervensystems diagnostiert: die berühmten Kriegsneurosen (»Granatschock«), von denen angenommen wurde, sie würden durch die Explosion von Granaten, Bomben und Handgranaten verursacht. Da es keine Medikamente oder therapeutischen Maßnahmen zur Behandlung dieser organischen Störungen oder Heilverfahren von Nerven- und Hirnschädigungen gab, wurden Soldaten, die unter Kriegsneurosen litten, gewöhnlich in ländliche Bereiche gebracht, wo sie zur Ruhe kommen sollten. Dennoch wurden einige Soldaten, deren Symptome im nachhinein als psychischer Zusammenbruch verstanden werden konnten, in den ersten Jahren des Ersten Weltkriegs erschossen, da man sie für Simulanten hielt, die sich vor dem Militärdienst drücken wollten (Keegan, 1978, S. 334).

Im Februar 1915 berichtete Max Nonne auf einem medizinischen Kongreß in Hamburg, daß kriegsneurotische Symptome durch hypnotische Suggestion geheilt werden könnten, was Oppenheims organischer Ätiologie eindeutig widersprach. Damals wurde Nonnes Methode mit der Begründung verworfen, sie kehre zum mittelalterlichen Mystizismus zurück und sei eines im Krieg kämpfenden Soldaten »unwürdig« (Nonne, 1934, S. 105).

Die Kriegsereignisse bewirkten jedoch bald einen Wandel der medizinischen Lehrmeinungen. Zwischen Februar und Juni des Jahres 1916 wurden fast 300 000 deutsche Soldaten nach Verdun in den Tod geschickt. Mehr als 100 Divisionen kämpften dort eine sinnlose Schlacht (Taylor, 1964, S. 91 ff.). Im Juni durchbrach die russische Armee die gesamte österreich-ungarische Front und nahm eine Viertelmillion Gefangene. Dieses Ereignis markierte »den Moment, an dem das österreichisch-ungarische Heer seinen Kampfgeist verlor. Einheit, Zusammenhalt, Loyaliät verschwanden« (ebd., S. 96). Danach folgte die Schlacht an der Somme, in der eine Million Soldaten auf beiden Seiten den Tod fand. »Idealismus ging an der Somme verloren ... Der Krieg verlor seinen Sinn. Er wurde um seiner selbst willen fortgeführt, als dauerhafter Disput ... Das Somme-Tal gab das Bild ab, wie zukünftige Generationen den Ersten Weltkrieg sahen: mutige, hilflose Soldaten; stümperhafte, verstockte Generäle; nichts erreicht. Nach der Schlacht an der

Somme entschieden die Männer, daß der Krieg endlos weitergehe« (ebd., S. 105).

Obwohl genaue Zahlen fehlen, kann davon ausgegangen werden, daß aufgrund der Desillusionierung innerhalb des Heeres und der dauerhaften unerträglichen Bedingungen in den Schützengräben Kriegsneurosen epidemische Ausmaße annahmen (Keegan, 1978, S. 334).[7] Masseneinweisungen schienen deshalb zunehmend undurchführbar, und die Mediziner reagierten auf die verlorene Hoffnung auf einen schnellen Sieg mit der Aufgabe von Oppenheims organisch-ätiologischer Hypothese. Kriegsneurosen galten fortan als ein rein seelisches – das heißt hysterisches – Phänomen, das mit psychologischen Mitteln geheilt werden könne (Büttner, 1975, S. 28 f.; vgl. Fischer-Homberger, 1975, S. 136 ff.). Auf dem Kriegskongreß der Deutschen Psychiatrischen und Neurologischen Gesellschaft in München im September des Jahres 1916 wechselten die meisten der 241 anwesenden Psychiater zu Nonnes psychogenem Ansatz und institutionalisierten damit einen grundlegenden Umschwung in der Ätiologie der Kriegsneurosen. Symptome verstand man nun als Ergebnis einer »Willenssperrung«, einer »Willensversagung« oder auch einer »Willenshemmung«. Sie galten als unbewußter Versuch, dem Kriegsdienst zu entkommen und in die Krankheit zu flüchten, sowie als Manifestation einer »Abwehrneurose« im Dienste des individuellen Selbsterhaltungtriebs (Fischer-Homberger, 1975, S. 144). Nonne stellte Ende des Krieges fest: »Die Bezeichnung Zweck- oder Abwehrneurose soll dem Ausdruck geben, daß diese Neurosen einen innerlichen Zweck haben und daß ihr Auftreten dem tatsächlichen Interesse der Kranken entspricht. Krankhaft an dieser Form der Neurose ist, daß sie nicht dem bewußten Wunsch entspringt; der Wunsch allein kann nicht die Krankheit machen, sondern die Krankheit wird gemacht vom unbewußten Selbsterhaltungstrieb durch Vermittelung starker, im Unterbewußtsein akut und chronisch entstandener Affekte« (Nonne, 1934, S. 103).

Trotz dieser Verweise auf unbewußte Krankheitsursachen wurden Soldaten, die an Kriegsneurosen litten, für Simulanten gehalten, die Symptome nur zu dem Zweck produzierten, Kriegsrente zu beziehen oder den Dienst an der Front zu umgehen, weshalb ihnen ein Mangel an Männlichkeit, Loyalität, Mut und Patriotismus vorgeworfen wurde (vgl. R. Gaupp, 1934, S. 88).

[7] Elaine Showalter (1993, S. 321) zufolge waren bereits 1916 für 40 % der im Kampf getöteten Engländer psychische Störungen verantwortlich.

Esther Fischer-Hombergers Geschichte der traumatischen Neurose läßt keinen Zweifel, daß Nonnes psychogene Theorie von der Militär-Psychiatrie weitgehend akzeptiert wurde, weil es dem Militär Gelegenheit gab, »daß man Kriegshysteriker weder dienstfrei noch entschädigungsberechtigt schrieb« (Fischer-Homberger, 1975, S. 136). Angesichts des anhaltenden Stellungskriegs fühlten sich die Psychiater nicht nur dazu berufen, die Kampfbereitschaft neurotischer Soldaten zu stärken und ihre Kampffähigkeit wiederherzustellen, sondern auch den Staat vor den erschreckenden finanziellen Belastungen durch Kriegsrenten und -entschädigungen nach Kriegsende zu bewahren.

Psychiater sahen ihre Aufgabe darin zu verhindern, daß ihrem Vaterland großer ökonomischer Schaden zugefügt werde, was geschehen könne, wenn Militärärzte jene Symptome – sie wurden kritisch als »Begehrungsneurose« oder als »Rentenneurose« diagnostiert – nicht mit Erfolg behandelten.[8] Wenn dies nicht gelinge, warnten die Psychiater, steige die Zahl der Rentenhysteriker lawinenhaft an und seien zehnstellige Entschädigungen zu zahlen (vgl. zum Beispiel Vogt, S. 197 ff.).[9] Der Erfolg ihrer psychiatrischen therapeutischen Praxis werde »die Aktivität des Einzelnen in ungeahnter Weise steigern und unserem Volke als Ganzem eine noch größere Nervenenergie verleihen, als es sie zu unserem Heile schon bisher erwiesen hat. Und deshalb darf man behaupten, daß wir Ärzte, indem wir unsere Aufgabe den Kriegsneurosen gegenüber in diesem Sinne auffassen, Kulturarbeit im größten Stile leisten« (zit. nach Büttner, 1975, S. 33).[10] Erwin Stransky von der Psychiatrischen Gesellschaft in Wien hob hervor, »daß sich der Arzt bei der Behandlung der Fälle, welche therapeutischen Maßnahmen immer die besondere Situation zweckmäßig erscheinen lassen möge, als Kardinalsgesichtspunkt in dieser ernsten Zeit nicht in erster Linie die Wohlfahrt des Einzelfalles vor Augen halten solle, sondern das Wohl unserer so eng verbündeten Heere« (zit. nach Büttner, 1975, S. 27). Die Deutsche Psychiatrische Gesellschaft verkündete offiziell, ihre Mitglieder würden nie vergessen, »daß wir Ärzte jetzt unser ganzes Handeln in den Dienst der einen Aufgabe zu stellen haben; unserem Heere, unserem Vaterlande zu dienen« (zit. nach ebd., S. 36).

---

8 Die Begriffe Begehrungsneurose, Rentenneurose bzw. Rentenkampfhysterie tauchen in der Literatur wiederholt auf; vgl. zum Beispiel Vogt, 1917, S. 197.

9 20 Jahre später ist die Angst vor Simulantentum immer noch offenkundig; vgl. Wietfeld, 1936.

10 Zur Situation in England vgl. Showalter, 1987, S. 170.

Dennoch stellte sich eine gewisse politische Opposition dagegen, deutsche Soldaten als hysterisch zu diagnostizieren. Einige Psychiater fragten sich, ob diese Betrachtungsweise nicht auch als Verleumdung der »tapferen kämpfenden Männer« und »im Dienste des Vaterlandes Ermüdeten und Erschöpften« verstanden werden könne (Fischer-Homberger, 1975, S. 139 f.). Diese Auffassung war insbesondere für jene Ärzte relevant, die Hysterie als hereditär betrachteten, galten doch für defiziente Menschen Erbkrankheiten als charakteristisch, deren Willensschwäche von einem »minderwertigem Nervensystem« bzw. »ein[em] minderwertige[n] oder abartige[n] Gehirn« herrühre (ebd., S. 191).[11]

Die medizinische Debatte wurde also von äußeren nationalpolitischen Überlegungen beherrscht. Kriegspsychiater waren weniger damit befaßt, die Gesundheit der Patienten wiederherzustellen und wissenschaftliche Erkenntnisse – im Sinne von Heilung und Wahrheitsfindung – unter Beweis zu stellen, als vielmehr damit, dem Bedarf des Militärs an kämpffähigen Frontsoldaten gerecht zu werden. Die Belange der Nation, nationale Macht, kollektive Gesundheit und Hygiene standen an erster Stelle. Der einzelne Soldat war nichts als ein Segment im organischen Staatskörper, und seine Pathologie wurde danach beurteilt, ob sie dem Kollektiv Schaden zufügen könnte. Militärärzte betrachteten ihre therapeutische Aufgabe als ein moralisches Projekt, das jenseits ihrer individuellen Funktionen lag. So ersannen sie ein Repertoire an therapeutischen Techniken, die neurotische Soldaten an der Entwicklung von Symptomen hindern sollten: Man gab ihnen zu verstehen, daß es für sie weniger schmerzhaft sei, ihre patriotischen Pflichten zu erfüllen, als sich ihnen durch Krankheit zu entziehen. Die Behandlung sollte den ursprünglichen psychischen Schock, der, wie man glaubte, die neurotische Flucht in die Krankheit ausgelöst hatte, neutralisieren und zu bewältigen helfen. Die Ärzte waren sich einig, durch Gegenschock, das heißt durch Auslösung eines weiteren Schocks, die Soldaten von ihren pathologischen – das heißt unpatriotischen – Absichten zu heilen. Anders formuliert: Der Psychiater balancierte zwischen dem Leid und der Front-Angst und einer künstlich erzeugten

---

[11] In Großbritannien verlief die Debatte ähnlich kontrovers wie in Deutschland. Einige Psychiater sammelten Daten, um hereditäre Krankheitsursachen aufzudekken, während andere gegen diese Forschung argumentierten, daß sie »eine Verunglimpfung der Nobelsten unserer Rasse« sei. Vgl. Stone, 1985, S. 252; Showalter, 1980, S. 170.

sehr viel angsterregenderen und leidvolleren Situation, um die Soldaten zum Kampf und notfalls zum Tod für das Vaterland zu ermutigen.

Ein therapeutischer Schock wurde beispielsweise durch die »Überrumpelungsmethode« bewirkt, wie Fritz Kaufmann sie nannte. »Psychischer Schock« könne »nur dann erzielt werden, wenn man durch ... Strom empfindliche Schmerzen auslöst ... Häufig ist man gezwungen, sehr kräftige Strömungen anzuwenden ... Der Erfolg kann nur erreicht werden durch unerbittliche Hartnäckigkeit in der Durchführung der Behandlung« (zit. nach Fischer-Homberger, 1975, S. 150). Kaufmann war einer der prominentesten in deutschen Militärkrankenhäusern tätigen Psychiater. Seine »Überrumpelungsmethode«, auch Kaufmanns »Zwangsverfahren« oder Kaufmanns »Gewaltsuggestionsmethode« genannt, wurde in der Literatur ausgiebig diskutiert und im allgemeinen wohlwollend rezipiert (vgl. Nonne, 1934, S. 105). Sogar Nonne, der mehr als 1600 Soldaten mit hypnotischer Suggestion behandelte, erwähnte, daß er die Willenskraft von Patienten, wann immer diese nachzulassen schien, »mit kurz dauernden aber schmerzhaften Schlägen« zu verstärken suchte. Und weiter heißt es: »Ich habe die Kranken sich stets nackt ausziehen lassen, denn ich finde, daß dadurch das Gefühl der Abhängigkeit bzw. der Hilflosigkeit erhöht wird« (ebd., S. 109 f.). Andere wiederum, wie zum Beispiel Otto Binswanger, isolierten ihre Patienten und nannten dieses Vorgehen eine »psychische Abstinenzkur«. Kurt Goldstein behauptete, mit »Scheinoperationen« Heilungserfolge zu erzielen, während Weichbrod »Dauerbäder« empfahl, um »das Interesse des Patienten an einer schnellen Gesundung lebhaft anzuregen« (Pönitz, 1921, S. 26 f.; vgl. Nonne, 1934, S. 106 ff.).[12] Nach Kriegsende gab Nonne zu, die Wahl einer spezifischen Behandlungsmethode sei weniger eine medizinische Frage gewesen als vielmehr die Frage persönlicher Vorlieben des Arztes. All diese Methoden dienten ein und demselben Ziel: das Gefühl absoluter Machtlosigkeit im Soldaten zu erzeugen und ihn auf einen »Zweikampf« mit einer Person zu verpflichten, die über absolute Überlegenheit, grenzenlose Macht und nachtwandlerische Beharrlichkeit zu verfügen schien (1934, S. 106 ff.).[13]

Isolation, körperliche Schmerzen, Hilflosigkeit, ein überlegener Feind – genau davor fürchten sich Soldaten im Krieg am meisten. Um also Kriegsneu-

[12] Zur Anwendung von Zwang und Gewalt in der Psychiatrie in England vgl. Showalter, 1987, S. 176 ff.).

[13] In anderen Ländern erging es den unter Kriegsneurosen leidenden Soldaten keineswegs besser; vgl. Showalter, 1993, S. 322 f.

rotiker davon zu überzeugen, daß an Flucht nicht zu denken sei, wurden diese Ängste hinter den Mauern der Militärkrankenhäuser, getarnt als »Therapie«, systematisch reproduziert. Wilhelm Stekel, Pazifist und ein früher Schüler Freuds, der mit der psychoanalytischen Bewegung vor dem Ersten Weltkrieg gebrochen hatte, vermittelte einen sehr beunruhigenden, persönlichen Eindruck dessen, was die Tätigkeit in der neuropsychiatrischen Abteilung eines großen Wiener Militärkrankenhauses bedeuten konnte: »Ich verachtete jene Ärzte, die wie Sklaventreiber im Dienst der Kriegsherren halb genesene Soldaten zwangen, in die Schützengräben zurückzukehren. Ich habe schreckliche Beispiele für die Arbeit dieser Henker gesehen. Rekonvaleszente, noch von Schmerzen geplagt, mit unverheilten Wunden, wurden zu ihren Regimentern abkommandiert. In vielen Krankenhäusern wurden sie mit Elektroströmen gefoltert, so daß sie dem Kriegsterror gegenüber dem Krankenhausterror den Vorzug gaben. Wöchentlich erschien der Leiter des Krankenhauses, ein Major und ehemaliger Zahnarzt, auf der Station und schrie: ›Wir müssen evakuieren. Entlassen Sie 50 Prozent der Patienten. Es kommt ein neuer Transport‹« (Stekel, 1950, S. 159).

Indem sie Raum für eine Face-to-face-Gesellschaft schufen, in der Ärzte im Namen der Wissenschaft und des Staates uneingeschränkt Macht ausüben konnten, hatten Militärhierarchien und Kriegsbedingungen eine Möglichkeit zu ärztlicher Gewalt geschaffen. Kriegsärzten war erlaubt, den Soldaten körperlich wie seelisch in einer Weise Gewalt anzutun, wie sie die moderne Kriminaljustiz etwa 100 Jahre zuvor für illegal erklärt hatte. Dies war möglich geworden, weil das militärische Strafsystem nicht verhindern konnte, daß Soldaten Krankheitssymptome produzierten. Ihrerseits waren Psychiater gewillt, den Soldaten Schmerzen zuzufügen, da sie sich primär als Repräsentanten des kollektiven Bewußtseins sahen, wenngleich gegen Ende 1916 die allgemeine Unterstützung des Krieges erlahmte und viele wegen der sinnlosen Schlachten desillusioniert waren. Dennoch scheinen Militärärzte es als ihre Mission erachtet zu haben, den Soldaten klarzumachen, daß sie, wenn sie eigennützige Interessen verfolgten, die ethischen Maßstäbe der Nation verletzten und ihre Mannespflichten nicht erfüllten. Ziel der Ärzte war es, den Willen der Soldaten nationalen Zwecken zu unterwerfen, das heißt Körper und Seele für die Schützengräben tauglich zu machen. Insgesamt verfehlten sie dieses Ziel. Nur selten wurden Soldaten von Psychiatern für den Frontkampf wiederhergestellt, denn in der Regel waren sie nach der Behandlung nur noch für den Garnisondienst zu gebrauchen. Zudem scheint das Militär die Anwendung von Kaufmanns Überrumpelungsmethode aufgegeben zu haben, nachdem in einem Militärlazarett eine Revolte ausgebrochen war (Büttner, 1975, S. 34; vgl. Eissler, 1979, S. 309, Fn.).

Wie läßt sich Freuds Vorgehen und das der psychoanalytisch ausgebildeten bzw. inspirierten Ärzte mit dem ihrer Kollegen vergleichen? Anders als viele andere Ärzte hatte Freud sich nicht als Kriegsfreiwilliger gemeldet, obwohl seine Briefe aus dieser Zeit den Eindruck erwecken, daß er sich mit den militärischen Zielen Österreich-Ungarns identifizierte. Er suchte aber seine persönlichen Gefühle von der öffentlichen Figur des Arztes als einem desinteressierten Beobachter universeller menschlicher Angelegenheiten, als der er sich in seinen Publikationen durchweg präsentierte, getrennt zu halten. Unmittelbar nach der Kriegserklärung schrieb Freud enthusiastisch an Karl Abraham: »Ich fühle mich ... vielleicht zum ersten Mal seit 30 Jahren als Österreicher und möchte es noch einmal mit diesem wenig hoffnungsvollen Reich versuchen« (Freud und Abraham, 1965, S. 180, Brief vom 26. Juli 1914). Einzige Sorge war ihm in dieser Zeit, daß er »England auf der unrechten Seite« wußte (ebd., S. 183, Brief vom 2. August 1914), und er erklärte: »Meine ganze Libido gehört Österreich-Ungarn« (Jones, 1953–57, Bd. II, S. 207). Nachdem die österreich-ungarische Armee keine eigenen Siege zu feiern hatte und Freud über ihre militärischen Leistungen enttäuscht war, freute er sich, wie viele seiner Landsleute, über die deutschen Siege. Diese euphorische Stimmung bewirkte in ihm eine gesteigerte Arbeitsfähigkeit (ebd., S. 218).

Öffentlich beklagte Freud jedoch die parteiische Haltung von Wissenschaftlern, die sich durch ihre Kriegseuphorie blenden ließen. In einer kurzen, etwa sechs Monate nach Kriegsbeginn verfaßten Schrift heißt es: »Es will scheinen, als hätte noch niemals ein Ereignis so viel kostbares Gemeingut der Menscheit zerstört, so viele der klarsten Intelligenzen verwirrt, so gründlich das Hohe erniedrigt. Selbst die Wissenschaft hat ihre leidenschaftslose Unparteilichkeit verloren; ihre aufs tiefste erbitterten Diener suchen ihr Waffen zu entnehmen, um einen Beitrag zur Bekämpfung des Feindes zu leisten. Der Anthropologe muß den Gegner für minderwertig und degeneriert erklären, der Psychiater die Diagnose seiner Geistes- oder Seelenstörung verkünden« (1915 b, S. 324).[14]

---

[14] Trotz des distanzierten Tons ist selbst in dieser Arbeit eine unausgesprochene prodeutsche Gefühlseinstellung wahrnehmbar.

Nach Fertigstellung dieser Arbeit nahm er in einem persönlichen Brief an Abraham sogleich wieder Abstand von seinen Überlegungen und bezeichnete sie als »ein zeitgemäßes Gewäsch, über Krieg und Tod, um den opferwilligen Verleger zu befriedigen« (Freud und Abraham, 1965, S. 295, Brief vom 4. März 1915). Nur in Bemerkungen engen Freunden gegenüber, die wie Abraham oder Ferenczi in den Domänen der Mittelmächte lebten, bekannte Freud sich zu seinen nationalistischen Empfindungen und seiner Identifizierung mit deutsch-österreichischen Zielen. Im November 1915 publizierte er weitere Überlegungen eines ernüchterten wissenschaftlichen Beobachters des Krieges, der »unseren Stolz auf die Errungenschaften unserer Kultur« brach und »unsere Hoffnungen auf eine endliche Überwindung der Verschiedenheit unter Völkern und Rassen« (1916 a, S. 360). Auf privater Ebene allerdings, und obgleich sein Vertrauen gegen Ende 1915 zu schwinden begann, dauerte es noch eine geraume Zeit, bis Freud im Mai 1917 den Krieg schließlich ein »Unglück« nannte und den Frieden herbeisehnte (Freud und Abraham, 1965, S. 238, Brief vom 20. Mai 1917; vgl. Jones, 1953–57, Bd. II, S. 230). Als die Niederlage bevorstand, schrieb Freud in einem Brief an Ferenczi in pessimistischer Stimmung: »In Deutschland wird es nach meiner Erwartung furchtbar zu tagen beginnen ... Und überdies wird dort Widerstand geleistet werden, blutiger Widerstand. Der Wilhelm ist ein unheilbar romantischer Herr, er verrechnet sich mit der Revolution genau so, wie eben mit dem Krieg. ... Bei Altösterreichs Untergang konnte ich nur hohe Befriedigung empfinden. Leider bin ich auch nicht deutsch-österreichisch oder alldeutsch« (Brief vom 9. November 1918; zit. nach Jones, 1953–57, Bd. II, S. 241 f.; vgl. Freud und Abraham, 1965, Briefe vom 11. November 1917, S. 246 ff.; 10. Dezember 1917, S. 249; 22. März 1918, S. 257). Freuds strenge Trennung zwischen seinem privaten Nationalismus und seinem öffentlichen Universalismus steht in einem absoluten Gegensatz zur politisch festgelegten Rhetorik der Kriegspsychiatrie des Mainstream. Was über die therapeutische Praxis seiner führenden Anhänger bekannt ist, die als Offiziersärzte in den Armeen der Mittelmächte dienten, ist sogar noch aufschlußreicher, wenn man zwischen der psychoanalytischen Bewegung und dem psychiatrischen Establishment eine Trennlinie zieht.

Karl Abraham meldete sich zu Beginn des Krieges als Freiwilliger zur deutschen Armee und arbeitete in der ersten Zeit als Chirurg. Im März 1915 wurde er mit der Leitung eines Lazaretts in Ostpreußen beauftragt, »das als Sammelstelle für psychiatrische Fälle an der Ostfront diente«, wo er gelegentlich bis zu 90 Patienten gleichzeitig in Behandlung hatte (Grotjahn, 1966, S. 3). Auf dem Psychoanalytischen Kongreß in Budapest gegen Ende des Krieges (vgl. weiter unten) berichtete er über den weiteren Verlauf seines Militärdienstes: »Als ich 1916 eine Station für Neurosen und Geisteskrankheiten begründete, sah ich von jeder gewaltsamen Therapie ebenso wie von Hypnose und andern Suggestivmitteln vollkommen ab, ließ dagegen die Kranken im wachen Zustande abreagieren und suchte ihnen in einer Art vereinfachter Psychoanalyse Ursprung und Wesen ihres Leidens verständlich zu machen. Ich erzielte bei den Kranken des Gefühl des Verstandenwerdens, weitgehende Entspannung und Besserung« (Abraham, 1919, S. 40 f.).

Der ungarische Arzt und Psychoanalytiker Sándor Ferenczi war zuerst in einer kleinen Garnisonstadt als Regimentsarzt eines Husarenregiments stationiert (Lorand, 1966, S. 18; vgl. Büttner, 1975, S. 63 ff.). Später war er Leiter der Neurologie eines Militärkrankenhauses in Budapest. In einem auf einem wissenschaftlichen Kongreß 1916 vorgelegten Manuskript berichtete Ferenczi, daß er bereits nach zwei Monaten Dienst im Militärkrankenhaus »etwa zweihundert Fälle unter Beobachtung« hatte (Ferenczi, 1916, S. 131). In dieser Arbeit versuchte Ferenczi zu zeigen, daß alle kriegsneurotischen Symptome in psychoanalytischen Kategorien beschrieben werden könnten, da sie mit den Symptomen entweder der Konversionshysterie oder der Angsthysterie übereinstimmten. Obwohl Ferenczi nicht näher auf die therapeutische Behandlungstechnik einging, läßt seine systematische Anwendung der Freudschen Theorie auf Kriegsneurosen vermuten, daß auch sein therapeutisches Vorgehen sich an der Freudschen Behandlungspraxis orientierte – und damit auf Gewalt verzichtete (Büttner, 1975, S. 64).

Viktor Tausk, ursprünglich Jurist, beendete sein Medizinstudium im Juni 1914 und wurde im August 1915 eingezogen. Ab Dezember 1915 war er psychiatrischer Gutachter der österreichischen Armee an einem Kriegsgericht in Lublin. Tausk setzte seine Autorität als Mediziner für Soldaten ein, die als Deserteure vor das Kriegsgericht gestellt wurden. Nach dem Krieg – und Tausks Tod – lobte Freud, was Paul Roazen Viktor Tausks »echtes Heldentum« nannte, »indem er psychiatrische Diagnosen dazu benutzte, Menschen zu helfen« (Roazen, 1979, S. 313; vgl. 1969, S. 61). Bewundernd hob Freud hervor, »daß Dr. Tausk während des Krieges mit Einsetzung seiner ganzen Persönlichkeit und mit Zurücksetzung aller Rücksichten gegen die zahlreichen Mißbräuche offen aufgetreten ist, die leider so viele Ärzte stillschweigend geduldet oder sogar mitverschuldet haben« (1919 f, S. 317). Tausk wagte die Befürwortung und Unterstützung, die die Kriegspsychiater den Zielen ihrer militärischen Vorgesetzten entgegenbrachten, öffentlich in Frage zu stellen. In einem Vortrag »Zur Psychologie des Deserteurs«, den er am IX. feldärztlichen Referierabend in Belgrad im März 1917 hielt, hob Tausk hervor: »Die Armee hat einen anderen Ausgangspunkt für die Beurteilung des Deserteurs als der Psychologe, den es nicht interessieren kann, ob die Konsequenzen, die seine Forschung nach sich ziehen soll, mit den praktischen Forderungen des militärischen Betriebes und der politischen Situation in Übereinstimmung stehen« (Tausk, 1916, S. 194).

Ernst Simmel, der zur Psychoanalyse bislang keine Verbindung gehabt hatte, diente in den letzten beiden Kriegsjahren als Offiziersarzt und als Leiter eines Feldlazaretts für Kriegsneurotiker in Posen. Er entwickelte eine symptomorientierte Kurztherapie auf der Basis seiner klinischen Erfahrungen und seiner Freud-Lektüre (Peck, 1966, S. 373). Simmel verabreichte weder Medikamente, noch setzte er Gewaltmethoden ein. Vielmehr kombinierte er Hypnose, analytische Gespräche und Traumdeutung zu einer kathartischen Behandlungsmethode, in der die Soldaten ihre Aggressionen gegen ein Dummy ausagieren und ihrem Schmerz, ihren Ängsten oder Aggressionen, die mit dem der Krankheit zugrunde liegenden Trauma verbunden waren, Ausdruck verleihen konnten.

Aufgrund der Wirksamkeit der Psychoanalyse bei der Behandlung von Kriegsneurosen wurden die Behörden auf ihre Techniken aufmerksam. Ernest Jones beschrieb die Stimmung Ende 1918: »Ein Buch von Simmel vom Anfang des Jahres, zusammen mit der ausgezeichneten praktischen Arbeit, die Abraham, Eitingon und Ferenczi geleistet hatten, machten – wenn auch nicht auf das allgemeine medizinische Publikum – so doch auf hochgestellte Heeresoffiziere Eindruck; und es war die Rede davon, in verschiedenen Zentren psychoanalytische Kliniken für die Behandlung von Kriegsneurosen einzurichten« (Jones, 1953–57, Bd. II, S. 238; vgl. Büttner, 1975, S. 88 ff.; Clark, 1980, S. 434 ff.).[15]

Das war die große Stunde der Psychoanalyse. Die deutsche und österreichisch-ungarische Armee unterstützte den fünften Psychoanalytischen Kongreß, der Ende September 1918 in der Kongreßhalle der Ungarischen Akademie der Wissenschaften in Budapest stattfand, und entsandte offizielle Vertreter. Ferenczi kommentierte ironisch in eigener Sache: »Sie sehen, meine

[15] Zu ähnlichen Entwicklungen in England vgl. Stone, 1985, S. 255 f.

Damen und Herren: die Erfahrungen an Kriegsneurotikern führten allmählich weiter als zur Entdeckung der Seele, – sie führten die Neurologen beinahe zur Entdeckung der Psychoanalyse« (Ferenczi, 1919, S. 19). In seiner kritischen Literaturübersicht stellte Ferenczi fest, daß der Krieg der Psychoanalyse einen erheblichen Statusgewinn eingebracht und die therapeutischen Experimente die wesentlichen psychoanalytischen Lehrsätze auf einer allgemeineren Ebene bekräftigt hätten. Angesichts der Kriegsneurosen hätten die Psychiater des Mainstream ihre somatische Ätiologie verworfen und die psychogene Konzeption seelischer Störungen zu akzeptieren begonnen; zumindest hätten sie die Bedeutung unbewußter Strebungen anerkannt.

Während Abraham in seinem Artikel den narzißtischen Charakter der Kriegsneurosen hervorhob, beschrieb Simmel detailliert und umfassend die beteiligten psychischen Mechanismen. Er erklärte, daß die Psychoanalyse die Bedeutung neurotischer Symptome neu definiere und diese nicht als Trick angesehen werden dürften, die den selbstsüchtigen Interessen des Soldaten dienten. Vielmehr seien Kriegsneurosen Ausdruck eines Verhaltens, das der Soldat nicht bewußt an den Tag lege, über das er keine Kontrolle habe und dessen wahre Motive ihm unbekannt blieben. Kriegsneurosen symbolisierten nicht illegale Freiheit, sondern seien Ausdruck einer erlittenen Niederlage des bewußten Ichs des Soldaten angesichts des Ansturms unbewußter Kräfte, die das Ich zu einer schmerzhaften und pathologischen Flucht vor inneren Spannungen zwingen. Derartige innere Spannungen könnten im Wehrpflichtigen aufgrund der widersprüchlichen Forderungen des Militärdienstes, des moralischen Bewußtseins, der emotionalen Bedürfnisse und des physischen Überlebenswillen hervorgerufen werden. Der Soldat erleide körperliche Verletzungen, erlebe das Sterben seiner Kameraden, lebe gezwungermaßen unter Bedingungen affektiver Deprivation, getrennt von seiner Familie und von Vorgesetzten oft erniedrigt, weshalb ihm das Gefühl vermittelt werde, »daß er als einzelner nichts gilt und nur ein unwesentlicher Bestandteil der Masse ist« (Simmel, 1919, S. 23).

Heftige Angstgefühle, Wut und Ressentiment gegenüber den vorgesetzten Offizieren seien Folge der erlittenen narzißtischen Verletzungen. Da diese Regungen der bewußten Loyalität des Soldaten gegenüber seiner Militäreinheit, seinem Land und seiner Nation aber widersprächen, bereiteten sie in ihm Schuld- und Angstgefühle. Obgleich verdrängt, würden sie weiterhin unbewußt machtvoll wirken. Symptome brächten diese inneren Konflikte ans Licht, um auf diese Weise die Selbstachtung des Soldaten wiederherzustellen.

Selbst Soldaten, die Symptome zu simulieren schienen, um eine Kriegsrente zu erhalten, seien nicht in erster Linie am Geld interessiert. Die finanzielle Entschädigung diene lediglich als Mittel, den verlorenen Selbstwert als autonomes Individuum teilweise zurückzugewinnen. Die analytische Behandlung stelle die bewußte und rationale Selbstkontrolle des Soldaten wieder her, das heißt sie verhelfe ihm dazu, trotz innerer Konflikte gesund zu bleiben. Anstelle der vergeblichen Versuche, den Soldaten zu zwingen, an die Front zurückzukehren, sei es Aufgabe der Psychotherapie, die verbotenen Gefühle an die Oberfläche des Bewußtseins gelangen zu lassen, Karthasis zu bewirken und den Patienten zu befähigen, seinen Zorn abzureagieren und dabei seine Wertigkeit als Subjekt zu bestätigen. Das befähige die Soldaten, mit erstarkter, dem aktiven Kriegsdienst standhaltender psychischer Belastbarkeit wieder an die Front zu gehen (ebd., S. 21 ff.).

Die Debatten auf dem Budapester Kongreß waren frei von nationalistischer Rhetorik und abfälligen Ansichten über Kriegshysteriker, wie sie die Kriegskongresse des medizinischen Establishments charakterisierten und die so gut wie jede Methode legitimierten, traumatisierte Soldaten zu zwingen, zu ihrer patriotischen Pflichterfüllung zurückzukehren. Die Psychoanalyse lehnte es ab, Schmerzen zu verursachen, empfahl als einziges therapeutisches Mittel das Sprechen und befürwortete ein kooperatives therapeutisches Vorgehen anstelle von Abschreckung und Erniedrigung. Darüber hinaus betrachteten Psychoanalytiker ihre Patienten als leidende Individuen, die mit der Einberufung ihr Autonomiegefühl verloren hatten, nichts weiter als ein Rädchen im Getriebe der Militärmaschinerie waren und in den Schützengräben unsägliche Ängste auszustehen hatten. Weil Psychoanalytiker das Ziel der Kriegsneurosen – dem Militärdienst zu entkommen – jenseits der bewußten Kontrolle des Soldaten ansetzten, schirmte ihre Theorie den Kriegsneurotiker gegen moralische Verurteilung und Gewaltandrohung ab. Trotz persönlicher Begeisterung für deutsche und österreichisch-ungarische Kriegsziele, die ja lange anhielt – wie anhand einiger Auszüge aus Freuds Briefen und der Bereitschaft von Analytikern, sich als Kriegsfreiwillige zu melden, gezeigt wurde –, stellten Psychoanalytiker ihre Wissenschaft niemals so blind in den Dienst des Regierungsapparats wie ihre Kollegen des Mainstream.

Aus diesem Grund scheint es mißverständlich, wenn man wie Louise Hoffman behauptet: »... während viele Psychiater Kriegsneurotiker für Simulanten hielten und sie als solche behandelten, wußten Psychoanalytiker, daß sie keine waren, behandelten sie aber trotzdem so« (1981, S. 257). Gleichwohl hat Hoffman recht, insofern sie auf eine grundsätzliche Ambivalenz verweist, der die psychoanalytische Haltung während des Krieges unterlag. In der Regel versuchten Psychoanalytiker, sich einfach von der Politik fernzuhalten. Wie Freud hielten auch sie ihre private und öffentliche Person voneinander getrennt und vermieden es, sich zu kollektiven Zielen und Wertvorstellungen zu äußern. Diese Art politischer Abstinenz erlaubte ihnen, weiterhin humane Behandlungsmethoden anzuverwenden und ihre therapeutische Pflicht im Wohlergehen der Patienten zu sehen. Gleichzeitig ermächtigte ihre politische Abstinenz jedoch den Staat, die psychoanalytischen Methoden in Besitz zu nehmen – eine Entwicklung, in der Psychoanalytiker – mit Ausnahme von Tausk – sich als willige Partner anboten. Sie übernahmen die militärischen Kriterien, an denen sie die Genesung des Soldaten maßen: nämlich die Fähigkeit, auf dem Schlachtfeld zu kämpfen und zu sterben. Um Louise Hoffman ein weiteres Mal zu zitieren: »Die meisten Analytiker scheinen trotz ihres marginalen beruflichen und ethnischen Status die patriotischen und militärischen Forderungen akzeptiert zu haben, nämlich Kriegsneurotiker so zu behandeln, daß sie schnellstens wieder an die Front zurückgeschickt werden konnten« (ebd., S. 264, Fn.).

Anders als die Behandlungstechniken, die die Kriegspsychiater entwickelt hatten, stammten die psychoanalytischen Methoden aus Friedenszeiten. Und dennoch: Obwohl die Psychoanalyse weder eine Zwangs- noch eine Gewaltmethode war, diente sie der Armee dazu, Individuen wiederherzustellen und in jene gesellschaftliche Rolle zu reintegrieren, die den Wehrpflichtigen mit ihrer Einberufung aufgezwungen worden war. Offensichtlich nahmen Staatsvertreter am Psychoanalytischen Kongreß in Budapest 1918 nicht deshalb teil, weil Psychoanalytiker human waren, sondern weil ihre kathartische Behandlungsmethode ein wirksames Mittel zu sein schien, neurotische Soldaten wieder an die Front zu schicken. Die Psychoanalytiker ihrerseits erhofften sich eine noch deutlichere und größere Verbreitung ihrer therapeutischen Techniken durch den Staat. Sie erwarteten, daß ihnen damit die wissenschaftliche und soziale Anerkennung zuteil werde, die medizinisches Establishment und Regierung ihnen bislang vorenthalten hatten.

Da eine staatliche Unterstützung die Psychoanalyse weiterzubringen schien, hielt Freud es nicht länger für notwendig, ihre therapeutische Praxis auf die Mittelschicht zu beschränken. Staatliche Mittel konnten die Reichweite der Psychoanalyse jenseits des Bürgertums auf andere Zielgruppen erweitern. Die offizielle Anerkennung und die staatlichen Mittel schienen die Einrichtung psychoanalytischer Zentren zu ermöglichen, in denen Beobachtung und Behandlung auf breiter Ebene durchgeführt werden konnte (1919 a, S. 194). Freud vermied Empfehlungen zur Behandlung von Kriegsneurosen – wahrscheinlich, weil er über keine praktischen Erfahrungen verfügte. Statt dessen entwarf er ein rosiges Zukunftsbild, dem zufolge »irgend einmal ... das Gewissen der Gesellschaft erwachen« und die Psychoanalyse auch den Armen zugänglich sein werde: »Dann werden also Anstalten oder Ordinationsinstitute errichtet werden, an denen psychoanalytisch ausgebildete Ärzte angestellt sind, um die Männer, die sich sonst dem Trunk ergeben würden, die Frauen, die unter der Last der Entsagungen zusammenzubrechen drohen, die Kinder, denen nur die Wahl zwischen Verwilderung und Neurose bevorsteht, durch Analyse widerstands- und leistungsfähig zu erhalten. Diese Behandlungen werden unentgeltlich sein« (ebd., S. 192 f.).

Obwohl er davon ausging, daß eine Therapie der Armen die Wiedereinführung einiger Elemente der hypnotischen Suggestion in die Psychanalyse notwendig machen würde, war Freud bezüglich der wesentlichen Elemente seiner Lehre zu keinen Kompromissen bereit: »Aber wie immer sich auch diese Psychotherapie fürs Volk gestalten, aus welchen Elementen sie sich zusammensetzen mag, ihre wirksamsten und wichtigsten Bestandteile werden gewiß die bleiben, die von der strengen, der tendenzlosen Psychoanalyse entlehnt worden sind« (ebd., S. 193 f.). Und mit einem internen Argument über therapeutisches Vorgehen erinnerte Freud Anhänger wie Beamte an die Aufgabe des Psychoanalytikers: »Bewußtmachen des Verdrängten und Aufdeckung der Widerstände« (ebd., S. 187). Und weiter heißt es in diesem Aufsatz: »Wir haben es entschieden abgelehnt, den Patienten, der sich Hilfe suchend in unsere Hand begibt, zu unserem Leibgut zu machen, sein Schicksal für ihn zu formen, ihm unsere Ideale aufzudrängen und ihn im Hochmut des Schöpfers zu unserem Ebenbild, an dem wir Wohlgefallen haben sollen, zu gestalten« (ebd., S. 190).

Selbst bei der therapeutischen Behandlung der »Masse« – für die Freud keine Hochachtung empfand –, sollte Autoritarismus äußerst begrenzt bleiben. Freud rühmte sich seiner Fähigkeit, seinen Patienten helfen zu können, »ohne sie in ihrer Eigenart zu stören«, und er hob hervor, daß »der Kranke ... nicht zur Ähnlichkeit mit uns, sondern zur Befreiung und Vollendung seines eigenen Wesens erzogen werden« solle (ebd.).

Obwohl Freud sich also zu den offenkundigen politischen Themen nicht äußerte, vertrat er dennoch indirekt und subtil einen politischen Standpunkt.

In einer Zeit, in der Staat und Kriegspsychiatrie bereit waren, Neurotiker mit Gewalt zum Militärdienst zu zwingen, unterstrich er die soziale Verpflichtung des Staates gegenüber jenen, die unter neurotischen Störungen litten. Er stellte die Psychotherapie als Angelegenheit des öffentlichen Gesundheitswesens dar, als eine Behandlungsmethode, die Anerkennung verdient und die die Individuation und Autonomieentwicklung seiner Patienten unterstützt.

Der Waffenstillstand im November 1918 brachte jegliches staatliche Interesse an der Psychoanalyse zum Erliegen, da die Armee keinen Bedarf mehr an ihr hatte. Es war Karl Abraham vorbehalten, verbittert anzumerken: »Ich kann nicht einmal sagen, daß ich darüber unglücklich bin. Denn daß die Psychoanalyse plötzlich aus irgendwelchen praktischen Überlegungen heraus Mode werden sollte, war mir garnicht sympathisch. Wir hätten bald eine Anzahl Kollegen gehabt, die die Sache rein äußerlich mitgemacht und sich hernach als Psychoanalytiker ausgegeben hätten. Es bleibt also wohl einstweilen bei unserer Outsider-Stellung« (Freud und Abraham, 1965, S. 263, Brief vom 27. Oktober 1918).

Nach dem Krieg wurde unter der neuen Regierung eine »Kommission zur Erhebung militärischer Pflichtverletzungen« vom österreichischen Parlament eingesetzt, die die Rolle der Militärpsychiater untersuchen sollte. Die Anklagen wegen ärztlicher Fehlbehandlung richteten sich vor allem gegen Julius Wagner-Jauregg, Titularprofessor der Psychiatrie und Neurologie an der Universität Wien und Leiter der psychiatrischen Abteilung des Wiener Allgemeinen Krankenhauses, den herausragendsten Repräsentanten des Psychiatrie-Establishments der Habsburger Monarchie.[16] Freud, der von der Kommission als Gutachter bestellt worden war, legte ein schriftliches fachärztliches »Gutachten über die elektrische Behandlung der Kriegsneurotiker« vor und trat damit in der Frage der Kriegsneurosen offiziell in Erscheinung (1955 c [1920]). Gleich einer abschließenden Illustration der ineinander verschlungenen Beziehungen zwischen politischer Macht und psychiatrischem Wissen fanden diese Anhörungen in einem Gerichtssaal statt.

Wagner-Jauregg war aus patriotischem Pflichtgefühl als Freiwilliger der Armee beigetreten, um während des Krieges neurotisch erkrankte Soldaten zu behandeln. Wie aus seiner Zeugenaussage hervorgeht, betrachtete er diese Soldaten als ungenügend motiviert, mit einer Tendenz, das persönliche

[16] Wagner-Jauregg war auch der erste Psychiater, der – 1928 – den Nobelpreis erhielt. Vgl. Ellenberger, 1970, S. 1126; Büttner, 1975, S. 104 ff.; Clark, 1980, S. 456 f.

Wohlergehen über die Zukunft ihres Vaterlandes zu stellen. Obwohl Wagner-Jauregg an den Exzessen der Elektroschockbehandlung vermutlich nicht persönlich beteiligt war, bestätigen die Protokolle der Anhörung die Schrecken bei der Behandlung von Kriegsneurotikern: Wagner-Jaureggs Assistent praktizierte schmerzhafte Behandlungen mit Starkstrom an Brustwarzen und Genitalien der Soldaten (Eissler, 1979, S. 98 ff.). Ärzten ohne neurologische oder psychiatrische Ausbildung wurde die Leitung von Lazarett-Abteilungen übergeben, in denen nervöse Erkrankungen behandelt wurden. Isolationszellen, Kaltwasserduschen, Zwangsjacken, Elektroschocks, nacktes Zurschaustellen und öffentliche Beschämung gehörten zu den gängigen Behandlungspraktiken. Diese grauenhaften Methoden, die im allgemeinen ein verzweifelter Versuch waren, der Flut von Kriegsneurotikern Einhalt zu gebieten, verursachten teilweise unwiderrufliche Schäden: die Elektroschockbehandlung in deutschen Militärkrankenhäusern verlief für etwa 20 Patienten tödlich (ebd., S. 222).[17]

In seinem schriftlichen Memorandum argumentierte Freud, daß die grausamen Behandlungspraktiken in der Psychiatrie nicht darauf zurückzuführen seien, daß gutgläubige Ärzte falsche theoretische Konzeptionen übernommen hätten. Vielmehr griffen sie trotz besserer wissenschaftlicher Einsichten auf grausame Methoden zurück, weil sie sich den Staatsinteressen gegenüber politisch verpflichtet fühlten: »Es schien zweckmäßig, den Neurotiker als Simulanten zu behandeln und sich über den psychologischen Unterschied zwischen bewußter und unbewußter Absicht hinauszusetzen, obwohl man wußte, daß er kein Simulant war« (1955 c, S. 708). In seiner mündlichen Zeugenaussage verurteilte Freud seine Psychiater-Kollegen sogar noch stärker als in der schriftlichen Erklärung; er beschuldigte sie, außer acht zu lassen, daß neurotische Symptome genau dann aufträten, wenn der bewußte Wille des Soldaten von unkontrollierbaren unbewußten Affekten, die die Oberhand gewonnen hätten, besiegt worden sei: »Alle Neurotiker sind Simulanten, sie simulieren, ohne es zu wissen, und das ist ihre Krankheit. Wir müssen daran festhalten, daß zwischen bewußt Nichtkönnen und unbewußt Nichtkönnen ein großer Unterschied besteht« (in: Eissler, 1979, S. 54). Nicht in Aspekten der Persönlichkeit des Soldaten, sondern einzig in der Wehrpflicht – das heißt in Maßnahmen des Staates – lag für Freud »die nächste Ursache aller Kriegsneurosen«. Die erzwungene Einberufung verursache »die

[17] Freud hat offenbar davon gewußt; vgl. 1955 c, S. 709.

dem Soldaten unbewußte Tendenz, sich den gefahrvollen oder das Gefühl empörenden Anforderungen des Kriegsdienstes zu entziehen. Angst um das eigene Leben, Sträuben gegen den Auftrag, andere zu töten, Auflehnung gegen die rücksichtslose Unterdrückung der eigenen Persönlichkeit durch die Vorgesetzten waren die wichtigsten Affektquellen, aus denen die kriegsflüchtige Tendenz gespeist wurde« (1955 c, S. 707).

Eine feindselige Haltung Kriegsneurotikern gegenüber war nicht nur faktisch irreführend und therapeutisch ineffektiv; sie war auch ungerecht gegenüber den neurotischen Soldaten. Das galt vor allem für jene, die sich allzu sehr um Loyalität zum Staat oder zur Nation bemühten und ihre Ängste und aggressiven Regungen nicht bewußt zulassen konnten. Deshalb erkrankten gerade sie aufgrund ihrer Verdrängungsversuche am häufigsten. Freud entwickelte in seiner Erklärung also eine Reihe von Begründungen, die er bereits zweieinhalb Jahrzehnte zuvor in den *Studien über Hysterie* (1895 d) dargelegt hatte. Erneut wies er darauf hin, daß nicht ein Mangel an Moral seitens des Patienten neurotische Störungen verursache. Vielmehr sei es die aufrichtige Bindung an konventionelle soziale Normen, die die Erkrankten sowohl als äußerst frustrierend wie als angsterregend erlebten, die unbegründete innere Konflikte hervorrufe und schließlich zu Symptomen führe. Wie in den *Studien über Hysterie* definierte Freuds Ätiologie der Kriegsneurosen seelische Störungen als eine grundlegende, allumfassende Erfahrung der Ohnmacht und Hilflosigkeit – und nicht als sexuell determiniert. Des weiteren gibt es eine Reihe von Parallelen zwischen Freuds Opposition gegen die Ende des 19. Jahrhunderts allgemein anerkannte Konzeption und Behandlung der Hysterie einerseits und seiner Kritik an der Rolle der Psychiatrie im Ersten Weltkrieg andererseits. Er verteidigte die unter Kriegsneurosen leidenden Soldaten gegen die ihnen entgegengebrachte Verachtung und Feindseligkeit genauso wie er hysterische Frauen gegen die Stigmatisierungen verteidigte, mit denen der herrschende medizinisch-politische Diskurs sie bedachte. Und in beiden Fällen verurteilte er die Tendenz der Ärzte, Patienten als Feinde zu betrachten und Gewalt einzusetzen, um sie zur Übernahme der gesellschaftlich vorgeschriebenen Rollen zu zwingen. Freud prangerte das therapeutische Verfahren der Kriegspsychiater öffentlich an, das »von vornherein mit einem Makel behaftet [war]. Es zielte nicht auf die Herstellung des Kranken oder auf diese nicht in erster Linie, sondern vor allem auf die Herstellung seiner Kriegstüchtigkeit. Die Medizin stand eben diesmal im Dienste von Absichten, die ihr wesensfremd sind. Der Arzt war selbst ein Kriegsbeamter und hatte persönliche Gefahren, Zurücksetzung und den Vorwurf der Vernachlässigung des Dienstes zu fürchten, wenn er sich durch andere Rücksichten als die ihm vorgeschriebenen leiten ließ. Der unlösbare Konflikt zwischen den Anforderungen der Humanität, die sonst für den Arzt maßgebend sind, und denen des Volkskrieges mußte auch die Tätigkeit des Arztes verwirren« (1955 c, S. 708 f.).

Warum hatte Freud seinen früheren Standpunkt der Abstinenz und Ambiguität aufgegeben und öffentlich in kritischer Weise über die Beziehung von Staat und Medizin, von Armee und Psychiatrie, nachgedacht – wenn auch nur im nachhinein? Österreichs militärische Niederlage hatte einige der Widersprüche gelöst, die der Position Freuds und anderer Psychoanalytiker während des Krieges inhärent waren. Gewiß hatte sie Freuds patriotischen Enthusiasmus abgekühlt und damit den Widerspruch zwischen seinen privaten proösterreichischen Einstellungen und seiner öffentlichen Rolle als distanzierter Wissenschaftler gelöst. Und schließlich schienen auch einige seiner sozialen Ambitionen in bezug auf die Psychoanalyse erfüllt worden zu sein. Die Einladung Freuds zu den Anhörungen vor dem Wiener Militärgericht und das offizielle Interesse am psychoanalytischen Kongreß in Budapest waren ein Hinweis darauf, daß Freud mit seiner neuen Wissenschaft politisch wie wissenschaftlich Anerkennung gefunden hatte – wenngleich als Außenseiter. Der Wechsel der Psychiatrie von einer somatischen zur psychischen Ätiologie von Kriegsneurosen hatte die theoretische Grundlage der psychoanalytischen therapeutischen Techniken konsolidiert. Sie hatten sich nicht nur als unparteiische und humane, sondern auch als effiziente, für kollektive Zwecke einsetzbare Behandlungsmethoden erwiesen. Dagegen hatte sich die Kriegspsychiatrie aufgrund ihrer Mißerfolge und Grausamkeiten einen schlechten Ruf eingehandelt. So konnte Freud nach den Wagner-Jauregg-Vernehmungen die Psychoanalyse als eine autonome Wissenschaft von den brutalen Behandlungsmethoden der Psychiatrie, die diese aufgrund ihrer Unterwürfigkeit gegenüber dem alten Regime entwickelt hatte, abgrenzen. Selbstbewußt konnte er den Opportunismus, das Durcheinander und die Grausamkeiten verurteilen, da er von der günstigeren Position des therapeutischen Erfolgs, der wissenschaftlichen Unabhängigkeit und der objektiven Wahrheit ausgehen konnte.

Trotz seiner kritischen Haltung übernahm Freud die Rolle eines loyalen Gegenspielers der Mainstream-Psychiatrie. Erstens respektierte er den medizinischen *ésprit de corps* und klagte Wagner-Jauregg nicht an – womit er das

Thema der persönlichen Verantwortung des beschuldigten Arztes vermied. Zweitens sah er die Verantwortung für ihr Handeln nicht bei den Militärpsychiatern selbst, sondern stellte die Einberufungsbestimmungen als ultimative Ursache der medizinischen Grausamkeiten dar – trotz der Tatsache, daß Psychoanalytiker ihre Patienten unter denselben Bedingungen ohne Gewaltmaßnahmen behandelten. Statt die Psychiater zu beschuldigen, setzte er deren überschießenden Pflichteifer gegenüber ihrer Nation mit den rigiden und übertriebenen Versuchen der Soldaten gleich, moralisch und ehrenhaft zu bleiben. In Freuds Einschätzung waren die behandelnden Kriegspsychiater in einem widersprüchlichen Pflichtgefühl gefangen, das sie einerseits gegenüber den Patienten und andererseits gegenüber der Armee empfanden. Konträr zu den wahren Zielen ihres Berufes ließen sie zu, daß ihr Streben nach Ansehen ihr Handeln bestimmte. Als Folge befanden sie sich in einer ähnlichen Lage wie die neurotischen Soldaten, die sie zu heilen versuchten. Wie Freud vor der Kommission ausführte, betrachtete er die Unmenschlichkeit psychiatrischer Praktiken als Symptom für einen elementar pathologischen Zustand: »... den Ärzten ist etwas wie die Rolle von Maschinengewehren hinter der Front zugefallen, die Rolle, die Flüchtigen zurückzutreiben ... Für den ärztlichen Stand war es eigentlich eine Aufgabe, die sich nicht recht damit verträgt. Der Arzt soll in erster Linie der Anwalt der Kranken sein, nicht der eines anderen. Wie der Arzt in den Dienst eines anderen tritt, ist seine Funktion gestört, und in dem Momente, wo der Auftrag käme, die Leute möglichst bald für den Kriegsdienst wieder tüchtig zu machen, mußte sich ein Konflikt ergeben, für den man den ärztlichen Stand unmöglich verantwortlich machen kann. Zwischen der Unterordnung unter die Humanität und der allgemeinen Wehrpflicht läßt sich ein Kompromiß nicht herstellen« (in: Eissler, 1979, S. 53).

Zweifelsohne ist das Verhalten psychoanalytisch orientierter und ausgebildeter Ärzte im Ersten Weltkrieg und das Verhalten nicht analytisch orientierter Ärzte ein aufschlußreiches Kapitel in der Geschichte und Politik der Medizin. Es demonstriert, wie der Staat therapeutische Techniken für eigene Zwecke einzusetzen vermag und wie gefährlich es ist, wenn medizinische Autoritäten von militärischen Hierarchien unterstützt werden. Das Verhalten der Mehrheit nicht analytischer Militärpsychiater bestätigt einmal mehr, daß Ärzte nur allzu leicht bereit sind, medizinische Theorie und Praxis politischen Zielen unterzuordnen. Darüber hinaus zeigt diese Episode, daß die Ärzte Ende des 19. Jahrhunderts aufgrund solcher Wertehierarchien in Friedenszeiten zumeist Frauen zu quälen und zu schikanieren bereit waren, während sie in Kriegszeiten grausame Maßnahmen auch gegen Männer einsetzten. Da hysterische Symptome als Zeichen von Unzuverlässigkeit, Verderbtheit, Willensschwäche und hemmungsloser Selbstsucht galten, fügten Ärzte all denjenigen körperliche Schmerzen zu, die erkrankten und gegenüber moderateren Behandlungsmethoden resistent zu sein schienen. Unter dem Deckmantel der Therapie setzen sie gegen ihre Patienten – Männer wie Frauen – Foltermethoden ein, wenn die Forderungen eines Kollektivs – der Rasse, Gesellschaft, Nation, des Staates oder des Militärs – dies legitimierte. Die Geschichte der Behandlung von Kriegsneurosen zeigt aber auch, daß psychoanalytisch orientierte Ärzte selbst dann, wenn die Normen und Werte eines Kollektivs den therapeutischen Einsatz von Gewalt und Zwang legitimierten, von solchen Behandlungsmethoden keinen Gebrauch machten, weil ihre theoretische und klinische Orientierung dies eindeutig verwarf.

Zu guter Letzt kann die epidemische Ausbreitung der Kriegsneurosen nicht nur aus der Sicht der Mediziner, sondern auch aus der Sicht der Patienten betrachtet werden. Aus dieser Sicht läßt sich feststellen: Wenn Männer einer längeren und allumfassenden Erfahrung von Ohnmacht und Hilflosigkeit ausgesetzt waren und sie gleichzeitig den frustrierenden und angstauslösenden sozialen Normen gegenüber loyal zu bleiben versuchten, dann reagierte eine beträchtliche Zahl dieser Männer mit Symptomen – genau wie hysterische Frauen in Friedenszeiten Symptome produziert hatten (Showalter, 1993, S. 304). »Kriegsneurose war die Körpersprache männlichen Protests, ein Protest sowohl gegen die Auffassung von ›Männlichkeit‹ als auch gegen den Krieg« (ebd., S. 325; vgl. 1987, S. 173 ff.). Wenngleich ich also in Teil II die Hysterie als einen unbewußten und pathologischen Protest von Frauen gegen restriktive Geschlechterrollen dargestellt habe, zeigen die Kriegsneurosen, daß Hysterie sich nicht allein auf Frauen beschränken läßt.

13 Eine Autorität ohne Eigenschaften

Es scheint, als habe der Krieg Fragen nach den Grenzen rechtmäßiger therapeutischer Autorität und den Gefahren ihres Mißbrauchs neu belebt, Fragen, die Freud in seiner gesamten therapeutischen Tätigkeit plagten. In diesem Kapitel möchte ich untersuchen, wie Freud die Problematik und Dynamik der Autorität des Psychoanalytikers vis-à-vis seinen Patienten, den Widerstand der Patienten gegen sie und schließlich ihre Unterwerfung unter die psychoanalytische Autorität in seinem Werk reflektierte. Nachdem die Verhandlungen gegen Wagner-Jauregg vorüber waren, publizierte Freud als erstes *Massenpsychologie und Ich-Analyse* (1921 c). Eine Erstfassung hatte er im Januar 1920 fertiggestellt, in jenem Monat, in dem er nicht nur von der Wagner-Jauregg-Kommission um ein schriftliches Gutachten über die Behandlung der Kriegsneurotiker gebeten worden war, sondern auch einen Abgesandten der Kommission traf und sein Memorandum verfaßte. Außerdem hatten, als Freud seiner Schrift die endgültige Form gab, die Wagner-Jauregg-Anhörungen nur wenige Monate zuvor stattgefunden.

In dieser Schrift – eine Auseinandersetzung mit der Massenpsychologie, die ich im 17. Kapitel genauer untersuchen werde – griff Freud auf seine frühen Experimente mit hypnotischer Suggestion in Nancy zurück. Mehr als drei Jahrzehnte nach seinem Besuch bei Liébault und Bernheim bestärkte er seinen grundsätzlichen Einwand gegen die suggestive Hypnose. Retrospektiv wußte Freud sich »auch damals an eine dumpfe Gegnerschaft gegen diese Tyrannei der Suggestion zu erinnern. Wenn ein Kranker, der sich nicht gefügig zeigte, angeschrieen wurde: Was tun Sie denn? *Vous vous contre-suggestionnez!*, so sagte ich mir, das sei offenbares Unrecht und Gewalttat. Der Mann habe zu Gegensuggestionen gewiß ein Recht, wenn man ihn mit Suggestionen zu unterwerfen versuche« (1921 c, S. 97).

In derselben Schrift entwickelte Freud auf drei Seiten eine Analogie: Er diskutiert drei Formen der Dynamik zwischen Liebe und Macht, wobei er die völlige Abhängigkeit des Hypnotisierten vom Hypnotiseur gleichsetzt mit dem Gehorsam der Masse gegenüber dem Führer und der »Hörigkeit« eines

Verliebten gegenüber dem geliebten Objekt. In all diesen Fällen erkennt Freud nach sorgfältiger Prüfung »dieselbe demütige Unterwerfung, Gefügigkeit, Kritiklosigkeit gegen den Hypnotiseur wie gegen das geliebte Objekt. Dieselbe Aufsaugung der eigenen Initiative« (ebd., S. 126).

Freud stellte also seine eigene Zurückhaltung zur Frage der Dynamik zwischen absoluter Autorität und Abhängigkeit so dar, als sei sie von Anfang an durch eine libertäre Sicht therapeutischer Politik motiviert gewesen. Obwohl Freud alle zwingenden oder gebieterischen Autoritätsäußerungen im therapeutischen Setting mißbilligte, hatte er gewiß nicht *per se* gegen die therapeutische Nutzung von Autorität etwas einzuwenden. Im Gegenteil, wie weiter oben ausgeführt, war Freud um 1890 auf der Suche nach Möglichkeiten, die therapeutische Autorität über die Patienten zu festigen. In diesen frühen Jahren der Redekur schrieb er: »... in der Tat ist der Arzt – auch der Nicht-Hypnotiseur – nie befriedigter, als wenn er durch die Macht seiner Persönlichkeit, den Einfluß seiner Rede und seiner – Autorität, eine Krankheitserscheinung aus der Aufmerksamkeit des Kranken verdrängt hat« (1889 a, S. 129; vgl. 1890a, S. 307 ff.).

Und tatsächlich kann Freuds Diskurs der therapeutischen Technik wie eine ausgedehnte Meditation über die Ursachen, Grenzen und Funktionen legitimer Autorität des Analytikers im Behandlungszimmer gelesen werden. Diesem Diskurs zufolge ist die Face-to-face-Politik der psychoanalytischen Praxis in eine dialektische Struktur eingebettet: Sie beruht auf einem freiwilligen Vertrag, wonach der Analytiker seine Autorität einsetzt, um den Patienten von unbewußten Kräften, die eine Unterwerfung unter Autoritäten bewirken, zu befreien.

Aus Freuds Sicht kann psychoanalytische Psychotherapie nur dann erfolgreich sein, wenn beide Seiten sie als Einverständnis zweier voneinander unabhängiger Vertragspartner verstehen. Er suchte die Regel zu befolgen, »keinen Kranken in Behandlung zu nehmen, der nicht *sui juris* in seinen wesentlichen Lebensbeziehungen von anderen unabhängig wäre« (1916–17 a, S. 480). An anderer Stelle unterstrich er durch Kursivierung, daß »*[m]it der Aufhebung der freien Ärztewahl ... eine wichtige Bedingung für die seelische Beeinflussung der Kranken vernichtet*« wird (1890 a, S. 303).

Für Freud lagen dem analytischen Vertrag also Prinzipien zugrunde, die dem Sozialvertrag liberaler politischer Theorien entsprechen. Seine Grundlage ist die Wahlfreiheit des Analysanden und dessen Anerkennung einer Autorität, die über die notwendige Macht verfügt und Regeln vorgeben kann, nach denen die Psychoanalyse durchgeführt wird – vorausgesetzt, diese tragen dazu bei, das Wohlbefinden des Analysanden zu fördern und seine oder ihre Autonomie zu respektierten. Nach Freud setzt die Analyse beides voraus: »die Einwilligung des Analysierten und die Situation eines Überlegenen und eines Untergeordneten« (1914 d, S. 92). Er plädierte aber auch dafür, die Ausübung von Macht seitens des Analytikers aufs strengste einzuschränken, und betonte des weiteren, daß jenseits der Festlegung der Grundregeln, welche die Psychoanalyse überhaupt erst möglich machen – wie die »strenge ... Einhaltung« der Bezahlung, der Zeit und die Körperposition –, der Analysand den analytischen Prozeß nicht strukturieren dürfe (1913 c, S. 458 f.). Während Freud dem Analytiker also erlaubte, die Äußerungen des Patienten zu interpretieren, war die einzige ihm explizit auferlegte Verpflichtung dennoch eine negative, nämlich, daß er sich jedweder direktiven Kontrolle über den Patienten enthalten möge. Vielmehr solle er eine Autorität ohne Eigenschaften sein: »Der Arzt soll undurchsichtig für den Analysierten sein und wie eine Spiegelplatte nichts anderes zeigen, als was ihm gezeigt wird« (1912e, S. 384).

Dennoch unterschied sich Freuds reale psychoanalytische Praxis in gewisser Weise von seiner Ideologie, das heißt von der Art und Weise, wie er sie in den allgemeinen Grundsatzerklärungen darlegte. Er behandelte nämlich sehr wohl Patienten, die nicht aus freien Stücken zu ihm in die Praxis kamen und seine Dienstleistungen gewiß nicht aus eigener Tasche bezahlten. Als zum Beispiel Dora/Ida Bauer Freud in seinem Haus im Herbst 1900 besuchte, kam sie nicht freiwillig: »... zu mir trieb sie«, so Freud, »erst das Machtwort des Vaters« (1905 e, S. 180). Dieser Beginn eines der berühmtesten Fallbeispiele Freuds widerspricht eindeutig den liberalen Grundsätzen, die er als Basis des analytischen Bündnisses darstellte. Tatsächlich hatte Doras Vater entschieden, sie dem Doktor in der Berggasse mit der Bitte zu übergeben, seine Tochter »auf bessere Wege zu bringen«, nachdem diese sich in seine außereheliche Liebesbeziehung eingemischt, einen Anfall von Bewußtlosigkeit erlitten und in einem Abschiedsbrief ihren Selbstmord angekündigt hatte (ebd., S. 184).

Wie jeder Leser dieser Fallgeschichte feststellen kann, hat Freud sich nicht auf die Rolle der »Spiegelplatte« beschränkt. In Doras gesamter Behandlung erinnert Freuds Vorgehen an einen Meisterdetektiv, der es darauf anlegt, das Alibi einer Angeklagten zu zerstören und ihr ein Schuldbekenntnis zu entlokken, indem er sie mit erdrückendem Beweismaterial konfrontiert. Sein Stil ist weit entfernt von der Eleganz eines Sherlock Holmes; vielmehr sieht Dora sich der sturen Eindringlichkeit eines Hercule Poiret gegenüber, der ihre Erinnerungen »gegen« sie verwendet, während sie dabei bleibt, seinen Behauptungen »zu widersprechen« – bis die junge Frau schließlich aufgibt (ebd., S. 219): »... als die Fülle des auftauchenden Materials ein Ableugnen erschwerte, gab sie zu« (ebd., S. 196). Dem Schweizer Psychoanalytiker Raymond de Saussure (1973) zufolge, der sich 1920 von Freud analysieren ließ, »war Freud kein guter psychoanalytischer Kliniker ... er hatte sich zu lange der Suggestionsmethode bedient, um tatsächlich nicht mehr davon beeinflußt zu sein. Wenn er von der Wahrheit überzeugt war, hatte er beträchtliche Mühe abzuwarten, bis diese Wahrheit dem Patienten einsichtig wurde. Freud wollte ihn unverzüglich überzeugen. Deshalb redete er zu viel« (ebd., S. 359).

Doras Krankengeschichte bezeugt nicht nur Freuds aktives und intervenierendes therapeutisches Vorgehen, sie illustriert außerdem auf beredte Weise das widersprüchliche Recht, das den Patienten von Anfang bis Ende der Therapie erhalten bleibt, nämlich, die Behandlung zu beenden, wann immer sie es wünschen. Dora brach ihre Therapie bei Freud genau zu dem Zeitpunkt ab, als seine »Erwartungen auf glückliche Beendigung der Kur den höchsten Stand einnahmen« (1905 e, S. 272), und ließ ihn mit nichts weiter als einem »Bruchstück einer Hysterie-Analyse« zurück, wie der Titel dieser Fallgeschichte erkennen läßt.

Worin bestehen die Pflichten, die der psychoanalytische Vertrag den Patienten auferlegt? Nach Freud ist festgesetzt, daß der Patient, solange er sich in Analyse befindet, »alles mitteilen soll, was er in seiner Selbstbeobachtung erhascht, mit Hintanhaltung aller logischen und affektiven Einwendungen, die ihn bewegen wollen, eine Auswahl zu treffen« (1912 e, S. 381). Freud verpflichtete den Analysanden vor allem zur »freien Assoziation«, die er als »Grundregel« oder »heilige Regel« des analytischen Setting (1916–17 a, S. 298; 1940 a, S. 99) bezeichnete und die der Patient zu befolgen habe. Ihm ging es darum, den Analysanden »zum Verzicht auf alle seine kritischen Einstellungen zu erziehen«, und keinen Einfall, der ihm durch den Kopf schießt, selbst wenn er unwichtig, unerfreulich oder unsinnig zu sein scheint, bewußt zurückzuhalten, und »sich die vollste Aufmerksamkeit zur Pflicht zu machen« (1923 a, S. 214). In einer anderen berühmten Fallgeschichte – dem *Rattenmann* – schildert Freud eine schwierige Sitzung, die der Patient plötzlich »unterbricht ... [er] steht auf und bittet mich, ihm die Schilderung der

Details zu erlassen«, woraufhin Freud antwortete, »daß ich ihm natürlich ... nichts schenken könne, worüber ich keine Verfügung habe. Ebensogut könne er mich bitten, ihm zwei Kometen zu schenken« (1909 d, S. 392; vgl. 1905 a, S. 25; 1926 e, S. 255).

Wie bereits weiter oben in meinen Überlegungen zu den *Studien über Hysterie* angedeutet, zeigen auch diese Beispiele, daß der Begriff der »freien Assoziation«, mit dem Freud diese Verpflichtung des Analysanden beschrieb, etwas irreführend ist. Die »freie Assoziation« evoziert eine liberale Rhetorik und scheint dem Patienten das Recht der freien Rede einzuräumen. Statt dem Analysanden innerhalb des analytischen Setting jedoch Freiheit zuzusichern, ist die »freie« Assoziation eine Verpflichtung, der der Analysand als Bestandteil des Vertrags zustimmen muß. War Freud mit einem Analysanden konfrontiert, der den Bestimmungen der Grundregel zu widerstehen suchte, übernahm er die Rolle des loyalen Wächters der psychoanalytischen Verfassung und handelte wie eine streng gesetzestreue Autorität, die keinerlei Verletzung ihrer Charta hinnehmen kann, obwohl er einräumte: »Man trifft kaum auf einen Kranken, der nicht den Versuch machte, irgendein Gebiet für sich zu reservieren, um der Kur den Zutritt zu demselben zu verwehren ... Natürlich verträgt die analytische Kur ein solches Asylrecht nicht« (1916–17 a, S. 298; vgl. 1913 c, S. 469, Fn.).

Freud rechtfertigte seine Forderung nach Einhaltung der Grundregel seitens des Patienten so: Es sei eine notwendige Voraussetzung, dem Unbewußten zu ermöglichen, gegen seine habituelle Unterdrückung durch die Selbstzensur des Patienten zu rebellieren und die Oberhand über seine Rede zu gewinnen. Wird nun aber dem Patienten das Recht auf eine rational und moralisch gesteuerte Selbstkontrolle und eine Steuerung der eigenen Rede abgesprochen, verletzen die analytischen Vertragsbedingungen eindeutig die grundlegenden Freiheitsprinzipien individueller Privatheit und Autonomie – selbst wenn der Patient der Vereinbarung zugestimmt hat. Diese Vertragsbedingungen machen das Sprechen und Schweigen eines Analysanden, seine Aktivität und Passivität, zum Bestandteil des analytischen Settings und legitimieren den Analytiker, alles Geschehen innerhalb dieses zeitlich und örtlich festgelegten Feldes unter dem Aspekt der Deutung zu betrachten (vgl. Gellner, 1985, S. 57). Auf diese Weise erhält die psychoanalytische Begegnung Merkmale einer »totalen Institution«, die dem Analytiker erlaubt, jedes geäußerte Wort und jedes Schweigen des Analysanden sich interpretierend anzueignen. Deshalb ist Michel Foucault der Ansicht, daß Freud »auf dessen alleinige Anwesenheit, die hinter dem Kranken und über ihm verborgen war, und zwar in einer Abwesenheit, die ebenfalls völlige Anwesenheit ist, alle jene Mächte vereinigt [hat], die in der kollektiven Existenz des Asyls aufgeteilt waren. Er hat aus dem Arzt den absoluten Blick, das reine und stets verhaltene Schweigen, den strafenden und durch ein Urteil, das nicht einmal bis zur Sprache sich herabläßt, belohnenden Richter gemacht« (Foucault, 1961, S. 535; vgl. Frosh, 1987, S. 79 f., 259 ff.).

Einerseits scheint Foucault recht zu haben, wenn er hervorhebt, daß die psychoanalytische Behandlungspraxis in einem streng reglementierten Rahmen stattfindet, in dem der Analysand aller Möglichkeiten zur Änderung der Regeln beraubt und angehalten ist, all seine oder ihre Geheimnisse in »freier« Rede preiszugeben, während der Analytiker unsichtbar bleibt, mit sparsamen, neutralen und kalkulierten Äußerungen reagiert oder sich in Schweigen hüllt (vgl. Viderman, 1979, S. 278 f.). Andererseits läßt sich ein offenkundiger und bedeutender Unterschied zwischen Freuds Behandlungszimmer und der Anstalt feststellen, den Foucault vernachlässigt. Denn der Analytiker ist kein Wächter, der im Gefängnis seine Arbeit verrichtet, sondern Partner einer Vertragsvereinbarung, welche der Analysand jederzeit beenden kann. Wenngleich es unvermeidbar scheint, daß der Analytiker den abrupten Abbruch eines Analysanden deutet, ist das Behandlungszimmer nicht abgesperrt, wird der Patient nicht daran gehindert zu gehen, und er muß nicht einmal dem Analytiker zuhören, wenn er es nicht will.

So konstituiert sich das psychoanalytische Setting aus einer Dualität unvereinbarer liberaler und autoritärer Elemente, die sich weder auf das eine noch auf das andere reduzieren lassen. Diese Dualität spiegelt sich in Freuds Texten wider: Analytiker und Analysand sind zwei Individuen, die an einem sozialen Ort sowohl als Verbündete wie als Gegner aufeinandertreffen. Während die Deutungen des Analytikers – wie Freud hervorhob – kraft der vom Patienten an ihn delegierten Autorität als legitime Interventionen anerkannt werden, ist der Analytiker selbst mit dem Widerstand des Patienten konfrontiert. Der Patient negiert die Autorität des Analytikers, »benimmt sich wie außerhalb der Kur, so als ob er jenen Vertrag mit dem Arzt nicht abgeschlossen hätte« (1916–17 a, S. 547; vgl. 1926 e, S. 251; 1937 c, S. 85).

Paradoxerweise entwickeln Patienten im Laufe der Analyse Widerstände gegen jene Grundregel, der sie ursprünglich zugestimmt hatten, und sabotieren somit genau jenes Ziel, weshalb sie den Analytiker aufgesucht haben. Freud zufolge zeigen sich solche Widerstände in unterschiedlicher Gestalt, haben aber immer ein und dasselbe Ziel: eine ausgleichende Kraft gegen die Versuche des Analytikers zu mobilisieren, sich Zugang zum Unbewußten zu verschaffen.

»Widerstand« – dieser in Freuds Vokabular des psychoanalytischen Prozesses wohl am stärksten der Militärsprache entlehnte Begriff – ist im Freudschen Diskurs der therapeutischen Technik von zentraler Bedeutung. Bereits in den *Studien über Hysterie* wählte Freud für die Darstellung der Arbeit des Analytikers das Vokabular der Kriegsführung und des Kampfes:

> »Man drängt sich unter beständiger Überwindung von Widerstand in innere Schichten ein ... prüft, bis wie weit man mit seinen gegenwärtigen Mitteln und seiner gewonnenen Kenntnis vordringen kann ... läßt die Fäden fallen und nimmt sie wieder auf ... Endlich kommt man auf solche Art soweit, daß man das schichtweise Arbeiten verlassen und auf einem Hauptwege direkt zum Kerne der pathogenen Organisation vordringen kann. Damit ist der Kampf gewonnen, aber noch nicht beendet. ... aber jetzt hilft der Kranke energisch mit, sein Widerstand ist meist schon gebrochen« (1895 d, S. 299 f.).

Schon sehr früh definierte Freud die analytische Behandlung als »Bekämpfung« (1910 k, S. 123) oder »Überwindung« (1916–17 a, S. 469) der Widerstände, und im *Rattenmann* versicherte er, »[d]ie Überwindung von Widerständen sei ein Gebot der Kur« (1909 d, S. 392). Entsprechend veranschaulichte Freud den analytischen Prozeß als eine verlängerte Gegenüberstellung zwischen Analytiker und Analysand, in der »[d]er Kranke ... aus dem Arsenale der Vergangenheit die Waffen hervor[holt], mit denen er sich der Fortsetzung der Kur erwehrt, und die wir ihm Stück für Stück entwinden müssen« (1914 g, S. 131). Und weiter führte er aus, daß im therapeutischen Kriegszustand »[d]ie Länge des Entwicklungsweges und die Reichhaltigkeit des Materials ... nicht das Entscheidende (sind). Es kommt mehr darauf an, ob der Weg frei ist. Auf einer Strecke, die man in Friedenszeiten in ein paar Eisenbahnstunden durchfliegt, kann eine Armee wochenlang aufgehalten sein, wenn sie dort den Widerstand des Feindes zu überwinden hat« (1926 e, S. 255; vgl. 1912 b, S. 369 f.; 1916–17 a, S. 475; 1920 a, S. 291).

Während Freud also die Rahmenbedingungen der psychoanalytischen Praxis als eine freie Vertragsvereinbarung darstellt und ihre innere Dynamik mit einem Kriegszustand vergleicht, in dem der Analysand die Autorität des Analytikers bekämpft, ergibt sich diese Dualität notgedrungen aus der Tatsache, daß dasselbe Individuum, das der Analyse zustimmt, sich gleichzeitig ihrem Verfahren widersetzt.

Wie kommt diese Dualität zustande? Nach Freud erbitten Patienten therapeutische Hilfe, weil sie in einen pathologischen inneren Konflikt verstrickt sind, der sie ihrer Energien beraubt und den sie nicht lösen können: »Man übersieht an dieser Sachlage gewöhnlich den einen wesentlichen Punkt, daß der pathogene Konflikt der Neurotiker nicht mit einem normalen Kampf seelischer Regungen, die auf demselben psychologischen Boden stehen, zu verwechseln ist. Es ist ein Widerstreit zwischen Mächten, von denen die eine es zur Stufe des Vorbewußten und Bewußten gebracht hat, die andere auf der Stufe des Unbewußten zurückgehalten worden ist. Darum kann der Konflikt zu keinem Austrag gebracht werden« (1916–17 a, S. 449).

Unfähig, die Oberhand zu gewinnen, sucht das rationale bewußte »Ich« des Patienten ein Objekt als Stütze, »um unbeherrschte Anteile [seines] Es zu unterwerfen, also sie in die Synthese des Ichs einzubeziehen« (1937 c, S. 80). In Freuds Sicht schließt das bewußte Ich des Patienten den Vertrag mit dem Analytiker, um sowohl die Kräfte wiederzuerlangen, die aufgrund der Verdrängung auf das Unbewußte beschränkt sind, als auch jene Kräfte, die das Ich zur Aufrechterhaltung der Verdrängung verausgabt. Da nun das Ich damit beschäftigt ist, gleichzeitig die Verdrängung – und damit die Widerstände – zu bewahren und nach einem Verbündeten gegen sie Ausschau zu halten, ist seine Haltung gegenüber den Zielen der analytischen Behandlung ambivalent. Einerseits sucht es einen Verbündeten, andererseits behandelt es »die Heilung selbst ... wie eine neue Gefahr« (1937 c, S. 84; vgl. 1920 g, S. 17; Laplanche und Pontalis, 1967, S. 622). Der Analysand ist also willens, die Autorität des Analytikers als Bestandteil des Vertrags zu akzeptieren, und gleichzeitig widersetzt er sich ihr, um das Verdrängte – das heißt das als unerfreulich, unmoralisch oder beschämend Erachtete – daran zu hindern, ins Bewußtsein zu gelangen.

Welches Ziel verfolgt der Analytiker in dieser komplexen vertraglichen Gegenüberstellung? Freud betonte, der Analytiker solle weder versuchen, die Konflikte seiner Patienten zu lösen, noch einen harmonischen Seelenzustand herzustellen, weder bestimmte Verhaltensweisen empfehlen, noch der einen psychischen Instanz zu einem endgültigen Sieg über die andere verhelfen. Die Redekur sei kein Glücksversprechen, so Freud in seiner berühmten Schlußfolgerung in den *Studien über Hysterie*, was ihr höchstens gelingen könne, sei, »hysterisches Elend in gemeines Unglück zu verwandeln« (1895 d, S. 312).

Mit anderen Worten: Die Aufgabe der analytischen Behandlung besteht darin, einen pathologischen – das heißt einen ungelösten – Konflikt in einen normalen Konflikt zu verwandeln, in dem die widerstreitenden Kräfte auch tatsächlich aufeinandertreffen: »Eine wirkliche Entscheidung kann erst fallen, wenn sich die beiden auf demselben Boden treffen. Ich denke, dies zu ermöglichen, ist die einzige Aufgabe der Therapie (1916–17 a, S. 449).

Anders formuliert besteht das Ziel der psychoanalytischen Behandlung darin, einen pathologischen Konflikt dialektisch zu bewältigen, eine »Aufhebung« zu erreichen, in deren Verlauf der Konflikt in seiner ursprünglichen pathologischen Form aufgehoben und auf eine höhere, bewußtere Ebene gehoben wird, wobei die beteiligten diskordanten Elemente als solche erhalten bleiben. Nicht das Einhalten bestimmter Verhaltensweisen stellt den therapeutischen Erfolg und die Heilung unter Beweis, sondern die Fähigkeit, autonome Entscheidungen zu treffen und Konflikte zu handhaben bzw. zu lösen. Die Face-to-face-Politik im psychoanalytischen Behandlungszimmer bewirkt die individuelle Selbstbestimmtheit des Patienten in dem in Kapitel 10 ausgeführten Sinn: »Wir ersparen es unseren Patienten nicht, diese Kritik mitanzuhören, wir gewöhnen sie an vorurteilsfreie Erwägungen der sexuellen Angelegenheiten wie aller anderen, und wenn sie, nach Vollendung ihrer Kur selbständig geworden, sich aus eigenem Ermessen zu irgend einer mittleren Position zwischen dem vollen Ausleben und der unbedingten Askese entschließen, fühlen wir unser Gewissen durch keinen dieser Ausgänge belastet« (1916–17 a, S. 450). Getreu den liberalen Idealen des Pluralismus und der Toleranz, wandte Freud sich gegen all jene, die dafür plädierten, »die Psychoanalyse möge sich in den Dienst einer bestimmten philosophischen Weltanschauung stellen und diese dem Patienten zum Zwecke seiner Veredlung aufdrängen. Ich möchte sagen, dies ist doch nur Gewaltsamkeit, wenn auch durch die edelsten Absichten gedeckt« (1919 a, S. 191).

Um das psychoanalytische Setting als Kampfplatz einer Face-to-face-Politik zu entwerfen, habe ich bisher nicht nur unterschiedliche Aspekte des psychoanalytischen Settings im historischen Kontext diskutiert, sondern auch seine vertraglichen Grundlagen, seine Struktur und seinen Zweck sowie Freuds Vermutung, daß Analysanden den Vertrag unmöglich einhalten können. Noch nicht diskutiert wurden zum einen die Prozesse, die zum Abbruch der Vertragsvereinbarung führen können, zum anderen die geeignete Technik, die den Widerstand des Patienten verstehen und überwinden hilft. Dies hängt damit zusammen, daß ich das, was als Dreh- und Angelpunkt der psychoanalytischen Behandlungspraxis betrachtet werden kann und was Freud mit dem Begriff der »Übertragung« umschrieb, bislang ausgespart habe.

Freud hielt die Übertragung verantwortlich dafür, daß Patienten sich unangemessen verhalten; sie liefert das Material, das der Analytiker deuten muß, und erklärt die Widerstände des Analysanden gegen diese Deutungen ebenso wie seine Bereitschaft, sie zu akzeptieren. Kurz gesagt: Übertragung ist der Motor der Psychoanalyse; sie sorgt dafür, daß Psychoanalyse funktioniert und Analytiker und Patienten ihr Ziel erreichen. Übertragung ist »das Schlachtfeld, auf welchem sich alle miteinander ringenden Kräfte treffen sollen« (1916–17 a, S. 472) und auf dem »der Sieg gewonnen werden« muß (1912 b, S. 374). Was Freud »Übertragung« nannte, umfaßt auch eine »Mésalliance« oder »falsche Verknüpfung« (1895 d, S. 308 f.), der zufolge unbewußte Wunschvorstellungen und Phantasien aus der Vergangenheit auf die Gegenwart, aus der Kindheit auf das Erwachsenenalter und von frühen Liebesobjekten und Autoritäten auf spätere verlagert werden.

Für Freud lebt kein Mensch jemals vollauf und einzig und allein in der Gegenwart. Jeder Mensch erwirbt in der frühen Kindheit bestimmte unbewußte, aber prototypische Muster, die die Umgangsweise mit anderen als Liebes- oder Autoritätsobjekte formen. Besonders bei Neurotikern – deren Gefühlsleben in höherem Maße von der Vergangenheit beeinflußt ist als das »normaler« Menschen – sind die Gegenwartsbeziehungen, so Freud, »einfache Neudrucke, unveränderte Neuauflagen« (1905 e, S. 280) oder im Unbewußten aufbewahrte frühkindliche Klischees, auf deren Boden aktuelles Verhalten jeweils neu geformt wird.

Es ist offensichtlich, daß Freuds Begriff der Übertragung mit libidinösen Triebstrebungen und den Liebesgefühlen zu tun hat, die auf den Analytiker übertragen werden. Weiter unten in Teil IV werde ich ausführen, daß in Freuds Theorie Liebe und Macht immer miteinander verflochten sind, weil aus seiner Sicht Liebe die Grundlage für Autorität ist, und Autorität wiederum Liebe wachruft. An dieser Stelle möchte ich jedoch zeigen, daß dem Freudschen Begriff der Übertragung ein politischer Diskurs *par excellence* zugrunde liegt, der die Veränderungen und Wechsel der Autoritätspositionen in der Face-to-face-Politik des psychoanalystischen Settings thematisiert.

Zwar »bekleidet« die Übertragung »den Arzt mit Autorität«, indem sie den Analytiker an die Stelle des Vaters oder der Mutter des Patienten setzt (1916–17 a, S. 463). Was die Psychoanalyse jedoch von anderen Behandlungsmethoden unterscheidet, ist nicht *per se* die Übertragung, die Freud als unvermeidlichen Bestandteil aller sozialen Beziehungen betrachtete. Vielmehr können, da der Analytiker lediglich als undurchsichtige Autorität präsent ist, zumeist unsichtbar, schweigend, passiv und kaum eigene Gefühle preisgibt, die Phantasien und Wunschvorstellungen gegenüber Autoritäten zum Vorschein kommen.

Die nebelhafte Gegenwart des Analytikers im klinischen psychoanalytischen Setting stellt dem Patienten ein Objekt zur Verfügung, bei dem sich die neurotischen Verhaltensmuster unter kontrollierten Bedingungen selbst reproduzieren. Die künstliche Schöpfung einer solchen »Übertragungsneurose« konstituiert die größte List der Psychoanalyse, da auf diese Weise die unbewußten Manifestationen der Beobachtung und Intervention des Psychoanalytikers zugänglich gemacht werden.

Aus diesem Grund war für Freud das Behandlungszimmer der einzige soziale Ort, an dem die unbewußten frühkindlichen Haltungen gegenüber Liebesobjekten und Autoritätsfiguren, die den Patienten beeinträchtigen, als machtvolle Faktoren demaskiert werden können: »während der Kranke es (das übertragene Material) als etwas Reales und Aktuelles erlebt, haben wir daran die therapeutische Arbeit zu leisten, die zum guten Teile in der Zurückführung auf die Vergangenheit besteht« (1914 g, S. 131). Das Vermögen, dem Patienten Einsicht in die Übertragung zu verschaffen, war für Freud die wichtigste klinische Errungenschaft der Psychoanalyse, und er unterschied sie in aller Schärfe von den suggestiven Methoden »in Anstalten«, in denen man »die höchsten Intensitäten und die unwürdigsten Formen einer bis zur Hörigkeit gehenden Übertragung« beobachten könne (1912 b, S. 367; vgl. 1916–17 a, S. 471). Während andere Ärzte die Unterwürfigkeit ihrer Patienten über die ganze Behandlung hinweg verstärkten, habe der Analytiker »die Aufgabe, den Patienten jedesmal aus der gefahrdrohenden Illusion zu reißen, ihm immer wieder zu zeigen, daß es eine Spiegelung der Vergangenheit ist, was er für ein neues reales Leben hält« (1940 a, S. 102).

Solange die Übertragung positiv ist und die Autorität des Analytikers über den Patienten verstärkt, sah Freud keinen Grund zur Deutung. Er riet: »Man warte mit dieser Heikelsten aller Prozeduren, bis die Übertragung zum Widerstande geworden ist« (1913 c, S. 473). Die Übertragung müsse jedoch analysiert werden, wenn sie sich ins Negative wendet und die Autorität des Analytikers unterläuft, das heißt, wenn »wir sagen [dürfen], der Analysierte *erinnere* überhaupt nichts von dem Vergessenen und Verdrängten, sondern er *agiere* es. Er reproduziert es nicht als Erinnerung, sondern als Tat ... Zum

Beispiel: Der Analysierte erzählt nicht, er erinnere sich, daß er trotzig und ungläubig gegen die Autorität der Eltern gewesen sei, sondern er benimmt sich in solcher Weise gegen den Arzt« (1914g, S. 129; vgl. 1912b, S. 374; 1940a, S. 103, Hervorhebung im Original).

Doch selbst in diesen Fällen kann die Übertragung für die Analyse genutzt werden. Da er dem Analytiker »ein Stück des realen Erlebens« darbietet (1914g, S. 135), wiederholt der Analysand ein frühkindliches Beziehungsmuster mit Autoritätsfiguren: »Die feindlichen Gefühle bedeuten ebenso eine Gefühlsbindung wie die zärtlichen, ebenso wie der Trotz dieselbe Abhängigkeit bedeutet wie der Gehorsam, wenn auch mit entgegengesetztem Vorzeichen« (1916–17a, S. 461).

Statt nun die Übertragung dazu zu nutzen, seinen Autoritätsstatus zu erhalten und zu verstärken, zielt der Analytiker systematisch auf ihre Aufhebung, indem er dem Patienten die unrealistischen Übertragungsaspekte enthüllt und ihm erklärt, daß dieser ihm eine Phantasierolle zugeschrieben hat, welche er ablehne. Statt aus der Autorität, mit der ihn die Übertragung ausstattet, einfach Gewinn zu ziehen, unterminiert der Analytiker sie, »indem wir dem Kranken nachweisen, daß seine Gefühle nicht aus der gegenwärtigen Situation stammen und nicht der Person des Arztes gelten, sondern daß sie wiederholen, was bei ihm bereits früher einmal vorgefallen ist« (ebd.). Indem er ein der Übertragung entstammendes Verhalten aufdeckt, das mit dem rationalen, vertraglichen analytischen Setting nicht übereinstimmt, kann der Analytiker dazu beitragen, daß dem Analysanden unbewußte Elemente bewußt werden und seine Einstellung gegenüber Autoritäten – wie unbewußte Regungen von Angst, Schmeichelei, Beschwichtigung, Flucht, Trotz oder Widerstand gegenüber dem Analytiker, bzw. ihn als gütig, reserviert, kritisch oder bestrafend zu erleben – zu einem zentralen Element der Therapie wird (vgl. Frosh, 1987, S. 237; Abrahmson, 1984, S. 112).

Für Freud war die Fähigkeit, den Patienten dazu zu bringen, die Übertragung als solche zu erkennen, von genau jener Autorität abhängig, die der Analytiker zu unterminieren sucht: »Der intellektuelle Gehalt unserer Aufklärungen kann das nicht leisten, denn der Kranke, der alle Vorurteile der Umwelt teilt, brauchte uns so wenig zu glauben wie unsere wissenschaftlichen Kritiker. Der Neurotiker macht sich an die Arbeit, weil er dem Analytiker Glauben schenkt, und er glaubt ihm, weil er eine besondere Gefühlseinstellung zu der Person des Analytikers gewinnt. Auch das Kind glaubt nur jenen Menschen, denen es anhängt« (1926e, S. 255 f.) Anders ausgedrückt, die

Autorität des Analytikers und die Art und Weise, wie der Analysand darauf reagiert, ist nicht nur Gegenstand der psychoanalytischen Praxis, sondern auch ihr Medium. Wenn Einsicht – so Freud – den Patienten aus den Fallstrikken der Vergangenheit befreien kann, dann geschieht dies nicht aufgrund kognitiver Verdienste; Einsicht muß vielmehr mit List gewonnen werden, indem die falschen Verknüpfungen, die den Analytiker mit falscher Autorität ausstatten, ausgewertet werden. Will der Analytiker ein effektiver Therapeut sein, muß er die elterliche Autorität nutzen, mit der der Patient ihn ausgestattet hat.

Die hier beteiligte Dialektik ist genau jene, die nach Thomas Wartenbergs Definition für die Ausübung »transformativer Macht« – er stellt sie dem Paternalismus gegenüber – typisch ist (Wartenberg, 1990, S. 61 f., S. 183 ff.). In einer paternalistischen Beziehung übt eine dominante Instanz über eine untergeordnete Instanz in deren Interesse Macht aus, wenn letztere eigene Interessen nicht erkennen oder verwirklichen kann. Hypnotische Suggestion bewirkt eine paternalistische Machtausübung: Wie weiter oben ausgeführt, bewirkt letztere, daß Muster sozialer Dominanz – wie Klassenunterschiede und habituelle Ehrerbietung – zugunsten der untergeordneten Instanz eingesetzt werden. Wartenberg erklärt: »Bei transformativer Macht übt die dominante Instanz Macht auch zum Vorteil der untergeordneten Instanz aus. In diesem Fall will die dominante Partei aber nicht nur zum Nutzen der untergeordneten Instanz handeln, sondern versucht des weiteren, ihre Macht so einzusetzen, daß die untergeordnete Instanz gewisse Fertigkeiten erwirbt, die die Machtunterschiede zwischen beiden Instanzen aushöhlen. Die transformative Macht ist eine Machtausübung, die sich mit Hilfe der Bevollmächtigung der untergeordneten Instanz selbst obsolet zu machen sucht« (ebd., S. 184).

Anders als bei paternalistischer Macht – charakteristisch für die Suggestion – ist der Einsatz von Autorität seitens des Analytikers selbst-transzendent. Er setzt seine Autorität strategisch ein, um eine soziale Erfahrung zu schaffen, die den Patienten Einblick gibt in unbewußte Regungen, welche sie daran hindern, wie vernünftige Partner einer Vertragsvereinbarung zu handeln. Auf diese Weise können Patienten über jene Regungen Kontrolle erlangen und wie autonome Instanzen handeln lernen. Deshalb betrachte ich die transformative Dialektik der psychoanalytischen Praxis als politisch: Sie thematisiert Fragen von Einverständnis, Widerstand und Autorität, und Freud induzierte Bilder von Konflikt, Allianzen, Recht und Kriegsführung, um sie zu exemplifizieren. Vor allem aber stellte Freud die Dynamik der psychoanalytischen Dyade in den Dienst eines politischen Ziels: die Aufhebung von Abhängigkeit und die Unterstützung individueller Autonomie:

»Setzt der Patient den Analytiker an die Stelle seines Vaters (seiner Mutter), so räumt er ihm auch die Macht ein, die sein Über-Ich über sein Ich ausübt ... Das neue Über-Ich hat nun Gelegenheit zu einer Art von *Nacherziehung* des Neurotikers, es kann Mißgriffe korrigieren, die sich die Eltern in ihrer Erziehung zu Schulden kommen ließen. Hier setzt allerdings die Warnung ein, den neuen Einfluß nicht zu mißbrauchen. So sehr es den Analytiker verlocken mag, Lehrer, Vorbild und Ideal für andere zu werden, Menschen nach seinem Vorbild zu schaffen, er darf nicht vergessen, daß dies nicht seine Aufgabe im analytischen Verhältnis ist, ja daß er seiner Aufgabe untreu wird, wenn er sich von seiner Neigung fortreißen läßt. Er wiederholt dann nur einen Fehler der Eltern, die die Unabhängigkeit des Kindes durch ihren Einfluß erdrückt hatten, ersetzt nur die frühere Abhängigkeit durch eine neuere. Der Analytiker soll aber bei allen Bemühungen zu bessern und zu erziehen die Eigenart des Patienten respektieren« (1940a, S. 100 f.).

14 Die Macht des Wortes

Wie weiter oben ausgeführt »politisierte« Freud das klinische Setting der Psychoanalyse mittels eines Repertoires von Metaphern und Analogien, die den therapeutischen Prozeß mit gesellschaftlichen Institutionen vergleichen. An dieser Stelle möchte ich zeigen, daß Freud das psychoanalytische Setting auch als eine Arena verbaler Politik strukturierte, in der die Sprache als Waffe eingesetzt wird: um anzugreifen, zu überwachen, zu bezwingen und zu herrschen, um sich zu verteidigen und zu befreien. Worte sind das einzige Machtmittel, welches Freud in dem sorgfältig isolierten sozialen Bereich des analytischen Behandlungszimmers erlaubte. Diese politische Konzeption der psychoanalytischen Praxis – so möchte ich behaupten – stimmt eher mit der logischen und linguistischen Struktur des Freudschen therapeutischen Diskurses überein als die beiden derzeit verbreiteten Ansätze einer Hermeneutik, die Bedeutung und Sinn untersucht, oder einer Naturwissenschaft, die Ursache und Mechanik erforscht (auf diesen Vergleich werde ich im Schlußkapitel zurückkommen). Wie oben dargelegt, besteht die Hauptaufgabe des Analytikers darin, Übertragung und Widerstand des Analysanden zu deuten; das heißt, jene Rede und Verhaltensweisen zu enträtseln, die von der vertraglichen Abmachung abweichen, und sie auf zugrundeliegende latente Ursachen zurückzuführen.

Freud maß den Worten des Analytikers als einflußreichem Medium in der Face-to-face-Politik des Behandlungszimmers große Bedeutung bei, da für ihn nicht die »Dummheit« des Patienten Ursprung der Neurose ist, sondern der Einfluß von Verdrängung und Widerstand. Der Analytiker kämpft mit einem unsichtbaren, listigen und unaufrichtigen Gegenspieler, der mit jedem erdenklichen Trick verborgene Wünsche und Begierden zu verheimlichen sucht und dem Wissen, das die Psychoanalyse zeitigen könnte, Widerstand entgegenbringt (vgl. Gellner, 1985). Mit Freuds Worten:

> »Nicht dies Nichtwissen an sich ist das pathogene Moment, sondern die Begründung des Nichtwissens in *inneren Widerständen*, welche das Nichtwissen zuerst hervorgerufen haben und es jetzt noch unterhalten. In der Bekämpfung dieser Widerstände liegt die Aufgabe der Psychotherapie. Die Mitteilung dessen, was der Kranke nicht weiß, weil er es verdrängt hat, ist nur eine der notwendigen Vorbereitungen für die Psychotherapie. Wäre das Wissen des Unbewußten für den Kranken so wichtig wie der in der Psychoanalyse Unerfahrene glaubt, so müßte es zur Heilung hinreichen, wenn der Kranke Vorlesungen anhört oder Bücher liest. Diese Maßnahmen haben aber ebensoviel Einfluß auf die nervösen Leidenssymptome wie die Verteilung von Essenskarten zur Zeit einer Hungersnot auf den Hunger. Der Vergleich ist sogar über seine erste Verwendung hinaus brauchbar, denn die Mitteilung des Unbewußten an den Kranken hat regelmäßig die Folge, daß der Konflikt in ihm verschärft wird und die Beschwerden sich steigern« (1910 k, S. 123).

Victor Wolfenstein (1990, S. 38) hat zu Recht hervorgehoben, daß es sich bei Deutungen weder um wissenschaftliche Hypothesen handelt, die im Labor zu testen sind, noch um exegetische Übungen an Narrativen, die der Patient zur Verfügung stellt. Deutungen sind keine Darlegungen eines desinteressierten Beobachters; sie erfordern weder die Zustimmung des Patienten im Sinne von Bekräftigung noch akzeptieren sie Unstimmigkeit im Sinne von Widerlegung.

Vielmehr sind die Worte des Analytikers taktische Bewegungen der Face-to-face-Politik, die beide Partner mit ihrer gesamten Subjektivität und in einem komplexen Zusammenspiel bewußter und unbewußter Kräfte an den analytischen Vertrag binden.

Bereits 1890 argumentierte Freud: »Worte sind gute Mittel, um seelische Veränderungen bei dem hervorzurufen, an den sie gerichtet werden« (1890a, S. 302), und 1893 erinnerte er seine Leser: »wie ein englischer Autor geistreich bemerkte, derjenige, welcher dem Feinde statt des Pfeiles ein Schimpfwort entgegenschleuderte, war der Begründer der Zivilisation, so ist das Wort der Ersatz für die Tat und unter Umständen der einzige Ersatz (Beichte)« (1893 h, S. 192). Ähnlich warnte er in *Die Frage der Laienanalyse* einen imaginären »Unparteiischen«, die Macht des Wortes nicht zu unterschätzen: »Es ist doch ein mächtiges Instrument, es ist ... der Weg, auf den anderen Einfluß zu nehmen. Worte können unsagbar wohltun und fürchterliche Verletzungen zufügen ... das Wort war ... ursprünglich ein Zauber, ein magischer Akt, und es hat noch viel von seiner alten Kraft bewahrt (1926e, S. 214; vgl. 1890a, S. 289; 1916–17a, S. 9).

Welchen Zauber sollen die Worte des Analytikers verbreiten? Freud übernahm eine von Leonardo da Vinci vorgenommene Unterscheidung und verglich die Macht psychoanalytischer Deutungen mit der Bildhauerei, die befehlende oder verbietende Rede des Hypnotiseurs jedoch mit der Malerei. Während der Analytiker ähnlich dem Bildhauer Material entfernt, geht der Hypnotiseur wie ein Maler vor, der eine Leinwand mit seinen Pinselstrichen bedeckt. Letzterer »*legt* etwas *auf*, die Suggestion nämlich, wovon sie erwartet, daß es stark genug sein wird, die pathogene Idee an der Äußerung zu *hindern*«. Analytische Therapie, so Freud, »will nicht auflegen, nichts Neues einführen, sondern *wegnehmen, herausschaffen*« (1905 a, S. 17, Hervorhebung J. B.).

Um das Charakteristische verbaler Macht des Analytikers zu erläutern, können – parallel zu den beiden in Kapitel 10 diskutierten Freiheitskonzepten Isaiah Berlins – zwei Machtkonzepte unterschieden werden. Ein »positiver« Machtbegriff läßt sich zur Kennzeichnung von Handlungen identifizieren, in der eine Instanz die andere zu zwingen oder zu manipulieren versucht, gemäß einer bestimmten Lehre, Ethik oder eines bestimmten Ideals zu denken, zu sprechen oder zu handeln. Dagegen werden mit dem »negativen« Machtkonzept Handlungen beschrieben, in denen die eine Instanz das Denken, Handeln oder die Worte der anderen Instanz blockiert bzw. verhindert.

Freud schränkte die deutenden Interventionen des Analytikers ein und schloß damit die positive und die negative Macht aus der Face-to-face-Politik des psychoanalytischen Settings aus. Sowohl in ihrer negativen wie in ihrer positiven Form geht die Ausübung von Macht der Handlung einer Instanz voraus, die zu bestimmten Verhaltensweisen gezwungen oder an bestimmten Verhaltensweisen gehindert werden soll. Dagegen ist es ein Charakteristikum der Deutung, daß sie immer der Rede und Handlung des Patienten nachfolgt. Statt Worte oder Handlungen herbeizuführen oder zu verhindern, wollen psychoanalytische Deutungen einige Handlungen untergraben, um andere zu unterstützen. Obwohl psychoanalytische Deutungen als Machtmittel gelten können, mit denen der Analytiker den Patienten zu bewegen versucht, etwas zu tun oder zu sagen, was er sonst nicht tun oder sagen würde, setzt die verbale Macht des Analytikers nicht vor, sondern immer erst nach einem Schweigen, einer Rede oder Handlung des Patienten im Behandlungszimmer ein, und sie zielt letztlich darauf, das Sprechen zu ermöglichen, statt es zu dirigieren und zu lenken.

Deshalb ist der psychoanalytischen Praxis ein emanzipatorisches Vorhaben inhärent, worauf Autoren wie Jeffrey Abramson (1984, S. 119 f.), Jürgen Habermas (1968, S. 279 f.) und Victor Wolfenstein (1990, S. 39) hingewiesen haben. Da der Begriff der »Emanzipation« häufig verwendet wird, ohne zu klären, was damit zusammenhängt, will ich sowohl die nach meinem Verständnis allgemeinen Charakteristika emanzipatorischer Praxis verdeutlichen als auch beschreiben, in welcher Weise sie für die psychoanalytische Praxis gültig sind.

Emanzipatorische Praxis, wie wir sie aus der Gesellschaftspolitik außerhalb des Behandlungszimmer kennen, will verborgene kulturelle, soziale und ökonomische Formen der Macht demaskieren, die gesellschaftlichen Akteuren – Individuen und Gruppen – soziale Rollen auferlegen, welche die vorhandenen Machtstrukturen reproduzieren und eine volle Selbstentfaltung einengen. Sie sucht die Verbindungen aufzudecken, die sich im Leben der einzelnen zeigen, wodurch es möglich wird, jene einzelnen Leben als ganzes zu betrachten und die Bedeutung einzelner Verhaltensweisen im Sinne dieses Ganzen zu begreifen. Das Ergebnis einer solchen Analyse ist eine Art Aufklärung, in der unterschiedliche Bedeutungen des Handelns transparent werden. Aus diesem Grund versucht emanzipatorische Praxis Formen des Sprechens, Verhaltens und sozialen Umgangs zu ermöglichen, welche die etablierten sozialen Muster nicht reproduzieren, sondern die Einschränkungen der bestehenden Gesellschaftsordnung und ihre konzeptuellen Systeme transzendieren. Emanzipatorische Praxis enthüllt die verborgene Logik solch herrschender konzeptueller Systeme, durch die sich die soziale Realität einer bestimmten Gesellschaft konstitutiert und definiert; sie legt offen, wie solche Systeme die Bedürfnisse einiger sozialer Akteure frustrieren und wie sie den Absichten anderer dienen. Unvermeidlich führt dieses Bestreben zu einer Neubewertung und Zerstörung der Bedeutung jener Grundannahmen, auf die Selbstkonzeptionen von Gesellschaften, Gruppen und Individuen aufbauen. Diese enthalten Ansichten über Privatheit und Öffentlichkeit, Rechte und Pflichten, Privateigentum und die Rolle der Arbeit, menschliche Bedürfnisse und Werte, Männlichkeit und Weiblichkeit, Natur und Kultur.

Ein weiteres Ziel emanzipatorischer Praxis ist, eine historische Beschreibung der Ursprünge und Entwicklung der vorhandenen Gesellschaftsordnung zur Verfügung zu stellen – ihre Gründungsmythen und ihren kulturellen Rahmen –, um so ihren einseitigen und historisch bedingten Charakter aufzudecken. Solange soziale Akteure das Reale auch als das Rationale und Notwendige betrachten und sich selbst sowie ihr soziales Feld nur im Sinne jener Bedeutungen verstehen können, die ihnen in einer gegebenen Gesellschaftsordnung zugeschrieben werden, ist die Möglichkeit zu alternativen Gesellschaftsorganisationen ausgeschaltet. Nur wenn den gesellschaftlichen Akteuren die Zurichtung solcher Muster bewußt wird, kann die Machtverteilung neu ausgehandelt bzw. aufgehoben und können gesellschaftliche Veränderungsprozesse initiiert werden. Mit anderen Worten: Emanzipatorische Praxis ist dialektisch. Die aktuelle gesellschaftliche Praxis wird in einen größeren Kontext gestellt, verbunden mit dem Versuch, ihren negativen Charakter aufzudecken, die ihr immanente Negation zu negieren und die Begrenzungen des Realen zu transzendieren.

Zum Beispiel haben Marxisten, um ein revolutionäres Bewußtsein der Arbeiterklasse zu bewirken, die Weltgeschichte vom materialistischen Standpunkt her zu rekonstruieren versucht. Sie wollten die verborgenen Formen der Unterdrückung und Ausbeutung enthüllen und aufdecken, wie Annahmen und Definitionen in bezug auf politische Rechte, Privateigentum, Arbeit und Kapital dazu beitragen, die Klassenstruktur in kapitalistischen Gesellschaften zu perpetuieren und zwischenmenschliche Beziehungen als Ware zu nutzen. Ähnlich haben Feministinnen vom Standpunkt der Frauen Geschichte neu geschrieben; sie wollen aufdecken, wie konventionelle Definitionen von Familie, Weiblichkeit, Reproduktion und allgemeine geschlechtsspezifische

Diskurse die patriarchale Ordnung aufrechterhalten. Sie hinterfragen konventionelle gesellschaftliche Kategorien – wie die Unterscheidung von öffentlich versus privat und von Natur versus Kultur – und beabsichtigen, den Weg zu einer neuen weiblichen Selbstdefinition zu ebnen, die den Frauen aus den ihnen vom Patriarchat zugewiesenen konventionellen sozialen Rollen als Töchter, Ehefrauen und Mütter auszubrechen erlaubt.

Wie läßt sich nun aber die Macht des Analytikers als emanzipatorische Praxis charakterisieren? Erstens: Parallel zu den Bemühungen, die Wirkungen gesellschaftlicher Zwänge und kultureller Bedeutungen aufzudecken, enthüllen analytische Deutungen seelische Prozesse, die dem Analysanden nicht bewußt sind und deshalb die Macht haben, sein Verhalten auf eine Weise zu strukturieren, die außerhalb seiner Kontrolle liegt.

Zweitens: Psychoanalytische Deutungen haben ein praktisches Ziel. Wie Freud im *Kleinen Hans* klarstellte, ist eine Psychoanalyse »eben keine tendenzlose, wissenschaftliche Untersuchung, sondern ein therapeutischer Eingriff; sie will an sich nichts beweisen, sondern nur etwas ändern« (1909 b, S. 339). Ohne eine nachfolgende sprachliche Produktion hat deshalb selbst die explizite Zustimmung des Patienten zu einer Deutung keine Relevanz, da sie nicht indiziert, ob die Übertragung gelöst werden konnte: »Einen Wert hat dies Ja (des Patienten) nur, wenn es von indirekten Bestätigungen gefolgt wird, wenn der Patient in unmittelbarem Anschluß an sein Ja neue Erinnerungen produziert, welche die Konstruktion ergänzen und erweitern. Nur in diesem Falle anerkennen wir das ›Ja‹ als die volle Erledigung des betreffenden Punktes« (1937 d, S. 49; vgl. 1905 e, S. 217; 1925 h, S. 11, S. 15). Und Freud betonte weiter: »Nur die Fortsetzung der Analyse kann die Entscheidung über Richtigkeit oder Unbrauchbarkeit unserer Konstruktion bringen« (1937 d, S. 52).

Drittens: Freuds Verknüpfung zwischen Richtigkeit und Brauchbarkeit psychoanalytischer Deutungen zeigt, daß sie einer Politik der Wahrheitsfindung zuzurechnen sind. Die Erinnerungen dessen, was »vergessen« oder vom konventionellen Diskurs ausgeschlossen ist, werden als korrekte und vollständige Repräsentation der Realität betrachtet – in Freuds Fall der inneren Realität des Seelenlebens des Patienten. Gleichzeitig wird von der politischen Wirksamkeit dieser Wahrheit ausgegangen. Mit anderen Worten: Emanzipatorische Praxis gründet auf der Annahme, daß sie zur Wahrheit hinführe und die Wahrheit der Deutungen Teil ihrer subversiven Macht sei. Ohne den Anspruch auf Wahrheit und ihr befreiendes Potential können emanzipatorische soziale Bewegungen nicht geltend machen, daß sie tatsächlich Freiheit bewirken und nicht nur eine Form gesellschaftlicher Unterdrückung durch eine andere ersetzen.

Ähnlich entschieden wies Freud den Vorwurf zurück, Psychoanalyse sei »nichts anderes als eine besonders gut verkappte, besonders wirksame Art der Suggestionsbehandlung« (1916–17 a, S. 470). Er räumte ein, daß Suggestion in der psychoanalytischen Praxis eine Rolle spiele, und er betonte, daß die Autorität des Analytikers bei der Bewältigung des anfänglichen Widerstands des Patienten gegenüber Deutungen dienlich sei. Jedoch stellte er durchweg in Abrede, daß Suggestion eine anhaltende psychische Veränderung des Patienten, wie sie von der Psychoanalyse angestrebt wird, bewirken könne. Freud diskutierte die Bereitschaft des Analysanden, die Machtworte des Analytikers zu akzeptieren, und erklärte: »Es ist natürlich keine Schwierigkeit, ihn (den Kranken) zum Anhänger einer gewissen Theorie zu machen und ihn so auch an einem möglichen Irrtum des Arztes teilnehmen zu lassen. Er verhält sich dabei wie ein anderer, wie ein Schüler, aber man hat dadurch auch nur seine Intelligenz, nicht seine Krankheit beeinflußt. Die Lösung seiner Konflikte und die Überwindung seiner Widerstände glückt doch nur, wenn man ihm solche Erwartungsvorstellungen gegeben hat, die mit der Wirklichkeit in ihm übereinstimmen. Was an den Vermutungen des Arztes unzutreffend war, das fällt im Laufe der Analyse wieder heraus, muß zurückgezogen und durch Richtigeres ersetzt werden« (ebd.).[18]

Viertens: In den Theorien emanzipatorischer Praxis wird hervorgehoben, daß Wahrheit, soll sie wirksam sein, zu einer realen sozialen Erfahrung Bezug haben muß. Aus marxistischer Sicht zum Beispiel erlangt die Arbeiterklasse ein revolutionäres Bewußtsein nur dann, wenn die gesellschaftlichen Verhältnisse reif dafür sind, das heißt, wenn der Kapitalismus auf seinem Höhepunkt angelangt ist und die Arbeiter das Destruktive und Selbstdestruktive seiner Dynamik erfahren. Ähnlich machte Freud geltend, der Analytiker müsse »den richtigen Moment abwarten, um dem Patienten (die) Deutung mit Aussicht auf Erfolg mitzuteilen« (1926 e, S. 250). Da die Worte des Analytikers zudem noch eine Erinnerung im Patienten wachrufen soll, muß er sich auf das aktuelle Verhalten des Patienten im Behandlungszimmer beziehen, das heißt, auf Beispiele, in denen unbewußte Impulse sich *in vivo* als Übertragung und

[18] Grünbaum (1984) hat diese Passage – wie ich meine überzogen – interpretiert und das sogenannte »tally argument« daraus abgeleitet.

Widerstand manifestieren. Nur wenn sie in das vertragliche Setting als »eine aktuelle Macht« (1914 g, S. 131) eingebracht werden, können diese Impulse in den therapeutischen Bereich Einlaß finden sowie gedeutet und bewältigt werden. In Freuds treffender Formulierung kann schließlich »niemand *in absentia* oder *in effigie* erschlagen werden« (1912 b, S. 374).

Anders ausgedrückt wollen psychoanalytische Deutungen ein Wissen zur Verfügung stellen, das mit den Erfahrungen des Analysanden in der analytischen Beziehung verwandt ist, um das Ingangsetzen oder die Wiedererlangung eines Selbstentwicklungsprozesses zu begünstigen, der bisher aufgrund eines neurotischen Konflikts ausgeschlossen worden war.

Fünftens: Emanzipatorische Praxis muß Widerstand überwinden. Offensichtlich haben die gesellschaftlichen Akteure, die an der Errichtung des *status quo* beteiligt waren oder ihn beherrschen und gegenwärtig Nutzen aus ihm ziehen, großes Interesse an seiner Erhaltung. Sie neigen zum Widerstand gegen emanzipatorische Bestrebungen, die ihre Macht untergraben und vorhandene gesellschaftliche Strukturen demontieren könnten. Doch selbst jene, die aufgrund der Gesellschaftsordnung eine untergeordnete Position einnehmen, sind oft mit deren Werten und der ihnen zugewiesenen sozialen Rolle identifiziert und zögern, sich die Lehren der Veränderung und Befreiung zu eigen zu machen.

Ähnlich muß der Analytiker, wie in Kapitel 13 ausgeführt, den Widerstand des Patienten überwinden. Selbst das Ich, das aufgrund der für die Verdrängungsmechanismen aufzubringenden Energieverschwendung geschwächt wurde und nach einem Verbündeten Ausschau hält, der es in diesem Bürgerkrieg der Seele unterstützt, ist nach Freud nicht willens, die Barrieren der Verdrängung aufzuheben. Denn obwohl die Verdrängung zu einem unlösbaren pathologischen Konflikt geführt hat, erbringt sie dem Patienten den Vorteil, das ins Unbewußte Verbannte und als unerfreulich, schmerzhaft oder unmoralisch Gefürchtete nicht konfrontieren zu müssen.

Sechstens: Psychoanalytische Deutungen haben zum Ziel, den Zwang zur Wiederholung alter Muster zu überwinden, indem sie eine Geschichte dessen, was verdrängt und »vergessen« wurde, zur Verfügung stellen. Solch genetische »Konstruktionen« verfolgen die Ursprünge unbewußter Regungen zurück zur frühen Kindheit, die der Patient, da sie vergessen sind, im Erwachsenenleben zu wiederholen gezwungen ist: »Die unbewußten Regungen wollen nicht erinnert werden, wie die Kur es wünscht, sondern sie streben danach, sich zu reproduzieren ... Der Arzt will ihn (den Patienten) dazu nötigen, diese

Gefühlsregungen in den Zusammenhang der Behandlung und in den seiner Lebensgeschichte einzureihen, sie der denkenden Betrachtung unterzuordnen und nach ihrem psychischen Werte zu erkennen« (ebd).

Wie Freud verschiedentlich ausführte, besteht das Ziel der psychoanalytischen Praxis darin, Wiederholung durch Erinnerung zu ersetzen (zum Beispiel 1914 g, S. 131, 135). Intellektuelles Wissen, äußerlich angeeignet, ist ohne therapeutischen Wert. Ziel der Deutung ist vielmehr, einen Prozeß in Gang zu setzen, dem zufolge ein verborgenes inneres Wissen bewußt werden kann. Wenn solches Material ins Bewußtsein geholt wird, kann die zeitliche Dimension – die im Unbewußten nicht vorhanden ist – hinzugefügt und in die bewußte Selbstkonzeption des Individuums integriert werden. Es ist offenkundig, daß dieses psychoanalytische Vorgehen mit Versuchen emanzipatorischer Bewegungen vergleichbar ist, an »vergessene« Aspekte der Geschichte zu erinnern. Genau wie Erinnerung den Analysanden von den Zwängen befreien soll, bestimmte Verhaltensmuster zu wiederholen, über die er keine Kontrolle hat, argumentieren Marxisten und Feministinnen, daß historische Selbstwahrnehmung erreicht werden müsse, um eine kollektive Selbstkonzeption unter Arbeitern und Frauen zu schaffen, die ihnen ihre im Kapitalismus und Patriarchat zugeschriebenen Rollen zu transzendieren erlaubt.

Gleichzeitig sind jedoch sechs wichtige Aspekte zu verzeichnen, wonach die psychoanalytische Psychotherapie sich von der emanzipatorischen Praxis außerhalb des Behandlungszimmers unterscheidet. Erstens findet die psychoanalytische Praxis innerhalb einer vertraglichen Vereinbarung mit einem Experten statt, der für seine Dienste bezahlt wird. Zweitens erfolgt sie im Rahmen der Vertraulichkeit. Drittens hat sie die Emanzipation lediglich einzelner Individuen zum Ziel. Viertens unterstützt sie die Emanzipation von unterdrückenden innerseelischen Kräften und nicht von herrschenden kulturellen, gesellschaftlichen, politischen oder ökonomischen Einrichtungen. Fünftens, wie sowohl die feministische Kritik an Freuds Verhalten im Fall Dora als auch meine eigene Studie über die Aktivitäten von Psychoanalytikern im Ersten Weltkrieg zeigen, ließen Psychoanalytiker ihre Patienten selbst dann wieder zu den alten Rollen zurückkehren, wenn diese ihnen aufgezwungen waren. Sechstens beschränkt die psychoanalytische Praxis ernsthaft ihren Anwendungsbereich und ihre Ziele. Wie weiter oben ausgeführt, war Freud der Versprechen totaler Befreiung überdrüssig. Er wies Vorschläge zurück, die Psychoanalyse müsse versuchen, den Patienten »über die Schranken seiner engen Persönlichkeit zu erheben« (1912 e, S. 383), und er gab Analytikern den Rat, »vor allem tolerant ... gegen die Schwäche des Kranken« zu sein und sich zu bescheiden, »auch einem nicht Vollwertigen ein Stück Leistungs- und Genußfähigkeit wiedergewonnen zu haben« (ebd., S. 385).

In diesem Kapitel wurde das emanzipatorische Projekt der psychoanalytischen Praxis aus dem Blickwinkel des Analytikers diskutiert. Wie weiter oben ausgeführt, muß der Analytiker, um emanzipatorisch handeln zu können, vor allem und zuerst vom Patienten aus freien Stücken als Autorität anerkannt werden. In der Tat erfordert jede Form emanzipatorischer oder transformativer Macht eine Vertrauensbeziehung, in der eine Autorität von einer anderen Person oder Gruppe anerkannt wird, die freiwillig eine untergeordnete Position einnehmen. Wie die Geschichte uns gelehrt hat, kann sich, auch wenn die ursprüngliche Etablierung einer solch hierarischen Beziehung auf Konsens beruht, die ihr innewohnende Dynamik und Selbsttranszendenz lokkern und sich als paternalistische Machtstruktur verfestigen (Wartenberg, 1990, S. 209 ff.).

Ernest Gellner argumentiert, daß psychoanalytische Praxis von sich aus in genau dieser Weise selbststabilisierend sei. In einer *Huit-Clos*-Darstellung des psychoanalytischen Settings ist der Behandlungsraum für den Patienten gleichsam ein »›begriffliches Ventil‹, das den Zutritt gestattet, den Ausgang aber versperrt« (Gellner, 1985, S. 54). Aus Gellners Sicht erklären die Bedingungen des psychoanalytischen Settings, denen der Patient zustimmt, jegliche Kritik am Analytiker für unrechtmäßig, da diese unausweichlich so verstanden werde, unbewußt motiviert zu sein, und diese unbewußte Motivation durch die Interpretation des Analytikers aufgedeckt werden könne: »Wenn der Patient in der Psychotherapie kooperiert, ist ihm und muß ihm verwehrt sein, eine Haltung zu bewahren, von der aus er eine kritische Evaluation der Therapie versuchen könnte« (ebd., S. 49). Außerdem beschreibt Gellner die Übertragung als eine »reale zentrale emotionale Bindung«, die den Patienten auf der Couch und in Abhängigkeit vom Analytiker beläßt, so daß die vertraglichen Vereinbarungen, die dem Patienten die Freiheit der Beendigung der analytischen Beziehung zugestehen, leer und nichtssagend werden (ebd., S. 55). Somit ist dem Patienten – indem große Hoffnungen in ihm geweckt, aber keine expliziten Heilungsversprechen gemacht werden – im psychoanalytischen Setting eine machtlose Position zugewiesen, aus der es ohne Zustimmung des Analytikers kein Entkommen gibt.

Zu Recht weist Gellner darauf hin, daß die Grundregeln der psychoanalytischen Praxis Analytiker und Patienten nicht auf eine egalitäre Basis stellen und es unwahrscheinlich ist, daß letzterer gegenüber ersterem jemals argumentativ gewinnen könnte. Dennoch scheint mir, daß er an die analytische Beziehung zu sehr die Maßstäbe einer intellektuellen Auseinandersetzung legt. Auch sollte eine freiwillige, auf Vertrauen beruhende Abhängigkeit nicht als vollkommene Machtlosigkeit mißverstanden werden. Das Ich eines Patienten, das die Last der Analyse zu tragen stark genug ist, kann auch eine gewisse unabhängige Kritikfähigkeit in sich bewahren. Wie der Fall *Dora* zeigt, kann eine Patientin, wenn sie merkt, daß ihr nicht wirklich zugehört wird, durchaus die Behandlung abbrechen, selbst dann, wenn der Analytiker ein berühmter Arzt und sie eine junge Frau ist. Obwohl Gellner also auf eine Gefahr hinweist, die jedes emanzipatorische Vorhaben begleitet, scheint es, daß der Schutz, den der psychoanalytische Vertrag jenen zur Verfügung stellt, die eine emanzipatorische Handlung anstreben, besser ist als fast jede andere Form emanzipatorischer Praxis. Schließlich ist es nicht dasselbe, ob man einem Analytiker zugesteht zu deuten und so Kritik vermeidet, oder ob man einer Autoritätsfigur die Macht einräumt, die eigene Kritik zum Schweigen zu bringen. Obwohl die Praxen der Analytiker sich nicht gänzlich in Räume der Freiheit verwandelt haben, so wurden sie dennoch nicht zu Gefängniszellen.

Auch wenn nicht der Eindruck besteht, daß die psychoanalytische Praxis sich naturgemäß und unausweichlich in eine paternalistische, unterdrückerische Praxis verwandelt, ist das in den psychoanalytischen Behandler gesetzte Vertrauen zweifellos zu viele Male enttäuscht worden. Freuds eigene detaillierte Fallgeschichten enthüllen, daß er selbst nie ganz praktizierte, was er über Psychotherapie lehrte, und weit entfernt davon war, der erfolgreiche praktizierende Therapeut zu sein, den er erfunden hatte. Wie zahlreiche Kommentatoren hervorgehoben haben, übernahm er eine stärker paternalistische und intervenierende Haltung gegenüber seinen Patienten als seine klinischen Grundsätze es erlaubten – teilweise mit verheerenden Auswirkungen (vgl. Clare, 1985; Cremerius, 1982; Edmunds, 1988; Oberholzer, 1980; Sulloway, 1991). Das von mir dargestellte historische Quellenmaterial zeigt aber auch, daß die von Freud initiierten therapeutischen Grundsätze ihn selbst und seine Nachfolger bewogen haben, sich auf die Schwachen und Machtlosen – das heißt auf Frauen und einberufene Soldaten – in einer Weise zu beziehen, die durchweg weniger autoritär und menschlicher war als die anderer Therapeuten. Das sollte nicht vergessen werden, wenn man an einige der wüsten Attacken der letzten Jahre denkt, die Freuds therapeutische Praxis als totalitär bezeichnen (vgl. zum Beispiel Crews, 1993).

Anstatt nun aber die an der Psychoanalyse geübte Kritik genauso abzutun wie die Kritiker die Psychoanalyse, sollte sie von Analytikern und Analysanden als ernst zu nehmende Warnung verstanden werden: Sie verweist nämlich auf eine Gefahr, die nicht ignoriert werden darf. Mit Recht erinnern Kritiker daran, daß die psychoanalytische Praxis innerhalb eines hierararischen Rahmens situiert ist und ein solcher Rahmen – wenn keine Sicherheiten eingebaut sind, die jene in der unterworfenen Position schützen – leicht verfallen und sich in Unterdrückung verwandeln kann. Mir scheint, daß diese Warnung genau von jenen beachtet werden sollte, die die Psychoanalyse als emanzipatorische Praxis erhalten und weiterentwickeln möchten. Es ist zu hoffen, daß eine Lesart der historischen Quellen, wie ich sie versucht habe, praktizierenden Psychoanalytikern helfen wird, sich weniger unter Rechtfertigungszwang zu wähnen und sich fähig zu fühlen, den Machtmißbrauch in der Face-to-face-Politik im Praxisraum aufzudecken und zu bekämpfen sowie präventive Maßnahmen zu entwickeln, so daß die Psychoanalyse tatsächlich die von Freud entworfene Rolle emanzipatorischer Praxis einnehmen kann.

Teil IV

Im Reich der Leidenschaften: Ödipale Politik in Freuds kulturtheoretischen Schriften

In den vorherigen Kapiteln habe ich herausgearbeitet, daß Freuds Reflexionen der psychoanalytischen Psychotherapie maßgeblich die Begründung und Transformation von Autorität, ihren Einsatz und Mißbrauch sowie die Dialektik von Gehorsam, Widerstand und Befreiung zum Inhalt haben. Im letzten Teil dieser Studie will ich nachweisen, daß Freuds kulturtheoretische Schriften zu Familie, Masse und Stammesgesellschaften eine unverkennbar politische und dialektische Ausarbeitung der Ursprünge, Entwicklung, Dynamik und Struktur dieser Gesellschaftsformationen zur Verfügung stellen.

Ich werde zu zeigen versuchen, daß Freud jedwede Form von Herrschaft bzw. gesellschaftlicher Autorität unter dem Aspekt einer Strukturierung nach dem ödipalen Muster verstand, dem zufolge das Kind den väterlichen Verboten zustimmt und seine auf die Mutter gerichteten inzestuösen Wünsche aufgibt. Freud betrachtete Individuen, die sich zu Autoritäten, Obrigkeiten und Herrschaftsinstanzen entwickeln und im anderen Gehorsam hervorrufen, als Vaterfiguren, wenn sie der Face-to-face-Politik ihrer Ursprungsfamilie die eigenen Gesetze aufdrängen oder aber in Bereichen der öffentlichen Politik eine Machtposition innehaben. Ich bin der Ansicht, daß Freud, da er alle öffentlichen Autoritätsformen auf ödipale Interaktionsmuster zurückführte, auch die Dynamik der frühkindlichen Sexualentwicklung im politischen Sinn konzipierte: Einerseits wird in Freuds Beschreibung die Politik des öffentlichen Bereichs durch eine unbewußte Famliendynamik gestaltet. Andererseits leitete er diese Darstellung öffentlicher Politik durch die Politisierung der frühkindlichen Sexualität ein.

Aufgrund der Anwendung der ödipalen Dynamik der Libidotheorie auf die Gesellschaft schuf Freud ein Gesellschaftbild, das sich auffallend von anderen Gesellschaftsdefinitionen unterscheidet, insofern er den Menschen als ein körperliches Wesen begreift, das von sexuellen Wunschregungen getrieben wird, die mit den Anforderungen des allgemeinen Zusammenlebens nicht zu vereinbaren sind. Wie sich zeigen wird, gibt Freuds Sichtweise der Sozialbeziehungen Aufschluß darüber, daß keine Gesellschaft die Sexualität vollkommen ausblenden und kein Individuum die Erfordernisse des gesellschaftlichen Lebens außer acht lassen kann. Da die Menschen nur widerwillig zugunsten der Gesellschaft auf Lust verzichten, müssen Vaterfiguren, deren Verboten sie bereit sind zu gehorchen, ihnen Einschränkungen auferlegen.

Des weiteren möchte ich zeigen, daß Freuds Gesellschaftsbild dialektisch ist; es suggeriert, daß die väterliche Autorität nie ganz ausgelöscht, höchstens dialektisch *aufgehoben* werden kann, das heißt in ihrer Originalform abgeschafft und gleichzeitig auf eine höhere Stufe gehoben, wo sie erhalten bleibt. Wie ich ausführen werde, benutzte Freud diese dialektische Konzeption ödipaler Autorität zur Verteidigung von Autoritarismus. In seinen kulturtheoretischen Schriften führte Freud Lamarcks Konzept der phylogenetischen Vererbung in die Psychoanalyse ein und reformulierte damit auf unselige Weise einige psychoanalytische Grundannahmen. In meiner Darstellung der frühen Schriften Freuds über Hysterie und seine klinische Behandlungspraxis habe ich gezeigt, daß am Ende des 19. Jahrhunderts Freuds Haltung wohlwollender gegenüber den sozialen Mißständen von Frauen war, als von feministischer Seite allgemein angenommen. Dennoch tragen Freuds Vorstellungen von der Gesellschaft ohne Zweifel ausgeprägt patriarchale Züge. Er konzipierte alles Politische als Vater-Sohn-Beziehung und somit als eine Aktivität, an der nur Männer teilhaben, während er Frauen die Rolle des passiven Objekts männlicher Begierden zuerkannte. Da ich Gesellschaftstheorien kritisch gegenüberstehe, die von hereditären Annahmen ausgehen und autoritäre und patriarchale Wertvorstellungen befürworten, stehe ich dem Freudschen Werk in dem nun folgenden vierten Teil mit weniger Sympathie gegenüber als in den vorherigen drei Teilen.

15 | Körperhitze

Nach Freud ist die Familie der erste soziale Ort, der das Individuum mit dem Konflikt zwischen sexueller Lust und den Forderungen der Gesellschaft konfrontiert. Da Freud das Kind nicht nur als politisches Wesen, sondern auch als *homo sexualis* begriff, entwarf er die Familie als eine Arena, in der Machtkämpfe ausgefochten werden und Prozesse der Unterwerfung, Legitimation und Befreiung stattfinden. Auf diese Weise erweiterte Freud das Spektrum des Politischen auf das Kinderzimmer sowie die ersten Tage der Menschwerdung und verwandelte die Liebe in ein Instrument der Macht. Freud versah den kindlichen Körper in den verschiedenen sexuellen Entwicklungsstufen nicht nur mit erogenen Zonen – von denen sexuelle Wunschvorstellungen herrühren und wo sie befriedigt werden –, sondern schrieb diesen Entwicklungsstufen auch spezifische Wahrnehmungsformen zu, in denen das Kind sich selbst in der Beziehung zu seinen Eltern erlebt.

Im folgenden möchte ich darstellen, daß sich in jedem sexuellen Entwicklungsstadium ein je unterschiedlicher politischer Stil herausbildet, der den Umgang des Kindes mit den Elternfiguren bestimmt. In diesem Sinne beschäftigt sich dieses Kapitel mit der Rekonstruktion der Libidotheorie nicht als eine Geschichte der Sexualität, sondern als eine Geschichte der Politik.

Libido-Stadium	Konzeption der Eltern-Beziehung seitens des Kindes	Politischer Stil
autoerotisch	keine	selbstgenügsam
narzißtisch	Kind erhaben über Eltern	Herrschaft
oral	Kind abhängig von Eltern	Einwilligung
anal	Kind opponiert gegen Eltern	Widerstand
phallisch/ödipal	Kind begehrt und fürchtet Eltern	Unterwerfung
genital	Kind befreit sich von Eltern	Unabhängigkeit

Ich will versuchen zu verdeutlichen, worin ich die politische Dimension der Freudschen Libidotheorie erkenne. In Freuds Beschreibung des ersten autoerotischen Entwicklungsstadiums kommt das Kind als unstrukturiertes Triebbündel zur Welt, dessen Triebe noch unter keiner »sexuelle[n] Organisation« stehen (1905 d, S. 98) und dessen Aktivität der alleinigen Kontrolle des Lustprinzips angepaßt ist. Die einzelnen Triebkomponenten sind sowohl voneinander isoliert als auch unabhängig von der Außenwelt, weshalb Freud sie »autoerotisch« nannte (ebd., S. 83). Die Autoerotik reflektiert die anfängliche Unfähigkeit des Kindes, sich seiner selbst als kohäsives und kohärentes Subjekt und anderer als potentielle Wunschobjekte gewahr zu sein.

Freud zufolge vereint der Säugling die Sexualtriebe nach einiger Zeit und richtet sie auf das erste Objekt: den eigenen Körper. Dieser Zusammenschluß der Sexualtriebe findet im zweiten narzißtischen Stadium statt, in dem das Kind Subjekt und Objekt seiner eigenen Wünsche ist. Es imaginiert sich als omnipotent und selbstgenügsam und meint sich all seine Wünsche unabhängig von anderen befriedigen zu können. Solange das Baby die Phantasie in sich halten kann, absolute Macht über seine Wünsche zu haben, liebt es nur sich selbst und keinen anderen. Freud nennt den narzißtischen Säugling »His Majesty the Baby« (1914 c, S. 157) und beschreibt ihn als Größenwahnsinnigen, der von der Existenz anderer als unabhängigen Wesen nichts weiß (ebd., S. 139 f.).

In der Realität ist der Säugling jedoch für die Nahrungsaufnahme ganz und gar von seiner Mutter abhängig. Schlagen die eigenen praktischen Aktivitäten fehl – wie das Stillen von Hunger und Durst, das Sitzen, Aufstehen, Laufen –, wird es sich seiner Grenzen und seiner völligen Abhängigkeit von einer anderen Person bewußt. In Freuds Formulierung ist das Ich des Babys, das sich dieser Grenzen gewahr wird, »vor allem ein Körper-Ich« (1923 b, S. 255). »Damit stellt sich dem Ich zuerst ein ›Objekt‹ entgegen, als etwas, was sich ›außerhalb‹ befindet und erst durch eine besondere Aktion in die Erscheinung gedrängt wird« (1930 a, S. 424). Das Gefühl von Hilflosigkeit und Abhängigkeit, so Freud an anderer Stelle, »stellt also die ersten Gefahrensituationen her und schafft das Bedürfnis, geliebt zu werden, das den Menschen nicht mehr verlassen wird« (1926 d, S. 187).

Es hat den Anschein, als habe Freud die frühkindliche Sexualität als etwas für die Entwicklung des Menschen fundamental Wichtiges konzipiert, weil sich hier der erste Ort der Macht in der menschlichen Erfahrung konstituiert. Auf dieser primären Stufe kognitiver und emotionaler Entwicklung ist das

Kind gefangen in einem geschlossenen System, in dem sein Überleben abhängig ist von Eltern, die über seine körperlichen Bedürfnisse und seine körperliche Lust absolute Kontrolle ausüben. Für Freud entsprang die Liebe des Kindes zu seinen Eltern sowie die elterliche Autorität einer gemeinsamen Quelle: der Macht der Eltern über das Baby. Wird der Säugling seiner realen physischen Abhängigkeit gewahr, erwächst daraus seine erste Liebe zu beiden Elternteilen: zur »nährende[n] Frau« und zum »schützenden Mann« (1914c, S. 157).

Freud erachtete es somit als gegeben, daß Herrschaft im abhängigen Objekt Liebe hervorrufe und Liebe ihrerseits »zu einer wichtigen, wenn nicht zur uranfänglichen Quelle der Autorität« werde (1905d, S. 50). An anderer Stelle heißt es: »Liebe bei dem Erwachsenen zu finden ist ihm [dem Kind] nicht nur die Befriedigung eines besonderen Bedürfnisses, sondern bedeutet auch, daß in allen anderen Stücken seinem Willen nachgegeben wird« (1900a, S. 264; vgl. 1914c, S. 166; Sandler, 1960). Freud schrieb dem Baby also eine differenzierte Sicht seiner Eltern zu, der zufolge die Mutter primär als nährende Figur und der Vater als beschützende Autorität erscheint. Es mag stimmen, daß dem Säugling in seiner vollständigen Abhängigkeit von den Eltern nichts anderes übrigbleibt, als sie für wichtige Personen zu halten, von deren Anerkennung und Versorgung sein Wohlbefinden abhängt. Offen bleibt dennoch die Frage, warum das Baby zwischen weiblicher Nahrungsversorgung und männlichem Schutz auf die von Freud behauptete Weise unterscheiden und warum die frühen Erfahrungen der Eltern-Kind-Beziehung zur Bildung einer beschützenden Vaterimago im Seelenleben des Babys führen sollte.

Freud behauptete, daß der Säugling mit zunehmender Wahrnehmung seiner Abhängigkeit auf seinen phantasierten Thron verzichte, um statt dessen seine Eltern als höchste Autorität zu krönen. Diese neue Wahrnehmung von Abhängigkeit drängt sich insbesondere im dritten oralen Entwicklungsstadium in den Vordergrund, in dem die Sozialbeziehungen des Babys vor allem darin bestehen, daß es nach wie vor an der Brust seiner Mutter nuckelt. Anders als im früheren autoerotischen Stadium realisiert das Baby nun aber, daß die mütterlichen Brüste einer anderen Person gehören und nicht so absolut seiner Kontrolle unterliegen, wie es zunächst phantasiert hatte.

Angesichts dieser Realität entwickelt das Kind eine ambivalente Einstellung zur Brust, die es nährt. Das Baby will in die Brust beißen zwecks »Aufhebung der Sonderexistenz des Objekts« (1915c, S. 231). Es will die Brust verschlingen, um sich Nahrung zu verschaffen, wobei es »sich das begehrte und geschätzte Objekt durch Essen einverleibt und es dabei als solches vernichtet« (1921 c, S. 116). In Freuds Sicht will der Säugling, wenn er die mütterliche Brust sich einzuverleiben sucht, für seine Ambivalenz gegenüber der mütterlichen Macht – das heißt ihres Vermögens, Nahrung zu verteilen oder zurückzuhalten – eine Lösung finden. Sobald das Kind die Kontrolle der Eltern über seine Bedürfnisse und Wünsche anerkennt, so Freud weiter, stellt sich die Furcht vor einem möglichen Liebesverlust ein. Da das Kind den Verlust der Liebe der Eltern fürchtet, können sie ihre Zuneigung nach Gutdünken schenken oder verweigern und damit als Herrschafts- und Kontrollinstrument einsetzen (1933 a, S. 68; vgl. 1926 d, S. 177).

Im vierten analen Entwicklungsstadium stößt die Sauberkeitserziehung das Kind in ein Dilemma. Nun muß es wählen zwischen – einerseits – der Liebe der Eltern und der Sicherheit, die diese Liebe verspricht, sowie – andererseits – der sexuellen Lust, die das Kind nach wie vor ausschließlich vom eigenen Körper erfährt. Freud nahm an, daß das Zurückhalten des Darminhalts in den Eingeweiden dem Kind Lust bereite. Während es von den Eltern gedrängt wird, den Darm zu entleeren, kann es entweder diesem Drängen nachgeben oder seinen eigenen Willen auf Kosten eines – vorübergehenden – Liebesverlusts dagegensetzen. In der Freudschen Theorie wird Kot zur Währung, mit der sich das Kind der elterlichen Autorität fügt: »Er gibt entweder den Kot gefügig ab, ›opfert‹ ihn der Liebe, oder hält ihn zur autoerotischen Befriedigung, später zur Behauptung seines eigenen Willens, zurück« (1916–17 e, S. 406 f.). In einer anderen Formulierung stellt der Darminhalt »das erste ›Geschenk‹ dar, durch dessen Entäußerung die Gefügigkeit, durch dessen Verweigerung der Trotz des kleinen Wesens gegen seine Umgebung ausgedrückt werden kann« (1905 d, S. 87).

Im Zuge dieser Auseinandersetzungen scheint sich die Vaterimago in den Augen des Kindes zu verändern. Zunächst betritt er als Beschützer die Bühne, dann erhält er die Rolle vor allem einer einschränkenden, strafenden Figur: »Für den Sohn verkörpert sich im Vater jeder widerwillig ertragene soziale Zwang; der Vater versperrt ihm den Zugang zur Willensbetätigung, zum frühzeitigen Sexualgenuß und, wo gemeinsame Familiengüter bestehen, zum Genuß derselben« (1916–17 a, S. 210; vgl. 1900 a, S. 263). Die Mutter ist zunächst eine Person, die dem Säugling Nahrung und Wärme gibt; anschließend wird sie zum enttäuschenden Objekt infantiler sexueller Phantasien, das die Wünsche des Kindes nicht befriedigen kann.

Dieser Wandel der Rolle der Eltern sowie der Konflikt zwischen dem Willen des Kindes und dem Willen der Eltern erreichen ihren Höhepunkt in der phallischen Entwicklungsphase, in der Penis und Klitoris die leitende erogene Zone von Jungen und Mädchen bilden. In dieser Periode ist die Masturbation eine charakteristische Befriedigungsform. Da sie von ödipalen Phantasien begleitet ist, betrachtete Freud die Masturbation nicht als autoerotische Sexualität (1924 d, S. 398). In der phallischen Phase erscheint erstmals »ein Sexualobjekt und ein Maß von Konvergenz der Sexualstrebungen auf dies Objekt« (1905 d, S. 100, Fn.). Freud nahm an, daß die Mutter für beide Geschlechter Sexualobjekt sei. In dieser Entwicklungsphase existiere nur die männliche sexuelle Identität, ohne eine entsprechende unabhängige weibliche Identität: »... der Gegensatz lautet hier: männliches *Genitale* oder *kastriert*« (1923 e, S. 297, Hervorhebung im Original). Dieser Unterschied in der Selbstkonzeption von Jungen und Mädchen als Ergebnis ihrer Anatomie führt Freud zufolge zu zwei unterschiedlichen Wegen, auf denen der Ödipuskomplex sich von da an fortsetzt – bis er sich auflöst.

Jungen begehren die Mutter, verspüren aber deren ausschließliche Bindung an den Vater. Infolge mehr oder weniger eindeutiger Kastrationsdrohungen, mit der Eltern und Kinderfrauen auf die Masturbation reagieren, sowie der Beobachtung der Geschlechtsunterschiede, wenn sie ein weibliches Wesen nackt sehen, entwickeln Jungen Phantasien über die potentielle Kastrationsgewalt des Vaters. Aufgrund einer solch realen oder phantasierten Androhung von körperlicher Verstümmelung wendet »das Ich des Kindes ... sich vom Ödipuskomplex ab« (1924 d, S. 398). Im Freudschen Diskurs leitet die Erfahrung der elterlichen Autorität also die Latenzperiode ein, in der sexuelle Wünsche weitgehend aufgegeben werden, bis sie in der Pubertät neu erwachen (ebd., S. 399).

Während der Junge sich von seiner Angst vor Penisverlust nie ganz erholen mag, gelingt es dem Mädchen, sich selbst als kastrierter Mann anzuerkennen. Da es aber die Mutter für ihren Penisverlust verantwortlich macht, wendet es sich ebenfalls von ihr ab. Auch das Mädchen ist äußeren Bedrohungen ausgesetzt – das heißt der elterlichen Autorität – sowie einem Gefühl der Demütigung, seine sexuellen Interessen bezähmen und sich in die Latenzzeit begeben zu müssen. Im Gegensatz zum Jungen verharrt das Mädchen aber im Ödipuskomplex »unbestimmt lange, baut ihn nur spät und dann unvollkommen ab« (1933 a, S. 138). Anders als in der männlichen Entwicklung, deren gravierende Auswirkungen bei einer mißlungenen Lösung des Ödipuskomplexes er besorgt kommentiert, meinte Freud: »Für das Weib bringt es geringen Schaden, wenn es in seiner femininen Ödipuseinstellung ... verbleibt. Sie wird dann ihren Mann nach väterlichen Eigenschaften wählen und bereit sein, seine Autorität anzuerkennen« (1940 a, S. 121). Probleme sah Freud eher, wenn Frauen die Akzeptanz männlicher Autorität verweigern. Dann komme »die feindselige Erbitterung des Weibes gegen den Mann zum Vorschein, die in den Beziehungen der Geschlechter niemals ganz zu verkennen ist, und von der in den Bestrebungen und literarischen Produktionen der ›Emanzipierten‹ die deutlichsten Anzeichen vorliegen« (1918 a, S. 176; vgl. 1920 a, S. 298). Es bedarf keiner weiteren Erläuterung, daß eine solche Vorstellung die Forderungen von Frauen nach Gleichberechtigung ernsthaft diskreditiert.

Nur wenn der Ödipuskomplex gelöst und bewältigt wird, kann das Kind zu einem unabhängigen Erwachsenen heranreifen und schließlich das erlangen, was Freud »[d]ie Ablösung des heranwachsenden Individuums von der Autorität der Eltern« nannte (1909 c, S. 227). Ansonsten entwickeln sich Neurosen, deren Hauptmerkmal darin besteht, daß sie eine vollständige sexuelle Unabhängigkeit verhindern. Dann bleibt »der Sohn ... sein lebelang unter die Autorität des Vaters gebeugt und ist nicht imstande, seine Libido auf ein fremdes Sexualobjekt zu übertragen« (1916–17 a, S. 349). Doch selbst wenn der Ödipuskomplex in einen normalen Entwicklungverlauf mündet, hinterläßt er dauerhafte Folgen. Der Untergang des Ödipuskomplexes führt zur Errichtung des Über-Ichs, »indem (das Kind) diese unangreifbare Autorität durch Identifizierung in sich aufnimmt, die nun das Über-Ich wird und in den Besitz all der Aggression gerät, die man gern als Kind gegen sie ausgeübt hätte« (1930 a, S. 489; vgl. Sandler, 1960; Sandler, Holder und Meers, 1963). Somit leitet der Ödipuskomplex »all die Vorgänge ein ..., die auf die Einreihung des Einzelwesens in die Kulturgemeinschaft abzielen« (Freud, 1931 b, S. 521).

Anders ausgedrückt: Die Körper-Politik der Familie leitet ein sexuelles Entwicklungsstadium ein, dem zufolge der Widerspruch zwischen Sexualwunsch und Gesellschaft auf dreierlei Art bewältigt werden kann:

Erstens: Der Untergang des Ödipuskomplexes führt zur Aufhebung der Autorität des Vaters in seiner äußeren Form und zu deren Transformation in eine psychische Instanz des Kindes. Zwar repräsentiert das Über-Ich weiterhin die väterliche Autorität, aber sie ist nun im Innern des Individuums lokalisiert. Was also die Libidotheorie hier beschreibt, ist eine dialektische Aufhebung der väterlichen Autorität ganz und gar in dem Sinn, wie Hegel diesen Begriff verstand.

Zweitens: Wenn Töchter und Söhne die Grenzen akzeptieren, die die paternale Autorität ihrer Sexualität setzt, und sie die genitale Phase erreichen – in der Befriedigung im Geschlechtsverkehr angestrebt wird –, dann stellt sich »[d]er Sexualtrieb ... in den Dienst der Fortpflanzungsfunktion; er wird sozusagen altruistisch« (1905 d, S. 109; vgl. 1930 a, S. 463). Freud nannte die genitale Sexualität altruistisch, weil sie im Vergleich zu früheren Formen der kindlichen Sexualität gesellschaftliche Forderungen – die Notwendigkeit der Reproduktion der Menschheit – mit individueller sexueller Befriedigung kombiniert und auf diese Weise einen ursprünglichen Konflikt durch die Schaffung einer Synthese ersetzt, welche die Interessen beider Parteien – nun allerdings ihrer antagonistischen Züge beraubt – wahrt.

Drittens: Zwar setzt sich aufgrund der Determinierung der sexuellen Endlust die Genitalität an die Stelle früherer sexueller Befriedigungsformen – wie anale oder orale Strebungen –, dennoch bleiben diese allesamt als sexuelle Varianten des Vorspiels erhalten, das zum vollen heterosexuellen Geschlechtsverkehr ermutigt und »Vorlust« verspricht (1910 a, S. 48).

In meinen Ausführungen habe ich darzustellen versucht, daß Freuds Beschreibung der sexuellen Entwicklung eine politische Geschichte des Heranwachsens und der Reifung des Menschen erzählt: Sie beginnt mit illusionärer, autarker Omnipotenz, entwickelt sich weiter über selbstverliebte Herrschaft, sklavische Unterwürfigkeit, feindseligen Trotz und rebellische Forderungen bis hin zur autonomen Selbstbehauptung aufgrund einer Verinnerlichung der elterlichen Gesetze. Obwohl das Individuum im letzten sexuellen Entwicklungsstadium in seinem Streben nach Befriedigung sowohl unabhängig ist als auch den reproduktiven Forderungen der Gesellschaft dient, endet das dialektische Finale der Libidotheorie nicht in einer fixierten und stabilen Lösung der Konflikte zwischen Sexualität und Gesellschaft, Wunsch und Autorität.

Freud zufolge ist selbst dann, wenn Kinder heranwachsen und ihre Familie in dem Bestreben verlassen, sich heterosexuelle genitale Befriedigung zu verschaffen, keine freie Sexualität erlaubt, da die Gesellschaft dem Individuum »[w]egen der gegensätzlichen Beziehung zwischen Kultur und freier Sexualitätsentwicklung« (1905 d, S. 144) ständig neue sexuelle Einschränkungen auferlegt. Er betonte, daß aufgrund der erfolgreichen Begrenzung des Bereiches legitimer sexueller Befriedigung »die Kultur dabei dem Zwang der ökonomischen Notwendigkeit folgt, da sie der Sexualität einen großen Betrag der psychischen Energie entziehen muß, die sie selbst verbraucht. Dabei benimmt sich die Kultur gegen die Sexualität wie ein Volksstamm oder eine Schichte der Bevölkerung, die eine andere ihrer Ausbeutung unterworfen hat. Die Angst vor dem Aufstand der Unterdrückten treibt zu strengen Vorsichtsmaßregeln« (1930 a, S. 464). Diese sexuelle Ausbeutung durch die Gesellschaft habe in seiner Zeit – so Freud – einen »Höhepunkt« erreicht, da sie »sexuelle Beziehungen nur auf Grund einer einmaligen, unauflösbaren Bindung eines Mannes an ein Weib gestatten will« (ebd., S. 465). Somit nötige die moderne Gesellschaft das Individium ständig, »psychologisch über seinen Stand zu leben, während ihn seine unbefriedigten Triebansprüche die Kulturanforderungen als ständigen Druck empfinden lassen« (1925 e, S. 106; vgl. 1930 a, S. 463 f.).

Freud räumte aber auch ein, wenn gesellschaftliches Leben möglich sein solle, »die Einschränkung des Sexuallebens unvermeidlich« sei (1930 a, S. 468). Obwohl er eine freiere als die damals übliche Sexualmoral vertrat, redete er nie der sexuellen Revolution das Wort. Aus seiner Sicht konnte der Antagonismus zwischen Sexualität und Gesellschaft gemildert und gehalten werden, er sah jedoch kein Ende des Konfliktes beider Kräfte miteinander, die den Menschen von der Wiege bis zum Grab begleiten. In Freuds poetischer Formulierung: »Die menschliche Kultur ruht auf zwei Stützen, die eine ist die Beherrschung der Naturkräfte, die andere die Beschränkung unserer Triebe. Gefesselte Sklaven tragen den Thron der Herrscherin. Unter den so dienstbar gemachten Triebkomponenten ragen die der Sexualtriebe – im engeren Sinne – durch Stärke und Wildheit hervor. Wehe, wenn sie befreit würden; der Thron würde umgeworfen, die Herrin mit Füßen getreten werden« (1925 e, S. 106).

16 | Waffenbrüder

Als Freud in den Jahren 1912–13 jene vier Aufsätze verfaßte, die er in *Totem und Tabu* veröffentlichen sollte, übertrug er den ödipalen Konflikt zwischen Sexualwunsch und Vaterautorität auf den Ursprung und das Wesen aller Kultur. In diesen Aufsätzen präsentierte er eine Genealogie, die das dialektische Zusammenspiel von Macht, Sexualität und Gehorsam jenseits der individuellen Entwicklung (Ontogenese) zu einem Entwicklungsstadium zurückverfolgt, das in der mythischen Kindheit der Menschheit (Phylogenese) und im Dunkel prähistorischer Zeiten angesiedelt ist. Statt einer wissenschaftlichen Analyse der kulturellen Ursprünge, Entwicklung und Dynamik ist Freuds Beschreibung all dessen, was er für prähistorisch und ursprünglich hielt – und was sich in der Vorsilbe *Ur* andeutet, wie Urhorde, Urvater, Urmord –, selbst schon ein interpretationswürdiger politischer Mythos (Caroll, 1975; Gabriel, 1983, S. 41; Ricœur, 1965, S. 218); Wolfenstein, 1993, S. 36). In diesem Kapitel will ich die innere Logik dieses Mythos und die Rolle diskutieren, die er in Freuds Geschichts- und Gesellschaftstheorie spielte. Gleichzeitig will ich Struktur und Argumentationsweise des Freudschen Mythos mit anderen Mythen vergleichen, die in der Geschichts- und Politikwissenschaft einen ähnlich kanonischen Stellenwert innehaben.

Freud selbst stand dem wissenschaftlichen Status seiner Rekonstruktion von Ur-Ereignissen in *Totem und Tabu* ambivalent gegenüber. Er räumte ein, daß seine Hypothese eines kulturellen Frühstadiums »phantastisch erscheinen mag« (1912–13 a, S. 171), und in einer Fußnote gestand er sogar: »Die Feststellung des ursprünglichen Zustandes bleibt ... eine Sache der Konstruktion« (ebd., S. 125). Fast ein Jahrzehnt später, in *Massenpsychologie und Ich-Analyse*, erwähnte er einen »nicht unliebenswürdigen« Kritiker, der *Totem und Tabu* als »eine ›just so story‹« beschrieben habe (1921 c, S. 136). Einige Seiten weiter bezeichnete Freud seine Darstellung der Urhorde selbst als Mythos (ebd., S. 152). Gleichwohl stellte er in seiner Zusammenfassung von *Totem und Tabu* im *Mann Moses und die monotheistische Religion* fest: »Es ist nichts an unserer Konstruktion, was frei erfunden wäre, was sich nicht auf gute Grundlagen stützen könnte« (1939 a, S. 190).

Ich lese Freuds Urhorden-Mythos im Sinne einer rhetorischen Strategie, wie sie aus den theoretischen Schriften eines Thomas Hobbes, John Locke und Jean-Jacques Rousseau zum Gesellschaftsvertrag gut bekannt sind. Mit Hilfe der Darstellung eines mit bestimmten Attributen ausgestatteten Menschen, der in einem – dem Gesellschaftsvertrag vorausgegangenen – hypothetischen Naturzustand lebt, wollten diese Denker die konzeptuelle Vorrangigkeit solcher Aspekte der menschlichen Natur unterstreichen sowie Sinn und Zweck des Staates erhellen. Wie diese Philosophen entwickelte auch Freud die Hypothese eines Urstadiums der Gesellschaft, das der politischen Autorität und dem Recht – wie wir es kennen – vorangegangen sei. Dennoch ist Freuds

Mythos in der Geschichte der Politikwissenschaften insofern einmalig, als er ein archaisches Stadium mit einer bereits politischen Struktur entwirft: die Struktur eines absolutistischen Regime sowie Mechanismen von Abhängigkeit, Zwang und Gewalt.

Was geschah nun in diesen Urzeiten? *Totem und Tabu* erzählt die Geschichte einer Epoche, in der die Männchen sich die Weibchen als ständige Sexualpartnerinnen nahmen, um sicherzustellen, daß ihre sexuellen Bedürfnisse regelmäßig befriedigt werden. In diesem archaischen Paarungsprozeß beugten sich die Frauen um ihrer eigenen und ihrer Kinder Sicherheit willen und stimmten der Rolle des Sexualobjekts zu – anscheinend hatten sie, so Freud, keine eigenen sexuellen Bedürfnisse. Nach Freud diente die Urfamilie der Sexualität des Mannes und gründete auf seiner überlegenen Körperkraft. Die Männer zeigten kein Interesse an den Nachkommen, und ihre Kinder waren durch keine mit der Mutter vergleichbaren emotionalen Bande an sie gebunden. Freud schrieb in einem Brief an C. G. Jung: »Vater ist, wer die Mutter sexuell (und die Kinder als Eigentum) besitzt. Die Tatsache der Zeugung durch den Vater hat ja keine psychologische Bedeutung für das Kind« (Freud und Jung, 1974, S. 558, Brief vom 14. Mai 1912).

Im patriarchalen Stil betrachtete Freud die sexuellen Wünsche des Mannes nicht nur als besitzergreifend, sondern auch als exklusiv und unstillbar. Deshalb kontrollierte jeder einzelne Urvater mittels Körperkraft nicht nur seine Kinder, sondern wachte auch eifersüchtig darüber, daß er alle Frauen, die er haben und versorgen konnte, allein für sich behielt. Gewalttätig wie er war, ausgestattet mit absoluter Macht, nahm er seinen Söhnen jede Möglichkeit, sich sexuelle Befriedigung zu verschaffen, und bestrafte Auflehnung mit Tod, Verbannung oder Kastration: »Das starke Männchen war Herr und Vater der ganzen Horde, unbeschränkt in seiner Macht, die er gewalttätig gebrauchte« (1939a, S. 186f.; vgl. 1912–13a, S. 171).

Die ursprüngliche Autorität des Vaters gründete nicht nur auf seiner physischen Stärke, sondern auch auf der emotionalen Abhängigkeit der Söhne, die aufgrund ihrer sexuellen Frustration noch verstärkt wurde. Zwar wurde so eine Rebellion verhindert, aber die Gefühle des Sohnes dem Vater gegenüber waren von Ambivalenz gezeichnet: »Sie haßten den Vater, der ihrem Machtbedürfnis und ihren sexuellen Ansprüchen so mächtig im Wege stand, aber sie liebten und bewunderten ihn auch« (1912–13a, S. 173).

Wie die Libidotheorie erzählt Freuds Urhordenmythos eine Geschichte der Körper-Politik: Durch die Verflechtung von Sexualität und Macht entwickelt sich eine Urgesellschaft, in der die Körperkraft des Urvaters bestimmt und dessen absolutistische Herrschaft auf seinen sexuellen Begierden beruht. Und wie in der Kindheitsentwicklung des Einzelnen beschrieb Freud die Herrschaft des Lustprinzips als selbstvernichtend. Nach Freud konnten sich die Söhne der väterlichen Kontrolle entziehen. Sie schlossen sich in einer eigenen Gemeinschaft zusammen, um »den Vater zu überwältigen«, und schufen damit eine egalitäre Sozialordnung. Ähnlich der Herrschaft des Vaters beruhte diese erste egalitäre Gesellschaftsordnung auf Sexualbeziehungen und körperlichem Begehren (1939 a, S. 187). Er erklärte, daß die Söhne sich aus der Abhängigkeit durch »homosexuelle Gefühle und Betätigungen« vom Vater zumindest teilweise befreiten (1912–1913 a, S. 174).

Das heftigste Gefühl aber, das sie miteinander teilten und in ihrer ersten freien Gemeinschaft zusammenrotten ließ, lag in ihrem Begehren der Mutter und ihrem Haß auf den Vater. Aufgrund heterosexueller inzestuöser Lust- und Haßgefühle machten sie sich daran, so Freud, die erste kollektive, politische Handlung der Menschheitsgeschichte zu vollbringen: Mord für Sexualität, oder präziser: Vatermord für Inzest.

Freud glaubte, daß dieser Mord sich in Urzeiten regelmäßig wiederholt habe. Ursöhne überwältigten und ermordeten ihre Urväter, und daß »sie den Getöteten auch verzehrten, ist für den kannibalen Wilden selbstverständlich« (ebd., S. 171). In der kannibalistischen Handlung vollbrachten die Söhne, was alle späteren Söhne – so Freud – symbolisch durch den Untergang des Ödipuskomplexes zu erreichen suchten: Sie introjizierten den Urvater, so daß ein jeder ein Stück der väterlichen Kraft und Stärke für sich erlangte.

Ein weiteres Mal wird deutlich, daß der Freudsche Mythos eine politische Dimension mit Körperprozessen aufweist: Sexuelle Wünsche bewirken Egalität und Unabhängigkeit von der Autorität. Sie führen im wahrsten Sinne des Wortes zur physischen Vernichtung der paternalen Vormacht. Doch die ödipale Dialektik, in Gang gesetzt durch die Körper von Vater und Söhnen, mündet nicht in eine Erfüllung der Inzestwünsche. Nach dem Urvatermord bemerken die Söhne, daß keiner von ihnen den Platz des Vaters tatsächlich einnehmen kann: »Jeder hätte sie [die Frauen] wie der Vater alle für sich haben wollen, und in dem Kampfe aller gegen alle wäre die neue Organisation zugrunde gegangen. Es war kein Überstarker mehr da, der die Rolle des Vaters mit Erfolg hätte aufnehmen können« (ebd., S. 174).

Aufgrund ihrer Komplizenschaft beim Morden machten die Brüder die Erfahrung körperlicher Übermacht in der Gruppe und wurden ihrer Schwäche als isolierte Einzelwesen gewahr. Freud nahm sogar an, daß in diesem Stadium, in dem die Söhne sich selbst noch nicht adäquat regieren konnten, die Urhorden-Frauen die väterliche Macht teilweise erbten und ein matriarchales Interregnum errichteten, das später durch eine neue patriarchale Ordnung ersetzt wurde (1939a, S. 188).

Die Theorien des Gesellschaftsvertrags der großen Denker der politischen Philosophie zeichnen sich gewöhnlich dadurch aus, daß Frauen aus ihrem Diskurs ausgeblendet sind. Da Freuds Mythos nun aber die Ursprünge der politischen Ordnung auf den Körper und die Sexualität zurückführt, sind Frauen anwesend, auch wenn ihnen der Status eines politischen Subjekts ausnahmslos abgesprochen wird. Freuds Mythos räumt ihnen bestenfalls ein kurzes Interregnum ein, als Männer unfähig waren, sich selbst zu organisieren. Im allgemeinen aber stellen die weiblichen Körper und die sexuelle Befriedigung, die sie versprechen, lediglich passive Objekte männlichen politischen Handelns dar. Freud gesteht den Frauen nicht einmal die Macht zu, den Männern Lust vorzuenthalten, obwohl Vorstellungen über die Macht der Frauen im männlichen Denken spätestens seit Aristophanes' *Lysistrata* immer wieder aufgetaucht sind. Da Freud dem Mann ein fundamentales Desinteresse an seinen Nachkommen unterstellte, wird im Freudschen Mythos sogar verleugnet, daß die Gebärfähigkeit Frauen mit einer biologischen Macht ausstattet, die bei Männern Unsicherheit hervorrufen könnte, weil ihr zukünftiges Eigentum vom Handeln der Frauen abhängig ist (O'Brien, 1981). Im Freudschen Denken kann dieses spezifische Vermögen des weiblichen Körpers den Frauen in ihrem Verhältnis zu männlichen Geschlechtspartnern nie als Machtquelle dienen.

Freuds Mythos unterscheidet sich von konventionellen Theorien des Gesellschaftsvertrags auch insofern, als er keinen ursprünglichen Naturzustand ohne Staat entwirft, sondern einen Urzustand der menschlichen Entwicklung, in dem politische Prozesse noch körperlich sind. Der Despotismus des Urhordenvaters wurde erworben, erhalten und abgeschafft mittels eines direkten körperlichen Kontakts und Einsatzes, einer konkreten Verletzung und Vernichtung von Körpern. Erst dann durchschauten die Söhne den selbstvernichtenden Charakter einer solchen Körperpolitik – die blind das Programm des Lustprinzips durchsetzte und auf Gewalt gründete – und ließ sie die Notwendigkeit eines Rechtssystems und selbstauferlegter rechtmäßiger Institutionen anerkennen.

Kultur beginnt Freuds Mythos zufolge am Übergang von einem Urstadium der Körper-Politik, in dem Gehorsam durch äußere körperliche Gewalt erzwungen wurde, zu einer neuen Form von Gehorsam, die auf einer Verinnerlichung von Regeln gründet. Dieser Übergang wurde aufgrund eines Gesellschaftsvertrags möglich, den die Söhne schlossen. Sie verpflichteten sich, dem Despotismus zu entsagen, und erklärten, daß »niemand mehr die Machtvollkommenheit des Vaters erreichen« konnte und durfte, »nach der sie doch alle gestrebt hatten« (1912–13 a, S. 179). Im *Mann Moses* heißt es:

> »Die Einsicht in die Gefahren und die Erfolglosigkeit dieser Kämpfe, die Erinnerung an die gemeinsam vollbrachte Befreiungstat und die Gefühlsbindungen aneinander, die während der Zeiten der Vertreibung entstanden waren, führten endlich zu einer Einigung unter ihnen, einer Art von Gesellschaftsvertrag. Es entstand die erste Form einer sozialen Organisation mit *Triebverzicht*, Anerkennung von gegenseitigen *Verpflichtungen*, Einsetzung bestimmter, für unverbrüchlich (heilig) erklärter *Institutionen*, die Anfänge also von Moral und Recht. Jeder einzelne verzichtete auf das Ideal, die Vaterstellung für sich zu erwerben, auf den Besitz von Mutter und Schwestern. Damit war das *Inzesttabu* und das Gebot der *Exogamie* gegeben« (1939 a, S. 188, Hervorhebung im Original; vgl. Rieff, 1965, S. 197).

Die unstillbaren und besitzergreifenden sexuellen Wünsche, die Freud allein den männlichen Körpern zuschrieb, erzwangen gesellschaftliche Kontrollmaßnahmen in Form von Tabus sowie eine Unterscheidung zwischen Tochter, Schwester und Mutter einerseits und einer Sexualpartnerin – möglichst einer Ehefrau – andererseits. Obgleich eine solche Unterscheidung zwischen Frauen eine Entsagung männlicher Begierden erforderlich machte, stellte sie die für alle lebensfähigen Gesellschaftssysteme und Kulturen notwendigen Voraussetzungen zur Verfügung. Im Freudschen Diskurs wurde die Verinnerlichung von Regeln, Vereinbarungen und Autoritäten notwendig, da Männer körperliche Wesen sind, die nur dann weiterleben und Lust erfahren können, wenn sie sich auf ein Leben in einem stabilen Gesellschaftssystem verständigen, in dem sie auf inzestuöse Lust verzichten müssen. Im *Unbehagen der Kultur* erklärte Freud:

> »Das menschliche Zusammenleben wird erst ermöglicht, wenn sich eine Mehrheit zusammenfindet, die stärker ist als jeder Einzelne und gegen jeden Einzelnen zusammenhält. ... Diese Ersetzung der Macht des Einzelnen durch die der Ge-

> meinschaft ist der entscheidende kulturelle Schritt. Ihr Wesen besteht darin, daß sich die Mitglieder der Gemeinschaft in ihren Befriedigungsmöglichkeiten beschränken, während der Einzelne keine solche Schranke kannte« (1930a, S. 455; vgl. Roazen, 1970, S. 276 f.)

Fast hat es den Anschein, als handele Freuds Gesellschaftsvertrag von Söhnen, die zu Vernunft kamen und sich selbst autonom zu regieren lernten. Das ist jedoch nicht die ganze Geschichte. Nach Freud wurde der Übergang vom ursprünglichen Individualismus zu einem gemeinschaftlichen Selbst nicht allein durch die Macht der Vernunft erreicht. Voraussetzung war, daß bei den Brüdern, nachdem sie ihre Wut und ihren Haß ausgelebt hatten, den Vater getötet, ihn verspeist und sich so ihrer aufgestauten Aggression entledigt hatten, die andere Seite ihrer ambivalenten Vaterbeziehung zum Vorschein kam: Sie empfanden Reue ob der von ihnen begangenen kriminellen Tat. Diese Schuld- und Reuegefühle – ein paradoxes Ergebnis ihres Heranwachsens – führten schließlich zur symbolischen Auferstehung des Vaters als Totemtier der Brüdergemeinschaften, das dann »die Machtfülle und Unbeschränktheit des einst bekämpften Urvaters und die Bereitwilligkeit, sich ihm zu unterwerfen«, repräsentierte (1912–13 a, S. 179). Durch die Unterwerfung unter das Totemtier versuchten die Söhne »den beleidigten Vater durch den nachträglichen Gehorsam zu versöhnen« (ebd., S. 175).

Anders ausgedrückt war für Freud der Gesellschaftsvertrag nicht nur ein Ergebnis der Vernunft, der zur autonomen Selbstbeschränkung führt, sondern basierte auch auf einem postumen Gehorsam gegenüber der Autorität des Vaters zum Zwecke einer symbolischen Wiederherstellung. Dem Freudschen Gesellschaftsvertrag zufolge verbanden die Söhne sich nicht nur als Mitglieder einer Gemeinschaft miteinander; aufgrund ihrer Unterwerfung unter das Totemtier schlossen sie auch einen »Vertrag mit dem Vater« nach dessen Tod (ebd., S. 174).

Da die Söhne die Macht des toten Vaters ins Imaginäre übertrieben, erweiterten sie den Bereich seiner postumen Autorität ins Grenzenlose: »Der Tote wurde nun stärker als der Lebende gewesen war« (ebd., S. 173). Wenn wir Freud Glauben schenken, unterliegt die Erinnerung an den toten Urvater auch der monotheistischen Konstruktion der Vatergottheit. Freud ging davon aus, daß die monotheistische Religion die Abhängigkeit und Unterwerfung der Söhne unter die väterliche Autorität auf kosmischer Ebene wiederaufleben ließ. Der Monotheismus inthronisierte den himmlischen Vater, wodurch die unbewußte Schuld aufgrund des Urvatermords symbolisch ungültig gemacht wurde: »Die Totemreligion war aus dem Schuldbewußtsein der Söhne hervorgegangen als Versuch, dies Gefühl zu beschwichtigen und den beleidigten Vater durch den nachträglichen Gehorsam zu versöhnen. Alle späteren Religionen erweisen sich als Lösungsversuche desselben Problems, variabel je nach dem kulturellen Zustand, in dem sie unternommen werden, und nach den Wegen, die sie einschlagen, aber es sind alle gleichzielende Reaktionen auf dieselbe große Begebenheit, mit der die Kultur begonnen hat, und die seitdem die Menschheit nicht zur Ruhe kommen läßt« (ebd., S. 175).

Um die Unzerstörbarkeit der Autorität des Urvaters zu erklären, beschwor Freud das Konzept der phylogenetischen Vererbung oder archaischen Erbschaft, welche die Erinnerung an den Urmord erhalten habe und seitdem von Generation zu Generation durch Vererbung weitergegeben werde. Die hochproblematische Annahme einer hereditären Erinnerungslinie beruhte auf Jean-Baptiste Lamarcks Lehre der Vererbung erworbener Charakterzüge; sie war bereits in Verruf geraten, als Freud sie übernahm. Trotz der breiten Kritik am Lamarckismus sowie der Versuche von Freuds Weggefährten, ihn davon zu überzeugen, die Vererbungslehre fallenzulassen, da sie von Biologen längst aufgegeben worden war, hielt Freud zeitlebens eisern daran fest. Jones zufolge hat Freud »niemals ein Jota von seinem Glauben an die Erblichkeit erworbener Eigenschaften« aufgegeben (Jones, 1953–57, Bd. III, S. 367; vgl. Sulloway, 1979, S. 383 f.).

Erstmals an prominenter Stelle tauchen Lamarcks Annahmen bei Freud in *Totem und Tabu* (1912–13 a) auf. Ein erst 1983 entdecktes Manuskript über eine phylogenetische Phantasie aus dem Jahr 1915 zeigt, daß Freud noch jahrelang mit diesem Thema befaßt war (1985 a [1915]). Ebenfalls 1915 fügte Freud seinen *Drei Abhandlungen zur Sexualtheorie* eine Fußnote hinzu, in der er behauptete, daß das Inzesttabu im Laufe der Jahrtausende zur »organischen Vererbung« der Menschheit geworden sei (1905 d, S. 127, Fn.). 1916 ergänzte Freud die *Traumdeutung* mit einer Reihe von Argumenten und Erklärungen, in denen er den – von C. G. Jung entwickelten – Gedanken eines universellen Symbolismus in seine eigene Methode der Traumdeutung einzubauen suchte (vgl. Forrester, 1980, S. 63 ff.).

Deshalb bezog Freud sich in seinen *Vorlesungen* auf »die Symbolbeziehung, die der Einzelne niemals erlernt hat« und die »als phylogenetisches Erbe betrachtet« werden könne (1916–17 a, S. 204). Er postulierte sogar eine auf Urerfahrungen gründende »Urphantasie«: »Es scheint mir sehr wohl möglich, daß alles, was uns heute in der Analyse als Phantasie erzählt wird, die Kinderverführung, die Entzündung der Sexualerregung an der Beobachtung des elterlichen Verkehrs, die Kastrationsdrohung – oder vielleicht die Kastration, – in den Urzeiten der menschlichen Familie einmal Realität war, und daß das phantasierende Kind einfach die Lücken der individuellen Wahrheit mit prähistorischer Wahrheit ausgefüllt hat« (ebd., S. 386). 1918 verglich Freud die phylogenetische Vererbung gar mit dem »*instinktiven* Wissen der Tiere« (1918 b, S. 156, Hervorhebung im Original), ein Vergleich, den er im *Mann Moses* wiederholte, wo er außerdem das Konzept der archaischen Erbschaft im Detail diskutierte (1939 a, S. 207; vgl. ebd., S. 205, S. 242).

Ausgehend von *Totem und Tabu* schrieb Freud somit der menschlichen Rasse eine »Massenpsyche« zu, »in welcher sich die seelischen Vorgänge vollziehen wie im Seelenleben eines einzelnen« (1912–13 a, S. 189). Eine solche Massenpsyche ist nach Freud universell und enthält Urphantasien, die »ein Stück aus dem Schatze unbewußter Phantasien« darstellen, »die man bei allen Neurotikern, wahrscheinlich bei allen Menschenkindern ... auffinden kann« (1915 f, S. 242). Diese Urphantasien sind Residuen aus der »Vorzeit der prähistorischen Familie, da der eifersüchtige Vater den Sohn wirklich des Genitales beraubte, wenn er ihm als Rivale beim Weib lästig wurde« (1940 a, S. 117, Fn.). Deshalb machte Freud im *Mann Moses* unmißverständlich geltend, die Menschen hätten »immer gewußt, daß sie einmal einen Urvater besessen und erschlagen haben« (1930 a, S. 208 f.). So wird im Freudschen Diskurs die kollektive Erinnerung an einen Urvatermord dem menschlichen Instinkt zugeordnet, was den Menschen dazu bewegt, Ausschau zu halten nach Vaterfiguren, von denen er sich bedroht fühlt und gegen die er revoltiert.

Anscheinend war Freud dem Lamarckismus auch deshalb nicht ganz abgeneigt, weil er mit dieser Lehre den Bereich der Psychoanalyse auf alles menschliche Verhalten – individuelles wie kollektives – erweitern konnte: »Wenn wir den Fortbestand solcher Erinnerungsspuren in der archaischen Erbschaft annehmen, haben wir die Kluft zwischen Individual- und Massenpsychologie überbrückt, können die Völker behandeln wie den einzelnen Neurotiker« (ebd., S. 207). Zudem verband der Lamarckismus die Psychoanalyse mit so fragwürdigen pseudo-wissenschaftlichen Ansätzen wie den Rekapitulationstheorien, wonach die Ontogenese – die individuelle Entwicklung also – eine Wiederholung der Entwicklung der Menschheit – das heißt der Phylogenese – sei. Rekapitulationstheorien waren um die Jahrhundertwende recht beliebt und führten zu Vergleichen zwischen Wilden, Kindern und einer phylogenetischen Vergangenheit, die erstere angeblich wiederholten. Nach Stephen Gould waren diese Theorien »unübertroffen im Arsenal rassistischer Überlegungen, die die Wissenschaft zur Verfügung stellte, um Sklaverei und Imperialismus zu rechtfertigen« (Gould, 1977, S. 126). Wenn Freuds Universalismus diese Implikationen des Lamarckismus in der Psychoanalyse womöglich verhindert hat, so erfüllte Freuds Lamarckismus doch eine deutlich ideologische Funktion: Er lieferte ihm nicht nur eine pseudowissenschaftliche Untermauerung seiner autoritären Neigung in der Darstellung der Sozialbeziehungen, sondern erlaubte ihm auch den Entwurf eines Menschenbildes, wonach dieser von einem angeborenen und unausrottbaren Verlangen nach Gehorsam getrieben wird; und nicht zuletzt ließ sich mit dem Lamarckismus auch die Furcht vor Autoritätsfiguren als irrationale Reminiszenzen aus Urhordenzeiten abtun (1937c, S. 99; vgl. 1918b, S. 155 f.; 1925d, S. 62; 1930a, S. 491; 1939a, S. 206).

Freuds Lamarckismus zeigt ein weiteres Mal, daß in der Freudschen Theorie die väterliche Autorität nur aufgehoben, niemals vernichtet werden kann. Der Urvater kann zwar überwältigt und kannibalistisch verspeist, seine Autorität aber nicht auslöscht werden. Was Autonomie und Selbstbestimmtheit zu sein scheint, entpuppt sich lediglich als eine andere Form des Gehorsams gegenüber dem Vater. Der Urmord setzt eine Transformation in Gang, der zufolge die väterliche Autorität in das kollektive Unbewußte eingeht, und hebt sie auf eine höhere Ebene – in den Himmel –, wo sie erhalten bleibt und Ewigkeit erlangt.

Somit lassen sich zwei Stränge in Freuds Darstellung des Gesellschaftsvertrages aufzeigen: Einerseits ist der Gesellschaftsvertrag das Produkt einer veränderten Selbstkonzeption der Brüder; diese wiederum ist das Ergebnis der Vernunft und Einsicht in die destruktive Dynamik einer auf sexuellem Begehren, körperlicher Stärke und Gewalt gründenden Politik. Andererseits geht der Gesellschaftsvertrag auf die Liebe der Söhne zu ihrem Vater zurück und auf eine irrationale Sehnsucht, sich seiner Autorität zu unterwerfen. Es scheinen zwei widersprüchliche Lesarten der Freudschen Vorstellung des Gesellschaftsvertrags möglich: Die eine Lesart entwirft den Vertrag als eine auf Selbsterkenntnis gründende Handlung, die mit einer Befreiung vom väterlichen Absolutismus und dem Aufbau einer kommunalen Selbstverwaltung, Selbstbeschränkung und Gegenseitigkeit einhergeht. Die andere Lesart stellt den Gesellschaftsvertrag als ein reaktives Ereignis dar, dem zufolge die Möglichkeit der Selbstregierung aufgegeben wird zugunsten einer selbstauferlegten Unmündigkeit und Unterwerfung unter die verewigte und imaginierte Autorität des toten Vaters.

Aus meiner Sicht sind die beiden Lesarten in Freuds Mythos nicht voneinander zu trennen. Freud verstand den prähistorischen Menschen analog zum individuellen Kind, das den Ödipuskomplex nur bewältigen kann, wenn sich ein Über-Ich im Seelenleben herausbildet, in dem die Vaterautorität und das väterliche Inzestverbot aufgehoben bleibt. Ähnlich konnte die mörderische Brüderhorde sich nicht in eine sich selbst regierende Gemeinschaft verwandeln, ohne sich einer symbolischen Figur – zuerst dem Totem, dann Gott – zu unterwerfen, die die Autorität des Urvaters fortsetzte. Einerseits ermöglichte der selbstauferlegte Gehorsam gegenüber einem Vatersymbol dem Menschen, sich von den Einschränkungen der Körperpolitik und der Unterwerfung unter den Urvater freizumachen; andererseits verhinderte dies aber das Wachstum und die Entfaltung zu voller Reife.

In *Die Zukunft einer Illusion* war Freud optimistisch genug, sich vorzustellen, der Mensch werde schließlich seine Abhängigkeit von Vater-Göttern bewältigen und die Wissenschaft ein neues Zeitalter der Vernunft einleiten (1927 c, S. 377).[1] Er pries »unser[en] Gott Λόγος«, der, obgleich »nicht sehr allmächtig«, dennoch »unsere Macht steigern« kann (1927 c, S. 378 f.; vgl. 1910 d, S. 111 f.). Selbst noch 1933, dem Jahr der Machtergreifung Hitlers, war Freud der Ansicht: »Es ist unsere beste Zukunftshoffnung, daß der Intellekt – der wissenschaftliche Geist, die Vernunft – mit der Zeit die Diktatur im menschlichen Seelenleben erringen wird. Das Wesen der Vernunft bürgt dafür, daß sie dann nicht unterlassen wird, den menschlichen Gefühlsregungen und was von ihnen bestimmt wird, die ihnen gebührende Stellung einzuräumen. Aber der gemeinsame Zwang einer solchen Herrschaft der Vernunft wird sich als das stärkste einigende Band unter den Menschen erweisen und weitere Einigungen anbahnen« (1933 a, S. 185). Freud betrachtete es als Aufgabe der Psychoanalyse, den Übergang in ein postreligiöses Zeitalter zu erleichtern, das auf dem »Primat des Intellekts« beruht (1927 c, S. 377). In *Die Zukunft einer Illusion* heißt es: »Unser Verhalten sollte sich … nach dem Vorbild eines verständigen Erziehers richten, der sich einer bevorstehenden Neugestaltung nicht widersetzt, sondern sie zu fördern und die Gewaltsamkeit ihres Durchbruchs einzudämmen sucht« (ebd., S. 367).

[1] Drei Jahre später fielen Freuds Anmerkungen erheblich pessimistischer aus, vgl. 1930 a, S. 432.

In solchen Passagen, in denen Freud die Möglichkeit einer Befreiung der Menschheit von ihrer Unterwerfung unter die Autorität der göttlichen Erben des Urvaters postulierte, übertrug er die emanzipatorische Botschaft seiner therapeutischen Zielsetzungen auf die gesamte Menschheit. Gleichwohl war Freuds Optimismus nicht widerspruchsfrei. Bereits 1930 hielt er fest, daß »... die große Mehrheit der Sterblichen ... sich niemals über diese [religiöse, J. B.] Auffassung des Lebens (werde) erheben können« (1930 a, S. 432), und Ende 1930 vermerkte er schließlich, statt nach einer auf der Macht der Vernunft gründenden höheren universellen Einheit zu streben, befinde sich die Menschheit am Rande eines Abgrunds. In einer Vorbemerkung zum *Mann Moses* drückte er sein Erstaunen darüber aus, »daß der Fortschritt ein Bündnis mit der Barbarei geschlossen hat«. In seinen Augen war die Sowjetunion ein Beispiel für eine solche Allianz. Ihre Regierung versuche Lebensbedingungen zu verbessern, entziehe den Menschen das »Opium« der Religion und garantiere ihnen eine gewisse sexuelle Freiheit. Gleichzeitig jedoch unterwerfe die sowjetische Regierung den Menschen »dem grausamsten Zwang und raubte ihnen jede Möglichkeit der Denkfreiheit«. Als weiteres Beispiel einer Allianz zwischen Fortschritt und Barbarei nannte Freud das faschistische Italien; er mißbilligte die Gewalt, die dort eingesetzt werde, um den Menschen so positive Merkmale wie »Ordnung und Pflichtgefühl« einzubleuen. Nazi-Deutschland stand für Freud allerdings auf einem anderen Blatt Papier: Es war für ihn der Beweis, »daß der Rückfall in eine nahezu vorgeschichtliche Barbarei auch ohne Anlehnung an irgendeine fortschrittliche Idee vor sich gehen kann«. Im großen und ganzen habe »es sich so gestaltet, daß heute die konservativen Demokratien die Hüter des kulturellen Fortschritts geworden sind und daß sonderbarerweise gerade die Institution der katholischen Kirche der Ausbreitung jener kulturellen Gefahr eine kräftige Abwehr entgegensetzt. Sie, bisher die unerbittliche Feindin der Denkfreiheit und des Fortschritts zur Erkenntnis der Wahrheit!« (1939 a, S. 156 f.).[2]

[2] Freuds Einschätzungen über Sowjetrußland einige Jahre zuvor waren weniger negativ; vgl. 1927 c, S. 330; 1933 a, S. 195 f.

17 Big Daddy

Freuds Kommentare zur Sowjetunion, zum faschistischen Italien und zu Nazi-Deutschland können nicht als eine Kritik am Autoritarismus *per se* verstanden werden. Es erstaunt, daß die historischen Entwicklungen in Europa ihm die Bedrohungen, die jedes autoritäre Regime in sich birgt, nicht ins Bewußtsein bringen konnten. Sein Bild der modernen Gesellschaft zeigt eine bemerkenswerte Blindheit gegenüber den Gefahren, die charismatische Führer mit sich bringen. Er schien seine eigenen Überlegungen vergessen zu haben, daß nämlich jene Führer die Erben eines mörderischen und kastrierenden Patriarchen sind. Statt dessen bezeichnete er Führerfiguren als Notwendigkeit, da sie die »Masse«, deren Unbeherrschtheit er fürchtete, zu kontrollieren und den gesellschaftlichen Zusammenhalt zu garantieren vermochten. Freud, ein Liberaler alten Stils, war kein Demokrat. Zudem war seine Weltanschauung nicht nur autoritär, sie war auch elitär. Er glaubte nie, daß eine Gesellschaftsordnung ohne die Unterwerfung der Mehrheit unter den Befehl einer Minderheit funktionieren könne. Er unterschied immer klar zwischen »der Masse«, von der er annahm, sie sei von den Leidenschaften ihrer Körper beherrscht, getrieben, und einigen wenigen, die ihr Leben entsprechend dem Realitätsprinzip gestalteten und die ihnen abverlangten gesellschaftlichen Zwänge akzeptierten. Freuds elitäres Denken, seine Heraushebung von Führerfiguren und die seiner Massenpsychologie zugrunde liegenden politischen Belange sind der Schwerpunkt dieses Kapitels.

Bereits 1883, noch vor der Geburt der Psychoanalyse, grübelte Freud in einem Brief an Martha Bernays, seiner späteren Frau, über den Unterschied nach, der aus seiner Sicht die unteren Klassen vom Bürgertum trennt:

> »Das Gesindel lebt sich aus und wir entbehren. Wir entbehren, um unsere Integrität zu erhalten, wir sparen mit unserer Gesundheit, unserer Genußfähigkeit, unseren Erregungen, wir heben uns für etwas auf, wissen selbst nicht für was – und diese Gewohnheit der beständigen Unterdrückung natürlicher Triebe gibt

> uns den Charakter der Verfeinerung ... So geht unser Bestreben mehr dahin, Leid von uns abzuhalten, als uns Genuß zu verschaffen ... Unsere ganze Lebensführung hat zur Voraussetzung, daß wir vor dem groben Elend geschützt seien, daß uns die Möglichkeit offenstehe, uns immer mehr von den gesellschaftlichen Übeln frei zu erhalten. Die Armen, das Volk, sie könnten nicht bestehen ohne ihre dicke Haut und ihren leichten Sinn ... Die Armen sind zu ohnmächtig, zu exponiert, um es uns gleichzutun. Wenn ich das Volk sich gütlich tun sehe mit Hintansetzung aller Besonnenheit, denke ich immer, das ist ihre Abfindung dafür, daß alle Steuern, Epidemien, Krankheiten, Übelstände der sozialen Einrichtungen sie schutzlos treffen. Ich will diese Gedanken nicht weiter verfolgen, aber man könnte darlegen, wie ›das Volk‹ ganz anders urteilt, glaubt, hofft und arbeitet als wir. Es gibt eine Psychologie des gemeinen Mannes, die von der unserigen ziemlich unterschieden ist« (1960, S. 56f., Brief vom 29. August 1883).

Diese elitäre Einstellung bestimmte auch gut 40 Jahre später Freuds Überlegungen in der Einleitung der Schrift *Die Zukunft einer Illusion*. In diesem hinsichtlich der Möglichkeiten der Menschheit optimistisch gestimmten Essay, sich von der selbstauferlegten Unterwerfung unter Vater-Gottheiten zu emanzipieren, schlug er dem »Volk« gegenüber einen schärferen, weniger verständnisvollen Ton an. Er überlegte nicht mehr, womit die mangelnde Begeisterung der »Massen« zur Lustentsagung zusammenhinge, die er zuvor noch mit ihrer untergeordneten sozialen Position und gesellschaftlichen Ohnmacht erklärt hatte. Er schrieb nicht mehr über »den leichten Sinn« der kleinen Leute. Statt dessen verkündete er, man könne nicht »die Beherrschung der Masse durch eine Minderzahl entbehren, denn die Massen sind träge und einsichtslos, sie lieben den Triebverzicht nicht, sind durch Argumente nicht von dessen Unvermeidlichkeit zu überzeugen und ihre Individuen bestärken einander im Gewährenlassen ihrer Zügellosigkeit« (1927c, S. 328).

Es scheint, daß für Freud nur jene, die sich in Selbstbestimmtheit üben, zur Führung einer Nation berechtigt sind. Gleichwohl nahm er an, daß die Kontrolle der von ihm sogenannten »Masse« nicht mit der brutalen Gewalt einer Elite zu bewerkstelligen sei. Notwendig waren für ihn Vaterfiguren, von denen er vermutete, daß sie als Angehörige der Führungselite auf die Massen Einfluß nehmen könnten, sich zu mäßigen und einzuschränken, die Machtmittel aber in ihren Händen blieben – das heißt, sie als Väter einer Nation handelten. Freud erklärte in *Die Zukunft einer Illusion*:

> »Nur durch den Einfluß vorbildlicher Individuen, die sie als ihre Führer anerkennen, sind sie zu den Arbeitsleistungen und Entsagungen zu bewegen, auf welche der Bestand der Kultur angewiesen ist. Es ist gut, wenn diese Führer Personen von überlegener Einsicht in die Notwendigkeiten des Lebens sind, die sich zur Beherrschung ihrer eigenen Triebwünsche aufgeschwungen haben. Aber es besteht für sie die Gefahr, daß sie, um ihren Einfluß nicht zu verlieren, der Masse mehr nachgeben als diese ihnen, und darum erscheint es notwendig, daß sie durch Verfügung über Machtmittel von der Masse unabhängig seien« (ebd., S. 328 f.; vgl. 1930 a, S. 475 f.; 1933 b, S. 23).

Freud argumentierte, daß Durchbrüche zu einer höheren und vernunftbestimmteren Kulturebene in der Geschichte immer von herausragenden Individuen initiiert wurden, die sich einer höheren Sache verschrieben hatten und denen es gelang, die Massen zu ein und demselben Tun zu mesmerisieren. Deshalb reservierte er »dem ›großen Mann‹ seine Stelle in der Kette oder vielmehr im Netzwerk der [historischen, J. B.] Verursachungen« und kontrastierte seinen Ansatz mit fortschrittlichen Lehrmeinungen, die vorrangig materielle Einflüsse betonten, wie beispielsweise ökonomische Zwänge, die Entwicklung von Werkzeug, Migration oder klimatische Veränderungen (1939 a, S. 215).

Der biblische Moses war für Freud das paradigmatische Beispiel eines Führers, der die Fähigkeit hatte, die Geschichte nach seinem Willen zu gestalten. In Freuds Augen war Moses eine »hervorragende Vatergestalt« (ebd., S. 195) und »nicht nur der politische Führer der in Ägypten ansässigen Juden ..., er war auch ihr Gesetzgeber, Erzieher, und zwang sie in den Dienst einer neuen Religion« (ebd., S. 115).[3] Während Moses eindeutig einer seiner Helden war, bedachte Freud einen anderen, der seinen Stempel der Weltgeschichte aufdrückte, mit einer vernichtenden Analyse. In den frühen dreißiger Jahren arbeitete Freud zusammen mit seinem ehemaligen Patienten William C. Bullitt an einem Buch über Thomas Woodrow Wilson, das aus vielerlei Gründen erst 1967 erschien (Freud und Bullitt, 1967). Aufgrund ihres feindseligen und schlichten Ansatzes ist diese Untersuchung ein notorisches Beispiel dafür, wie politische Psychobiographien nicht geschrieben werden sollten. Bar jeder historischen oder soziologischen Analyse wird die gesamte Politik Wilsons einzig und allein auf dessen ungelösten Ödipuskomplex reduziert. Obgleich

[3] Zu Freuds Moses-Faszination vgl. Roazen, 1970; S. 175 ff.

Freud nur die Einleitung und Bullitt den Rest verfaßte, besteht kein Zweifel, daß er ein aktiver Mitarbeiter war und die gesamte Argumentation weitgehend seine Vorstellungen wiedergibt, wenn auch in kruder Art und Weise (vgl. Roazen, 1970, S. 313).[4]

Philip Rieff zufolge war Wilson für Freud »ein weiterer falscher Messias, ein Anziehungspunkt für beliebte Illusionen hinsichtlich einer radikalen Neuordnung der Gesellschaft – Friede auf Erden« (1990, S. 46). In der Einleitung gestand Freud seine Antipathie, die er für Wilson empfand. Er sah in dem amerikanischen Präsidenten einen Menschen, der sich der Realität nie ganz zu stellen vermochte. Wilson sei es »auf nichts anderes ... als auf die edle Absicht« angekommen. Er habe die Realität verleugnet, und seine »Unaufrichtigkeit, Unzuverlässigkeit und eine Neigung zur Verleugnung der Wahrheit«, seine fromme Gläubigkeit und seine Entfremdung von den »Tatsachen der realen Außenwelt« hätten ihn zu einer illusorischen und erbärmlichen Politik verleitet (Freud und Bullitt, 1967, S. 687 f.). Freud warf Wilson vor, er habe sein Versprechen nicht gehalten, nach dem Ersten Weltkrieg für einen gerechten Frieden in Europa zu sorgen, da er die Transformation seines Vierzehn-Punkte-Plans in den Versailler Vertrag zuließ und deshalb weitgehend für den wirtschaftlichen Zusammenbruch in Deutschland und Österreich verantwortlich sei. Freud soll gesagt haben, er verachte Wilson, denn »wenn ein Individuum für die Misere in diesem Teil der Welt die Verantwortung trägt, dann gewiß er« (zit. nach Warner, 1988, S. 487; vgl. Jones, 1953–57, Bd. III, S. 30 f.).

Zwar mögen eine Reihe anderer Günde für Freuds Antipathie eine Rolle gespielt haben, dennoch kann nicht bezweifelt werden, daß er in Wilson die Antithese jenes Führers erkannte, den er in *Die Zukunft einer Illusion* beschrieb. Für Freud war Wilson zur Einsicht in die Notwendigkeiten des Lebens und zur Zügelung seiner Begierden nicht fähig. Statt die Menschheit auf eine höhere Stufe zu geleiten, erlaubte er den Zerfall der Welt.

Nach Freud ist das Schicksal aller vernunftbestimmten Väter/Führer, die sich dem Ziel verschreiben, die Menschheit auf eine höhere Stufe der Entwicklung zu heben, ein tragisches. Seine Spekulationen, aus welchen Gründen Moses von seinem Volk getötet wurde, zeigen exemplarisch, wie solch »große Männer ... im Unglück zugrunde gegangen sind« (1939 a, S. 216). Der Trieb-

[4] Zur Problematik der Autorenschaft und Authentizität der Studie über Woodrow Wilson vgl. ebd., S. 301 ff.; Warner, 1988, S. 479 ff.

verzicht – der Gehorsam also –, den sie ihren Anhängern im Namen des Realitätsprinzips und Fortschritts aufbürden, trifft selbst dann auf Unwillen, wenn er anfangs akzeptiert wurde. Freud nahm an, daß der Widerwille, auf Lust zu verzichten, das israelische Volk zum Mord an ihrem »großen Führer und Befreier« veranlaßt hat (ebd., S. 148).

Zwangsläufig erscheinen Rebellionen in Freuds Diskurs als Heldentaten einzelner, die Führern den Gehorsam verweigern, da sie diesen Verzicht nicht dulden, den die Vaterfiguren ihnen abnötigen. Während Freud in *Totem und Tabu* die vom Urvater seinen Söhnen auferlegten Einschränkungen für maßlos hält, die lediglich seinen selbstsüchtigen und lustbezogenen Zielen dienen, treffen seine spätere Vaterfiguren und väterlichen Gesetze auf Widerstand, weil sie Vernunft repräsentieren. An keiner Stelle in Freuds Werk rebelliert der Mensch gegen Despoten, weil sein Leben und Besitz, seine Rechte und Interessen von autokratischen Führern bedroht oder vernichtet werden. Selbst Thomas Hobbes, dessen Schriften eine klassische Rechtfertigung des Absolutismus sind, war sich bewußt, daß die Machtkonzentration in den Händen eines Alleinherrschers denjenigen, die unter seiner Führung stehen, gefährlich werden kann (wenngleich weniger gefährlich als der Naturzustand).

Freuds Begriffsstutzigkeit gegenüber den Gefahren, die bei einer Übertragung paternaler Autorität auf den öffentlichen Bereich drohen, frappiert besonders in einer Widmung in einem Exemplar seiner Schrift »Warum Krieg?« (1933 b) – Freuds Briefwechsel mit Albert Einstein über einen möglichen Weltfrieden –, in der es heißt: »Benito Mussolini mit ehrerbietigen Grüßen eines alten Mannes, der im Führer den kulturellen Helden erkennt« (zit. nach Roazen, 1991, S. 370). Obwohl diese Widmung zur Kritik Freuds am faschistischen Italien in der Einleitung zum *Mann Moses* (1939 a) im Widerspruch steht, ist dies kein Lapsus. Wie die oben zitierten Auszüge zeigen, ergänzen diese Zeilen eine ganze Reihe Äußerungen über die Notwendigkeit unabhängiger, mit Macht ausgestatteter Führer. Zudem warnte Freud im *Unbehagen in der Kultur* vor dem »psychologische[n] Elend der Masse«. Eine solche Gefahr drohe, »wo die gesellschaftliche Bindung hauptsächlich durch Identifizierung der Teilnehmer untereinander hergestellt wird, während Führerindividualitäten nicht zu jener Bedeutung kommen, die ihnen bei der Massenbildung zufallen sollte« (1930 a, S. 475).

Solche Behauptungen waren das logische Ergebnis des ödipalen analytischen Rasters, mit dem Freud gesellschaftliche Prozesse und Strukturen interpretierte. Dieses Raster erlaubte ihm, Unterwerfung unter und Gehorsam gegenüber Vaterfiguren in bezug auf soziale Bindungen und gesellschaftliche Entwicklungen als Notwendigkeit darzustellen und die Gefahren des Autoritarismus außer acht zu lassen. Freud rechtfertigte also seinen autoritären Standpunkt mit Hilfe einer Universalisierung der Vater-Sohn-Beziehung, die prototypisch allen politischen Formationen zugrunde liege. Er entwarf ein Gesellschaftsbild, das sich zwangsläufig einerseits in Massen/Söhne und andererseits in Führer/Väter aufteilt, und er dekodierte gesellschaftliche Konflikte als Ausdruck eines unbewußten intergenerationellen Konflikts, der sowohl den Anspruch der Väter auf den Gehorsam der Söhne als auch die fragwürdige Bereitschaft der Söhne, sich den Forderungen ihrer Väter zu unterwerfen, zum Gegenstand hat.

Darüber hinaus läßt sich Freuds Vorurteil gegenüber der »Masse« in seiner Schrift *Massenpsychologie und Ich-Analyse* (1921 c) demonstrieren. Der Titel und die ersten Kapitel dieser Monographie zeigen, daß er sich einer bestimmten Lehrmeinung zuwandte, die sich als Gruppen- oder Massenpsychologie einen Namen gemacht hatte (van Ginneken, 1984, S. 392; vgl. McClelland, 1989; Moscovici, 1981; Nye, 1973). Freuds Büchlein beginnt mit einer ausführlichen, insgesamt billigenden Diskussion Gustave Le Bons *Psychologie des foules* (1895), ins Deutsche übersetzt unter dem Titel *Psychologie der Massen.*

Le Bon – rassistisch, elitär und misogyn –, ein Arzt, der wie Freud Charcots *Leçons du Mardí* besucht und dessen hypnotischen Suggestionen beigewohnt hatte, war wohl der profilierteste und einflußreichste Exponent der Massenpsychologie. Tatsächlich aber plagiierte und vulgarisierte Le Bon oft andere bedeutsame Autoren auf diesem Gebiet, wie beispielsweise den italienischen Kriminologen Scipio Sighele, der *La Folla Delinquente* 1891 in Italien und ein Jahr später in Frankreich veröffentlichte, oder die Publikationenen seines französischen Kollegen Gabriel Tarde, dessen Buch *Les lois de l'imitation* von 1890 und den Aufsatz »Les crimes des foules« von 1892 (vgl. Nye, 1973, S. 67; van Ginneken, 1985, S. 375 ff.).

Massenpsychologen teilten ein tiefes Mißtrauen gegenüber demokratischen polititischen Ideen und verwandten viel Mühe und Zeit, deren Fehler und Schwächen nachzuweisen. Demokratische Theorien, so argumentierten sie, gingen von der Annahme aus, daß individuelle Vernunft und individuelles Urteil die Basis aller politischen Systeme sei, während deren Dynamik doch tatsächlich zunehmend von irrationalen und spontanen Mechanismen des

Massenverhaltens beherrscht werde, das »primordiale Gefühlseinstellungen« wiederspiegele und für eine evolutive Regression zu einer frühen, primitiveren Mentalität symptomatisch sei (Nye, 1973, S. 60 ff.). Eine Masse zeichne sich durch einen besonderen Seelenzustand aus, der aus ihren Angehörigen Kreaturen mit herabgesetztem Verantwortungsgefühl mache, sie automatisch in einen Ausnahmezustand versetze und zu unvorhersehbarem Verhalten antreibe. Das befähige Menschen zu extrem tugendhaften oder extrem unmoralischen Handlungen, zu denen der einzelne sich nie bewußt entscheiden würde, wie beispielsweise Folter, Raub oder Plünderung. Die Mechanismen, die jene psychologischen Transformationen hervorbringen, wurden »Imitation«, »Suggestion« oder »Ansteckung« genannt. Niemand war ihnen gegenüber immun; ein jeder konnte unter gegebenen Umständen Teil einer Masse werden, die als Kollektiv verstanden wurde, das sich um einen Führer gruppiert.

In ihrer Darstellung der Führer-Gefolgschaft-Beziehung waren Sighele, Tarde und Le Bon von den bekannten Publikationen Charcots, Bernheims und Liébaults über ihre Experimente mit hypnotischer Suggestion erheblich beeinflußt. Die Kontrolle, die der Hypnotiseur über den Hypnotisierten ausübte, stellte prototypisch die Rolle zur Verfügung, die Führern bei der Massenbildung und -kontrolle zugeschrieben wurde (McClelland, 1989, S. 169 f., S. 183 f.).

Anders als die Schriften von Tarde und Sighele, die relativ unbeachtet blieben, wurde Le Bons *Psychologie der Massen* zum Bestseller, dessen französische Edition bereits in die 26. Auflage ging, als Freud die zweite deutsche Auflage besprach. In seinem Essay schenkte Freud Le Bon viel Platz und Aufmerksamkeit und rühmte ihn für seine »so glänzend vorgetragene Schilderung der Massenseele« (1921 c, S. 87). Stimmte Freud auch insgesamt mit Le Bons Überlegungen überein, hielt er dessen Ansatz gleichwohl für erklärungsbedürftig. Aus Freuds Sicht versäumten Le Bon und andere Massenpsychologen zu fragen, wie und warum Menschen dem suggestiven oder anstekkenden Einfluß der Masse nachgäben (ebd., S. 96 f.). Freud getraute sich sogar »eines leisen Vorwurfes gegen die Autoren, daß sie die Bedeutung des Führers für die Psychologie der Masse nicht genügend gewürdigt haben« (ebd., S. 104).

Ein kurzer Blick in Le Bons Werk macht deutlich, daß die Gegensätze und Widersprüche, die Freud zwischen Psychoanalyse und Massenpsychologie entdeckte, insgesamt künstlich waren. Mikkel Borch-Jacobson (1988) zeigt, daß Freud – anders als der von ihm selbst vermittelte Eindruck – sich nicht aus antithetischer Perspektive mit Le Bon konfrontierte. Vielmehr paßte er die Konzepte der Massenpsychologie der Psychoanalyse an, indem er sie entweder in seine eigene Begrifflichkeit übersetzte oder sie einer psychoanalytischen Struktur zur Unterstützung überstülpte – gleichwohl aber behauptete, eine klare Grenze zwischen beiden zu ziehen (ebd., S. 135 ff.).

Wie Freud betonte auch Le Bon die zentrale Rolle des Führers und die Psychologie der »organisierten Massen« (Le Bon, 1895, S. 113). Während Le Bon seine Aufmerksamkeit auf die Psychologie der Justiz, des Parlaments oder Kabinetts richtete, diskutierte Freud das Militär und die Kirche als Beispiele hochorganisierter, dauerhafter und künstlicher Massen (vgl. ebd., S. 112 ff.).

Daß Freud diese beiden Institutionen in die Massenpsychologie einbezog, ist Indiz für seine Tendenz zu einer übergreifenden Theoriebildung. So erklärte er: »Die Massenpsychologie behandelt ... den einzelnen Menschen als Mitglied eines Stammes, eines Volkes, einer Kaste, eines Standes, einer Institution oder als Bestandteil eines Menschenhaufens, der sich zu einer gewissen Zeit für einen bestimmten Zweck zur Masse organisiert« (1921 c, S. 74). Anders formuliert: Freud konzipierte jede Gesellschaftsformation als Masse, deren Mitglieder als Teil einer Gemeinschaft oder Organisation aufeinander bezogen sind (Wartenburg, 1991, S. 364). Damit griff er die in *Totem und Tabu* begonnene Debatte über die Veränderungen in der psychischen Realität und im Verhalten, sobald Individuen sich als Mitglieder einer Masse anstelle antagonistischer Einzelwesen begreifen, wieder auf und setzte sie fort.

Wie Freud in seiner Schrift *Das Unbehagen in der Kultur* hervorhob, ist praktisches Denken nach dem Nützlichkeitsprinzip nicht genügend ausgebildet, um das zu überwinden, was er die »primäre Feindseligkeit der Menschen« nannte (1930 a, S. 471). Während er in früheren Schriften noch davon ausgegangen war, daß die Menschen durch gemeinsame Arbeit einander wertschätzen lernen, erklärte er nun, daß selbst »die Vorteile der Arbeitsgemeinschaft ... sie nicht zusammenhalten« (ebd., S. 481):

> »Das gern verleugnete Stück Wirklichkeit hinter alledem ist, daß der Mensch nicht ein sanftes, liebebedürftiges Wesen ist, das sich höchstens, wenn angegriffen, auch zu verteidigen vermag, sondern daß er zu seinen Triebbegabungen auch einen mächtigen Anteil von Aggressionsneigung rechnen darf. Infolgedessen ist ihm der Nächste nicht nur möglicher Helfer und Sexualobjekt, sondern auch eine Versuchung, seine Aggression an ihm zu befriedigen, seine Arbeitskraft ohne

> Entschädigung auszunützen, ihn ohne seine Einwilligung sexuell zu gebrauchen, sich in den Besitz seiner Habe zu setzen, ihn zu demütigen, ihm Schmerzen zu bereiten, zu martern und zu töten. *Homo homini lupus*« (ebd., S. 471).

Deshalb ist eine Macht notwendig, die die primäre Feindseligkeit unter den Menschen zu überwinden und sie trotz allem aneinander zu binden vermag. Welche Macht könnte nun aber einzelne Individuen zu einer Masse zusammenschließen? Nach Freud ist diese Macht: die Liebe. In Fortsetzung seiner in der Libidotheorie entwickelten Überlegungen präsentierte Freud in *Massenpsychologie und Ich-Analyse* ein komplexes Bild der Wechselbeziehung zwischen Liebe und Autorität.

Für Freud war die Liebe sowohl die Basis von Autorität als auch ihr Instrument und Ergebnis. Er erklärte, daß »Liebesbeziehungen ... das Wesen der Massenseele ausmachen ... wenn der Einzelne in der Masse seine Eigenart aufgibt und sich von den Anderen suggerieren läßt, er tue es, weil ein Bedürfnis bei ihm besteht, eher im Einvernehmen mit ihnen als im Gegensatz zu ihnen zu sein, also vielleicht doch ›ihnen zuliebe‹« (1921 c, S. 100).

Da Freud annahm, daß der Mensch von einer primären gegenseitigen Feindseligkeit getrieben sei, mußte er erklären, wie eine solche Liebe zustande kommt. In *Totem und Tabu* führte er zum Beispiel aus, daß die Bindung der Gruppenmitglieder von ihrer gemeinsamen Unterwerfung unter eine Vaterfigur herrühre. Freud ließ also den Urvater auferstehen als Basis sozialer Kohäsion, die die Menschen zusammenhält. Weil sie ihre Liebe für ein und dieselbe Vaterfigur miteinander teilen, empfinden die Mitglieder einer Masse Freud zufolge sich einander ähnlich und nahe (1921 c, S. 112). Mehrere Individuen, so Freud weiter, betrachten sich als Mitglieder einer Masse, wenn sie sich alle zu derselben Person – dem Führer – als ihrem gemeinsamen Ideal in Beziehung setzen. Wie Freud in einer kursivierten Passage hervorhob, ist eine »primäre Masse ... eine Anzahl von Individuen, die ein und dasselbe Objekt an die Stelle ihres Ichideals gesetzt und sich infolgedessen in ihrem Ich miteinander identifiziert haben« (ebd., S. 128). Massenmitglieder teilen nicht nur die Liebe zu ihrem Führer, sondern auch das Gefühl, daß das Objekt ihrer Liebe, der kollektive Vater, für alle unerreichbar sei. Er ist ein für den gewöhnlichen Menschen erhabenes Wesen außer Reichweite.

Somit wird ein vermutlich aus Eifersucht und Rivalität entstandenes Gefühl zur Grundlage von Kohäsion und Gerechtigkeit: »Was man dann später in der Gesellschaft als Gemeingeist, *esprit de corps* usw. wirksam findet, verleugnet nicht seine Abkunft vom ursprünglichen Neid. Keiner soll sich hervortun wollen, jeder das gleiche sein und haben. Soziale Gerechtigkeit will bedeuten, daß man sich selbst vieles versagt, damit auch die anderen darauf verzichten müssen, oder was dasselbe ist, nicht fordern können« (ebd., S. 134). Wie Freud erläuterte, betreffen diese Gegenseitigkeits- und Gleichheitsansprüche nur die Mitglieder der Masse; der Führer hingegen ist darüber erhaben, und diejenigen außerhalb der Masse trifft die aufgestaute Feindseligkeit all derer, die durch die Fesseln der Liebe aneinander gebunden sind. Die Masse schafft das feindselige Potential und den Haß nicht ab, sondern richtet statt dessen ihre Aggression gegen Außenseiter, die zu Feinden erklärt werden: »Es war auch kein unverständlicher Zufall, daß der Traum einer germanischen Weltherrschaft zu seiner Ergänzung den Antisemitismus aufrief, und man erkennt es als begreiflich, daß der Versuch, eine neue kommunistische Kultur in Rußland aufzurichten, in der Verfolgung der Bourgeois seine psychologische Unterstützung findet« (1930a, S. 475). Die Religion funktioniert nach Freuds Auffassung genauso, »auch wenn sie sich die Religion der Liebe heißt, [muß sie] hart und lieblos gegen diejenigen sein, die ihr nicht angehören. Im Grunde ist ja jede Religion eine solche Religion der Liebe für alle, die sie umfaßt, und jeder liegt Grausamkeit und Intoleranz gegen die nicht dazugehörigen nahe« (1921c, S. 107; vgl. 1927c, S. 334; 1930a, S. 475). Freud meint, das gelte auch für den Sozialismus; löse dieser die Religion erfolgreich ab, werde »sich dieselbe Intoleranz gegen die Außenstehenden ergeben wie im Zeitalter der Religionskämpfe« (1921c, S. 108).

Welche Attribute bekleiden nun aber eine Führerfigur mit einem ausreichend machtvollen Charisma, das die Feindseligkeit ihrer Anhänger umzulenken vermag? Im *Mann Moses* nannte Freud die Kennzeichen eines »großen Mannes«, das heißt einer kulturellen Vaterfigur, die auf historische Entwicklungen Einfluß nehmen kann: »Die Entschiedenheit der Gedanken, die Stärke des Willens, die Wucht der Taten gehören dem Vaterbilde zu, vor allem aber die Selbständigkeit und Unabhängigkeit des großen Mannes, seine göttliche Unbekümmertheit, die sich zur Rücksichtslosigkeit steigern darf. Man muß ihn bewundern, darf ihm vertrauen, aber man kann nicht umhin, ihn auch zu fürchten. Wir hätten uns vom Wortlaut leiten lassen sollen; wer anders als der Vater soll denn in der Kindheit der ›große Mann‹ gewesen sein!« (1939a, S. 217).

Um nun aber die Liebe der Anhänger zu gewinnen, bedarf es vor allem der Illusion, daß der Führer sie alle wie ein Vater gleichermaßen und gerecht liebe. Freud vermutete solch väterliche Liebe hinter der formalen Organisationsstruktur der Kirche und des Militärs. Er erklärte, in beiden gelte »die nämliche Vorspiegelung (Illusion), daß ein Oberhaupt da ist – in der katholischen Kirche Christus, in der Armee der Feldherr, – das alle Einzelnen der Masse mit der gleichen Liebe liebt ... Es ist nicht zu bezweifeln, daß die Bindung jedes Einzelnen an Christus auch die Ursache ihrer Bindung untereinander ist. Ähnliches gilt für das Heer; der Feldherr ist der Vater, der alle seine Soldaten gleich liebt, und darum sind sie Kameraden untereinander« (1921 c, S. 102).

Natürlich ist diese Vaterliebe in Freuds Schrift eine Illusion: In Wahrheit brauche »der Führer selbst ... niemand anderen zu lieben, er darf von Herrennatur sein, absolut narzißtisch, aber selbstsicher und selbständig« (ebd., S. 138). Während die Liebe des Führers für seine Anhänger eine Illusion ist, die nur in der Vorstellung der Anhänger existiere, bildet hingegen deren Liebe für ersteren die Grundlage für den Kitt der Masse.

Die Frage bleibt: Warum sollen Menschen eine solche Vaterfigur bewundern, fürchten und sich ihr unterwerfen? Für Freud rührte die Vatersehnsucht von einem unbewußten Kern her, in dem die Menschen noch reumütige Brüder sind, die sich nach der Rückkehr ihres ermordeten Urvaters sehnen: »Der Führer der Masse ist noch immer der gefürchtete Urvater, die Masse will immer noch von unbeschränkter Gewalt beherrscht werden, sie ist im höchsten Grade autoritätssüchtig, hat nach Le Bons Ausdruck den Durst nach Unterwerfung« (ebd., S. 142). Ähnlich heißt es im *Mann Moses:* »Wir wissen, es besteht bei der Masse der Menschen ein starkes Bedürfnis nach einer Autorität, die man bewundern kann, der man sich beugt, von der man beherrscht, eventuell sogar mißhandelt wird ... Es ist die Sehnsucht nach dem Vater, die jedem von seiner Kindheit her innewohnt« (1939 a, S. 217).

Anders ausgedrückt: Die Mitglieder Masse sind an ihren Führer durch Übertragung gebunden. Getrieben von einer unbewußten Phantasie, deren Ursprung in der kollektiven Kindheit liegt, bekleiden die Massenmitglieder ihren Führer – genau wie Patienten ihren Analytiker – mit Autorität. Freud setzte nicht auf materielle Machtmittel, zum Beispiel militärische Gewalt, politischen Terror oder ökonomische Zwänge, sondern entwarf die Führerrolle als Ergebnis einer insgeheim ersehnten und selbstverordneten Abhängigkeit.

In *Totem und Tabu* (1912–13 a) führt die Sehnsucht nach dem toten Vater und die Unterwerfung unter ihn zur Aufgabe der inzestuösen Wünsche sowie zur Unterwerfung der Söhne unter den Totem als imaginärem Vaterersatz, das heißt, zu den Anfängen selbstauferlegter Autorität, Gesetze und Moral. Die politische Auferstehung des Vaters als charismatischer Führer setzt jedoch Prozesse in Gang, die dieser Entwicklung widersprechen und sie zunichte machen. Aus Liebe zu ihrem Führer geben die Anhänger ihre moralische Autonomie und ihren Willen preis. Wie ausgeführt, setzen alle den Führer an die Stelle, an der ihr Ich-Ideal – das ist ihr Gewissen – vorher war. Die Gebote und Befehle der Führer überleben im väterlichen Gesetz und werden von den Nachfolgern anstelle eigener ethischer Maßstäbe introjiziert. Auf diese Weise können die Vorstellungen eines Führers über Gut und Böse entscheiden: »Das Gewissen findet keine Anwendung auf alles, was zugunsten des Objektes geschieht; in der Liebesverblendung wird man reuelos zum Verbrecher« (1921 c, S. 125).

Da der Führer seine Anhänger von Schuld und Reue befreit, die die Kultur dem Menschen auferlegt hat, kann ein skrupelloser Führer eine Nation in die Barbarei geleiten. Alternativ konnte jedoch ein ethisch motivierter Führer wie Moses dem Volk neue Gesetze auferlegen und einer Masse unzivilisierter, wilder Israeliten kulturelle Errungenschaften nahebringen. Charakteristisch für ausnahmslos alle Nachfolger ist eine emotionale Abhängigkeit von den Geboten des Führers und ein totaler Gehorsam gegenüber seiner Herrschaft. Im Guten wie im Schlechten ist ihre Autonomie verlorengegangen.

Thomas Wartenburg betont, daß für Freud »dem einzelnen Gruppenmitglied eine innere Instanz fehlt, die dem Gruppenzwang zu widerstehen vermag. Er/Sie ist deshalb nicht in der Lage, gegen die ihm/ihr vom Gruppenführer auferlegten Forderungen ein ›Nein!‹ zu setzen. Deshalb verurteilen Gruppen Individualität und erzwingen Konformität. Genau diese Unfähigkeit der Gruppenmitglieder, eine Unabhängigkeit von den Gruppennormen zu manifestieren, ist Freuds realer Fokus, auch wenn er dies inadäquat ausdrückt« (1991, S. 371).

Anders formuliert: Freud bringt in seinem Essay nicht genügend zum Ausdruck, daß seine Massenpsychologie den Ursprung des Gehorsams in der Liebe auszumachen sucht. Freud konzentrierte sich auf kollektives Verhalten primär als Manifestation von Gehorsam. Das wird zum Beispiel offenkundig, wenn er die hypnotische Beziehung wörtlich als »eine Massenbildung zu zweien« versteht (1921 c, S. 126). Zwar brachten auch andere Massenpsychologen das Verhalten der Masse mit Hypnose in Verbindung, aber keiner von ihnen ging so weit, selbst schon die hypnotische Dyade als Masse zu bezeichnen. Zweifellos überdehnte Freud seine Theorie kollektiven Verhaltens ins Uferlose, indem er ihr eine Gesellschaftsformation von nur zwei Individuen hinzufügte. Ferner ist seine Beschreibung der hynotischen Beziehung als eine aus *zwei* Mitgliedern bestehende Masse nicht richtig. Nach seiner eigenen Auffassung entspricht nur der Hypnotisierte den Massenmitgliedern, während der Hypnotiseur den erhabenen Führer repräsentiert – die hypnotische Beziehung besteht also aus der Masse eines Einzelnen.

Eine solche Überschreitung von gesellschaftlichen Institutionen hin zur hypnotischen Suggestion ist problematisch, wenn wir Freuds *Massenpsychologie und Ich-Analyse* als einen Beitrag zur Analyse kollektiven Verhaltens verstehen, erscheint aber als absolut sinnvoll, wenn wir das Hauptthema des Essays berücksichtigen: Gehorsam gegenüber Autoritäten. Indem Freud die Liebe als Erklärungsfaktor für Gehorsam heranzog, zeigte er, daß politische Phänomene in allen gesellschaftlichen Bereichen – privaten und öffentlichen, großen und kleinen – mit Hilfe eines psychoanalytischen Referenzsystems erklärt werden können. Freud verfolgte die Dynamik von Autorität und Unterwerfung zurück zum Körper, zur Vater-Sohn-Beziehung, zu Sexualität und Liebe, und konnte so deren Zusammenspiel sowohl in der Familie – dies geschah unter Zuhilfenahme der Libidotheorie – als auch in strategischen Gesellschaftsorganisationen wie Militär und Kirche aufzeigen. Deshalb hielt er daran fest, daß nur eine autoritäre Gesellschaftsordnung den geeigneten, rationalen Mittelweg anbieten könne, der die fatalen Auswüchse sowohl von (paternalem) Absolutismus als auch (filialer) Anarchie – beide getrieben vom Lustprinzip und unfähig, gesellschaftliche Stabilität zu garantieren – zu verhindern vermag. Freud behauptete aber auch, daß keine Gesellschaftsorganisation das Lustprinzip völlig außer acht lassen könne. Schon einige Jahre vor der Niederschrift von *Totem und Tabu* erklärte er: »Wir sollten uns nicht so weit überheben, daß wir das ursprünglich Animalische unserer Natur völlig vernachlässigen, dürfen auch nicht daran vergessen, daß die Glücksbefriedigung des einzelnen nicht aus den Zielen unserer Kultur gestrichen werden kann« (1910a, S. 59).

Wann immer Freud für Autoritarismen in der Seele oder in der Gesellschaft Partei ergriff, stellte er sie als die einzige Form sozialer und seelischer Organisation dar, die Lustbefriedigung erlaubt; Lustbefriedigung sei nur unter den Bedingungen eines sowohl toleranten als auch stabilen und wirksamen Einflusses auf Triebe und Begierden möglich. Für Freud war eine autoritäre Ordnung im inneren, seelischen Bereich wie in der äußeren, sozialen Realität sogar die einzige Herrschaftsform, die in der Lage ist, einen Vermittlungskurs zwischen zwei entgegengesetzten, aber dialektisch zusammenhängenden Extremen einzuschlagen. Zum Beispiel kann im psychoanalytischen Diskurs nur die Herrschaft des Ichs die strengen Forderungen des Über-Ichs mit den ungezähmten Leidenschaften des Es aussöhnen; und nur eine auf selbstauferlegtem Gehorsam gegenüber internalisierten Autoritätsfiguren gründende Kultur kann einen mittleren Kurs zwischen vaterlosem Chaos und paternaler Tyrannei steuern. Genauso wollte Freud mit seiner Befürwortung einer freieren Sexualität zwischen den übermäßigen kulturellen Forderungen der Triebunterdrückung und dem – für die Masse typischen – undisziplinierten und blinden Luststreben einen Mittelweg aufzeigen. Am Ende hielt Freud erfolgreich behandelte Patienten für fähig, zwischen sexueller Freizügigkeit und absoluter Askese selbst einen Mittelweg zu wählen.

Somit postulieren Freuds Modelle der Seele und seine theoretischen Überlegungen zur Psychotherapie, Geschichte und Gesellschaft eine dreiteilige Dialektik, deren einer Pol durch die übermäßig strengen Forderungen einer absolustistischen Herrschaft gestaltet wird. Da sie auf eine vollständige Triebunterdrückung abzielen, führen solche Machtstrategien unausweichlich zu ihrem genauen Gegenteil und just zu der Situation, die sie unbedingt verhindern wollten: Gesetzlosigkeit und Kontrollverlust. In der Seele führt die Strenge des Über-Ichs zu psychischen Störungen und zu Symptomen, in der Gesellschaft mündet der Despotismus in unterschiedliche Formen des Vatermords. Gleichzeitig betont Freuds Diskurs, daß seelische oder gesellschaftliche Anarchie – von der er annahm, sie lauere im Es bzw. im Unbewußten und bedrohe die Gesellschaft ob der Vatertötungen – nur in Chaos, Leid und Gewalt enden wird. Da Anarchie wie Tyrannei weder Freiheit noch Lust zeitigen, müssen Störungen in der Seele und in der Gesellschaft einer vermittelnden Hierarchie weichen, die einen mittleren Kurs zwischen totaler Befriedigung und totaler Entsagung einzuschlagen vermag. Wie oben erwähnt, verlangen Freiheit und reale Lust immer eine Selbstbeschränkung , die auf der Internalisierung von Autorität gründet.

In dieser Untersuchung habe ich mein Interesse darauf gerichtet, wie Freud sich mit Fragen der Macht sowie der Rolle von Autorität und Gewalt in der Psyche, Psychotherapie, Familie und Gesellschaft in seinem Gesamtwerk beschäftigt. Im letzten Teil habe ich gezeigt, daß Freud in seinen Reflexionen der gesellschaftlichen und sozialen Verhältnisse eine dialektische Konzeption von

Autorität und Gehorsam vorschlägt, deren Dynamik auf den Antagonismus von Körper und Gesellschaft, von Sexualität und Kultur, von Vater und Sohn zurückgeht – Freud letztlich Autoritarismus verteidigt.

Diese autoritäre Neigung widerspricht der subversiven, kritischen Tendenz in Freuds Schriften zur Hysterie, Metapsychologie und psychotherapeutischen Praxis, die ich in den ersten drei Teilen diskutiert habe. Die Freudsche Politik scheint zwei Gesichter zu haben. Einerseits unterminierte Freud die seinerzeit durch den Medizindiskurs etablierten Hierarchien, dezentrierte das Subjekt mit Hilfe eines Repertoires politischer Metaphern und initiierte eine emanzipatorische therapeutische Praxis. Andererseits verteidigte er das Patriarchat und bewunderte Führer, die zur Kontrolle der Masse in der Lage sind. Tatsächlich repräsentieren diese zwei Gesichter zwei unterschiedliche Seiten eines analogen Argumentationsprozesses, der Freud bewog, sowohl den Privatbereich anhand gesellschaftlicher Kategorien als auch Kollektiv-Verhalten anhand von der Privatsphäre entlehnten Konzepten zu beschreiben. Auf diese Weise wollte Freud die Psychologie – und damit offensichtlich die Psychoanalyse – als die wichtigste aller Gesellschaftswissenschaften und ihre Vorrangigkeit vor allen anderen soziologischen Theorien und Methoden etablieren. Deshalb konnte für Freud »die Soziologie ... nichts anderes sein als angewandte Psychologie« (1933 a, S. 194).

Ich vertrete den Standpunkt, daß Freud den Rahmen des psychoanalytischen Theoriegebäudes sprengte, um auf diese Weise die allumfassende Reichweite der Psychoanalyse aufzuzeigen und die für den Privatbereich entwickelten Konzepte und Kategorien auf gesellschaftliche Prozesse und Institutionen anzuwenden. Er zerlegte nicht nur die Seele als Mikrokosmos in Analogie zum gesellschaftlichen Makrokosmos, sondern faßte letzteren zugleich auch als kollektives Individuum – als ewigen Sohn gewissermaßen. Demnach ist eine Emanzipation der menschlichen Gattung zu erreichen, wenn ein rationaler Teil – das Ich der Menschheit – an die Macht gelangt; das heißt, wenn die Massen von rationalen Führern gelenkt werden.

Ich halte die Tendenz im psychoanalytischen Diskurs, Familie, Seele und Psychotherapie zu »politisieren«, für nützlich und zuträglich, sehe aber Probleme, wenn gesellschaftspolitische Prozesse in psychologische Epiphänomene verwandelt werden. Ein solche Konzeption transformiert die Gesellschaft in ein Imperium der Leidenschaften und entwirft sie fast ausschließlich als einen Bereich, in dem Begierden, Liebe und Haß evoziert, ausgetauscht, transformiert und konsumiert werden, während Prozessen, in denen materielle

Güter produziert und verteilt werden, eine sekundäre oder vernachlässigbare Position zugeschrieben wird. Ein Denkmodell, das sich ständig von der äußeren Realität abwendet, materielle Machtquellen marginalisiert und Autoritätsfiguren primär als Phantasie- und Sexualobjekte derjenigen darstellt, die Subjekte ihrer Macht sind, kann keine sich selbst tragende analytische Methode des Politischen zur Verfügung stellen.

Dennoch halte ich viele der Kategorien, die Freud im Laufe seiner theoretischen Überlegungen in bezug auf die Privatbereiche der Seele, Familie und Psychotherapie entwickelte, für wichtig, die mit Gewinn in einer soziologisch begründeten, nicht reduktionistischen Analyse gesellschaftlicher Verhältnisse eingesetzt werden können. In der Tat wären weder neomarxistische noch viele feministische Theorien noch das Werk Michel Foucaults ohne Freuds Analyse der Dialektik von Sexualität und Politik denkbar. Wenn zum Beispiel Foucault in seiner *Geschichte der Sexualität* betont, sein Anliegen sei »zu zeigen, wie sich Machtdispositive direkt an den Körper schalten – an Körper, Funktionen, physiologische Prozesse, Empfindungen, Lüste« (1976, S. 180), lassen sich diese Worte als Bekenntnis lesen, daß sein Vorhaben nicht nur Freud-kritisch, sondern auch als Fortsetzung des Freudschen Werks zu verstehen sei.[5]

Die Ironie ist: Obwohl Freud in seiner Gesellschaftsanalyse die Bedeutung von Führern hervorhob, hat er, indem er die Aufmerksamkeit auf allen Menschen gemeinsame unbewußte Wunschvorstellungen, Phantasien, Befürchtungen und Ängste lenkte, wie kein anderer Denker jener Epoche des 20. Jahrhunderts dazu beigetragen, Führerfiguren und ihre Posen zu demaskieren. Ich bin deshalb der Ansicht, daß Freud trotz des autoritären Hangs, der seinen kulturtheoretischen Schriften anhaftet, ein nützliches Vokabular zur Verfügung stellt, mit dem verborgene Motive, Mechanismen und Strategien der Verdrängung, Herrschaft und Unterwerfung demaskiert und artikuliert werden können. Anhand dieses Vokabulars kann sowohl das Eindringen der Gesellschaft in das Individuum konzeptualisiert werden als auch eine Kritik der Entfremdung, Unzufriedenheit, Schuld, Scham, Frustration, Ausbeutung und Ungleichheit – nicht zuletzt der Geschlechter. Freuds wahrer Beitrag zur kritischen politischen Analyse liegt darin, daß er diese Kategorien geschaffen hat.

---

[5] Zu Foucaults komplexer Beziehung zur Psychoanalyse vgl. Forrester, 1990; Hutton, 1988.

Schlußbemerkungen

Ziel der vorliegenden Studie war es, eine politische Lesart Freuds vorzustellen. Ich habe Politisches sowohl an der »Oberfläche« seiner Schriften als auch in der »darunterliegenden« Logik vorgefunden und nachgewiesen, daß Politik das weitaus größte Repertoire der Freudschen Metaphern und Analogien zur Verfügung stellt und seine Konzeption von Familie und Sexualität, seine Hypothesen seelischer und gesellschaftlicher Entwicklung sowie die Grundlage seiner psychotherapeutischen Praxis strukturiert. Gleichwohl erhebe ich nicht den Anspruch, daß Freud sich selbst als Politikwissenschaftler oder seine Schriften als Beiträge zur politischen Theorie verstanden wissen wollte. Im Gegenteil habe ich mehrfach hervorgehoben, daß sein Werk nicht durch politische Überlegungen motiviert war, und ich nehme an, Freud hätte meine Behauptung, daß seine Theorie der Sache nach politisch sei, nicht gelten lassen. Indem ich eine beweiskräftige These bezüglich des politischen Charakters der Psychoanalyse erbringe, widersetzt sich meine Leseart Freuds bewußten Intentionen und seinem Selbstentwurf eines unpolitischen Wissenschaftlers.

Natürlich kann das bewußte Selbstverständnis und die bewußte Selbstdarstellung eines Autors bzw. einer Autorin hinsichtlich der Vielzahl möglicher Bedeutungen seines bzw. ihres Textes keine absoluten Grenzen setzen. (Freud hätte dieser Auffassung wohl kaum widersprochen.) Vielmehr ist es die Aufgabe des Lesers, die vom Autor bewußt intendierten Bedeutungen von jenen anderen Bedeutungen zu unterscheiden, die durch die Logik und Sprache seines Werks hervorgebracht werden (Skinner, 1988, S. 269). Nach Frank Kermode (1983, S. 80) würde »ein Klassiker nicht gelesen und wäre damit auch kein Klassiker, wenn wir nicht irgendwie glauben könnten, daß er mehr auszusagen vermag als vom Autor intendiert«. Obwohl das Selbstbild eines Autors der Bedeutung seiner/ihrer Schriften keine Grenzen setzen kann, darf es nicht für das Verständnis dieser Schriften als irrelevant verworfen werden.

In welchem Bezug steht jedoch der politische Inhalt der Psychoanalyse zu Freuds Verständnis dessen, was er tat? Kurz gesagt behaupte ich, daß Freuds Motiv, einer politischen Sprache und Logik in seinem Werk den Vorzug zu geben, in seinem Bestreben lag, eine interdisziplinäre Wissenschaft der Seele und des menschlichen Verhaltens zu begründen, die Bedeutung und Kausalerklärung zu einem einzigen universellen Diskurs zusammenschließt.[1]

Das möchte ich erläutern: Freud weigerte sich nachdrücklich, Phänomene lediglich von einem Gesichtspunkt her zu beobachten oder nur einen Typus von Fragen zu stellen. Bekanntlich betrachtete er die Funktionsweise der Psyche, individuelle Handlungen und gesellschaftliche Prozesse immer als »überdeterminiert«. Für Freud waren diese Phänomene zwangsläufig die Wirkung vieler Ursachen, beinhalteten eine Vielfalt oft unvereinbarer Bedeutungen, waren Ausdruck unterschiedlicher und manchmal widersprüchlicher Intentionen und erfüllten multiple Funktionen. Um diese Komplexität zu bewältigen, entwickelte Freud eine pluralistische und interdisziplinäre Wissenschaft, die er um vier aufeinander bezogene, aber dennoch verschiedene Perspektiven herum organisierte. Er entdeckte immer *Bedeutung* in seelischen Phänomenen und menschlichem Handeln, die er als Expressionen verstand, welche mit der Sprache vergleichbar sind. Er deckte verborgene dynamische *Kräfte* auf – Triebe und Energien –, von denen er annahm, daß sie ungezielten, unpersönlichen, unbestimmten, physikalischen Gebilden verwandt seien, Vorstellungen besetzten und vorantrieben. Er umriß die Linien psychischer *Strukturen*, innerhalb und mittels deren psychische Energie fließe. Schließlich führten ihn seine Untersuchungen dazu, die Ursprünge in der frühen Kindheit der Individuen und der menschlichen Gattung zu ergründen, das heißt die *Geschichte* sowohl eines beobachtbaren Phänomens als auch die Entwicklungsverläufe nicht direkt zugänglicher Kräfte und Strukturen.

Diese vier Fragestellungen gehören zwei Untersuchungskategorien an, die Freud innerhalb der psychoanalytischen Theorie zu vereinen suchte. Einerseits handelte es sich um Fragen in bezug auf Intention, Bedeutung und Geschichte. Sie gehören dem als Interpretation oder Hermeneutik bekannten Diskurs an, der in der Regel den Geisteswissenschaften zugeordnet wird. Andererseits handelt es sich um Hypothesen in bezug auf kausale Zusammen-

[1] In bezug auf Freuds Werk wurde dieser Begriff auch von Patricia Kitcher (1992) benutzt, wenngleich in einem anderen Kontext und mit anderer Bedeutung.

hänge, Kräfte und Grenzen psychischer Strukturen, die für den mechanistischen Diskurs charakteristisch sind, den wir von den Naturwissenschaften kennen.

Ich gehe davon aus, daß Freud die Psyche in Analogie zur Politik strukturierte – liegt es doch in der Natur des politischen Diskurses, kausale Kräfte, über die die Akteure keine Kontrolle haben, mit Selbstkonzeptionen und Intentionen der Akteure zu verknüpfen. Wie in der Einleitung ausgeführt, thematisiert der politische Diskurs die Verteilung und Ausübung von Macht; und obwohl Macht als eine gleichsam mechanische Kraft konzipiert werden kann, die in und durch gesellschaftliche Strukturen kausal wirksam wird, ist sie immer auch eingebettet in das historische Evolutionsmuster von für die Menschheit charakteristischen Symbolen und Regeln. Das heißt, politische Macht befaßt sich nicht nur mit materiellen Werten und Ressourcen, wie Territorium, Geld und Waffen, sondern auch mit dem Vermögen des Menschen zur Symbolisierung, Signale zu setzen und diesen zu gehorchen, und dies im einvernehmlichen Verständnis von Intention und Bedeutung.

Aus meiner Sicht war Freud sich nicht ausreichend darüber im klaren, daß der Versuch einer Integration von Kausalerklärung und Sinninterpretation sein Projekt in eine politische Wissenschaft der Seele, des individuellen Handelns sowie gesellschaftlicher Institutionen und Prozesse verwandelte. Dennoch sind die politische Logik und Sprache im Freudschen Diskurs weder Zufallserscheinungen noch das Ergebnis fremder Interessen und Motivationen. Vielmehr ergeben sie sich organisch aus Freuds Versuch, eine Synthese disparater Sprachen zur Erforschung eines einzigen theoretischen Universums zu schaffen; sie sind das Garn, das die Psychoanalyse, trotz reichhaltiger Farben und Materialien, insgesamt zusammenhält.

Eine Reihe Kommentatoren richtete die Aufmerksamkeit darauf, daß Freuds Diskurs Mechanik und Bedeutung vereint; in der Regel postulieren sie eine Unvereinbarkeit zwischen den beiden theoretischen Materialien, die Freud miteinander verwob. Charles Rycroft formuliert prägnant diese Position: »Wenn Träume Sinn haben und gedeutet werden können, müssen sie die Schöpfung einer Person oder einer Instanz sein, die sie mit Sinn ausstatten. Sind sie aber Ursachenphänomene, müssen sie als frühere Ereignisse ohne Bezug zu einer Instanz erklärbar sein. Beides auf einmal ist nicht möglich, und ein entsprechender Versuch kann nur zu Konfusion führen« (Rycroft, 1981, S. 4; vgl. Grossman und Simon, 1969; G. Klein, 1969; Holt, 1972; MacIntyre, 1958, S. 60).

Unter dieser Voraussetzung haben viele Kommentatoren und Übersetzer Freuds interdisziplinäres Werk regelmäßig entweder auf seine hermeneutische oder aber seine kausale Dimension einzuschränken versucht. Zwecks Unterstützung der Naturwissenschaftlichkeit des Freudschen Werks unterschlug James Strachey in der *Standard Edition* beispielsweise sämtliche Stellen, in denen Freud die Psychoanalyse mit den Geisteswissenschaften in Zusammenhang brachte. Da Strachey Geisteswissenschaften *(humanities)* fälschlicherweise mit *mental science* (Wissenschaft der Seele) übersetzte, trübte er die Bedeutsamkeit zentraler Aussagen, in denen Freud sein Vorhaben formulierte, durch eine Synthese von Natur- und Geisteswissenschaften eine neue Wissenschaft zu begründen. So verzerrt die *Standard Edition* eine Erklärung von 1910, die die Absichten der Internationalen Psychoanalytischen Vereinigung proklamiert: »Pflege und Förderung der von Freud begründeten psychoanalytischen Wissenschaft sowohl als reiner Psychologie als auch in ihrer Anwendung in der Medizin und den Geisteswissenschaften« (Freud, 1914 d, S. 86), weil Strachey Geisteswissenschaften mit *mental science* falsch übersetzte. Fast zwei Jahrzehnte später argumentierte Freud, daß das Curriculum traditioneller Universitäten nicht die am besten geeignete Ausbildung zum Psychoanalytiker zur Verfügung stelle, da diese »geisteswissenschaftlichen Stoff« (»elements from the mental sciences«) ebenso zu beinhalten habe wie »psychologischen, kulturhistorischen, soziologischen ... wie anatomischen, biologischen und entwicklungsgeschichtlichen« (1927 a, S. 288 f.; SE XX, S. 51). Im selben Absatz vertrat Freud die Meinung, solange es keine unabhängigen psychoanalytischen Institute gebe, die eine solche Lehranalyse ermöglichten, »die ärztlich vorgebildeten Personen« zu empfehlen seien. Gleichwohl warnte er: »Doch sollte man nicht vergessen, daß dies nicht alles an der Psychoanalyse ist, und daß wir für deren andere Seite die Mitarbeit von Personen, die in den Geisteswissenschaften vorgebildet sind, nie entbehren können« (ebd., S. 294 f.).

Eine Reihe Freud kritisch gegenüberstehender Historiker und Philosophen hat versucht, ihn in einen ehrgeizigen – letztlich aber irregeleiteten – Naturwissenschaftler der Seele zu verwandeln, den sie dann ins Gebet nehmen, weil er den naturwissenschaftlichen Kriterien theoretischer Konstruktion und Verifikation nicht gerecht wird. Der wohl gelehrteste Versuch wurde von Frank Sulloway unternommen, in dessen Lesart Freud als Erbe Charles Darwins und als »Kryptobiologe« erscheint, der »eine in hohem Grade hypothetisch deduktive Methodologie benutzte« (Sulloway, 1979, S. 573; vgl. Amacher, 1965; Holt, 1965). Da Sulloway die Psychoanalyse auf eine Biologie gleichsam zu beschränken suchte, berücksichtigte er kaum Freuds klinische Praxis.

Um also Freud einem naturwissenschaftlichen Paradigma einzuverleiben, müssen einige Elemente seines Werks umgearbeitet und andere verschwiegen werden. Schließlich transzendiert Freuds Werk systematisch die in den Naturwissenschaften typischen Abgrenzungen zwischen Methode und Verfahren. In seinen *Vorlesungen* konstatierte Freud beispielsweise, daß seine Einsichten in die unbewußte Bedeutung von Traumsymbolen aus vielen Quellen stammen und er sie »aus den Märchen und Mythen, Schwänken und Witzen, aus dem Folklore, d.i. der Kunde von den Sitten, Gebräuchen, Sprüchen und Liedern der Völker, aus dem poetischen und dem gemeinen Sprachgebrauch« gewonnen hat (1916–17a, S. 160). Der Rückgriff auf die Beweiskraft dieser Gebiete rückt die Psychoanalyse in die Nähe textueller und kultureller Wissenschaften, wie Philologie oder Literatur. Bekanntlich umfassen Freuds Schriften ja nicht nur Vorlesungen, Fallgeschichten, klinische Richtlinien und theoretische Abhandlungen über psychische Störungen, Träume, Sexualität und seelische Prozesse generell, sondern ebenso eine verwirrende Mischung aus Literaturanalysen, biographischen Kommentaren über Autoren und quasi literarischen Essays.

Angesichts dieser vielfältigen Aspekte des Freudschen Werks haben einige Kommentatoren Freud der Geschichte der Hermeneutik zugeordnet. Sie verharmlosen seine Sünden gegenüber den Naturwissenschaften im Vergleich zu dem, was er den Disziplinen verdankte, die sich dem Studium der Sprache widmen. John Forrester (1980, S. 167f.) erhebt beispielsweise den Anspruch, daß »das das Feld der Philologie Freud und die Psychoanalyse zur Konzentration auf die Sprache inspirierte«. Forrester scheint Michel Foucault beizupflichten, der die Ansicht vertritt, daß »Freud mehr als jeder andere die Erkenntnis des Menschen von dessen philologischem und linguistischen Modell her befördert hat« (Foucault, 1966, S. 432). Auch Jacques Lacan versteht die Psychoanalyse primär aus linguistischer oder hermeneutischer Sicht, wenn er schreibt, das Unbewußte sei »wie eine Sprache strukturiert« (1966, Bd. 2, S. 246 vgl. ders., 1964, S. 156).

Anders als die genannten Kommentatoren hat Paul Ricœur erkannt, daß Freuds Versuch einer Fusion von Hermeneutik und Kausalerklärung nicht nur der »in der Problematik gestellten zentralen Schwierigkeit « entspreche (1965, S. 73), sondern sogar ihrer *raison d'être*. In seinen Diskussionen bezeichnet Ricœur die Schriften Freuds durchweg als »eine gemischte Rede, die aus der Alternative Motiv-Ursache herausfällt« (ebd., S. 372; vgl. S. 399). Gleichwohl macht er geltend, daß bezüglich der Verfahren, die ihre Validität beweisen könnten, psychoanalytische Interpretationen allein im hermeneutischen Feld der Bedeutung lokalisiert sind; sie »erheischt die gleiche Art von Fragen wie die Gültigkeit einer historischen oder exegetischen Interpretation« (ebd., S. 383).

Auch Jürgen Habermas hebt die Fusion von Ursache und Intention in der Psychoanalyse hervor und erklärt Freuds Werk als »das einzige greifbare Beispiel einer methodisch Selbstreflexion in Anspruch nehmenden Wissenschaft«, da sie nämlich »Hermeneutik mit Leistungen [verbindet], die genuin den Naturwissenschaften vorbehalten zu sein schienen« (1968, S. 262 f.). Dennoch kritisiert Habermas, Freud habe die Psychoanalyse nicht als selbstreflexive Tiefenhermeneutik erkannt, von der er, Habermas, verkündet, daß sie es sei, und die Psychoanalyse mit irreführenden Wissenschaftsmodellen der Energieverteilung schlecht ausgerüstet. Um die Psychoanalyse in die Richtung voranzutreiben, die er für angemessen und passend hält, empfiehlt auch Habermas, die Kausalerklärungen im Freudschen Werk durch eine Hermeneutik zu ersetzen, »die die Bedingungen der Möglichkeit psychoanalytischer Erkenntnis erklärt« (ebd., S. 310).

Den Kommentatoren beider Seiten der Kontroverse Hermeneutik-oder-Wissenschaft ist also der Versuch gemeinsam, Freuds interdisziplinäres Werk auf jeweils eine bestimmende Diskursdimension zu beschränken, die den »wahren Freud« repräsentiere.[2] Anders als diese eindimensionalen Reduzierungen des Freudschen Werks entweder auf eine Hermeneutik oder eine Wissenschaft will die hier vorgestellte politische Lesart die Psychoanalyse nicht »disziplinieren«, indem ihr ein zwingendes Interpretationssystem übergestülpt wird, das wesentliche Kompenten aus ihrem Gebiet ausschließt. Vielmehr erklärt eine politische Lesart Freuds, wie und warum bestimmte Facetten der Psychoanalyse, die *prima facie* inkompatibel zu sein scheinen, dieser komplexen, aber kohärenten interdiziplinären Wissenschaft angehören.

Wie ich gezeigt habe, ist eine politische Lesart in Bezug auf die verfügbaren textuellen und kontextuellen Beweismittel plausibel. Sie ist sparsam, umfas-

---

[2] Zu einem umfassenden Überblick über diese Debatte sowie die damit verbundenen philosophischen und methodologischen Fragestellungen vgl. Hanly, 1990; Nussbaum, 1991; Steele, 1979; Strenger, 1991; Wolfenstein, 1990).

send und in sich konsistent, insofern sie für alle Schriften Freuds Gültigkeit hat. Sie ist sowohl auf Freuds Psychologie des Individuums als auf seine Kulturtheorie anwendbar. Sie kann zur Plausibilität einiger Aspekte seines Werks beitragen, die bislang konfus oder falsch zu sein schienen – wie beispielsweise die Vorstellung psychischer Energie und Repräsentanz. Sie gibt Einblick sowohl in Freuds Theoriebildung und die Dynamik psychoanalytischer Praxis als auch in beider Beziehung zueinander. Deshalb stellt meiner Ansicht nach eine politische Lesart der Psychoanalyse eine Alternative zur Verfügung, die den beiden herrschenden Rezeptionstraditionen des Freudschen Werks vorzuziehen ist.

Zudem ist eine politische Lesart Freuds auch deshalb fruchtbar, weil sie den psychoanalytischen Diskurs als eine Sprache lebendig halten kann, in der sich innere und interpersonelle Konflikte Ausdruck verschaffen. Das soll natürlich nicht heißen, daß ich Freuds Konzepte und Kategorien für heilig und jenseits aller Kritik halte. Vielmehr impliziert meine Position, daß Freuds Werk zu einem kritischen Nachdenken über die in der Seele verborgenen psychischen Kräfte und Strukturen herausfordert. Deshalb könnten nach meinem Dafürhalten beide Bereiche – der Seele wie der Politik – von dem Versuch profitieren, einen Diskurs der Macht zu entwickeln, der nicht nur auf die äußere Welt, sondern auch auf die innere, psychische Realität anwendbar ist, die Interpretation von Bedeutung und Kausalerklärungen miteinander verflicht und so ein Projekt fortsetzt, das Freud vor gut einem Jahrhundert begonnen hat.

Bibliographie

Abraham, K. (1919): Erstes Koreferat. In: S. Freud, S. Ferenczi, K. Abraham, E. Simmel und E. Jones (1919), 31–41.

Abramson, J. B. (1984): Liberation and its Limits: The Moral and Political Thought of Freud. New York (Free Press).

Adler, M. J. (1958–61): The Idea of Freedom: A Dialectical Examination of Conceptions of and the Controversies about Freedom. 2 Bde. Garden City (Doubleday).

Alexander, F., S. Eisenstein und M. Grotjahn (Hg.) (1966): Psychoanalytic Pioneers. New York (Basic Books).

Alford, C. F. (1991): The Self in Social Theory: A Psychoanalytic Account of its Construction in Plato, Hobbes, Locke, Rawls, and Rousseau. New Haven (Yale Univ. Press).

Amacher, P. (1965): Freud's Neurological Education and it's influcence on Psychoanalytic Theory. New York (Int. Univ. Press).

Archard, D. (1984): Consciousness and Unconsciousness. London (Hutchinson).

Bakan, D. (1958): Sigmund Freud and the Jewish Mystical Tradition. Princeton (Princeton Univ. Press).

Ball, T. (1975): Power, causation and explanation. Polity, 189–214.

– (1988): Transforming Political Discourse. Political Theory and Critical Conceptual History. Oxford (Basil Blackwell).

Bauman, Z. (1978): Hermeneutics and Social Science: Approaches to Understanding. London (Hutchinson).

Beard, G. M. (1869): Neurasthenia, or nervous exhaustion. Boston Medical and Survival Journal, Vol. III, 217–221.

Becker, R. (1919): Die Nervosität bei den Juden: Ein Beitrag zur Rassenpsychiatrie. Zürich (Orelli Füssli).

Benjamin, J. (1988): Die Fesseln der Liebe: Psychoanalyse, Feminismus und das Problem der Macht. Aus dem Amerikanischen von N. T. Lindquist u. D. Müller. Basel/Frankfurt am Main (Stroemfeld/Roter Stern) 1990.

Berger, L. (Hg.) (1969): Clinical Cognitive Psychology: Models and Integrations. New York (Prentice Hall).

Bergman, M. (1976): Moses and the evolution of Freud's Jewish identity. Israel Annals of Psychiatry and Related Disciplines, 14, 3–26.

Bernheimer, C., und C. Kahane (Hg.) (1985): In Dora's Case: Freud – Hysteria – Feminism. New York (Columbia Univ. Press).

Berlin, I. (1969): Freiheit. Vier Versuche. Aus dem Englischen von R. Kaiser. Frankfurt am Main (S. Fischer) 1995.

Black, M. (1962): Models and Metaphors. Ithaca (Cornell Univ. Press).

Blanton, S. (1971): Tagebuch meiner Analyse bei Sigmund Freud. Aus dem Amerikanischen von F. u. S. B. Frankfurt am Main/Berlin/Wien (Ullstein) 1975.

Blatt, D. S. (1988): The development of a hero: Sigmund Freud and the reformation of the Jewish tradition. Psychoanalysis and Contemporary Thought, 11, 639–703.

Borch-Jacobson, M. (1988): The Freudian Subject. Stanford (Stanford Univ. Press).

Boyers, R. (Hg.) (1975): Psychological Man. New York (Harper & Row).

Brennan, T. (1992): The Interpretation of the Flesh: Freud and Femininity. London (Routledge).

Brown, R. H. (1977): A Poetic for Sociology: Toward a Logic of Discovery for the Human Sciences. London (Cambridge Univ. Press).

Brunner, J. (1998): Oedipus Politicus: Freud's paradigm of social relations. In: M. S. Roth (Hg.): Freud: Conflict and Culture. New York (A. A. Knopf).

Burnham, J. C. (1974): The medical origins and cultural uses of Freud's instinctual drive theory. Psa.Q., 43, 193–217.

Büttner, P. (1975): Freud und der Erste Weltkrieg. Heidelberg (unpubl. Doktorarbeit).

Bynum, W. F., R. Porter und M. Shepherd (Hg.) (1985): The Anatomy of Madness: Essays in the History of Psychiatry. 2 Bde. London (Tavistock).

Carlston, D. E. (1987): Turning psychology on itself: The rhetoric of psychology and the psychology of rhetoric. In: J. S. Nelson, A. Megill und D. N. McCloskey (Hg.) (1987).

Carotenuto, A. (1991): Kant's Dove: The History of Transference in Psychoanalysis. Wilmette (Chiron Publ.).

Carroll, D. (1975): Freud and the myth of origin. New Litery History, 6, 513–28.

Chamberlin, J. E., und S. L. Gilman (Hg.) (1985): Degeneration: The Dark Side of Progress. New York (Columbia Univ. Press).

Chodorow, N. (1982): Das Erbe der Mütter: Psychoanalyse und Soziologie der Geschlechter. Aus dem Amerikanischen von G. Mühjlen-Acks. München (Frauenoffensive) 1994.

– (1989): Feminism and Psychoanalytic Theory. New Haven (Yale Univ. Press).

Cioffi, F. (1998): Freud as a Liar. In: F. Crews (1998 a).

Clare, A. (1985): Freuds cases: The clinical basis of psychoanalysis. In: W. F. Bynum, R. Porter und M. Shepherd (Hg.), Bd. 1.

Clark, R.W. (1980): Sigmund Freud. Leben und Werk. Aus dem Englischen von J. A. Frank. Frankfurt am Main (Fischer) 1985.

Cohen, E., M. Lissak und U. Almagor (Hg.) (1985): Comparative Social Dynamics: Essays in Honor of S. N. Eisenstadt. Boulder (Westview Press).

Cohen, I. H. (1982): Ideology and Unconsciousness: Reich, Freud, and Marx. New York (New York Univ. Press).

Connolly, W. E. (1983): The Terms of Political Discourse. Oxford (Robertson).
Craib, I. (1990): Psychoanalysis and Social Theory. The Limits of Sociology. Amherst (Univ. Massachusetts Press).
Cremerius, J. (1982). Die Bedeutung der Dissidenten für die Psychoanalyse. Psyche, 36, 496–503.
Crews, F. (1993): The unkown Freud. New York Review of Books, 18. Nov. 1993, 55–66.
– (1994): The revenge of the repressed. In: Memory Wars (1995). Dt.: Gegenwart, 26, 1995, 34–43.
– (1995): The Memory Wars: Freud's Legacy in Dispute. New York Review of Books.
– (1995 a): Confessions of a Freud basher. In: Memory Wars (1995).
– (1998 a): The Unauthorized Freud: Doubters Confront a Legend. New York (Viking Penguin).
– (1998 b): Unconscious deeps and empirical shallows. Philosophy and Literature, 22.
Cuddihy, J. M. (1974): The Odeal of Civility: Freud, Marx, Lévi-Strauss, and the Jewish Struggle with Modernity. New York (Basic Books).
Dahl, R. A. (1963): Modern Political analysis. New Jersey (Prentice-Hall).
Davidson, A. (1984): Assault on Freud. London Review of Books, 5.–19. Juli 1984, 9–11.
Decker, H. S. (1977): Freud in Germany: Revolution and Reaction in Science 1893–1907. New York (Int. Univ. Press).
– (1980/81): Freud and Dora: Contraints on medical progress. J. of Social History, 14, 445–464.
Deutscher, I. (1968): The Non-Jewish Jew and Other Essays. London (Oxford Univ. Press).
Didi-Huberman, G. (1982): Erfindung der Hysterie. Die photographische Klinik von Jean-Martin Charcot. Aus dem Französischen und mit einem Nachwort von S. Henke, M. Stingelin und H. Thüring. München (Fink) 1997.
Dowbiggin, I. (1985): Degeneration and hereditarianism in French mental medicine 1840–90: Psychiatric theory as ideological adaptation. In: W. F. Bynum, R. Porter und M. Shepherd (Hg.) (1995), Bd. 1.
Drescher, S., S. Sabean und A. Sharlin (Hg.) (1982): Political Symbolism in Modern Europe: Essays in Honor of G. L. Mosse. New Brunswick (Transaction).
Drinka, G. F. (1984): The Birth of Neurosis: Myth, Malady and Victorians. New York (Simon & Schuster).
Drucker, H. M. (1970): Just analogies?: The place of analogies in political thinking. Political Studies, 18, 448–460.
Drumont, E. (1886): La France juive: Essai d'histoire contemporaine. 2 Bde. Paris (Marpon & Flammarion).
Duffy, J. (1963): Masturbation and clitoridectomy. J. Am. Medical Association, 186, 246–248.
Eagle, M. N. (1984): Neuere Entwicklungen in der Psychoanalyse. Eine kritische

Würdigung. Aus dem Amerikanischen von H. Weller. Stuttgart (Verl. Int. Psychoanalyse) 1994.

Edelson, J. T. (1983): Freud's use of metaphor. Psychoanalytic Study Child, 38, 17–60.

Edmunds, L. (1988): His master's choice. Johns Hopkins Magazine, 40 (April), 40–49.

Eissler, K. R. (1979): Freud und Wagner-Jauregg vor der Kommission zur Erhebung militärischer Pflichtverletzungen. Wien (Löcker).

Elkana, Y. (1985): Borrowing the concept of energy in Freudian psychoanalysis. In: E. Cohen, M. Lissak und U. Almagor (Hg.) (1985). Dt.: Die Entlehnung des Energiebegriffs in der Freudschen Psychoanalyse. In: ders., Anthropologie der Erkenntnis. Frankfurt am Main (Suhrkamp) 1986.

Ellenberger, H. F. (1970): Die Entdeckung des Unbewußten. Geschichte und Entwicklung der dynamischen Psychiatrie von den Anfängen bis zu Janet, Freud, Adler und Jung. Aus dem Amerikanischen von G. Theusner-Stampa. Bern/Stuttgart/Wien (Huber) 1973.

– (1972): The story of »Anna O.«: A critical review with new data. J. History Behavioral Sciences, 8, 267–279.

Erwin, E. (1997): A Final Accounting: Philosophical and Empirical Issues in Freudian Psychology. Cambridge (MIT Press).

Esterson, A. (1993): Seductive Mirage: An Exploration of the Work of Sigmund Freud. Peru, Ill. (Open Court Publishing House).

Ferenczi, S. (1916): Über zwei Typen der Kriegsneurose. Int. Zeitschrift für ärztliche Psychoanalyse, 4, 131–145.

– (1919): Die Psychoanalyse der Kriegsneurosen. In: S. Freud, K. Abraham, E. Simmel und E. Jones (1919), 9–30.

– (1970–72): Schriften zur Psychoanalyse. 2 Bde. Frankfurt am Main (Fischer).

Fischer-Homberger, E. (1975): Die traumatische Neurose: Vom somatischen zum sozialen Leiden. Bern (Huber).

Fisher, S., und R. P. Greenberg (1977): The Scientific Credibility of Freud's Theories and Therapy. 2 Bde. Brighton (Harvester Press).

Flechsig, P. (1884): Zur gynaekologischen Behandlung der Hysterie. Neurologisches Centralblatt, 19/20, S. 433–439 und S. 455–468.

Forrester, J. (1980): Language and the Origins of Psychoanalysis. London (Macmillan).

– (1985): Contracting the disease of love: Authority and freedom in the origins of psychoanalysis. In: W. F. Bynum, R. Porter und M. Shepherd (Hg.) (1985), Bd. 2.

– (1986): Rape, seduction and psychoanalysis. In: S. Tomaselli und R. Porter (Hg.) (1986).

– (1990): The seductions of Psychoanalysis: Freud, Lacan and Derrida. Cambridge (Cambridge Univ. Press), 286–316.

– (1997): Dispatches from the Freud Wars: Psychoanalysis and Its Passions. Cambridge (Harvard Univ. Press).

Foucault, M. (1954): Psychologie und Geisteskrankheit. Aus dem Französischen von A. Botond. Frankfurt am Main (Suhrkamp) 1994.
– (1961): Wahnsinn und Gesellschaft. Eine Geschichte des Wahns im Zeitalter der Vernunft. Aus dem Französischen von U. Köppen. Frankfurt am Main (Suhrkamp) 1995.
– (1966): Die Ordnung der Dinge. Eine Archäologie der Humanwissenschaften. Aus dem Französischen von U. Köppen. Frankfurt am Main (Suhrkamp) 1994.
– (1976): Sexualität und Wahrheit. Der Wille zum Wissen. Bd. 1. Aus dem Französischen von U. Raulff und W. Seitter. Frankfurt am Main (Suhrkamp) 1977.
– (1980): Power/Knowledge: Selected Interviews and Other Writings 1972–77. Hg. C. Gordon. New York (Pantheon).
Freud, S. (1888 b): Hysterie (Villarets Handwörterbuch). GW Nachtr., 72–92.
– (1889 a): Rezension von Forel: Forel, Auguste, Der Hypnotismus. GW Nachtr., 125–139.
– (1890 a): Psychische Behandlung (Seelenbehandlung). GW V, 287–315.
– (1892–93 a): Ein Fall von hypnotischer Heilung nebst Bemerkungen über die Entstehung hysterischer Symptome durch den »Gegenwillen«. GW I, 3–17.
– (1892–94 a): Übersetzung mit Vorwort des Übersetzers und zusätzlichen Fußnoten von J.-M. Charcot: Leçons du mardi à la Salpêtrière (1887–8). GW Nachtr., 153–164.
– (1893 a): Über den psychischen Mechanismus hysterischer Phänomene. GW I, 81–98.
– (1893 c): Quelques consideérations pour une étude comparative des paralysies motrices organiques et hystériques. GW I, 39–55. Dt.: Einige Betrachtungen zu einer vergleichenden Studie über organische und hysterische motorische Lähmungen. Aus dem Französischen von M. L. Knott und M. Kütemeyer. In: Jahrbuch der Psychoanalyse, Bd. 3, 1997, 9–26.
– (1893 h): Über den psychischen Mechanismus hysterischer Phänomene. GW Nachtr., 181, 183–195.
– (1894 a): Die Abwehr-Neuropsychosen. Versuch einer psychologischen Theorie der acquirierten Hysterie, vieler Phobien und Zwangsvorstellungen und gewisser hallucinatorischer Psychosen. GW I, 59–74.
– (1895 c) Obsessions et phobies; leur mécanisme psychique et leur étiologie. GW I, 345–353.
– (1895 d) (Zusammen mit J. Breuer): Studien über Hysterie. GW I, 1–238 [ohne Breuers Beiträge], Nachtr., 217 f., 221–310 [Breuers Beiträge].
– (1895 f): Zur Kritik der Angstneurose. GW 1, 357–376.
– (1896 a): L'hérédité et l'étiologie des névroses. GW I, 407–422.
– (1896 b): Weitere Bemerkungen über die Abwehr-Neuropsychosen. GW I, 379–403.
– (1896 c): Zur Ätiologie der Hysterie. GW I, 425–459.
– (1898 a): Die Sexualität in der Ätiologie der Neurosen. GW I, 491–516.
– (1900 a): Die Traumdeutung. GW II–III.
– (1905 a): Über Psychotherapie. GW V, 13–26.

– (1905 c): Der Witz und seine Beziehung zum Unbewußten. GW VI.
– (1905 d): Drei Abhandlungen zur Sexualtheorie. GW V, 27–145.
– (1905 e): Bruchstück einer Hysterie-Analyse. GW V, 161–286.
– (1907 b): Zwangshandlungen und Religionsübungen.GW VII,129–139.
– (1908 b): Charakter und Analerotik. GW VII, 203–209.
– (1908 c): Über infantile Sexualtheorien. GW VII, 171–188.
– (1908 d): Die »kulturelle« Sexualmoral und die moderne Nervosität. GW VII, 143–167.
– (1908 e): Der Dichter und das Phantasieren. GW VII, 213–223.
– (1909 b): Analyse der Phobie eines fünfjährigen Knaben [»Der kleine Hans«]. GW VII, 241–377.
– (1909 c): Der Familienroman der Neurotiker. GW VII, 227–231.
– (1909 d): Bemerkungen über einen Fall von Zwangsneurose [»Der Rattenmann«]. GW VII, 379–463.
– (1910 a): Über Psychoanalyse. Fünf Vorlesungen, gehalten zur 20jährigen Gründungsfeier der Clark Univ. in Worcester, Mass., September 1909. GW VIII, 1–60.
– (1910 c): Eine Kindheitserinnerung des Leonardo da Vinci. GW VIII, 127–211.
– (1910 d): Die zukünftigen Chancen der psychoanalytischen Therapie. GW VIII, 104–115.
– (1910 i): Die psychogene Sehstörung in psychoanalytischer Auffassung. GW VIII, 94–102.
– (1910 k): Über »wilde« Psychoanalyse. GW VIII, 118–125.
– (1911 b): Formulierungen über die zwei Prinzipien des psychischen Geschehens. GW VIII, 230–238.
– (1912 b): Zur Dynamik der Übertragung. GW VIII, 364–374.
– (1912 c): Über neurotische Erkrankungstypen. GW VIII, 322–330.
– (1912 e): Ratschläge für den Arzt bei der psychoanalytischen Behandlung. GW VIII, 376–387.
– (1912–13 a): Totem und Tabu. GW IX.
– (1913 c): Zur Einleitung der Behandlung. GW VIII, 454–478.
– (1913 f): Das Motiv der Kästchenwahl. GW X, 24–37.
– (1913 j): Das Interesse an der Psychoanalyse. GW VIII, 389–420.
– 1914 b): Der Moses des Michelangelo. GW X, 172–201.
– (1914 c): Zur Einführung des Narzißmus. GW X, 137–170.
– (1914 d): Zur Geschichte der psychoanalytischen Bewegung. GW X, 43–113.
– (1914 e): Die Ichspaltung im Abwehrvorgang. GW XVII, 57–62.
– (1914 g): Erinnern, Wiederholen und Durcharbeiten. GW X, 126–136.
– (1915 a): Bemerkungen über die Übertragungsliebe (Weitere Ratschläge zur Technik der Psychoanalyse, III). GW X, 306–321.
– (1915 b): Zeitgemäßes über Krieg und Tod. GW X, 324–355.
– (1915 c): Triebe und Triebschicksale. GW X, 210–232.
– (1915 d): Die Verdrängung. GW X, 248–261.
– (1915 e): Das Unbewußte. GW X, 264–303.

– (1915 f): Mitteilung eines der psychoanalytischen Theorie widersprechenden Falles von Paranoia. GW X, 234–246.
– (1916 a): Vergänglichkeit. GW X, 358–361.
– (1916–17 a): Vorlesungen zur Einführung in die Psychoanalyse. GW XI.
– (1916–17 e): Über Triebumsetzungen, insbesondere der Analerotik. GW X, 402–410.
– (1916–17 f): Metapsychologische Ergänzung zur Traumlehre. GW X, 412–426.
– (1917 a): Eine Schwierigkeit der Psychoanalyse. GW XII, 3–12.
– (1918 a): Das Tabu der Virginität. GW XII, 159–180.
– (1918 b): Aus der Geschichte einer infantilen Neurose [»Der Wolfsmann«]. GW XII, 27–157.
– (1919 a): Wege der psychoanalytischen Therapie. GW XII, 183–194.
– (1919 d): Einleitung zu: Zur Psychoanalyse der Kriegsneurosen. GW XII, 333–336.
– (1919 f): Victor Tausk †. GW XII, 316–318.
– (1920 a): Über die Psychogenese eines Falles von weiblicher Homosexualität. GW XII, 271–302.
– (1920 g): Jenseits des Lustprinzips. GW XIII, 1–69.
– (1921 c): Massenpsychologie und Ich-Analyse. GW XIII, 71–161.
– (1923 a): »Psychoanalyse« und »Libidotheorie«. GW XIII, 211–233.
– (1923 b): Das Ich und das Es. GW XIII, 237–289.
– (1923 e): Bemerkungen zur Theorie und Praxis der Traumdeutung. GW XIII, 301–314.
– (1924 c): Das ökonomische Problem des Masochismus. GW XIII, 371–383.
– (1924 d): Der Untergang des Ödipuskomplexes. GW XIII, 395–402.
– (1924 e): Der Realitätsverlust bei Neurose und Psychose. GW XIII, 363–368.
– (1925 d): Selbstdarstellung. GW XIV, 31–96 [ohne die Ergänzungen im Text, jedoch mit Fußnoten; eine vollständige Veröffentlichung erfolgte im Fischer Taschenbuch, Frankfurt am Main 1971].
– (1925 e): Die Widerstände gegen die Psychoanalyse. GW XIV, 99–110.
– (1925 h): Die Verneinung. GW XIV, 11–15.
– (1925 i): Einige Nachträge zum Ganzen der Traumdeutung. GW I, 561–573.
– (1926 d): Hemmung, Symptom und Angst. GW XIV, 111–205.
– (1926 e): Die Frage der Laienanalyse. Unterredungen mit einem Unparteiischen. GW XIV, 207–286.
– (1926 f): Psycho-Analysis: Freudian School. GW XIV, 299–307.
– (1927 a): Nachwort zur Frage der Laienanalyse. GW XIV, 287–296.
– (1927 c): Die Zukunft einer Illusion. GW XIV, 325–380.
– (1928 a): Ein religiöses Erlebnis. GW XIV, 393–396.
– (1929 a): Ernest Jones zum 50. Geburtstag. GW XIV, 554 f.
– (1930 a): Das Unbehagen in der Kultur. GW XIV, 419–506.
– (1931 b): Über die weibliche Sexualität. GW XIV, 517–537.
– (1932 c): Meine Berührung mit Josef Popper-Lynkeus. GW XVI, 261–266.

– (1933 a): Neue Folge der Vorlesungen zur Einführung in die Psychoanalyse. GW XV.
– (1933 b): Warum Krieg? GW XVI, 13–27.
– (1934 b): Vorrede zu: Totem und Tabu [hebräische Ausgabe]. GW XIV, 569.
– (1937 c): Die endliche und die unendliche Analyse. GW XVI, 59–99.
– (1937 d): Konstruktionen in der Analyse. GW XVI, 43–56.
– (1939 a): Der Mann Moses und die monotheistische Religion: Drei Abhandlungen. GW XVI, 103–246.
– (1940 a): Abriß der Psychoanalyse. GW XVII, 63–138.
– (1940 b): Some Elementary Lessons in Psycho-Analysis. GW XVII, 139–147.
– (1950 c [1895]): Entwurf einer Psychologie. GW Nachtr., 387–477.
– (1955 c [1920]): Gutachten über die elektrische Behandlung der Kriegsneurotiker. GW Nachtr., 704–710.
– (1960): Briefe 1873–1939. Hg. E. und L. Freud. Frankfurt am Main (S. Fischer) 1980.
– (1966 b [1938]): Einleitung zu: S. Freud, und W. C. Bullitt, Thomas Woodrow Wilson, Twenty-eighth President of the United States; A Psychological Study. GW Nachtr., 686–692.
– (1985): Briefe an Wilhelm Fließ 1887–1904. Ungekürzte Ausgabe. Hg. J. M. Masson. Frankfurt am Main (S. Fischer) 1986.
– (1985 a [1915]): Übersicht der Übertragungsneurosen. GW Nachtr., 634–651.
–, und K. Abraham (1965): Briefe 1907–1926. Hg. H. C. Abraham und E. L. Freud. Frankfurt (S. Fischer).
–, und S. Ferenczi (1993): Briefwechsel. Bd. I/2 (1912–1914). Wien/Köln/Weimar (Böhlau).
–, und C. G. Jung (1974): Briefwechsel. Hg. W. McGuire und W. Sauerländer. Frankfurt am Main (S. Fischer).
–, und O. Pfister (1963): Briefe 1909–1930. Hg. E. L. Freud und H. Meng. Frankfurt am Main (S. Fischer).
–, S. Ferenczi, K. Abraham, E. Simmel und E. Jones (1919): Zur Psychoanalyse der Kriegsneurosen. Leipzig/Wien (Int. psychoanalytischer Verl.).
Fromm, E. (1970 a): Die Krise der Psychoanalyse. GS VIII. München (dtv) 1989, 47–70.
– (1970 d–1977 g): Freuds Modell des Menschen und seine gesellschaftlichen Determinanten. GS VIII. München (dtv) 1989, 231–251.
– (1973): Anatomie der menschlichen Destruktivität. GS VII. München (dtv) 1989.
Frosh, S. (1987): The Politics of Psychoanalysis. An Introduction to Freudian and Post-Freudian Theory. Houndsmills (Macmillan).
Fuller Torrey, E. (1992): Freudian Fraud: The Malignant Effect of Freud's Theory on American Thought and Culture. New York (Harper Collins).
Gabriel, Y. (1983): Freud and Society. London (Routledge & Kegan).
Gaupp, R. (1934): Schreckneurose und Neurasthenie. In: O. von Schjerning (Hg.) (1922–34), Bd. IV.

Gay, P. (1978): Freud, Juden und andere Deutsche: Herren und Opfer in der modernen Kultur. Aus dem Amerikanischen von K. Berisch. München (Hoffmann & Campe) 1989.

– (1979): Freud und die Freiheit. In: Freud entziffern. Essays. Aus dem Amerikanischen von E. Vorspohl. Frankfurt am Main (S. Fischer), 1992, 86–109.

– (1987): Ein gottloser Jude: Sigmund Freuds Atheismus und die Entwicklung der Psychoanalyse. Aus dem Amerikanischen von J. Berisch. Frankfurt am Main (S. Fischer) 1999.

Gelfand, T. (1989): Charcot's response to Freud's rebellion. J. History of Ideas, 50, 293–307.

Gellner, E. (1985): Psychoanalytic Movement: Or the Cunning of Unreason. London (Granada).

Gill, M. M. (1976): Die Metapsychologie ist keine Psychologie. Psyche, 38, 1984, 961–992.

–, und P. S. Holzmann (Hg.) (1976): Psychology Versus Metapsychology. New York (Int. Univ. Press).

Gilman, S. L. (1984 a): Jewish jokes: Sigmund Freud and the hidden language of the Jews. Psychoanalysis and Contemporary Thought, 7, 591–614.

– (1984 b): Jews and mental illness: Medical metaphors, anti-Semitism and the Jewish response. J. History Behavioral Science, 20, 150–159.

– (1985 a): Difference and Pathology: Stereotypes of Sexuality, Race, and Madness. Ithaca (Cornell Univ. Press).

– (1985 b): Sexology, psychoanalysis, and degeneration: From a theory of race to a race of theory. In: J. E. Chamberlin und S. L. Gilman (Hg.) (1985).

– (1993 a): Freud, Identität und Geschlecht. Aus dem Amerikanischen von H. J. Bußmann. Frankfurt am Main (S. Fischer) 1994.

– (1993 b): The image of the hysteric. In: S. L. Gilman et al. (Hg.) (1993).

–, H. King, R. Porter, G. S. Rousseau und E. Showalter (Hg.) (1993): Hysteria Beyond Freud. Berkeley (Univ. California Press).

Ginneken, J. van (1984): The killing of the father: The background of Freuds's group psychology. Political Psychology, 5, 391–414.

– (1985): The 1895 debate on the origins of crowd psychology. J. of History of Behavioral Sciences, 21, 375–382.

Glass, J. M. (1980): Hobbes and narcissism: Pathology in the state of nature. Political Theory, 8, 335–363.

– (1989): Notes on the paranoid factor in political philosphy: Fear, anxiety and domination. Political Psychology, 9, 209–228.

Goetz, C. G. (1987): Commentary. In: J. M. Charcot: Charcot, the Clinician. The Tuesday Lessons. New York (Raven Press).

Goldstein, J. (1982): The hysteria diagnosis and the politics of anticlericalism in late nineteenth-century France. J. Modern History, 54, 209–239.

– (1985): The Wandering Jew and the problem of psychiatric anti-Semitism in fin-de-siècle France. J. of Contemporary History, 20, 521–551.

– (1987): Console und Classify: the French Psychiatric Profession in the Nineteenth Century. Cambridge (Cambridge Univ. Press).

Gould, S. (1977): Ontogeny and Phylogeny. London (Belknap Press).

Graf, M. (1942): Reminiscences of Professor Sigmund Freud. Psa.Q., 11, 465–476.

Greenfeld, W. S., und W. C. Lewis (Hg.) (1965): Psychoanalysis and Current Biological Thought. Madison (Univ. Wisconsin Press).

Grossman, W. I., und B. Simon (1969): Anthropomorphism: Motives, meaning and causality in Psychoanalytic Theory. Psychoanalytic Study Child, 24, 78–114.

Grotjahn, M. (1966): Karl Abraham. In: F. Alexander, S. Eisenstein und M. Grotjahn (Hg.) (1966).

Grünbaum, A. (1984): Die Grundlagen der Psychoanalyse. Eine philosophische Kritik. Aus dem Englischen von C. Kolbert. Stuttgart (Reclam jun.) 1988.

Habermas, J. (1968): Erkenntnis und Interesse. Frankfurt am Main (Suhrkamp) 1991.

Hale, N. G. (Hg.) (1971): Freud and the Americans. New York (Oxford Univ. Press).

Hanly, C. (1990): The concept of truth in psychoanalysis. Int. J. Psycho-Analysis, 71, 375–383.

Hegar, A. (1880): Zur Israel'schen Scheincastration. Berliner klinische Wochenschrift, 17, 681–683.

Hezel, O., O. Marburg, H. Vogt und W. Weygandt (1917): Die Kriegsbeschädigungen des Nervensystems. Praktischer Leitfaden zu ihrer Untersuchung, Beurteilung, Behandlung. Wiesbaden (J. F. Bergmann).

Hoffman, L. E. (1981): War, revolution, and psychoanalysis: Freudian thought begins to grapple with social reality. J. History Behavioral Sciences, 17, 251–269.

Holt, R. R. (1965): A review of some of Freud's biological assumptions and their influence on his theories. In: W. S. Greenfield und W. C. Lewis (Hg.) (1965), 93–124.

– (1972): Freud's mechanistic and humanistic images of man. In: R. R. Holt und E. Peterfreund (Hg.): Psychoanalysis and Contemporary Science, Bd. 1. New York (Macmillan), 3–24.

Hoppe, H. (1903): Krankheiten und Sterblichkeit bei Juden und Nichtjuden: Mit besonderer Berücksichtigung der Alkoholfrage. Berlin (Calvary).

Horowitz, G. (1977): Basic and Surplus Repression in Psychoanalytic Theory: Freud, Reich and Marcuse. Toronto (Univ. Toronto Press).

Hutton, P. H. (1988): Foucault, Freud und die Technologien des Selbst. In: L. H. Martin, H. Gutman und P. H. Hutton (Hg.) (1993), 144–167.

Isaac, J. (1987): Power and Marxist Theory: A Realistic View. Ithaca (Cornell Univ. Press).

Israels, H., und M. Schatzman (1991): The seduction theory. History of Psychiatry, 4, 23–59.

Jacoby, R. (1975): Soziale Amnesie. Eine Kritik der konformistischen Psychologie von Adler bis Laing. Aus dem Amerikanischen von C. Beier. Frankfurt am Main (Suhrkamp) 1978.

– (1983): Die Verdrängung der Psychoanalyse oder Der Triumph des Konformismus. Aus dem Amerikanischen von K. Laermann. Frankfurt am Main (S. Fischer) 1985.
James, W. (1895): Degeneration. Max Nordau. Psychological Review, 2, 289–290.
Jones, E. (1953–57): Sigmund Freud. Leben und Werk. 3 Bde. München (dtv) 1984.
Keegan, J. (1978): The Face of Battle: A Study of Agincourt, Waterloo and the Somme. Harmondsworth (Penguin).
Kermode, F. (1983): The Classic. Literary Images of Permancence and Change. Cambridge/Mass. (Harvard Univ. Press).
Kitcher, P. (1992): Freud's Dream: A Complete Interdisciplinary Science of Mind. Cambridge/Mass. (MIT Press).
Klein, D. B. (1980): Assimiliation and dissimilation. New German Critique, 19, 151–165.
– (1981): Jewish Origins of the Psychoanalytic Movement. New York (Praeger).
Klein, G. (1969): Freud's two theories of sexuality. In: L. Berger (Hg.) (1969).
Klein, M. H. (1989): Throwing out the baby with the bathwater: A historical analysis of the antimetapsychology movement. Psychoanalysis and Contemporary Thought, 12, 565–598.
Kline, P. (1972): Fact and Fantasy in Freudian Theory. London (Methuen).
Kovel, J. (1988): The Radical Spirit: Essays on Psychoanalysis and Society. London (Free Association Books).
Krafft-Ebing, R. (1886): Psychopathia Sexualis: mit besonderer Berücksichtigung der conträren Sexualempfindungen. Eine medizinisch-gerichtliche Studie für Ärzte und Juristen. Stuttgart (Enke) 1901.
– (1895): Nervosität und neurasthenische Zustände. Wien (Hödler).
Lacan, J. (1964): Das Seminar, Buch XI: Die vier Grundbegriffe der Psychoanalyse. Aus dem Französischen von N. Haas. Olten (Walter) 1978.
– (1966): Schriften I–III. Aus dem Französischen von N. Haas u. a. Olten (Walter) 1973–1980.
Lakoff, G., und M. Johnson (1980): Leben in Metaphern. Konstruktion und Gebrauch von Sprachbildern. Aus dem Amerikanischen von A. Hildebrandt. Heidelberg (Carl Auer Systeme) 2000.
Laplanche, J., und J.-B. Pontalis (1967): Das Vokabular der Psychoanalyse. Aus dem Französischen von E. Moersch. Frankfurt am Main (Suhrkamp) 1972.
Laslett, P. (1963): The face to face society. In: ders. (Hg.): Philosophy, Politics and Society. Oxford (Basil Blackwell).
Lear, J. (1998): On killing Freud (again). In: Open Minded: Working Out the Logic of the Soul. Cambridge (Harvard).
Leary, D. E. (Hg.) (1990): Metaphors in the History of Psychology. Cambridge (Cambridge Univ. Press).
Le Bon, G. (1895): Psychologie der Massen. Aus dem Französischen von R. Eisler. Stuttgart (Kröner) 1919.
Levin, K. (1978): Freuds Early Psychology of the Neuroses. Hussocks (Harvester Press).

Levine, M. G. (1986): Censorship's self-administration. Psychoanalysis and Contemporary Thought, 9, 605–640.

Lewin, B. D. (1971): Metaphor, mind and manikin. Psa.Q., 40, 6–39.

Lichtman, R. (1982): The Production of Desire: The Integration of Psychoanalysis into Marxist Theory. New York (The Free Press).

Lombroso, C. (1864): Genie und Irrsinn in ihren Beziehungen zum Gesetz, zur Kritik und zur Geschichte. Leipzig (Reclam).

– (1894): Der Antisemitismus und die Juden im Lichte der modernen Wissenschaft. Leipzig (Wigand).

Löwenfeld, L. (1891): Die nervösen Störungen sexuellen Ursprungs. Wiesbaden.

Lorand, S. (1966): Sándor Ferenczi. In: F. Alexander, S. Eisenstein und M. Grotjahn (Hg.): Psychoanalytic Pioneers. New York (Basic Books).

Lukes, S. (1974): Power: A Radical View. London (Macmillan).

Lutz, T. (1991): American Nervousness, 1903: An Anecdotal History. Ithaca (Cornell Univ. Press).

McClelland, J.S. (1989): The Crowd and the Mob: From Plato to Canetti. London (Unwin).

McGrath, W. J. M. (1974): Freud as Hannibal: The politics of the brother band. Central European History, 7, 31–57.

– (1986): Freuds Discovery of Psychoanalysis: the Politics of Hysteria. Ithaca (Cornell Univ. Press).

– (1988): Oedipus at Berggasse 19. New York Review of Books, 18, August, 25–29.

MacIntyre, A. (1958): The Unconscious. London (Routledge & Kegan). Dt.: Das Unbewußte. Eine Begriffsanalyse. Übersetzt von G. Sauter. Frankfurt am Main (Suhrkamp) 1968.

Macpherson, C. B. (1962): Die politische Theorie des Besitzindividualismus. Von Hobbes bis Locke. Übersetzt von A. Wittekind. Frankfurt am Main (Suhrkamp) 1967.

Mahony, P. (1982): Freud as a Writer. New York (Int. Univ. Press).

Maik, L. L. (1989): Nordau's Degeneration: The Am. controversy. J. History of Ideas, 50, 607–623.

Marcuse, H. (1955): Triebstruktur und Gesellschaft. Aus dem Amerikanischen von M. v. Eckardt-Jaffe. Frankfurt (Suhrkamp) 1987.

– (1968): Das Ende der Utopie. Frankfurt am Main (Neue Kritik) 1980.

– (1980): Psychoanalyse und Politik. Frankfurt am Main (EVA) 1980.

Martin, L. H., H. Gutman und P. H. Hutton (Hg.) (1993): Technologien des Selbst. Aus dem Amerikanischen von M. Bischoff. Frankfurt am Main (S. Fischer).

Masson, J. M. (1984): Was hat man dir, du armes Kind, getan? Sigmund Freuds Unterdrückung der Verführungstheorie. Aus dem Amerikanischen von B. Brumm. Reinbek (Rowohlt).

– (Hg.) (1986): A Dark Science: Women, Sexuality and Psychiatry in the Nineteenth Century. New York (Farrar, Straus & Giroux).

Medawar, P. (1984): Pluto's Republic. Oxford (Oxford Univ. Press).

Micale, M. S. (1989): Hysteria and its historiography: A review of past and present writings (II). History of Science, 27, 319–351.

– (1990): Charcot and the idea of hysteria in the male: A study of gender, mental science and medical diagnostics in late nineteenth century France. Medical History, 34, 363–411.

Miller, A. (1981): Du sollst nicht merken. Variationen über das Paradies. Frankfurt am Main (Suhrkamp).

Miller, E. F. (1979): Metaphor and political knowledge. Am. Political Science Review, 73, 155–170.

Miller, J. (1981): Interpretations of Freud's Jewishness, 1924–1974. J. History Behavioral Sciences, 17, 357–374.

Mitchell, J. (1974): Psychoanalyse und Feminismus. Freud, Reich, Laing und die Frauenbewegung. Aus dem Englischen von B. Stein und H. Fliessbach. Frankfurt am Main (Suhrkamp) 1976.

Mitchell, S. W. (1877): Die Behandlung gewisser Formen von Neurasthenie und Hysterie. Aus dem Amerikanischen von G. Klemperer. Berlin (Hirschfeld) 1887.

Moi, T. (1985): Representation of patriarchy: Sexuality and epistemology in Freud's Dora. In: C. Bernheimer und C. Kahane (Hg.)(1985).

Morel, B. A. (1857): Traité des dégénérences physique, intéllectuelles et morales de l'espèce humaine et des causes qui produisent ces variétés maladives. Paris (Ballière).

Moscovici, S. (1981): Das Zeitalter der Massen. Eine historische Abhandlung über die Massenpsychologie. Aus dem Französischen von M. Sommer. München (Hanser) 1984.

Mosse, G. L. (1982): Nationalism and respectability: Normal and abnormal sexuality in the nineteenth century. J. of Contemporary History, 17, 221–246.

Müller, F. C. (1893): Handbuch der Neurasthenie. Leipzig (Vogel) 1893.

Nelson, J. S., A. Megill und D. N. McCloskey (Hg.) (1974): The Rhetoric of the Human Sciences: Language and Argument in Scholarship and Public Affairs. Madison (Univ. Wisconsin Press).

Niederland, W. G. (1974): Der Fall Schreber: Das psychoanalytische Profil einer paranoiden Persönlichkeit. Frankfurt (Suhrkamp) 1978.

Nonne, M. (1934): Therapeutische Erfahrungen an den Kriegsneurosen in den Jahren 1914–1918. In: O. Schjerning (Hg.) (1992–1934), Bd. IV, S. 102–121.

Nordau, M. (1892–93): Entartung. 2 Bde. Berlin (Duncker).

Nunberg, H., und E. Federn (Hg.) (1962–74): Protokolle der Wiener Psychoanalytischen Vereinigung. 4 Bde. Frankfurt am Main (S. Fischer) 1976–81.

Nussbaum, C. (1991): Habermas and Grünbaum on the logic of psychoanalytic explanations. Philosophy and Social Criticism, 17, 193–216.

Nye, R. A. (1973): The Origins of Crowd Psychology: Gustave Le Bon and the Crisis of Mass Democracy in the Third Republic. London (Sage).

– (1982): Degeneration and the medical model of cultural crisis in the French Belle Epoque. In: S. Drescher, S. Sabean und A. Sharlin (Hg.) (1982).

– (1984): Crime, Madness and Politics in Modern France: The Medical Concept of National Decline. Princeton (Princeton Univ. Press).

Oakeshott, M. (1975): Hobbes on Civil Association. Oxford (Clarendon Press).

Obholzer, K. (1980): Gespräche mit dem Wolfsmann. Eine Psychoanalyse mit Folgen. Reinbek (Rowohlt).

O'Brien, M. (1981): The Politics of Reproduction. London (Routledge & Kegan).

Ornston, D. (1982): Stracheys influence: A preliminary report. Int. J. Psycho-Analysis, 63, 409–426.

Oxaal, I. (1988): The Jewish origins of psychoanalysis reconsidered. In: E. Timms und N. Segal (Hg.) (1988).

Panel Report (1963): The concept of psychic energy. JAPA, 11, 605–618.

– (1976): Psychic energy reconsidered. JAPA, 24, 647–657.

Paul, R. A. (1985): Freud and the seduction theory: A critical examination of Masson's Freud: The Assault On Truth. J. Psychoanalytic Anthropology, 8, 161–187.

Peck, J. S. (1966): Ernst Simmel. In: F. Alexander, S. Eisenstein und M. Grotjahn (Hg.) (1966).

Pick, D. (1986): The faces of anarchy: Lombroso and the politics of criminal science in post-unification Italy. History Workshop Journal, 21, 60–86.

– (1989): Faces of Degeneration: A European Disorder, c. 1848-c. 1918. Cambridge (Cambridge Univ. Press).

Pilcz, A. (1906): Beitrag zur vergleichenden Rassenpsychiatrie. Leipzig/Wien (Deutike).

Pinsker, L. (1936): Autoemanzipation! Berlin (Jüdischer Verl.).

Pitkin, H. F. (1967): The Concept of Representation. Berkeley (Univ. California Press).

Poirier, S. (1983): The Weir Mitchell rest cure: Doctor and patients. Women's Studies, 10, 15–40.

Pönitz, K. (1921): Die klinische Neuorientierung zum Hysterieproblem unter dem Einflusse der Kriegserfahrungen. Berlin (J. Springer).

Porter, R. (1993): The body and the mind, the doctor and the patient. Negotiating hysteria. In: S. L. Gilman et al. (Hg.) (1993b).

Rabinbach, A. (1992): Human Motor: Energy, Fatigue and the Origins of Modernity. Berkeley (Univ. California Press).

Reich, W. (1933): Die Massenpsychologie des Faschismus. Frankfurt am Main (Fischer) 1974.

– (1972): Sexpol. Hg. H. Dahmer. Frankfurt am Main (Fischer).

Rice, E. (1990): Freud and Moses: The Long Journey Home. New York (State Univ. New York Press).

Richards, B. (1989): Images of Freud: Cultural Responses to Psychoanalysis. London (J. M. Dent).

Ricœur, P. (1965): Die Interpretation. Ein Versuch über Freud. Aus dem Französischen von E. Moldenhauer. Frankfurt am Main (Suhrkamp) 1969.

Rieff, P. (1965): Freud: The Mind of the Moralist. London (Methuen).
– (1966): The Triumph of the Therapeutic. Harmondsworth (Penguin).
– (1990): The Feeling Intellect: Selected Writings. Hg. J. B. Imber. Chicago (Univ. Chicago Press).
Roazen, P. (1969): Brudertier: Sigmund Freud und Victor Tausk, die Geschichte eines tragischen Konflikts. Aus dem Amerikanischen von F. Herborth. Hamburg (Hoffmann & Campe) 1973.
– (1970): Politik und Gesellschaft bei Sigmund Freud. Aus dem Amerikanischen von H. Weller. Frankfurt am Main (Suhrkamp) 1974.
– (1979): Freud und sein Kreis. Aus dem Amerikanischen von G. H. Müller. Frankfurt am Main (Psychosozial) 1997.
– (1991): Psychoanalytic ethics. Edoardo Weiss, Freud and Mussolini. J. History Behavioral Sciences, 27, 366–374.
Robert, M. (1976): Sigmund Freud, zwischen Moses und Ödipus: die jüdischen Wurzeln der Psychoanalyse. Aus dem Französischen von H. Krieger. Frankfurt/Berlin/Wien (Ullstein) 1977.
Robinson, P. (1993): Freud and His Critics. Berkeley (Univ. California Press).
Roith, E. (1987): The Riddle of Freud: Jewish Influences on the Theory of Female Sexuality. London (Tavistock).
Rorty, R. (1991): Essays on Heidegger and Others, Philosophical Papers. Bd. 2. Cambridge (Cambridge Univ. Press).
Rothman, S., und P. Isenberg (1974): Sigmund Freud and the politics of marginality. Central European History, 7, 58–78.
Roustang, F. (1982): Dire Mastery: Discipleship from Freud to Lacan. Baltimore (Johns Hopkins Univ. Press).
Ruitenbeek, W. (Hg.) (1973): Freud As We Knew Him. Detroit (Wayne State Univ. Press).
Rustin, M. (1985): The social organization of secrets: Towards a sociology of psychoanalysis. Int. Review of Psychoanalysis, 12, 143–159.
Ryan, A. (Hg.) (1979): The Idea of Freedom: Essays in Honour of Isaiah Berlin. Oxford (Oxford Univ. Press).
Rycroft, C. (1981): The Innocence of Dreams. Oxford (Oxford Univ. Press).
Sandler, J. (1960 a): Sicherheitsgefühl und Wahrnehmungsvorgang. Psyche, 15, 1961, 124–131.
– (1960 b): Zum Begriff des Über-Ichs. Psyche, 18, 1964, 721–743 und 812–828.
–, A. Holder und D. Meers (1963): The ego ideal and the ideal self. Psychoanalytic Study Child, 18, 139–158.
Saussure, R.de (1973): Sigmund Freud. In: W. Ruitenbeek (Hg.) (1973).
Schatzman, M. (1973): Die Angst vor dem Vater: Langzeitwirkungen einer Erziehungsmethode, eine Analyse am Fall Schreber. Aus dem Amerikanischen von N. T. Linquist. Reinbek (Rowohlt) 1978.
Schimek, J. G. (1987): Fact and fantasy in the seduction theory: A historical review. JAPA, 35, 937–965.

Schjerning, O. von (Hg.) (1922–34): Handbuch der Ärztlichen Erfahrungen im Weltkriege 1914/18. Bd. IV: K. Bonhoeffer (Hg.): Geistes- und Nervenkrankheiten. Leipzig (J. A. Barth).

Schneider, W. (1982): Toward the improvement of the human race: The history of eugenics in France. J. of Modern History, 54, 268–291.

Schorske, C. E. (1981): Wien: Geist und Gesellschaft im Fin de siècle. Aus dem Amerikanischen von H. Günther. München (Piper) 1994.

Shaw, G. B. (1918): The Sanity of Art. New York (Boni & Liveright).

Sheleff, L. (1981): Generations Apart: Adult Hostility to Youth. New York (McGraw-Hill).

Showalter, E. (1987): The Female Malady: Women, Madness, and English Culture, 1830–1980. London (Virago).

– (1993): Hysteria, feminism, and gender. In: S. L. Gilman et al. (1993 b).

Sichel, M. (1909): Die Geistesstörungen bei den Juden. Eine klinisch–historische Studie. Leipzig (Kaufmann).

– (1913): Die progressive Paralyse bei den Juden. Archiv für Psychiatrie, 52, 1030–1042.

Simmel, E. (1919): Zur Psychoanalyse der Kriegsneurosen. In: Psychoanalyse und ihre Anwendungen. Ausgewählte Schriften. Frankfurt am Main (Fischer) 1993, 21–35.

Skinner, Q. (1978): The Foundations of Modern Political Thought. 2 Bde. Cambridge (Cambridge Univ. Press).

– (1988): A reply to my critics. In: J. Tully (Hg.) (1988).

Skues, R. (1998): The first casualty: the war over psychoanalysis and the poverty of historiography. History of Psychiatry, 9.

Smith-Rosenberg, C. (1972): The hysterical woman: Sex roles and role conflict in 19th-century America. Social Research, 39, 652–678.

Spence, D. P. (1987): The Freudian Metaphor: Toward Paradigm Change in Psychoanalysis. New York (W. W. Norton).

Sprengnether, M. (1990): The Spectral Mother: Freud, Feminism and Psychoanalysis. Ithaca (Cornell Univ. Press).

Steele, R. S. (1979): Psychoanalysis and hermeneutics. Int. Review of Psychoanalysis, 6, 389–409.

Stekel, W. (1950): The Autobiography of Wilhelm Stekel: The Life Story of a Pioneer Psychoanalyst. Hg. von E. A. Gutheil. New York (Liveright).

Stepansky, P. E. (1977): A History of Aggression in Freud. New York (Int. Univ. Press).

– (Hg.) (1986): Freud: Appraisals and Reappraisals, Contribution to Freud Studies. 3 Bde. Hillsdale, N. J. (Analytic Press).

Stewart, L. (1976): Freud before Oedipus: Race and heredity in the origins of psychoanalysis. J. History of Biology, 9, 215–228.

Stone, M. (1985): Shellshock and the psychologists. In: W. F. Bynum, R. Porter und M. Shepherd (Hg.) (1985), Bd. 2.

Strachey, J.: (1955): Editor's introduction. SE II, IX–XXVIII.
– (1957): Editors Introduction. SE XIV, 3–5.
– (1962): Appendix. SE III, 257.
Strenger, C. (1991): Between Hermeneutics and Science: An Essay on the Epistemology of Psychoanalysis. New York (Int. Univ. Press).
Sulloway, F. J. (1979): Freud. Biologe der Seele. Aus dem Amerikanischen von H.-H. Henschen. Köln-Lövenich (Hohenheim).
– (1991): Reassessing Freud's case histories: The social construction of psychoanalysis. Isis, 82, 245–275.
Swaan, de A. (1978): Zur Soziogenese des psychoanalytischen »Settings«. Psyche, 32, 793–825.
Swales, P. J. (1977): Freud, his teacher and the birth of psychoanalysis. In: P. E. Stepansky (Hg.) (1986), Bd. 1.
Swanson, D. R. (1977): A critique of psychic energy as an explanatory concept. JAPA, 25, 603–633.
Tallis, R. C. (1996): Burying Freud. The Lancet, 347.
Tausk, V. (1916): Zur Psychologie des Deserteurs. Int. Zs. für ärztliche Psychoanalyse, 4, 193–204, 229–240.
Taylor, A. J. P. (1964): Illustrated History of the First World War. New York (Putnam).
Taylor, C. (1969): Neutrality in political science. In: P. Laslett (Hg.): Philosophy, Politics and Society. Oxford (Blackwell).
– (1971): Interpretation and the sciences of man. Review of Metaphysics, 25, 3–51.
Timms, E., und N. Segal (Hg.) (1988): Freud in Exile. Psychoanalysis and its Vicissitudes. New Haven (Yale Univ. Press).
Tomaselli, S., und R. Porter (Hg.) (1986): Rape. Oxford (Oxford Univ. Press).
Tully, J. (1988): The pen is a mighty sword. In: Ders. (Hg.): Meaning and Context: Quentin Skinner and his Critics. Princeton (Princeton Univ. Press).
Turkle, S. (1978): Psychoanalytic Politics: Freud's French Revolution. New York (Basic Books).
Viderman, S. (1979): The analytic space. Meaning and problems. Psa.Q., 48, 257–291.
Vogt, H. (1917): Die Neurosen im Kriege. In: O. Hezel et al.: Die Kriegsbeschädigungen des Nervensystems. Wiesbaden (J. F. Bergmann), 121–204.
Warner, S. L. (1988): Fourteen Wilsonian points for Freud and Bullitt. J. Am. Academy of Psychoanalysis, 16, 479–489.
Wartenberg, T. E. (1990): The Forms of Power: From Domination to Transformation. Philadelphia (Temple Univ. Press).
– (1991): Social movements and individual identity: A critique of Freud and the psychology of groups. In: Philosophical Forum, 22, 362–382.
– (1992): Situated social power. In: Rethinking Power. Albany, N.Y. (New York State Univ. Press).

Watters, E., und R. Ofse (1999): Therapy's Delusions: The Myth of the Unconscious and the Exploitation of Today's Walking Worried.

Weber, S. (1986): Institution and Interpretation. Minneapolis (Univ. Minnesota Press) 1987.

Weinstein, F., und G. M. Platt (1969): The Wish to be Free. Society, Psyche and Value Change. Berkeley (Univ. California Press).

– (1973): Psychoanalytic Sociology. Baltimore (Johns Hopkins Univ. Press).

Weisz, G. (1975): Scientists and sectarians: The case of psychoanalysis. J. History Behavioral Sciences, 11, 350–364.

Wietfeldt, H. (1936): Kriegsneurose als psychisch-soziale Mangelkrankheit. Leipzig (Thieme).

Wolfenstein, E. V. (1990): A man knows not where to have it: Habermas, Grünbaum and the epistemological status of psychoanalysis. Int. Review Psycho-Analysis, 17, 23–45.

– (1993): Psychoanalytic Marxism: Groundwork. London (Free Association Books).

Wurmser, L. (1977): A defense of the use of metaphor in analytic theory formation. Psa.Q., 46, 466-498.

Yerushalmi, Y. H. (1991): Freuds Moses – Endliches und unendliches Judentum. Aus dem Amerikanischen von W. Heuß. Berlin (Wagenbach) 1992.

Zashin, E., und P. C. Chapman (1974): The uses of metaphor and analogy: Toward a renewal of political language. J. of Politics, 36, 290–326.

Zilboorg, G. (1941): History of Medical Psychology. New York (W. W. Norton).

Personenregister

Sachregister

Die Freudianer

Auf dem 13. Internationalen Psychoanalytischen Kongreß 1934 in Luzern

Fotografien von Tim N. Gidal. Texte von Tim N. Gidal und Volker Friedrich
Geleitwort von Heinz K. Henisch
184 Seiten, 150 Fotografien, Leinen, Großformat. ISBN 3-608-95914-9

Dieser Bildband dokumentiert den 13. Internationalen Psychoanalytischen Kongreß, der unter Leitung von Ernest Jones 1934 in Luzern stattfand. Wir finden Aufnahmen von Anna Freud, Max Eitingon, Helene Deutsch, Karl Landauer, Melanie Klein und vielen anderen. Auf diesem Kongreß versammelte sich zum letzten Mal der Großteil der Pioniere der zweiten und dritten Generation der Psychoanalytiker, um ihre bahnbrechenden Arbeiten vorzustellen. Der Kongreß war einer der letzten, auf dem es gelungen war, noch einmal divergierende Standpunkte nebeneinander vertreten zu lassen.

Kultur und Psychoanalyse in Bloomsbury und Berlin

Die Briefe von James und Alix Strachey 1924–1925

Herausgegeben von Perry Meisel und Walter Kendrick
494 Seiten, zahlreiche Fotografien und Abbildungen, Leinen, ISBN 3-608-95766-9

James und Alix Strachey sind als Übersetzer von Freuds Gesammelten Werken ins Englische bekannt. Neben ihrer Zugehörigkeit zur Psychoanalyse waren sie aber auch dem berühmten Bloomsbury-Kreis eng verbunden. Die hier veröffentlichten Briefe entstanden während Alix in Berlin bei Karl Abraham in Analyse war und James in London an der Übersetzung von Freuds Werken arbeitete. Die Briefe geben einen Einblick in diese Arbeit und vermitteln ein lebendiges Bild von den Diskussionen zwischen Freud und seinen Anhängern, den Auseinandersetzungen während der Gründungsphase der Britischen Psychoanalytischen Gesellschaft und den Vorgängen am Berliner Institut.

Klett-Cotta